SMART
재무관리

PART . I

김용석 저

經 文 社

머리말

다수의 노벨경제학상 논문으로 구성된 재무관리는 고도의 수학 및 금융지식을 필요로 하기 때문에 재무관리 수업을 수강하는 학생과 금융업에 관계하고 있는 실무자들 모두 어려워하는 과목입니다. 최근에는 자산관리시장이 크게 성장하고 미래에 대한 불확실성이 증가하면서 이에 대처할 수 있는 금융기법이 전문화되면서 이와 관련된 재무관리 이론도 복잡해지고 공부해야 할 내용도 더 어려워지고 있습니다.

어려울수록 기본으로 돌아가야 합니다. 편법으로 잠시 반짝할 수 있어도 지속될 수는 없습니다. 기본을 튼튼히 다져야 결국에는 목표를 달성할 수 있을 것입니다. 재무관리가 항상 어려운 과목이기는 하지만 기본개념에 충실하면서 다양한 주제를 소화해나가면 충분히 해볼 만한 과목이기도 합니다. 더 나아가 나름대로 하나씩 극복해가는 매력에 빠져 성취감도 크게 느낄 수 있습니다.

SMART 재무관리는 공인회계사 시험 준비를 하는 수험생이 재무관리의 두 가지 분야인 기업재무와 투자론의 기본개념을 정확히 이해하는데 목적을 두고 있습니다. 독자들이 잘 이해할 수 있도록 저자는 많은 주제를 가능한 쉽게 설명하고 상호 관련되어있는 각 주제들을 체계적으로 구성하기 위하여 노력하였습니다.

2025년부터 공인회계사 1차 시험에서 재무관리의 출제 비중이 상향 조정됨에 따라 시험합격을 위한 재무관리의 중요성이 더 커졌습니다. SMART 재무관리는 이러한 출제경향 변화에 맞추어 좀 더 다양한 이론과 다양한 유형의 연습문제들을 수록하였습니다.

SMART 재무관리는 두 권으로 구성되어 있으며 각 권의 내용은 다음과 같습니다.

SMART 재무관리 1	SMART 재무관리 2
제1부 : 재무관리와 가치평가의 기초	제3부 : 자본구조와 합병
제2부 : 위험과 재무관리	제4부 : 파생상품

이 책을 집필하는 과정에서 많은 분들의 도움을 받았다. 이 책이 나오기까지 격려와 성원을 아끼지 않은 사랑하는 가족과, 인내와 성의를 가지고 고생한 경문사 임직원 여러분께 깊은 감사를 드린다.

2024년

공인회계사 김 용 석

A house of cards
“기초가 약하면 오래가지 못한다.”

차례

제 1 부 재무관리와 가치평가의 기초

제 2 부 위험과 재무관리

제 1 편

Financial Management

재무관리와 가치평가의 기초

>>> Financial Management

재무관리란 무엇인가? 제 1 장

제 1 절 재무관리란 무엇인가?

1. 재무관리란 무엇인가?

재무학(finance)이라는 이름으로 불리는 재무관리는 넓은 의미에서는 기업재무(corporate finance)와 투자론(investments)으로 구분할 수 있다. 다른 재화나 서비스와 마찬가지로 자금(capital)의 경우에는 이를 필요로 하는 수요자가 있고, 또 이를 수요자에게 자금을 공급해주는 공급자가 있다. 자금의 수요자 중 대표적인 주체가 기업이며, 기업의 재무의사결정을 다루는 분야가 기업재무론(corporate finance)이다. 자금의 공급자를 투자자라고 하는데, 투자자의 재무의사결정을 다루는 분야가 투자론(investments)이다. 기업재무론과 투자론은 재무관리를 구성하는 큰 축이다. 좁은 의미에서 재무관리는 기업재무론을 의미한다.

[그림 1-1] 기업재무와 투자론

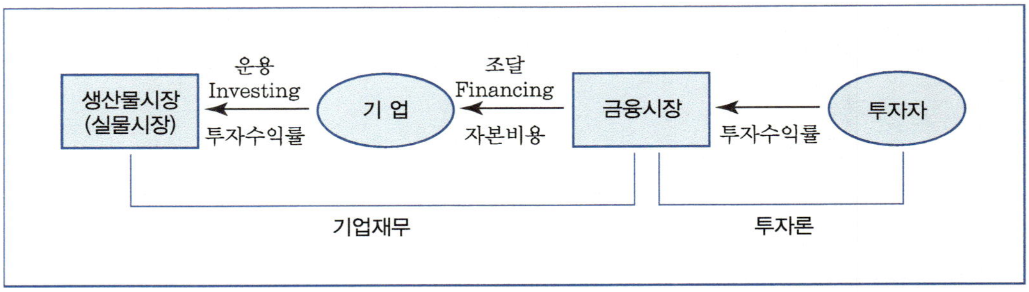

- 생산물시장 : 재화 및 서비스 시장
- 생산요소 : 노동, 토지, 자본(자금, capital)

금융시장(financial market)이란 자금의 공급자와 수요자간에 금융거래가 조직적으로 이루어지는 장소를 말한다. 여기서 장소는 재화시장처럼 특정한 지역이나 건물 등의 구체적 공간뿐 아니라 금융거래가 정보시스템 등에 의해 유기적으로 이루어지는 추상적 공간을 포함한다.

(1) 기업재무론 (corporate finance)

- 자금의 수요자인 기업의 자금흐름과 관련된 활동을 다루는 학문
- 자금의 조달 : 주식이나 채권을 발행
  ➠ 기업이 자금을 조달하면 부담하는 자본비용(cost of capital) 발생
- 자금의 투자(운용) : 실물시장(생산물시장)에 투자 (유형자산, 무형자산 등)
  ➠ 기업이 자금을 운용하면 실물투자 수익 발생

(2) 투자론(investments)

- 자금의 공급자인 투자자의 자금흐름과 관련된 활동을 다루는 학문
- 자금의 투자 : 금융시장의 금융자산에 투자
  ➠ 투자자가 자금을 투자하면 금융수익 발생
- 기업이 발행하는 주식이나 채권의 균형가격 결정
- 분산투자나 파생상품을 이용하여 주식이나 채권의 위험관리

2. 재무관리(기업재무)의 내용

재무관리를 담당하는 재무관리자(CFO :chief financial officer)는 기업에서 어떤 의사결정을 하는가? 재무관리에서 다루는 내용을 파악하기 위하여 기업의 재무상태표(statement of financial position : F/P)를 통해서 살펴보자. 재무상태표는 일정시점에서 기업의 재무상태(자산, 부채 및 자본의 구성)을 나타내는 표이다. 재무상태표는 [그림 1-2]와 같다.

기업의 자산(assets)은 재무상태표 왼쪽(차변)에 위치하며 크게 유동자산(current assets)과 비유동자산(non-current assets)으로 구분한다. 유동자산과 비유동자산의 구분은 일반적으로 1년을 기준으로 구분한다. 유동자산은 정상적인 영업활동으로 1년 이내에 현금화하는 자산이며, 비유동자산은 1년 이상의 기간 동안 기업이 사용하는 자산이다. 회계기준에서는 비유동자산으로 표기하지만 재무관리에서는 고정자산(fixed assets : FA)으로 표기한다.

[그림 1-2] 기업의 재무상태표(F/P)

F/P	
유동자산	유동부채
비유동자산	비유동부채
	자본

(1) 자금의 운용(재무상태표 차변)

- 투자결정(investment decision) : 어떤 자산에 얼마만큼 투자할 것인가?
- 재무상태표의 자산은 기업이 자금을 운용한 투자결정의 결과
- 자본예산(capital budgeting) : 고정자산의 투자에 대한 의사결정
- 순운전자본관리(working capital management) : 기업의 단기적 유동성(lquidity)에 대한 의사결정으로 CPA시험에서는 출제 제외

(2) 자금의 조달(재무상태표 대변)

- 자본조달결정 (financing) : 자금을 어떻게 조달할 것인가를 결정
- 재무상태표의 부채와 자본은 기업의 자본조달결정의 결과
- 최적자본구조(optimal capital structure) : 어떻게 자본비용을 최소화 할 것인가?
- 배당이론(dividend theory) : 주주에게 배당을 얼마나 지급할 것인가?

3. 재무관리(기업재무)의 목표

재무관리의 목표는 재무관리자(CFO)가 투자결정과 자본조달결정을 내릴 때 의사결정의 기준이 된다. 재무관리(기업재무)의 목표는 기업가치(firm value)의 극대화이며 이는 자기자본가치(주주가치)의 극대화와 동일한 목표가 된다.

(1) 기업가치의 극대화

재무관리의 목표는 기업의 가치를 극대화시키는 데에 있다. 여기서 기업가치란 재무상태표의 차변에서 보면 기업의 총자산가치를 의미하는 것이다. 따라서 기업가치(V)는 자산으로부터 벌어들일 미래 현금흐름을 현금흐름의 불확실성(위험)이 반영된 할인율(자본비용)으로 할인하여 구한 현재가치이다.

$$V = \sum_{t=1}^{\infty} \frac{CF_t}{(1+k)^t} \tag{1.1}$$

CF_t : t시점에 발생하는 현금흐름, k : 자본비용

그리고 재무상태표의 등식을 고려해서 재무상태표의 대변에서 보면 기업가치(V)는 부채가치(B)와 자기자본가치(S)의 합계로 구성된다는 것을 알 수 있다.

$$V = B + S \tag{1.2}$$

이처럼 기업가치(V)를 극대화시킨다는 목표는 기업의 소유주를 채권자와 주주로 보는 시각으로서 기업의 포괄손익계산서상의 영업이익(EBIT, earning before interest and tax)을 분석대상으로 한다.

(2) 자기자본가치의 극대화

기업가치의 극대화를 재무관리의 목표로 보는 것은 채권자와 주주 모두를 기업의 소유주로 보는 관점이다. 그러나 기업의 궁극적인 주인은 주주이기 때문에 기업은 자기자본의 가치(주주의 가치, shareholders' wealth)를 극대화를 재무관리의 목표로 할 수 있다. 채권자의 몫은 기업가치에 관계없이 일정하지만 주주의 몫은 기업가치에 따라 변동한다. 따라서 기업가치의 극대화는 곧 자기자본가치(주주의 가치)의 극대화라고 할 수 있다. 주주의 권리는 주식의 형태로 거래되므로 자기자본가치의 극대화는 곧 주식가치의 극대화(maximization of stock price)이다. 이처럼 자기자본가치(S)를 극대화시킨다는 목표는 기업의 소유주를 주주로 보는 시각이므로 기업의 포괄손익계산서상의 당기순이익(NI, net income)을 분석대상으로 한다.

(3) 이익의 극대화

이익의 극대화는 다음과 같은 문제점이 있기 때문에 재무관리의 목표라고 보기에는 어렵다.

① 이익은 회계기준이나 회계처리방법에 따라 그 크기가 달라질 수 있다.
② 이익은 화폐의 시간적 가치를 고려하지 않는다.
③ 이익은 미래의 불확실성(위험)을 고려하지 않는다.
④ 이익은 기회비용(자본비용)을 고려하지 않는다.
⑤ 이해관계자에 따라 이익의 개념이 모호하다.

또한 이익의 극대화는 기업가치의 극대화의 목표와 상충될 수도 있다. 예를 들어 물가상승 시에 재고자산의 원가계산방법을 평균법에서 선입선출법으로 변경하면 이익은 증가하지만 법인세가 증가하여 미래현금흐름의 현재가치가 감소하므로 기업가치는 감소한다.

예제 1-1

미래기업의 기초 재무상태표와 기말 손익계산서는 다음과 같다. (단위 : 억원)

재무상태표

자 산	100	부 채	50
		자 본	50

손익계산서

매출	80
−영업비용	64
영업이익	16
−이자비용	5
당기순이익	11

기초시점의 자산총액은 100억원이고 부채는 50억원(이자율 10%)이다. 단, 법인세는 없다고 가정한다.

(1) 재무관리자(또는 경영자)의 재무관리 목표가 기업가치극대화인 경우 기업가치평가를 위한 현금흐름을 분석하기 위한 이익은 얼마인가?
(2) 재무관리자(또는 경영자)의 재무관리 목표가 자기자본가치극대화인 경우 기업가치평가를 위한 현금흐름을 분석하기 위한 이익은 얼마인가?

풀이

(1) 기업가치(V)를 극대화시킨다는 목표는 기업의 소유주를 채권자와 주주로 보는 시각으로서 기업의 영업이익 16억원이 분석대상이다.

(2) 자기자본가치(S)를 극대화시킨다는 목표는 기업의 소유주를 주주로 보는 시각으로서 기업의 당기순이익 11억원이 분석대상이다.

4. 투자론의 기능 및 목표

투자론은 투자자의 관점에서 주식 또는 채권 등 증권투자의 문제를 다루는 영역으로 투자론의 기능은 증권의 '균형가격결정' 및 증권의 '위험관리'로 구분된다.

(1) 투자론의 목표

투자론의 목표는 투자자 효용을 극대화하는 데에 있다. 위험(risk)은 미래 현금흐름의 변동가능성으로 합리적 투자자는 위험을 싫어한다. 합리적 투자자인 위험회피형 투자자의 효용(Utility)은 기대수익이 커지면 효용이 커지며, 위험이 증가하면 효용은 감소한다. 따라서 투자자의 효용을 극대화하기 위해서는 기대수익을 최대화하거나 투자위험을 최소화하여야 한다.

$$\text{Utility} = f(\text{기대수익}(+),\ \text{위험}(-)) \tag{1.3}$$

위험을 싫어하는 위험회피형 투자자는 미래현금흐름의 불확실성이 커질수록 위험부담에 대한 대가로 더욱 많은 수익을 요구하는데, 이를 위험프리미엄(RP: risk premium)이라고 한다. 위험프리미엄은 위험이 클수록 또 위험회피성향이 강할수록 더 커진다. 따라서 위험이 큰 투자대상에 투자하는 투자자는 높은 수익률을 기대하며, 위험이 작은 투자대상에 투자하는 투자자는 낮은 수익률을 기대하는데 이를 위험-수익의 상충관계(risk-return trade-off)라고 한다.

(2) 균형가격

증권의 균형가격은 미래현금흐름을 적절한 할인율(균형수익률)로 계산한 현재가치이다. 따라서 증권의 시장가격이 균형가격과 같으면 증권가격은 균형상태이며, 다르면 불균형상태이다. 증권의 시장가격이 균형가격보다 작으면 증권시장가격은 과소평가되어 있으므로 투자자들은 증권을 매수(long position)할 것이며 향후 시장가격은 상승하여 시장가격이 균형가격과 같아지는 균형상태가 된다. 반대로, 증권의 시장가격이 균형가격보다 크면 증권시장가격은 과대평가되어 있으므로 투자자들은 증권을 매도(short position)할 것이며 향후 시장가격은 하락하여 시장가격이 균형가격과 같아지는 균형상태가 된다.

(3) 위험관리

위험관리(risk management)는 투자자가 적절한 기법을 이용해서 자신의 투자목적에 따라 위험을 관리하는 것으로 포트폴리오를 이용한 위험관리와 파생상품을 이용한 위험관리로 구분된다. 포토폴리오는 여러 개의 개별증권이 모인 것으로 포트폴리오를 이용한 위험 감소를 위험분산효과라고 한다. 선물, 옵션, 스왑 등 파생상품을 이용한 위험관리는 헤지와 레버리지로 구분된다. 헤지(hedge)는 위험을 제거하거나 감소시키는 효과를 말하며, 레버리지(leverage)는 위험의 크기를 더 크게 만드는 효과를 말한다.

제 2 절 금융시장

1. 금융시장의 기능

금융거래가 성립되기 위해서는 이를 매개하는 수단이 필요한데 이를 금융상품 또는 금융자산(financial instruments)이라고 한다. 금융상품은 현재 또는 미래의 현금흐름에 대한 청구권을 나타내는 증서이다. 그 예로는 예금, 채권, 주식 등이 있다.

금융거래는 중개기관의 개입 여부에 따라 직접금융거래와 간접금융거래로 나눈다. 직접금융거래는 자금수요자가 자기명의로 증권을 발행하고 자금공급자가 이를 매입함으로써 자금이 당사자 사이에서 직접 거래되는 형태를 의미한다. 간접금융거래는 은행 등과 같은 금융중개기관을 통하여 자금공급자에게서 자금수요자로 자금이 이전되는 거래이다. 직접금융거래수단으로는 주식, 채권 등이 대표적이며 간접금융거래수단에는 예금, 대출 등이 있다.

2. 금융시장의 구조

금융시장은 크게 직접금융시장과 간접금융시장으로 나눌 수 있으며 직접금융시장은 다시 거래되는 금융상품의 만기(통상 1년)를 기준으로 단기금융시장과 자본시장으로 구분된다. 금융시장을 거래규칙의 표준화 여부에 따라 장내시장과 장외시장으로, 금융상품의 신규발행 여부에 따라 발행 시장과 유통시장으로 구분하기도 한다.

단기금융시장은 통상 만기 1년 이내의 금융상품이 거래되는 시장으로 참가자들이 일시적인 자금수급의 불균형을 조정하는 시장이다. 콜시장, 환매조건부매매시장, 양도성예금증서시장, 기업어음시장, 전자단기사채시장 등이 이에 해당된다.

자본시장은 장기금융시장이라고도 하며 주로 금융기관, 기업 등이 만기 1년 이상의 장기자금을 조달하는 시장으로 주식시장과 채권시장 등이 여기에 속한다.

자본시장은 발행시장(또는 1차 시장, primary market)과 유통시장(또는 2차 시장, secondary market)으로 나뉜다. 발행시장은 증권이 자금 수요자에 의해 최초로 발행되는 시장이며 유통시장은 이미 발행된 증권이 투자자들 사이에서 매매되는 시장이다. 증

[그림 1-3] 금융시장의 구조

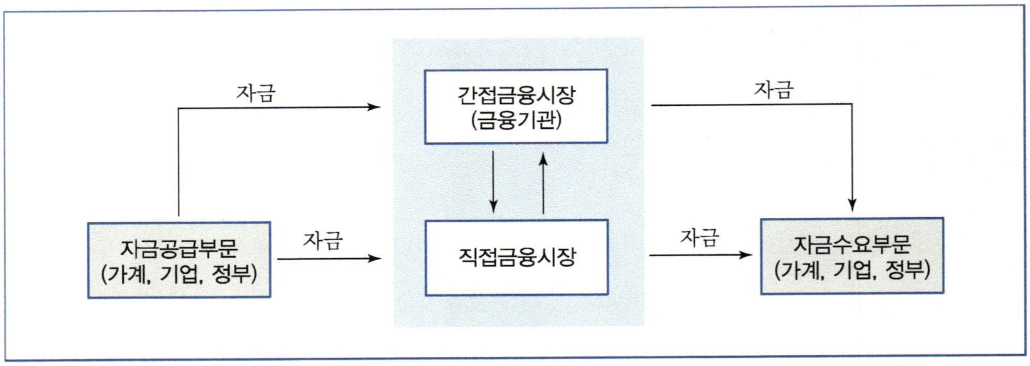

권 투자자는 채권을 발행시장에서 인수하거나 유통시장에서 매입할 수 있다.

3. 금융시장의 법칙

(1) 현재가치와 미래가치의 현금흐름

현재가치의 현금흐름과 미래가치의 현금흐름은 반대흐름이어야 한다. 현재시점의 현금흐름이 유출이면 미래시점의 현금흐름은 유입이 되어야 하며 그 크기에 따라 투자수익률이 결정된다. 예를 들면 현재시점에서 100이 유출되고 1년 후에 110이 유입된다면 투자수익률은 10%이다. 자본시장의 투자수익률은 채권수익률(bond yield)과 주식수익률(stock return)로 구분된다.

현재시점의 현금흐름이 유입이면 미래시점의 현금흐름은 유출이 되어야 하며 그 크기에 따라 자본비용이 결정된다. 예를 들면 현재시점에서 100이 유입되고 1년 후에 110이 유출 된다면 자본비용은 10%이다. 자본비용(cost of capital; k)은 기업이 자본을 조달하는 것과 관련하여 부담하는 비용이다.

회계에서는 재무상태표의 재무상태를 자산, 부채, 자본으로 구분하지만, 재무관리에서는 자금의 운용과 조달을 구분하기 위하여 총자본(capital), 타인자본(debt), 자기자본(equity)로 구분한다. 따라서 채권자에게 조달한 자금의 자본비용을 타인자본비용(cost of debt: k_d)이라고 하며, 주주에게 조달한 자금의 자본비용을 자기자본비용(cost of equity: k_e)이라고 한다.

(2) 제로섬게임(Zero-sum game)

제로섬게임(zero-sum game)은 한쪽의 이득과 다른 쪽의 손실을 더하면 제로(0)가 되는 게임을 일컫는 말로 금융시장에도 적용된다. 즉, 증권투자를 한 투자자의 수익과 금융시장에서 자금을 조달한 기업의 비용을 더하면 0이 되어야 한다. 따라서 동일한 증권에 대해서 투자자의 투자수익률과 기업의 자본비용은 일치하여야 한다.

예를 들어 현재시점에서 투자자가 기업에게 100을 투자하고 1년 후에 110을 받는다면 투자자와 기업의 현금흐름은 다음과 같다.

	현재시점	1년 후
투자자의 현금흐름	−100	+110
기업의 현금흐름	+100	−110

이 경우 투자자의 투자수익률은 10%이며, 기업의 자본비용도 10%가 된다.

이를 증권별로 적용하면 다음과 같이 정의할 수 있다.

- 주식 투자자의 수익률＝기업의 자기자본비용(k_e)
- 채권 투자자의 수익률＝기업의 타인자본비용(k_d)

(3) High risk-High return

위험-수익의 상충관계(risk-return trade-off)에 따라 위험이 큰 증권일수록 투자수익률이 더 커야 한다. 따라서 주식의 위험이 채권의 위험보다 크기 때문에 주식의 투자수익률이 채권의 투자수익률 보다 더 크다. 주식 투자자의 수익률은 기업의 자기자본비용(k_e)와 일치하고 채권 투자자의 수익률은 기업의 타인자본비용(k_d)과 일치하므로 기업의 자기자본비용은 타인자본비용보다 더 커야 한다.

예를 들어 현재시점에서 투자자가 기업에게 100을 채권투자하고 1년 후에 110을 받고, 100을 주식투자하고 1년 후에 120을 받는다면 투자자와 기업의 현금흐름은 다음과 같다.

	현재시점	1년 후
채권 투자자의 현금흐름	−100	+110
주식 투자자의 현금흐름	−100	+120
기업의 현금흐름	+200	−230

이 경우 투자자의 채권 투자수익률과 기업의 타인자본비용은 10%가 되며, 투자자의 주식 투자수익률과 기업의 자기자본비용은 20%가 된다.

기업재무관점에서 보면 부채로 조달한 자금 100의 자본비용은 10%이고 자기자본으로 조달한 자금 100의 자본비용은 20%이므로 기업이 조달한 자금 200의 평균자본비용은 15%가 된다. 이처럼 타인자본비용과 자기자본비용을 평균한 자본비용을 가중평균자본비용(wacc: weighted average cost of capital)이라고 하며, 이는 기업가치(V)를 계산하기 위하여 기업의 자산으로부터 벌어들일 미래 현금흐름을 할인할 때 사용하는 할인율이 된다.

연습문제 1-1

(1) 재무관리의 목표에 관한 설명으로 가장 적절한 것은?

① 배당수익률 극대화
② 고객가치 극대화
③ 주당순이익 극대화
④ 내부수익률 극대화
⑤ 자기자본가치 극대화

(2) 회계적 이익의 극대화는 재무관리의 목표로서 적당하지 않다. 그 이유에 대한 설명 중 옳지 않은 것은?

① 회계적 이익은 적용하는 회계방법에 따라 달라질 수 있다.
② 회계적 이익은 경영자의 이해를 반영하지 않는다.
③ 회계적 이익은 가치 비용을 고려하지 않는다.
④ 회계적 이익은 미래수익의 시간성을 무시한다.
⑤ 회계적 이익은 미래수익의 불확실성을 고려하지 않는다.

해설

(1) 재무관리의 목표 = 기업가치의 극대화 = 자기자본가치의 극대화

재무관리의 목표는 기업가치를 극대화하는 데에 있으며 이를 달성하기 위해서는 가장 저렴한 자본 비용으로 자금을 조달하여 이를 가장 수익성이 높은 수익성이 높은 투자안에 투자하는 것이다.
기업가치가 부채와 자기자본의 합계로 이루어지는데 부채의 가치가 일정한 상수값을 갖는다면 기업가치의 극대화는 결국 자기자본가치의 극대화로 귀결된다.

정답: ⑤

(2) 경영자는 회계적 이익의 기준으로 보상을 받기 때문에 전문경영자의 이해를 반영한다.

정답: ②

연습문제 1-2

다음의 행동이 기업가치의 극대화를 위한 적절한 행동인지 평가하시오.

(1) 여유현금 94만원으로 만기 1년, 액면가 100만원인 국가발행 무이표채를 구입하는 대신 연금리 6%에 반기마다 이자를 지급하는 예금에 1년간 예치했다.

(2) 물품구입대금 950만원을 당장 지급하는 대신 향후 3년간 연간 6%의 이자를 지급하는 예금에 예치하고 1년 후부터 3년간 매년 350만원씩 지급하기로 했다.

(3) 인플레이션율이 높아지는 상황에서 재고자산에 대한 회계방식을 선입선출법(FIFO)에서 평균법으로 변경했다.

해설

(1) 국채수익률 $= \dfrac{100}{94} - 1 = 6.38\%$

예금수익률 $= (1 + \dfrac{0.06}{2})^2 - 1 = 6.09\%$

국채수익률이 예금수익률보다 크기 때문에 적절한 행동이 아니다.

(2) 할부금 현재가치 $= \sum_{t=1}^{3} \dfrac{350}{(1.06)^t} =$ 936만원

매년 350만원씩 지급하는 것의 현재가치기 936만원으로 950만원보다 작기 때문에 적절한 행동이다.

(3) 물가상승시에 평균법으로 회계변경을 하면 매출원가가 증가하여 이익은 감소한다.
그러나 법인세가 감소하여 미래현금흐름의 현재가치가 증가하므로 기업가치는 증가한다.
따라서 평균법으로 회계변경을 한 것은 적절한 행동이다.

제 2 장 화폐의 시간가치

제 1 절 화폐의 시간가치

투자결정은 현재시점에서 이루어지나 그에 따른 현금흐름은 미래의 여러 기간에 걸쳐서 발생한다. 동일한 금액이라 하더라고 실현되는 시점의 차이에 따라 현금흐름의 가치는 다르게 된다. 따라서 정확한 재무의사결정을 위해서는 화폐의 시간가치를 고려하여야 한다.

1. 화폐의 시간가치

(1) 유동성선호

사람들은 미래의 1억원보다 현재의 1억원을 더 선호하는데 이를 유동성선호(liquidity preference)라고 한다. 사람들이 미래의 현금보다 현재의 현금을 선호하는 이유는 다음과 같다.

① 소비에 대한 시차선호

소비자들은 미래소비보다는 현재소비를 더 선호한다.

② 투자기회 (자본의 생산성)

현재의 현금흐름은 투자를 통하여 미래에 더욱 큰 현금흐름을 가져올 수 있다.

③ 인플레이션

미래의 현금흐름은 인플레이션 발생에 따른 구매력 감소의 가능성을 갖는다.

④ 미래의 불확실성(위험)

미래의 현금흐름은 예상대로 실현되지 않을 가능성이 있다.

(2) 이자율

사람들은 미래의 1억원보다 현재의 1억원을 더 선호하므로 현재의 1억원을 포기하는 경우에는 그에 대한 대가를 요구하며 그 대가는 이자율로 측정할 수 있다. 예를 들어 현재의 100만원을 포기하는 대신 1년 후에 115만원을 받는다면 유동성선호의 대가로 15만원을 요구하는 것이며, 1년 동안의 이자율은 15%가 된다. 따라서 이자율은 유동성 선호의 4가지 원인의 크기로 결정된다.

① **실질이자율**(real interest rate)

소비에 대한 시차선호와 투자기회를 반영하여 결정된 이자율을 실질이자율이라고 한다.

② **명목이자율**(nominal interest rate) **또는 무위험이자율**(risk-free interest rate)

실질이자율에 기대인플레이션을 반영하여 결정된 이자율을 명목이자율이라고 하며, 미래의 불확실성에 따른 위험이 반영되지 않은 이자율이므로 무위험이자율이라고 한다.

③ **기대수익률**(expected return) **또는 위험조정이자율**(risk-adjusted interest rate)

무위험이자율에 미래의 불확실성에 따른 위험을 반영한 이자율을 기대수익률 또는 위험조정이자율이라고 한다. 기대수익률은 무위험이자율에 위험에 대가를 가산하여 결정하는데 이때 그 대가를 위험프리미엄(RP: risk premium)이라고 한다.

$$\text{기대수익률}(R) = \text{무위험이자율} + \text{위험프리미엄}(RP)$$
$$\text{무위험이자율}(R_f) = \text{실질이자율} + \text{기대인플레이션}$$
$$\text{실질이자율}(r) = \text{소비의 시차선호} + \text{투자기회}$$

예를 들어 기대수익률 = 15%, 무위험이자율 = 10%, 실질이자율 = 7%라고 가정하면 사람들은 금융시장에서 소비에 대한 시차선호와 투자기회에 대한 대가로 7%, 인플레이션에 대한 대가로 3%, 위험에 대한 대가로 5%를 지불하고 있는 것이다.

2. 미래가치(FV)

오늘 1,000만원을 은행에 예금하면 3년 후에 얼마를 받을 수 있게 될까? 이 질문에 대답하려면 미래가치의 개념을 알아야 한다. 미래가치(future value : FV)란 현재의 일정 금액을 미래 특정시점의 가치로 환산한 금액을 말한다. 미래가치의 계산은 복리계산(compounding)과 단리계산법이 있지만, 재무관리에서의 미래가치는 복리계산으로 설명한다. 복리계산이란 복리이자를 반영하여 미래가치를 계산하는 것으로 복리이자는 이자에 대한 이자를 의미한다. 단리이자(simple interest)는 최초 투자금액에 대한 이자를 의미한다.

(1) 단일현금흐름의 미래가치

현재 투자금액을 PV, 이자율을 *R*이라고 하면 1년 후의 미래가치는 다음과 같다.

$$FV_1 = PV + PV \times R = PV(1+R)^1$$

복리계산으로 구한 2년 후의 미래가치는 다음과 같다.

$$FV_2 = PV(1+R)(1+R) = PV(1+R)^2$$

같은 방법으로 3년 후의 미래가치를 구하면 다음과 같다.

$$FV_3 = PV(1+R)^2(1+R) = PV(1+R)^3$$

은행이자율이 연 8%일 때 은행에 1,000만원을 예금하면 3년 후의 미래가치는 $1{,}000 \times (1+0.08)^3$ = 1,260만원이며, 이자수익은 260만원이다.

같은 방법으로 *n*시점의 미래가치 FV_n은 다음과 같은 식으로 계산된다.

$$FV_n = PV \times (1+R)^n \tag{2.1}$$

그리고 $(1+R)^n$은 현재 1원의 *n*시점에서의 미래가치를 나타내며, 복리이자요소(CVIF : compound value interest factor) 또는 미래가치요소(FVIF : Future Value Interest Factor)라고 한다. [부록 1]은 이자율(*R*)과 기간(*n*)별로 구분해서 복리이자요소(미래가치요소)를 표로 만든 것이다. 이 표를 보면 복리계산에 적용되는 이자율이 커질수록, 기간이 길어질수록 복리이자요소(미래가치요소)는 점점 커지는 것을 볼 수 있다. 복리이자요소(미래가치요소)를 이용하여 미래가치는 다음과 같이 구한다.

$$FV_n = PV \times CVIF_{(R,n)} = PV \times FVIF_{(R,n)} \tag{2.2}$$

예제 2-1

(1) 은행이자율이 연 8%일 때 은행에 1,000만원을 예금하고 복리로 계산하면 3년 후 후에 얼마를 받을 수 있을까?

(2) 은행이자율이 연 8%일 때 은행에 1,000만원을 예금하고 복리로 계산하면 몇 년 후에 원금의 두 배인 2,000만원을 만들 수 있나?

풀이

(1) 복리계산법에 의한 미래가치

$FV_3 = 1{,}000 \times (1.08)^3 = 1{,}260$만원

$FV_3 = 1{,}000 \times \text{CVIF}(8\%, 3) = 1{,}000 \times 1.2597 = 1{,}260$만원

(2) 복리계산법에 의한 미래가치

$FV_n = 1{,}000 \times \text{CVIF}(8\%, n) = 2{,}000$만원 ➡ $\text{CVIF}(8\%, n) = 2.0$

[부록 1]에서 CVIF (8%, n)=2.0을 찾으면 n=9년

※ The Rule of 72(72의 법칙)

복리를 전제로 자산이 2배로 늘어가는 데 걸리는 시간을 계산하는 방식

$$72 = R \times n$$

72의 법칙을 이용하여 (2)를 풀면 다음과 같다.

$72 = 8 \times n$ ➡ n=9년

72의 법칙은 이자율이 5~20% 범위를 벗어나면 오차가 커진다.

참고로 단리 계산으로 구한 2년 후의 미래가치는 다음과 같다.

$$FV_2 = PV + PV \times R + PV \times R = PV(1 + R \times 2)$$

같은 방법으로 3년 후의 미래가치를 구하면 다음과 같다.

$$FV_3 = PV + PV \times R + PV \times R + PV \times R = PV(1 + R \times 3)$$

같은 방법으로 n시점의 단리 미래가치 FV_n은 다음과 같은 식으로 계산된다.

$$FV_n = PV \times (1 + R \times n)$$

(2) 연금의 미래가치

매년 1,000만원씩 5년 동안 예금을 하면 5년 후의 미래가치는 얼마인가? 이 질문에 대답하려면 연금의 미래가치의 개념을 알아야 한다. 연금(annuity)은 동일한 금액이 미래 일정기간 동안 발생하는 현금흐름을 말한다. 매년 말에 C원씩 n년간 불입하는 현금흐름을 정상연금(ordinary annuity)라고 하며, 매년 초에 C원씩 n년간 불입하는 현금흐름을 선불연금(annuity due)이라고 한다.

먼저 정상연금의 미래가치부터 살펴보자. 올해 말에 불입한 현금 C의 n시점 미래가치는 $C(1+R)^{n-1}$이 되며, 내년 말에 불입하는 현금 C의 n시점 미래가치는 $C(1+R)^{n-2}$이 된다. 같은 방법으로 매년 말 불입한 현금 C의 미래가치의 합을 구하면 다음과 같다.

$$\begin{aligned} FV_n &= C(1+R)^{n-1}+(1+R)^{n-2}+\cdots+C(1+R)^1+C \\ &= C+C(1+R)^1+C(1+R)^2+\cdots+C(1+R)^{n-1} \end{aligned}$$

위의 식은 등비수열의 합이므로 등비수열의 합 공식을 이용하면 다음과 같이 정리할 수 있다. 첫 항이 a이고, 등비가 r인 등비수열의 합 공식은 다음과 같다.

$$a+ar+ar^2+\ldots+ar^{n-1}=\sum_{t=1}^{n} ar^{t-1}=a\frac{r^n-1}{r-1}$$

마찬가지로 첫 항이 C이고 공비가 $(1+R)$, 항의 개수가 n개인 정상연금의 미래가치는 다음과 같은 식으로 정리할 수 있다.

$$FV_n=\sum_{t=1}^{n} C(1+R)^{t-1}=C\times\left[\frac{(1+R)^n-1}{R}\right] \tag{2.3}$$

$\left[\frac{(1+R)^n-1}{R}\right]$은 매기 말 1원씩 수령하는 연금의 n시점에서의 가치를 나타내는데 이를 연금의 복리이자요소(CVIFA: CVIF for annuity) 또는 연금의 미래가치요소(FVIFA: FVIF for annuity)라고 한다. [부록 2]는 이자율(R)과 기간(n)별로 구분해서 연금의 복리이자요소(미래가치요소)를 표로 만든 것이다.

$$FV_n=\sum_{t=1}^{n} C(1+R)^{t-1}=C\times CVIFA_{(R,n)}=C\times FVIFA_{(R,n)} \tag{2.4}$$

시장이자율이 연 8%일 때 매년 1,000만원씩 5년 동안 예금을 하면 5년 후의 미래가치는 다음과 같다.

$$FV_5 = 1{,}000\text{만원} \times \left[\frac{(1+0.08)^5 - 1}{0.08}\right] = 5{,}867\text{만원}$$

$$FV_5 = 1{,}000\text{만원} \times \text{CVIFA}(8\%,5) = 1{,}000\text{만원} \times 5.8666 = 5{,}867\text{만원}$$

이 경우 투자원금이 1,000만원×5=5,000만원 이므로 투자수익은 867만원(=5,867만원 −5,000만원)이다.

매년 초에 C원씩 n년 동안 불입하는 연금을 선불연금의 경우 올해 초에 불입한 현금 C의 n시점 미래가치는 $C(1+R)^n$이 되며, 내년 초에 불입하는 현금 C의 n시점 미래가치는 $C(1+R)^{n-1}$이 된다. 같은 방법으로 매년 초 불입한 현금 C의 미래가치의 합을 구하면 다음과 같다.

$$FV_n = C \times (1+R)^n + C \times (1+R)^{n-1} + \cdots + C \times (1+R)^1$$

이러한 선불연금의 미래가치는 정상연금의 미래가치에 $(1+R)$을 곱한 값과 같다는 것을 알 수 있다. 따라서 선불연금의 미래가치는 정상연금의 미래가치보다 $(1+R)$만큼 크다.

$$FV_n^{\text{선불연금}} = FV_n^{\text{정상연금}} \times (1+R) \tag{2.5}$$

예제 2-2

(1) 은행이자율이 연 8%일 때 5년 동안 매년 말에 은행에 100만원을 예금하면 5년 후에 얼마를 받을 수 있을까? 5년 동안 총 이자수익은 얼마인가?

(2) 은행이자율이 연 8%일 때 5년 동안 매년 초에 은행에 100만원을 예금하면 5년 후에 얼마를 받을 수 있을까?

(3) KIMCPA는 20년 후에 은퇴할 예정이다. 20년 후 기준으로 은퇴자금이 10억원 필요할 것으로 예상된다면 A는 매년 초 저축해야 하는 금액은 얼마인가? 이자율은 연 8%라고 가정한다.

풀이

(1) 정상연금의 미래가치

$FV_5 = 100 \times \frac{1.08^5 - 1}{0.08} = 587$만원

$FV_5 = 100 \times CVIFA(8\%,5) = 100 \times 5.8666 = 587$만원

총 이자수익$= 587 - 100 \times 5 = 87$만원

(2) 선불연금의 미래가치

$FV_5 = 587 \times (1.08)^1 = 634$만원

총 이자수익$= 634 - 100 \times 5 = 134$만원

(3) 선불연금의 미래가치

100,000만원$= C \times CVIFA(8\%,20) \times 1.08 = C \times 45.762 \times 1.08$

➟ $C = 2{,}023$ 만원

3. 현재가치(PV)

(1) 단일현금흐름의 현재가치

오늘의 1,000만원은 3년 후의 얼마와 동등한가? 이 질문에 대답하려면 현재가치의 개념을 알아야 한다. 현재가치(PV: present value)란 미래에 발생하는 현금흐름을 현재시점의 가치로 환산한 값을 말한다. 유동성 선호 때문에 오늘의 1원은 내일의 1원보다 더 큰 가치를 갖는다.

현재가치를 위한 공식은 미래가치의 계산식인 식 (2.1)로부터 도출한다. 식 (2.1)을 변형하면 다음과 같이 현재가치를 구하는 공식이 된다.

$$FV_n = PV \times (1+R)^n \;\; ➟ \;\; PV = \frac{FV_n}{(1+R)^n}$$

$$PV = \frac{FV_n}{(1+R)^n} = FV_n \times (1+R)^{-n} \qquad (2.6)$$

$\frac{1}{(1+R)^n}$은 n시점에서 발생할 1원의 현재가치를 나타내는데 이를 현가이자요소(PVIF: present value interest factor) 또는 현가요소(PVF: present value interest factor)라고

한다. [부록 4]는 이자율(R)과 기간(n)별로 구분해서 현가이자요소(현가요소)를 표로 만든 것이다. 이 표를 보면 할인에 적용되는 이자율(할인율)이 커질수록, 기간이 길어질수록 현재가치요소(현가요소)는 점점 작아지는 것을 볼 수 있다. 현가이자요소(현가요소)를 이용하여 현재가치는 다음과 같이 구한다.

$$PV = FV_n \times PVIF_{(R,n)} \tag{2.7}$$

(2) 연금의 현재가치

매년 1,000만원씩 5년 동안 지급하는 금융상품의 현재가격은 얼마인가? 이 질문에 대답하려면 연금의 현재가치의 개념을 알아야 한다. 먼저 정상연금의 현재가치부터 살펴보자. 올해 말에 지급하는 현금 C의 현재가치는 $\frac{C}{(1+R)}$가 되며, 2년 후에 지급하는 현금 C의 현재가치는 $\frac{C}{(1+R)^2}$가 된다. 같은 방법으로 매년 말 지급하는 현금 C의 현재가치의 합을 구하면 다음과 같다.

$$PV = \frac{C}{(1+R)^1} + \frac{C}{(1+R)^2} + \cdots + \frac{C}{(1+R)^n} = \sum_{t=1}^{n} \frac{C}{(1+R)^t}$$

연금의 현재가치를 위한 공식은 연금의 미래가치의 계산식인 식 (2.3)과 식 (2.6)으로부터 도출할 수 있다. 식 (2.3)을 변형하면 다음과 같이 연금의 현재가치를 구하는 공식이 된다.

$$FV_n = C \times \left[\frac{(1+R)^n - 1}{R} \right] \;\Rightarrow\; PV = \frac{FV_n}{(1+R)^n} = C \times \frac{(1+R)^n - 1}{R \times (1+R)^n}$$

$$PV = \sum_{t=1}^{n} \frac{C}{(1+R)^t} = C \times \frac{(1+R)^n - 1}{R \times (1+R)^n} = C[\frac{1}{R} - \frac{1}{R(1+R)^n}] \tag{2.8}$$

$\left[\frac{(1+R)^n - 1}{R(1+R)^n} \right]$은 매기 말 1원씩 n년간 지급되는 연금의 현재가치를 나타내는데 이를 연금의 현가요소(PVIFA: PVIF for annuity)라고 한다. [부록 5]는 이자율(R)과 기간(n)별로 구분해서 연금의 현가요소를 표로 만든 것이다. 연금의 현가요소를 이용하여 연금의 현재가치는 다음과 같이 구한다.

$$PV = \sum_{t=1}^{n} \frac{C}{(1+R)^t} = C \times PVIFA_{(R,n)} \tag{2.9}$$

시장이자율이 연 8%일 때 매년 1,000만원씩 5년 동안 지급하는 금융상품의 현재가치는 다음과 같다.

$$PV = 1{,}000\text{만원} \times \left[\frac{(1+0.08)^5 - 1}{0.08 \times (1+0.08)^5} \right] = 3{,}993\text{만원}$$

$$PV = 1{,}000\text{만원} \times \text{PVIFA}(8\%,5) \ = \ 1{,}000\text{만원} \times 3.9927 \ = \ 3{,}993\text{만원}$$

이 경우 지급받는 금액이 1,000만원×5=5,000만원 이므로 투자수익은 1,007만원(=5,000만원−3,993만원)이다.

이제 선불연금의 현재가치를 살펴보자. 올해 초에 지급하는 현금 C의 현재가치는 C가 되며, 내년 초에 지급하는 현금 C의 현재가치는 $\frac{C}{(1+R)^1}$가 된다. 같은 방법으로 매년 초 지급하는 현금 C의 현재가치의 합을 구하면 다음과 같다.

$$PV = \frac{C}{(1+R)^0} + \frac{C}{(1+R)^1} + \cdots + \frac{C}{(1+R)^{n-1}} = \sum_{t=1}^{n} \frac{C}{(1+R)^{t-1}}$$

이러한 선불연금의 현재가치는 정상연금의 현재가치에 (1+R)을 곱한 값과 같다는 것을 알 수 있다. 따라서 선불연금의 현재가치는 정상연금의 현재가치보다 (1+R)만큼 크다.

$$PV^{\text{선불연금}} = PV^{\text{정상연금}} \times (1+R) \tag{2.10}$$

예제 2-3

(1) 연 8%일 때 5년 동안 매년 말에 리스료를 100만원씩 지급하는 리스부채의 현재가치는 얼마인가? 또한 매년 초에 수령하는 리스부채의 가치는 얼마인가?

(2) KIMCPA는 5년, 6년, 7년 후에 각각 2,000만원이 필요하다. 이를 위하여 오늘 예금해야 하는 금액은 얼마인가? 적정 이자율은 9%이다.

(3) KIMCPA는 모기지 대출을 받아 10억원 상당의 아파트를 구입하려고 한다. 3억원을 아파트 구입 시 현금으로 지불하고 남은 금액을 20년 만기 연 8%의 이자율로 대출받을 예정이다. 아파트 구입 후 1년 후부터 매년 지불해야 하는 금액은 얼마인가?

풀이

(1) 연금의 현재가치

정상연금 $PV = 100 \times \text{PVIFA}(8\%,\ 5) = 100 \times 3.9927 = 399$만원

선불연금 $PV = 100 \times 3.9927 \times 1.08 = 431$만원

(2) 연금의 현재가치

$PV = 2{,}000 \times \text{PVIFA}\ (9\%,\ 3) \times \text{PVIF}(9\%,\ 4)$

$= 2{,}000 \times 2.5313 \times 0.7084 = 3{,}586$만원

(3) 단일현금흐름과 연금의 현재가치

$100{,}000 = 30{,}000 + C \times \text{PVIFA}(8\%,\ 20) = 30{,}000 + C \times 9.8182$

➡ $C = 7{,}130$만원

(3) 영구연금의 현재가치

매년 100만원 씩 계속해서 영원히 지급하는 금융상품의 현재가격은 얼마인가? 이 질문에 대답하려면 영구연금의 현재가치의 개념을 알아야 한다. 영구연금(perpetuity)이란 매 기간 일정금액을 영속적으로 지급하는 현금흐름을 말한다. 영구연금의 현재가치 P_0는 연금의 현재가치공식 $PV = C\left[\dfrac{1}{R} - \dfrac{1}{R(1+R)^n}\right]$에 n을 무한대로 하면 다음과 같이 구할 수 있다.

$$\begin{aligned} PV &= \frac{C}{(1+R)^1} + \frac{C}{(1+R)^2} + \frac{C}{(1+R)^3} + \cdots = \sum_{t=1}^{\infty} \frac{C}{(1+R)^t} \\ &= \frac{C}{R} \end{aligned} \tag{2.11}$$

즉, 영구연금의 현재가치는 매년 말 동일한 금액 C를 이자율 R로 나누면 된다. 시장이자율이 연 8%일 때 매년 100만원씩 지급하는 금융상품의 현재가격은 다음과 같다.

$$PV = \frac{100\text{만원}}{0.08} = 1{,}250\text{만원}$$

(4) 고정성장형 영구연금의 현재가치

올해 말에 100만원을 지급하고, 매년 3%씩 늘려서 계속해서 영원히 지급하는 금융상품의 현재가격은 얼마인가? 이 질문에 대답하려면 고정성장형 영구연금의 현재가치의 개념을 알아야 한다. 고정성장형 영구연금(growing perpetuity)이란 현금흐름이 영구적으로 발생하는 점에서는 영구연금과 유사하나. 매 기간 발생하는 현금흐름이 일정성장률(g)로 증가하는 점이 다르다.

고정성장형 영구연금의 현재가치 PV는 초항이 $\frac{C}{(1+R)}$, 공비가 $\frac{(1+g)}{(1+R)}$인 무한등비급수의 합계로 다음과 같이 구할 수 있다.

$$
\begin{aligned}
PV &= \frac{C}{(1+R)^1} + \frac{C(1+g)}{(1+R)^2} + \frac{C(1+g)^2}{(1+R)^3} + \cdots \\
&= \frac{C}{R-g} \qquad (2.12)
\end{aligned}
$$

그런데 이때 무한등비급수의 합이 유한한 값이 되기 위해서는 $\frac{(1+g)}{(1+R)}$이 1보다 작아야 하므로 $R > g$의 관계가 성립하여야 한다. 즉 연금의 성장률은 할인율보다 작아야 한다. 만약 $R \leq g$이면 무한등비급수의 합은 무한대가 된다.

예제 2-4

(1) K기업의 1년도 말에 기대되는 주당배당금은 3,000원이며, 앞으로 영구적으로 2%의 성장을 할 것이다. 이 주식의 요구수익률이 10%라면, 이 주식의 이론적 가격은 얼마인가?

(2) 이자율이 5%일 때, 1년 후부터 매년 3억 원의 장학금을 영구히 지급하고자 하는 장학재단은 현 시점에서 얼마의 기금을 조성해야 하는가?

(3) (2)에서 장학재단이 매년 연평균 물가상승률 2%만큼 증액하여 지급한다면 현 시점에서 얼마의 기금을 조성해야 하는가?

(4) 이자율이 5%일 때, 3년 후부터 매년 3억 원의 장학금을 영구히 지급하고자 하는 장학재단은 현 시점에서 얼마의 기금을 조성해야 하는가?

풀이

(1) 주식의 균형가격

고정성장 영구연금: $PV = 3{,}000 \div (0.10 - 0.02) = 37{,}500$원

(2) 영구연금

$PV = 3$억 $\div 0.05 = 60$억

(3) 고정성장 영구연금

$PV = 3$억 $\div (0.05 - 0.02) = 100$억

(4) 영구연금

$FV_2 = 3$억 $\div 0.05 = 60$억 ➡ $PV = \dfrac{60}{(1.05)^2} = 54.42$억

4. 연 2회 이상 이자율을 계산하는 경우

(1) 실효이자율과 표시이자율

지금까지 복리계산에서는 이자가 1년에 한 번 지급된다고 가정하였다. 만일 이자가 1년에 2회 이상 지급되거나 2회 이상 이자계산이 행해질 때 미래가치와 현재가치를 구하기 위해서는 실효이자율의 개념을 알아야 한다.

실효이자율(effective annual rate : EAR, R_e)은 1년 내에서 이자의 재투자를 전제로 복리로 계산하여 1년 단위로 산출한 이자율을 말하며, 유효이자율이라고도 한다.

표시이자율(stated interest rate, R_s)은 1년 내에서 이자의 재투자 효과를 고려하지 않은 단리로 계산하여 1년 단위로 산출한 이자율을 말하며, 연 단위표시이자율(annual percentage rate, APR) 또는 명목이자율(nominal interest rate)이라고도 한다.

이자계산횟수가 연 2회 이상일 때에 금융시장에서는 표시이자율로 표시하고 있어서 복리계산을 반영한 금액을 계산하기 위해서 표시이자율을 실효이자율로 변환할 필요가 있다. 연 이자계산횟수가 m회인 경우 실효이자율(R_e)은 다음과 같이 산출된다.

$$R_e = \left(1 + \frac{R_s}{m}\right)^m - 1 \qquad (2.13)$$

(2) 이자지급횟수와 복리계산

이자계산횟수가 1년에 m회 행해질 때 n년 후의 미래가치는 다음과 같이 계산한다.

$$FV_n = PV\left(1+\frac{R_s}{m}\right)^{m \cdot n} \tag{2.14}$$

위의 식에서 이자계산횟수가 m이 유한한 경우 이를 이산복리(discrete compounding)라고 하며, m이 무한한 경우 이를 연속 복리(continuous compounding)하고 한다.

연속 복리의 미래가치는 다음과 같다.

$$FV_n = \lim_{m \to \infty} PV\left(1+\frac{R}{m}\right)^{m \cdot n} = PV \lim_{m \to \infty}\left(1+\frac{R}{m}\right)^{m \cdot n}$$

이때 $\frac{m}{R}=x$로 놓으면 위의 식은 다음과 같이 표현된다.

$$FV_n = PV \lim_{x \to \infty}\left(1+\frac{1}{x}\right)^{x \cdot R \cdot n}$$

자연 상수 $e=\lim_{x \to \infty}\left(1+\frac{1}{x}\right)^{x}$을 이용하여 위의 식을 변형하면 다음과 같다.

$$FV_n = PV \cdot e^{R \cdot n} \tag{2.15}$$

e는 자연로그의 밑수로서 2.71828…의 값을 갖는다.

예제 2-5

(1) 연 12%의 이자율로 이자가 연 2회 지급되면 실효이자율은 얼마인가?
(2) 연 12%의 이자율로 이자가 연 4회 지급되면 실효이자율은 얼마인가?
(3) (1)의 조건으로 100만원을 1년 동안 투자하면 1년 후 받는 금액은 얼마인가?
(4) (2)의 조건으로 100만원을 1년 동안 투자하면 1년 후 받는 금액은 얼마인가?
(5) (1)의 조건으로 100만원을 3년 동안 투자하면 3년 후 받는 금액은 얼마인가?

풀이

(1) 이자계산이 1년에 2회 이루어지는 경우 실효이자율

$$R_e = (1+\frac{0.12}{2})^2 - 1 = 0.1236(12.36\%)$$

(2) 이자계산이 1년에 4회 이루어지는 경우 실효이자율

$$R_e = (1+\frac{0.12}{4})^4 - 1 = 0.1255(12.55\%)$$

(3) 이자계산이 1년에 2회 이루어지는 경우 1년 후 미래가치

$$FV_1 = 100 \times (1+\frac{0.12}{2})^2 = 100 \times 1.1236 = 112.36\text{만원}$$

(4) 이자계산이 1년에 4회 이루어지는 경우 1년 후 미래가치

$$FV_1 = 100 \times (1+\frac{0.12}{4})^4 = 100 \times 1.1255 = 112.55\text{만원}$$

(5) 이자계산이 1년에 2회 이루어지는 경우 3년 후 미래가치

$$FV_3 = 100 \times (1+\frac{0.12}{2})^{2\times 3} = 100 \times (1.1236)^3 = 141.85\text{만원}$$

(3) 이산복리의 현재가치

이자계산이 1기간에 m회 이루어지는 경우 현재가치는 다음과 같이 구한다.

$$PV = FV_n \times PVIF(\frac{R_S}{m}, mn) \tag{2.16}$$

매회 C원씩 1기간에 m회, n년 동안 불입하는 정상연금의 현재가치는 다음과 같이 구한다.

$$PV = C \times PVIFA(\frac{R_S}{m}, mn) \tag{2.17}$$

(4) 연속복리의 현재가치

이자계산횟수가 m이 무한한 경우 현재가치는 식 (2.15)를 변형하면 다음과 같다.

$$FV_n = PV \cdot e^{R \cdot n} \Rightarrow PV = FV_n \cdot e^{-R \cdot n}$$

예제 2-6

(1) (주)미래는 액면금액 100,000원인 회사채(표시이자율 8%, 이자지급일 매년 6월 30일과 12월 31일 연 2회 지급, 만기 20×2년 12월 31일)를 20×1년 1월 1일에 발행하였다. 회사채에 적용된 시장이자율이 연 10%이면 사채 발행금액은 얼마인가?

(2) B채권은 만기가 5년이며 액면이자율이 6.2%이고 분기별로 이자를 지급한다. 현재 이 채권은 액면가와 동일한 가격으로 거래되고 있다. 이 채권에 대한 실효이자율effective rate of interest)은 얼마인가?

풀이

(1) 이자계산횟수가 연 2회인 경우

액면금액 100,000원 채권의 현재가격

PV=4,000×PVIFA (5%, 4) + 100,000×PVIF (5%, 4)

=4,000×3.5459 + 100,000×0.8227=96,454원

(2) 이자계산횟수가 연 4회인 경우

실효이자율(R_e) $=(1+\frac{0.062}{4})^4-1=6.34\%$

5. 연평균이자율

투자가 여러 기간에 걸쳐 지속되는 경우 연평균수익률을 이용하여 투자성과를 분석한다. 연평균수익률은 계산방법에 따라 산술평균수익률, 기하평균수익률, 그리고 내부수익률 등으로 분류할 수 있다. 첫 번째 해의 수익률을 ${}_0R_1$, 두 번째 해의 수익률을 ${}_1R_2\cdots$ n번째 해의 수익률을 ${}_{n-1}R_n$라고 하자.

(1) 산술연평균수익률

산술평균은 n개의 변수의 산술평균은 변수들의 총합을 변수의 개수 n으로 나눈 값으로 기하평균보다 크거나 같다는 특징이 있다. 산술연평균수익률은 각 단일기간의 수익률을 구하여 단순히 산술평균한 것으로 재투자과정을 고려하지 않고 계산한 것이다.

$$\text{산술연평균수익률}=({}_0R_1 + {}_1R_2 + \cdots + {}_{n-1}R_n)\div n \tag{2.18}$$

(2) 기하연평균수익률

기하평균은 n개의 양수가 있을 때, 이들 수의 곱의 n제곱근 값이다. 각 단일기간의 (1+수익률)을 기하평균을 계산한 후 1을 뺀 값으로 매기의 단일기간 수익률로 재투자하여 복리로 가치가 증식되는 효과를 반영한 것이다.

$$\text{기하연평균수익률} = [(1+{}_0R_1) \times (1+{}_1R_2)\times\cdots\times(1+{}_{n-1}R_n)]^{1/n}-1 \qquad (2.19)$$

(3) 내부수익률(IRR)

내부수익률(internal rate or return: IRR)은 미래에 발생하는 투자수익의 현가와 투자비용의 현가를 일치시키는 할인율로 '**금액가중수익률**'이라고도 불린다. 내부수익률은 매기 발생하는 현금흐름을 내부수익률로 계속 재투자한다는 가정에서 계산되는 값이다. 자본예산의 수익률 및 채권의 만기수익률이 내부수익률에 해당된다.

예제 2-7

S전자 주식의 가격과 배당이 다음과 같을 때 이 주식의 자료를 이용하여 산술평균수익률, 기하평균수익률, 내부수익률을 구하시오.

- 현재주가: 100
- 1년 후: 배당 = 5, 주가 = 110
- 2년 후: 배당 = 6, 주가 = 115

풀이

(1) 산술평균수익률

첫 번째 해의 수익률: ${}_0R_1=(5+110-100)\div100=15\%$

두 번째 해의 수익률: ${}_1R_2=(6+115-110)\div110=10\%$

산술평균수익률$=(15\%+10\%)\div2=12.5\%$

(2) 기하평균수익률

기하평균수익률$=[(1.15)\times(1.10)]^{1/2}-1=12.47\%$

(3) 내부수익률

$$100=\frac{5}{1+IRR}+\frac{6+115}{(1+IRR)^2} \quad \Rightarrow \quad \text{IRR}=12.53\%$$

제 2 절 현재가치와 가치평가

현재가치개념 및 계산방법은 투자론에서 주식과 채권의 가격 평가를 이해하는데 중요한 개념이다. 뿐만 아니라 현재가치개념 및 계산방법은 기업재무에서 실물투자 및 기업가치의 평가를 이해하는데 기본적인 개념이다.

1. 투자론

(1) 주식의 평가

주식의 균형가격은 주식을 보유함으로써 발생하는 미래의 배당금을 주식의 현금흐름의 위험을 반영한 할인율로 할인한 값이다. 주식은 일반적으로 영구연금 또는 고정성장형 영구연금을 적용하여 현재가치를 평가한다. 이렇게 산출된 주식의 균형가격과 주식시장의 시장가격이 동일하면 해당 주식은 균형상태에 있으며, 불일치하면 불균형상태에 있다. 만일 주식의 시장가격이 균형가격보다 낮으면 주식을 매입하고 반대로 주식의 시장가격이 균형가격보다 높으면 주식을 매도한다.

(2) 채권의 평가

채권을 투자하면 미래의 현금흐름은 만기까지 일정시점마다 지급되는 이자와 만기에 지급되는 원금이다. 이러한 채권의 현금흐름을 채권의 현금흐름의 위험을 반영한 할인율로 할인한 값이 채권의 균형가격이다. 채권은 균형가격은 일반적으로 이자를 연금의 현재가치로 계산한 값과 원금을 단일현금흐름의 현재가치로 계산한 값을 더한다. 주식과 마찬가지로 채권도 마찬가지로 채권의 균형가격과 채권시장의 시장가격과 비교하여 채권을 매입하거나 매도한다.

예제 2-8

(1) K기업의 주당 순이익은 2,000원이다. K기업은 성장기회가 없어서 순이익을 전부 배당으로 지급하고 있다. 투자자들이 요구하는 수익률이 연10%라면 K기업의 적정 주가는

얼마인가?

(2) M기업은 1년 후에 주당 1,200원의 배당금을 지급할 것으로 기대된다. 그리고 배당금은 연 5%로 성장할 것으로 예상되며, 주식의 요구수익률은 연 13%이다. K기업의 적정 주가는 얼마인가?

(3) S기업은 1년 후에 주당 1,000원의 배당금을 지급할 것으로 기대된다. 그리고 배당금은 연 5%로 성장할 것으로 예상되며, S기업의 현재 주가는 10,000원이다. 이 주식의 기대 수익률은 얼마인가?

풀이

(1) 영구연금의 현재가치를 이용하여 적정 주가를 산출한다.

$$PV = P_0 = \frac{C}{R} \Rightarrow P_0 = \frac{2,000}{10\%} = 20,000\text{원}$$

(2) 고정성장 영구연금의 현재가치를 이용하여 적정 주가를 산출한다.

$$PV = P_0 = \frac{C}{R-g} \Rightarrow P_0 = \frac{1,200}{13\% - 5\%} = 15,000\text{원}$$

(3) 고정성장 영구연금의 현재가치를 이용하여 기대수익률을 산출한다.

$$P_0 = \frac{C}{R-g} \Rightarrow R = \frac{C}{P_0} + g = 1,000/10,000 + 5\% = 15\%$$

예제 2-9

㈜한국은 다음의 사채를 20×1년 7월 1일에 구입하여 상각후원가 측정 금융자산으로 분류하였다.

- 액면금액 : 500,000원
- 표시이자율 : 연 10%
- 이자지급일 : 6월 30일, 12월 31일 (연2회)
- 사채발행일 : 20×1년 1월 1일
- 사채만기일 : 20×2년 12월 31일

사채구입당시 시장이자율이 연12%이다.

(1) 취득시점의 채권의 가격은 얼마인가?

(2) 20×1년 12월 31일에 ㈜한국이 인식하는 상각후원가 측정 금융자산의 장부금액은 얼마인가?

풀이

(1) 20×1년 7월 1일의 채권의 가격

이자계산횟수가 연2회인 경우

1회 이자지급액 = 500,000원 × 10% × 1/2 = 25,000원

취득시점의 채권의 가격

$PV = P_0$ = 25,000 × PVIFA (6%, 3) + 500,000 × PVIF (6%, 3)

= 25,000 × 2.6730 + 500,000 × 0.8396 = 486,635원

(2) 20×1년 12월 31일의 상각후원가

25,000 × PVIFA (6%, 2) + 500,000 × PVIF (6%, 2)

= 25,000 × 1.8334 + 500,000 × 0.8900 = 490,833원

2. 기업재무(실물투자)

기업재무에서 투자의 영향이 1년 이상의 장기간에 걸쳐 발생하는 실물투자의 계획과 평가과정을 자본예산(capital budgeting)이라고 한다. 자본예산에서는 현재가치개념을 이용하여 순현가 또는 내부수익률로 의사결정을 한다.

(1) 순현가

순현가 또는 순현재가치(NPV: net present value)는 투자안으로부터 예상되는 미래 현금유입액을 적정할인율로 할인하여 현재가치를 계산하고, 이것에서 투자에 소요되는 비용을 차감한 값이다. 이때 현재가치를 계산하는 할인율은 기업이 자본시장에서 자금을 조달할 때 투자자가 요구하는 자본비용(k, cost of capital)을 사용한다.

$$NPV = \sum_{t=1}^{n} \frac{CF_t}{(1+R)^t} - CF_0 \qquad (2.20)$$

단, CF_t : t시점 현금흐름

CF_0 : 투자비용

R : 할인율 (자본비용)

순현가법에서는 다음과 같이 의사결정을 한다.

- 순현가(NPV) > 0 : 투자안 채택
- 순현가(NPV) < 0 : 투자안 기각

(2) 내부수익률

내부수익률(IRR: internal rate of return)은 투자안의 현금유입의 현재가치와 현금유출의 현재가치를 같게 만드는 할인율로 기업의 실물투자 수익률이다.

$$\sum_{t=1}^{n} \frac{CF_t}{(1+IRR)^t} = CF_0 \qquad (2.21)$$

즉, IRR은 투자안의 NPV를 0으로 만들어 주는 할인율이다.

$$NPV = \sum_{t=1}^{n} \frac{CF_t}{(1+IRR)^t} - CF_0 = 0$$

내부수익률에 의한 의사결정은 다음과 같다.

- 내부수익률(IRR) > 자본비용(k) : 투자안 채택
- 내부수익률(IRR) < 자본비용(k) : 투자안 기각

예제 2-10

K기업은 300억원을 투자하여 핀테크사업을 하려고 하는데 향후 순현금흐름은 5년 동안 매년 100억원이 예상된다. 이 투자안의 자본비용은 연 12%이다.

(1) 순현재가치(NPV)로 이 투자안의 경제성을 평가하시오.

(2) 내부수익률(IRR)로 이 투자안의 경제성을 평가하시오.

풀이

(1) 순현가(NPV)로 투자안의 경제성평가

5년 동안 현금유입액을 12%로 할인하여 투자비용 300억원과의 차이를 구한다.

$$NPV = \sum_{t=1}^{5} \frac{100}{(1.12)^t} - 300$$

= 100 × PVIFA (12%, 5) − 300

= 100 × 3.6048 − 300 = 60억

∴ 순현가(NPV) > 0 이므로 투자안은 채택한다.

(2) 내부수익률(IRR)로 투자안의 경제성평가

5년 동안 현금유입액과 투자비용 300억원을 동일하게 만드는 수익률을 구한다.

$$\sum_{t=1}^{5}\frac{100}{(1+R)^t}=300$$

100 × PVIFA (R, 5) = 300 ➡ PVIFA (R, 5) = 3

연금의 현재가치계수 표에서

PVIFA (20%, 5) = 2.9906이므로 수익률은 약 20%이다. (R=20%)

∴ 내부수익률(IRR) 20% > 자본비용 12% 이므로 투자안은 채택한다.

➡ 내부수익률 20%로 NPV를 산출하면 0이 되는 것을 알 수 있다.

NPV = 100 × PVIFA (20%, 5) − 300 = 0

정확한 내부수익률은 20%보다 조금 작기 때문에 위의 식은 정확히 0이 되지 않는다.

3. 기업재무(기업가치 및 자기자본의 가치 평가)

1장에서 설명한 바와 같이 기업가치(V)는 자산으로부터 벌어들일 미래 현금흐름을 현금흐름의 불확실성(위험)이 반영된 할인율(자본비용)으로 할인하여 구한 현재가치이다. 기업가치는 기업의 소유주를 채권자와 주주로 보는 시각이기 때문에 채권자와 주주 모두에게 귀속되는 미래 예상되는 영업이익(EBIT)의 현재가치가 된다. 이때 영업이익은 회계기준의 발생주의를 적용한 영업이익이 아닌 현금흐름을 기준으로 계산된 영업이익이라고 가정한다. 기업 가치(V)를 계산하기 위한 할인율은 타인자본비용과 자기자본비용을 평균한 가중평균자본비용(wacc: weighted average cost of capital)이다.

$$V=\sum_{t=1}^{\infty}\frac{CF_t}{(1+k)^t} \tag{2.22}$$

CF_t : t시점에 발생하는 영업현금흐름

k : 가중평균자본비용 (wacc)

기업의 현금흐름이 영구연금이면 기업가치는 다음과 같이 계산한다. 단, 법인세가 없다고 가정한다.

$$V = \frac{EBIT}{wacc} \tag{2.23}$$

부채의 가치(B)는 채권자에게 귀속되는 이자비용(I)을 타인자본비용(k_d)으로 할인하여 구한다. 영구연금을 가정한 부채의 가치는 다음과 같이 계산한다.

$$B = \frac{I}{k_d} \tag{2.24}$$

자기자본의 가치(S)는 주주에게 귀속되는 당기순이익(NI)을 자기자본비용(k_e)으로 할인하여 구한다. 영구연금을 가정한 자기자본의 가치는 다음과 같이 계산한다.

$$S = \frac{NI}{k_e} \tag{2.25}$$

가치는 1주당 가격에 발행주식수를 곱하여 산출한다. 이는 순이익의 현재가치와 같은 것이다.

예제 2-11

K기업의 손익계산서는 다음과 같으며, 수익과 비용은 일정하다. 단, 법인세는 없다고 가정한다.

손익계산서 (단위 : 백만원)

영업수익	×××
영업비용	×××
영업이익	400
이자비용	100
당기순이익	300

K기업의 타인자본비용은 10%이며, 자기자본비용은 20%이다.

(1) K기업의 기업가치, 타인자본의 가치 및 자기자본의 가치를 구하시오.

(2) K기업의 가중평균자본비용은 얼마인가?

풀이

(1) 영구연금공식을 이용한 가치평가

① 타인자본의 가치 (부채의 가치 : B)

채권자에게 귀속되는 이익은 이자비용이므로 이자비용을 타인자본비용으로 할인한다.

$$B=\frac{I}{k_d} = 100 \div 0.1 = 1{,}000\text{백만원}$$

② 자기자본의 가치 (S)

주주에게 귀속되는 이익은 당기순이익이므로 순이익을 자기자본비용으로 할인한다.

$$S=\frac{NI}{k_e} = 300 \div 0.2 = 1{,}500\text{백만원}$$

③ 기업가치(V)

기업가치는 자기자본의 가치와 부채의 가치의 합이다.

$$V=B+S = 1{,}000 + 1{,}500 = 2{,}500\text{백만원}$$

(2) 가중평균자본비용의 산출

기업(=채권자+주주)에게 귀속되는 영업이익이므로 영업이익을 가중평균자본비용(wacc)으로 할인한 금액이 기업의 가치이다.

$$V=\frac{EBIT}{wacc} \Rightarrow 2{,}500=\frac{400}{wacc} \Rightarrow wacc = 16\%$$

☞ 가중평균자본비용은 타인자본비용와 자기자본비용을 부채의 가치와 자기자본의 가치를 가중치로 하여 산출한다.

$$wacc=k_d\times\frac{B}{V}+k_e\times\frac{S}{V}$$

제3절 균형상태와 차익거래

1. 균형상태

어떤 자산을 보유함으로써 기대되는 미래현금흐름을 위험을 반영한 적절한 할인율로 할인한 현재가치가 그 자산의 균형가격이다. 시장에서 수요와 공급의 법칙에 따라 형성된 자산의 가격은 시장가격이다. 균형가격과 시장가격이 동일하면 시장은 균형상태이며 균형가격과 시장가격이 다른 경우는 불균형상태이다. 불균형상태에서 금융시장의 투자자들은 다음과 같이 거래한다.

① 시장가격 < 균형가격

시장가격이 과소평가되어 투자자들은 자산을 매입하며, 수요가 증가하여 자산의 시장가격은 균형가격까지 상승한다.

② 시장가격 > 균형가격

시장가격이 과대평가되어 투자자들은 자산을 매도하며, 공급이 증가하여 자산의 시장가격은 균형가격까지 하락한다.

2. 차익거래

동일한 자산이 동일한 가격에 거래되는 것을 일물일가의 법칙이라고 한다. 시장이 균형일 때 일물일가의 법칙이 성립하여, 만약 일물일가의 법칙이 성립하지 않으면 시장은 불균형상태이며 차익거래가 가능하다.

미래수익과 위험이 동일한 자산 A와 B가 시장에서 서로 다른 가격에 거래되고 있다면 금융시장의 투자자는 비싸게 거래되는 자산을 빌려서 매각하고(어떤 자산을 빌려서 파는 것을 공매(short sale)이라고 한다), 싸게 거래되는 자산을 매입함으로써 자신의 자금과 위험을 전혀 부담하지 않고 A와 B의 가격차이만큼을 이익으로 얻을 수 있다. 이러한 투자전략을 차익거래 (arbitrage transaction)라고 하며 이때 얻은 이익을 차익(arbitrage profit)이라고 한다.

차익거래는 다음 두 가지 원칙하에 거래한다.

① No risk : 투자자는 차익거래로 추가적인 위험을 부담하지 않는다.
② No cost : 투자자는 차익거래로 추가적인 자금을 부담하지 않는다.

차익거래로 비싸게 거래되는 자산은 공급증가로 가격이 하락하고, 싸게 거래되는 자산은 수요증가로 가격이 상승하여 두 자산의 가격이 동일하게 되면 차익거래는 없게 되고 시장은 균형상태가 된다.

시장의 균형은 다음과 같이 정의할 수 있다.

① 시장가격 = 균형가격이 성립하는 시장
② 일물일가의 법칙이 성립하는 시장
③ 차익거래의 차익이 0이 되는 시장

예제 2-12

1년 후 자산 A와 B로부터 발생하는 현금흐름이 다음과 같이 주어져 있다고 가정하자.

1년 후 상황	자산 A의 현금흐름	자산 B의 현금흐름
호황	+30	+30
불황	+20	+20

자산 A의 현재 시장가격은 15이고 자산 B의 현재 시장가격은 10이다.

(1) 현재의 투자비용이 0이 되는 차익거래를 설명하시오.
(2) 미래의 현금흐름이 0이 되는 차익거래를 설명하시오.

풀이

(1) 현재의 투자비용이 0이 되는 차익거래
고평가된 자산 A를 1단위 공매도하는 동시에 저평가된 자산 B를 1.5단위 매입한다.
이러한 차익거래의 현재 투자 금액 및 미래현금흐름은 다음과 같다.

차익거래	현금흐름		
	현재	1년 후 시점	
		호황	불황
자산 A를 1단위 공매도	+15	−30	−20
자산 B를 1.5단위 매입	−15	+45	+30
합 계	0	+15	+10

(2) 미래의 현금흐름이 0이 되는 차익거래

고평가된 자산 A를 1단위 공매도하는 동시에 저평가된 자산 B를 1단위 매입한다. 이러한 차익거래의 현재투자금액 및 미래현금흐름은 다음과 같다.

차익거래	현금흐름		
	현재	1년 후 시점	
		호황	불황
자산 A를 1단위 공매도	+15	−30	−20
자산 B를 1단위 매입	−10	+30	+20
합 계	+5	0	0

연습문제 2-1

(1) 올해로 31세가 된 투자자 A는 32세말($t=2$)부터 매 1년마다 납입하는 4년 만기의 정기적금 가입을 고려하고 있다(즉, $t=2\sim5$기간에 4회 납입). 투자자 A는 36세말($t=6$)부터 40세말($t=10$)까지 매년 3,000만원이 필요하다. 이자율과 할인율이 연 10%일 때, 투자자 A가 32세말부터 4년간 매년 말에 납입해야 할 금액은 얼마인가? 단, PVFA(10%, 4년) = 3.1699, PVFA(10%, 5년) = 3.7908, PVF(10%, 5년) = 0.6209이다.

(2) 다음 세 가지 경품의 현재가치를 할인율 10%를 적용하여 계산하였더니 모두 100원으로 동일하게 나타났다.

> 경품 1: 현재부터 W원을 매년 영구히 받는다.
> 경품 2: 1년 후에 상금 X원을 받는다.
> 경품 3: 1년 후에 상금 Y원, 2년 후에 상금 X원을 받는다.

변수 W, X, Y의 값을 구하시오.

해설

(1) 연금

1) 36세말($t=6$)부터 40세말($t=10$)까지 매년 3,000만원의 현재가치(31세 초 시점)

P_0 = 3,000만원 × 3.7908 × 0.6209 = 7,061만원

2) 32세말(t=2)부터 매1년마다 납입하는 4년 만기의 정기적금의 현재가치

납입액 = C라고 하면 $P_0 = C \times 3.1699 \div 1.10$

3) 7,061만원 = $C \times 3.1699 \div 1.10$ → C = 2,450만원

(2) 경품의 현재가치

1) 경품 1

경품1은 선불연금이므로 현재가치는 영구연금의 현재가치에 W를 더한다.

$$100 = W + \frac{W}{R} \quad \Rightarrow \quad W = 9.09$$

2) 경품 2

$$100 = \frac{X}{(1.1)^1} \quad \Rightarrow \quad X = 110\text{원}$$

3) 경품 3

$$100 = \frac{Y}{(1.1)^1} + \frac{X}{(1.1)^2} \quad \Rightarrow \quad Y = 10\text{원}$$

연습문제 2-2

이자율이 연 10%로 일정할 때 아래의 계약 A, B, C, D, E, F의 금액을 구하시오. 부록의 현가표를 이용하시오.

(계약A) 현재 3,200원을 대출받고 1차년도부터 매년말 800원씩 갚아 나가면 상환 마지막 해 말에는 800원보다 적은 금액을 갚게 된다. 상환 마지막 해 말에 갚아야 하는 금액

(계약B) 4차년도부터 8차년도까지 매년말 110원씩 받는 연금의 현재가치

(계약C) 1차년도부터 5차년도까지 매년초 70원씩 받는 연금의 현재가치

(계약D) 5차년도부터 10차년도까지 매년 말 255원씩 받는 연금의 현재가치

(계약E) 5차년도부터 10차년도까지 매년 말 96원씩 받는 연금의 10차년도 말 시점에서의 미래가치

(계약F) 3차년도 말에서 45원을 받고 이후 매년 말마다 전년 대비 5%씩 수령액이 증가하는 성장형 영구연금의 현재가치

해설

(계약A) $3200=\sum_{t=1}^{5}\frac{800}{1.10^t}+\frac{A}{1.10^6} \;=\; 3.7908\times 800\text{원} \;+\; 0.5645\times A \;\rightarrow\; A=296\text{원}$

(계약B) $B=\sum_{t=4}^{8}\frac{110}{1.10^t}=\sum_{t=1}^{5}\frac{110}{1.10^t}\times\frac{1}{1.10^3} \;=\; 110\text{원}\times 3.7908\times 0.7513 \;=\; 313\text{원}$

(계약C) $C=\sum_{t=0}^{4}\frac{70}{1.10^t}=\sum_{t=1}^{5}\frac{700}{1.10^t}\times 1.10^1 \;=\; 70\text{원}\times 3.7908\times 1.10 \;=\; 292\text{원}$

(계약D) $D=\frac{255\times 4.3553}{1.10^4} \;=\; 758.6$

(계약E) $E=96\times 7.7156 \;=\; 740.7$

(계약F) $F=\frac{\frac{45}{0.10-0.05}}{1.10^2} \;=\; 743.8$

연습문제 2-3

(1) 김씨는 20×1년 1월 1일에 원리금 균등분할상환 조건으로 100,000원을 차입하였다. 원리금은 매년말 1회 상환하며 만기는 5년이다. 이자율은 연 4%이고, 당해 발생이자는 당해에 지급된다. 부록의 현가표를 이용하시오.

① 매년 원리금상환액은 얼마인가?

② 20×2년 1월 1일 기준 차입금 잔액은 얼마인가?

③ 20×2년 원리금상환액 중 원금상환액은 얼마인가?

④ 20×3년 원리금상환액 중 이자지급액은 얼마인가?

(2) 김씨는 1월 1일($t=0$)에 H은행에서 원리금균등분할상환 조건으로 1,000,000원을 대출받았다. 대출의 이자율과 만기는 각각 연 5%와 3년이고, 원리금은 매년 말 1회 상환된다. 1년 말($t=1$)에 상환되는 원리금에서 이자지급액의 원금상환액에 대한 비율(이자지급액/원금상환액)은 얼마인가? 부록의 현가표를 이용하시오.

해설

(1) 원리금 균등분할상환

① 원리금 균등분할상환금액

100,000 = C×4.4518 ➡ C=22,463

② 20×2년 1월 1일 기준 차입금 잔액

100,000−(22,463−100,000×4%) = 81,537원

③ 20×2년 원금 상환액

22,463−81,537×4% = 19,202원

④ 20×3년 이자지급액

20×3년 1월 1일 기준 차입금 잔액 = 81,537−19,202 = 62,335원

20×3년 이자지급액 = 62,335×4% = 2,493원

(2) 원리금 균등분할상환

1년 말에 상환되는 원리금 = 1,000,000 ÷ 2.7232 = 367,215

원리금에서 이자지급액 = 1,000,000×5% = 50,000

원리금에서 원금상환액 = 367,215−50,000 = 317,215

이자지급액/원금상환액 = 50,000 ÷ 317,215 = 15.76%

연습문제 2-4

㈜미래는 20×1년 1월 1일 시장이자율이 연9%일 액면금액이 10,000원이고 이자는 매년 말 후급, 만기가 3년인 회사채를 9,241원에 할인 발행하였다. 이 회사채의 20×2년 1월 1일 장부금액이 9,473원이라면 이 회사채의 표시이자율은 얼마인가?

해설

유효이자 = 9,241 × 9% = 832
상각액 = 9,473 − 9,241 = 232
액면이자 = 832 − 232 = 600
액면이자율 = 600 ÷ 10,000원 = 6%

부록의 현가표를 이용하면 다음과 같이 구할 수 있다.
9,473원 = 액면이자 × PVIFA (9%, 2년) + 10,000원 × PVIF (9%, 2년)
= 액면이자 × 1.7591 + 10,000 × 0.8417
➠ 액면이자 = 600원
➠ 액면이자율 = 600/10,000 = 6%

연습문제 2-5

㈜태양은 다음의 사채를 20×1년 1월 1일에 구입하여 FV-OCI 측정 금융자산으로 분류하였다.

- 액면금액: 1,000,000원
- 표시이자율: 연 5%
- 이자지급일: 12월 31일(연 1회)
- 사채발행일: 20×1년 1월 1일
- 사채만기일: 20×3년 12월 31일
- 취득당시의 유효이자율: 연 8%

㈜태양의 결산일인 20×1년 12월 31일 현재 이 채권의 시장이자율이 연 7%일 경우 ㈜태양이 인식하는 이자수익과 FV-OCI 측정 금융자산평가손익은 각각 얼마인가? 부록의 현가표를 이용하시오.

해설

(1) 취득시점의 채권의 가격

1회 이자지급액 = 1,000,000원×5% = 50,000원

취득시 채권의 가격 = 50,000×PVIFA (8%, 3) + 1,000,000×PVIF (8%, 3)

= 50,000×2.57710 + 1,000,000×0.79383 = 922,687원

(2) 상각후 원가

이자수익 = 922,655×8% = 73,815원

상각액 = 73,815−50,000 = 23,815

20×1년 12월 31일의 상각후원가 = 922,687 + 23,815 = 946,502원

(3) 공정가치

20×1년 12월 31일의 공정가치

= 50,000×PVIFA (7%, 2) + 1,000,000×PVIF (7%, 2)

= 50,000×1.80802 + 1,000,000×0.87344 = 963,840

(4) 금융자산평가손익 = 963,840−946,502 = 17,338원

연습문제 2-6

동일한 횟수의 연금을 기초에 받는 경우(선불연금: annuity due)와 기말에 받는 경우(일반연금: ordinary annuity)에 대한 설명으로 가장 적절한 것은? (단, 이자율은 0보다 크고 일정하며, 복리계산은 연 단위로 이루어진다고 가정한다.)

① 현재가치와 미래가치 모두 선불연금은 일반연금에 (1 + 이자율)을 곱해서 얻을 수 있다.
② 현재가치와 미래가치 모두 일반연금은 선불연금에 (1 + 이자율)을 곱해서 얻을 수 있다.
③ 현재가치의 경우 선불연금은 일반연금에 (1 + 이자율)을 곱해서, 미래가치의 경우 일반연금은 선불연금에 (1 + 이자율)을 곱해서 얻을 수 있다.
④ 현재가치의 경우 일반연금은 선불연금에 (1 + 이자율)을 곱해서, 미래가치의 경우 선불연금은 일반연금에 (1 + 이자율)을 곱해서 얻을 수 있다.
⑤ 현재가치와 미래가치 계산에 있어 선불연금과 일반연금 중 어느 연금이 클 것인가는 이자율에 따라 달라진다.

해설

선불연금의 현재가치＝정상연금의 현재가치×(1＋이자율)
선불연금의 미래가치＝정상연금의 미래가치×(1＋이자율)

정답: ①

연습문제 2-7

만기 2년, 연 표시이자율이 연 10%인 금융상품에 투자하려고 한다.

(1) 3개월마다 이자를 복리 계산한다면 연간 실효이자율은 얼마인가?

(2) 이자를 연속적으로 복리 계산하는 조건이라면 연간 연속 복리 실효이자율은 얼마인가?
($e^{0.1}=1.1052$, $e^{0.1038}=1.1094$, $e^{0.2}=1.2215$)

(3) (1)의 조건으로 오늘 100만원을 투자하면 2년 후 받는 금액은 얼마인가?

(4) (2)의 조건으로 오늘 100만원을 투자하면 2년 후 받는 금액은 얼마인가?

해설

(1) 이자계산이 1년에 4회 이루어지는 경우 실효이자율

$$R_e=(1+\frac{0.10}{4})^4-1 = 0.1038(10.38\%)$$

(2) 이자계산이 연속 복리로 이루어지는 경우 실효이자율

$$(1+R_e)=e^{R_s}$$

$$(1+R_e)=e^{0.10} = 1.1052 \quad \Rightarrow R_e = 0.1052(10.52\%)$$

(3) 이자계산이 1년에 4회 이루어지는 경우 2년 후 미래가치

$$FV_2=P_2=100\times(1+\frac{0.10}{4})^{4\times 2}=100\times(1.1038)^2 = 121.84\text{만원}$$

(4) 이자계산이 연속 복리로 이루어지는 경우 2년 후 미래가치

$$FV_2=P_2=100\times(1+0.1052)^2=100\times e^{0.10\times 2} = 122.15\text{만원}$$

연습문제 2-8 (23년 기출)

PVIF와 PVIFA는 각각 현가이자요소와 연금의 현가이자요소를 의미하며, FVIF와 FVIFA는 각각 복리이자요소와 연금의 복리이자요소를 의미한다. 다음 중 성립하지 않는 경우가 있는 식은? (단, r과 n은 각각 기간이자율과 기간을 의미하며, r > 0 이고 n ≥ 1 이다.)

① $PVIFA(r,n) < n$

② $FVIFA(r,n) > n$

③ $(1+r)n \geq (1+r \times n)$

④ $PVIF(r,n) = \dfrac{1}{FVIF(r,n)}$

⑤ $PVIFA(r,n) \times (1+r)^n = FVIFA(r,n)$

해설

(1) $n=1$인 경우 $PVIFA = \dfrac{1}{(1+r)^1} < 1$

$n=2$인 경우 $PVIFA = \dfrac{1}{(1+r)^1} + \dfrac{1}{(1+r)^2} < 2$

$\therefore\ PVIFA(r,n) < n$

(2) $n=1$인 경우 $FVIFA = 1 \times (1+r)^0 = 1$

$n=2$인 경우 $FVIFA = 1 \times (1+r)^0 + 1 \times (1+r)^1 > 2$

$\therefore\ FVIFA(r,n) \leq n$

(3) $n=1$인 경우 $(1+r)n = (1+r \times n)$

$n=2$인 경우 $(1+r)n > (1+r \times n)$

$\therefore\ (1+r)n \geq (1+r \times n)$

정답: ②

연습문제 2-9 (24년 기출)

투자자 A씨는 10년 후 5,000만원과 15년 후 7,000만원의 자금이 필요하다. 이를 위해서 올해 말부터 매 1년마다 납입하는 10년 만기 정기적금 가입을 고려하고 있다(즉, t=1~10까지 총 10회 납입). 처음 10년 동안의 이자율은 연 6%이고 이후 5년 동안의 이자율은 연 4%라고 할 때, 매년 말에 납입해야 할 금액으로 가장 가까운 것은? (단, PVIF(6%, 10년)=0.5584, PVIF(4%, 5년)=0.8219, PVIFA(6%, 10년)=7.3601이다.)

① 769.66만원 ② 815.84만원 ③ 856.11만원
④ 907.44만원 ⑤ 934.44만원

해설

$$\frac{5,000}{1.06^{10}}+\frac{7,000}{1.04^{5}\times 1.06^{10}}=\sum_{t=1}^{10}\frac{C}{1.06^{t}}$$

5,000 × 0.5584 + 7,00 × 0.8219 × 0.5584 = C × 7.3601

C= 815.8371

정답: ②

연습문제 2-10 (24년 기출)

연금에 관한 설명으로 적절한 항목만을 모두 선택한 것은? (단, 모든 현금흐름은 기말에 발생하며, 모든 현금흐름과 할인율(r)은 0보다 크다.)

a. 영구연금은 미래 현금흐름이 영구히 지속되므로 그 현재가치는 무한대(∞)가 된다.
b. 성장연금의 미래가치는 언제나 현재가치보다 크다.
c. 연금은 성장연금에서 현금흐름의 성장률(g)이 0인 경우라고 할 수 있다.
d. 성장연금에서 현금흐름의 성장률(g)이 할인율(r)과 동일한 경우 성장연금의 현재가치는 무한대가 된다.
e. 영구성장연금에서 현금흐름의 성장률(g)이 0보다 작을 경우에는 영구성장연금의 현재가치 공식을 사용할 수 없다.

① a, c ② b, c ③ a, d, e ④ b, c, d ⑤ b, c, e

해설

a. 영구연금의 미래가치는 무한대(∞)이며, 영구연금의 현재가치는 다음과 같다.

$$PV = \frac{C}{R}$$

d. 성장연금의 현재가치는 영구성장연금이 아닌 경우 무한대가 되지 않는다..
e. 현금흐름의 성장률(g)이 할인율(r)과 동일하거나 작을 경우 영구성장연금의 현재가치 공식을 사용할 수 없다.

정답: ②

연습문제 2-11 (22년 기출)

K씨는 현재시점(t=0)에서 30년 만기 및 연 10%의 이자율로 20억원을 차입하려고 한다. 조사 결과 다음과 같은 두 가지 차입방안이 가능하며 만기 및 이자율은 동일하다. 1안과 2안을 비교할 때, K씨가 2차년도 말(t=2)에 지급하게 될 이자금액의 차이는 얼마인가? (단, PVIF(10%, 30)=0.0573, PVIFA(10%, 30)=9.4269이며, 모든 금액은 반올림하여 원단위로 표시한다.)

1안: 만기일시상환 방식
- 1차년도부터 매년도 말 연 1회 대출원금에 대한 이자를 상환하며, 대출원금은 만기일에 전액 상환한다.

2안: 원리금 균등분할상환 방식
- 1차년도부터 매년도 말 연 1회 동일한 금액을 상환한다.

해설

(1) 1안의 2차년도 말(t=2)에 지급하게 될 이자금액
= 20억×10% = 200,000,000원

(2) 2안의 2차년도 말(t=2)에 지급하게 될 이자금액
원리금균등상환금액 = 20억 ÷ 9.4269 = 212,158,822원
t=1 차입금 잔액 = 20억−(212,158,822−200,000,000) = 1,987,841,178
t=2 이자금액 = 1,987,841,178×10% = 198,784,118

∴ 차이금액 = (1)−(2) = 1,214,882

정답 : 1,214,882원

제 3 장 주식의 가치평가

1. 주식가치평가방법

유가증권시장(KOSPI) 또는 코스닥 시장에는 많은 투자자들이 주식투자를 할 때 주식의 적정한 가치를 평가하기 위해 노력한다. 관심이 대는 대상이 되는 기업의 주가가 과연 적정한 수준인지, 동일 산업 내에 있는 다른 기업과 비교해 보았을 때 너무 고평가되어 있어 비싼 가격을 치르는 것은 아닌지 하는 고민을 하기 때문이다.

주식의 가치는 균형가격 또는 내재가치(intrinsic value)라고 하며 주식가치평가방법은 크게 DCF(discounted cash flow)방법과 주가배수평가모형으로 나눌 수 있다.

DCF방법은 미래의 현금흐름을 적절한 할인율로 할인하여 가치를 평가하는 방법으로 절대평가방법 또는 소득접근법이라고 하며, 회계기준에서는 이익접근법이라고 한다. DCF방법은 추정 현금흐름에 따라 배당평가모형(dividend discounted model, DDM)과 잉여현금흐름모형(free cash flow model, FCF)으로 구분된다.

주가배수모형은 상대가치평가방법(relative valuation model)이라고도 하며 상호비교 가능한 비율을 계산하여 기업간 혹은 산업내 상대적인 주식가치를 평가하는 방법이다.

〈표 3-1〉 주식가치평가방법

DCF방법 (소득접근법)	배당평가모형	* 항상성장모형 * 성장기회평가모형
	잉여현금흐름모형	* 기업잉여현금흐름 접근법 * 주주잉여현금흐름 접근법
주가배수모형(상대가치평가기법)		* PER (주가수익률) * PBR (주가순자산비율) * PSR (주가매출액비율)

3장에서는 배당평가모형과 주가배수모형에 의한 주식가치평가에 대해서 설명하며, 잉여현금흐름모형은 5장에서 설명하도록 한다.

2. 배당평가모형

(1) 배당평가모형

주식의 내재가치(균형가격)는 주식투자에서 얻을 수 있는 미래의 현금흐름을 적절한 할인율로 할인한 현재가치이다. 주식투자로부터 기대할 수 있는 현금흐름은 배당과 투자기말의 처분가격이다. 주식가치평가의 할인율을 R, 주식처분시점을 n, 처분가격을 Pn, 주식처분시점까지 얻는 매년 배당금을 D_t(t기에 수령하는 배당금)라고 할 때 주식의 내재가치는 다음과 같이 구한다.

$$P_0 = \sum_{t=1}^{n} \frac{D_t}{(1+R)^t} + \frac{P_n}{(1+R)^n} \tag{3.1}$$

주식가치평가의 할인율은 주식투자자의 입장에서는 주식을 보유할 경우의 요구수익률이며, 주식을 발행한 기업입장에서는 자기자본비용이라고 할 수 있기 때문에 할인율 R은 k_e로 표시하기도 한다. 주식의 적절한 할인율의 계산은 7장에서 자세히 다룬다.

$$P_0 = \sum_{t=1}^{n} \frac{D_t}{(1+k_e)^t} + \frac{P_n}{(1+k_e)^n}$$

주식의 처분가격 P_n은 투자기말(주식처분시점) 이후 시점에 얻을 수 있는 배당흐름의 투자기말 시점의 현재가치이므로 주식의 내재가치는 결국 미래배당의 현재가치로 표현할 수 있다.

$$P_0 = \frac{D_1}{(1+R)} + \frac{D_2}{(1+R)^2} + \dots + \frac{D_\infty}{(1+R)^\infty} = \sum_{t=1}^{\infty} \frac{D_t}{(1+R)^t} \tag{3.2}$$

이와 같이 미래배당을 할인하여 주식의 내재가치를 구하는 모형을 배당평가모형(dividends discount model : DDM)이라고 한다.

(2) 성장없는 주식의 평가

주식투자에서 얻을 수 있는 미래의 배당흐름이 매년 동일한 경우 주식의 내재가치는 2장에서 설명한 영구연금 현재가치모형을 적용하여 평가할 수 있다.

$$P_0 = \frac{D}{(1+R)} + \frac{D}{(1+R)^2} + \dots + \frac{D}{(1+R)^\infty} = \frac{D}{R} \tag{3.3}$$

(3) 고정성장모형(항상성장모형)

미래 배당이 매년 g%로 일정하게 성장하는 경우 주식의 내재가치는 2장에서 설명한 고정성장형 영구연금 현재가치모형을 적용하여 평가할 수 있다. 이러한 주식평가모형을 고정성장모형 또는 항상성장모형(constant growth model) 혹은 고든모형(Gordon model)이라고 한다.

$$P_0 = \frac{D_1}{(1+R)} + \frac{D_1(1+g)}{(1+R)^2} + \dots + \frac{D_1(1+g)^{\infty-1}}{(1+R)^\infty} = \frac{D_1}{R-g} \tag{3.4}$$

제2장에서 설명한 바와 같이 고정성장형 영구연금 현재가치모형이 성립하기 위해서는 성장률(g)이 할인율(R)보다 작아야 하므로, 고정성장모형에서도 배당의 성장률(g)은 주식의 할인율(R)보다 작아야 한다는 전제조건이 필요하다($R > g$). 고든모형은 배당성장률이 일정하고 영원히 지속된다는 비현실적인 가정에도 불구하고 주식가치를 평가하는데 매우 유용한 틀을 제공하여 준다.

(4) 초과성장이 있는 경우

많은 기업들의 배당금이 일정한 비율로 증가할 것이라고 가정하는 것은 비현실적이다. 실제로 대부분의 기업들은 수명주기(life cycle)상의 단계에 따라 상이한 성장률을 경험한다. 수명주기의 초기에 대부분의 기업들은 전체적인 경제보다 훨씬 빠르게 성장한다. 그 이후에는 전체적인 경제와 비슷하게 성장한다. 나중에는 전반적인 경제성장률보다 낮은 속도로 성장한다.

초과성장(supernormal growth)은 개별 기업이 경제 전체보다 훨씬 빠르게 성장하는 수명주기상의 단계로, 초과성장의 기업은 배당성장률(g)이 주식의 할인율(R)보다 큰 경우가 생기기 때문에 항상성장모형을 적용할 수 없다. 그러나 그 기업이 초과성장시기를 지나 정상적인 성장기로 접어들면 항상성장모형을 적용할 수가 있다. 배당 성장률이 일정하게 되는 시점을 종료일(terminal date)이라고 하며 종료일을 n이라고 할 때 초과성장기업의 주식평가는 다음 3단계로 계산한다.

① 1단계

종료일(n)까지의 기간 동안 배당금의 현재가치의 합을 구한다. ➠ $\sum_{t=1}^{n} \frac{D_t}{(1+R)^t}$

② 2단계

항상성장모형으로 종료일(n)의 주식 처분가격 P_n을 구한다. ➠ $P_n = \frac{D_{n+1}}{R-g}$

처분가격 P_n을 현재가치로 할인한다. ➠ $\frac{P_n}{(1+R)^n}$

③ 3단계

1단계와 2단계의 합을 구한다.

위의 3단계를 정리하면 다음과 같다.

$$P_0 = \sum_{t=1}^{n} \frac{D_t}{(1+R)^t} + \frac{P_n}{(1+R)^n} \tag{3.5}$$

예제 3-1

K기업은 올해 말에 주당 2,500원의 배당금을 지급하고 이후 2년간은 배당금이 매년 25%로 고성장 하지만 4년째부터는 5%로 일정하게 영구히 성장할 것으로 예상된다. 주주의 요구수익률은 연 10%이다.

풀이

(1) 매년 주당 배당금을 결정한다.

$D_1 = 2{,}500$

$D_2 = D_1 \times (1+0.25)^1 = 3{,}125$

$D_3 = D_2 \times (1+0.25)^1 = 3{,}906$

$D_4 = D_3 \times (1+0.05)^1 = 4{,}101$

(2) 4년 후부터는 고정성장배당평가 모형을 이용하여 3년 후의 주식가치를 구한다.

$$P_3 = \frac{D_4}{R-g} = \frac{4,101}{0.1-0.05} = 82,020$$

(3) 초과성장의 배당금의 현재가치와 3년 후의 주식가치의 현재가치를 계산하여 더한다.

$$P_0 = \frac{D_1}{(1+R)^1} + \frac{D_2}{(1+R)^2} + \frac{D_3+P_3}{(1+R)^3}$$

$$= \frac{2,500}{(1+0.1)^1} + \frac{3,125}{(1+0.1)^2} + \frac{3,906+82,020}{(1+0.1)^3} = 69,413\text{원}$$

☞ t시점의 고정성장형 영구연금은 t+1년 이후부터 영구연금이 일정률로 성장하는 모형이므로 위의 문제는 2년 후의 주식가치를 계산하여 다음과 같이 계산하여도 된다.

$$P_2 = \frac{D_3}{R-g} = \frac{3,906}{0.1-0.05} = 78,120$$

$$P_0 = \frac{D_1}{(1+R)^1} + \frac{D_2+P_2}{(1+R)^2}$$

$$= \frac{2,500}{(1+0.1)^1} + \frac{3,125+78,120}{(1+0.1)^2} = 69,417\text{원}$$

(69,413원과 69,417원의 차이는 계산과정에서 소수점 반올림에 의한 단수차이이다.)

(5) 항상성장모형의 배당성장률

기업이 벌어들인 이익을 전액 배당한다면 배당의 성장률 g는 0이 될 것이며, 이익을 모두 배당하지 않고 일부를 내부유보하여 재투자를 하면 순이익과 배당은 성장을 하게 된다. 이익 중에서 내부유보가 차지하는 비율인 내부유보율(retention ratio)은 b로 나타내며, 이익 중에서 배당이 차지하는 비율은 배당성향(dividend payout ratio)은 $(1-b)$가 된다. 내부유보를 하여 얻게 되는 재투자수익률은 자기자본이익률(ROE: return on equity)을 사용한다.

내년도의 순이익은 올해의 순이익에 내부유보의 재투자이익을 더한 것이다.

내년도의 순이익
=올해의 순이익+(올해말 내부유보금액×내부유보의 재투자수익률)

따라서 내년도 순이익의 성장률은 다음의 식이 성립한다.

순이익의 성장률=(내년도의 순이익−올해의 순이익)÷올해의 순이익
=올해말 내부유보금액×내부유보의 재투자수익률 ÷ 올해의 순이익
=내부유보율×내부유보의 재투자수익률

$$g = b \times ROE \quad (3.6)$$

항상성장모형에서는 유보율과 자기자본이익률이 매년 일정하다고 가정하므로, 매년 순이익 및 배당의 성장률도 일정하게 된다.

첫해 말 주당배당금은 첫해 말 주당이익에 배당성향을 곱하여 계산한다.

$$D_1 = EPS_1 \times (1-b) \quad (3.7)$$

예제 3-2

K기업의 1년도 말(t=1)에 기대되는 주당순이익(EPS)은 2,000원이다. 이 기업의 내부유보율(retention ratio)은 40%이고 내부유보된 자금은 재투자수익률(ROE) 20%로 재투자된다. 이러한 내부유보율과 재투자수익률은 지속적으로 일정하게 유지된다. K기업의 자기자본비용이 14%라고 할 경우 K기업 주식의 이론적 가격은 얼마인가?

풀이

$g = ROE \times b = 20\% \times 0.4 = 8\%$

$D_1 = EPS_1 \times (1-b) = 2{,}000\text{원} \times 0.6 = 1{,}200\text{원}$

$P_0 = \dfrac{D_1}{k_e - g} = 1{,}200\text{원} \div (0.14 - 0.08) = 20{,}000\text{원}$

(6) 주가의 결정요인

항상성장모형의 주가결정요인은 다음과 같다.

$$P_0 = \frac{D_1}{k_e - g} = \frac{EPS_1 \times (1-b)}{k_e - ROE \times b} \quad (3.8)$$

이를 통하여 주가는 첫해 말 주당배당금(D_1), 성장률(g) 및 자기자본이익률(ROE)과는 양의 관계에 있고, 할인율(k_e)과는 음의 관계에 있음을 알 수 있다. 하지만 유보율(b)과

주가는 할인율(k_e)과 자기자본이익률(ROE)의 관계에 따라 다음과 같이 양의 관계와 음의 관계 모두 가능하다.

- 자기자본이익률(ROE) > 할인율(k_e) : 유보율을 증가할수록 주가는 상승
- 자기자본이익률(ROE) = 할인율(k_e) : 유보율을 변화하여도 주가는 불변
- 자기자본이익률(ROE) < 할인율(k_e) : 유보율을 증가할수록 주가는 하락

예제 3-3

K기업의 1년도 말($t=1$)에 기대되는 주당순이익(EPS)은 2,000원이다. 이러한 내부유보율과 재투자수익률은 지속적으로 일정하게 유지된다. K기업의 자기자본비용이 20%라고 할 경우 K기업 주식의 균형가격은 얼마인가?

(1) 내부유보율이 0%인 경우

(2) 내부유보율이 40%이고 내부유보된 자금은 재투자수익률(ROE) 30%로 재투자된다.

(3) 내부유보율이 40%이고 내부유보된 자금은 재투자수익률(ROE) 10%로 재투자된다.

풀이

(1) 내부유보율이 0%인 경우

$g = ROE \times b \ = \ 0\%$

$D_1 = EPS_1 \times (1-b) \ = \ 2{,}000\text{원} \times 0 \ = \ 2{,}000\text{원}$

$$P_0 = \frac{D_1}{k_e - g} \ = \ 2{,}000\text{원} \div (0.20 - 0) \ = \ 10{,}000\text{원}$$

(2) 자기자본이익률(ROE) > 할인율(k_e)인 경우

$g = ROE \times b \ = \ 30\% \times 0.4 \ = \ 12\%$

$D_1 = EPS_1 \times (1-b) \ = \ 2{,}000\text{원} \times 0.6 \ = \ 1{,}200\text{원}$

$$P_0 = \frac{D_1}{k_e - g} \ = \ 1{,}200\text{원} \div (0.20 - 0.12) \ = \ 15{,}000\text{원}$$

➡ 유보율을 0%에서 40%로 증가하여 주가는 5,000원 상승

(3) 자기자본이익률(ROE) < 할인율(k_e)인 경우

$g = ROE \times b \ = \ 10\% \times 0.4 \ = \ 4\%$

$D_1 = EPS_1 \times (1-b) \ = \ 2{,}000\text{원} \times 0.6 \ = \ 1{,}200\text{원}$

$$P_0 = \frac{D_1}{k_e - g} = 1{,}200\text{원} \div (0.20 - 0.04) = 7{,}500\text{원}$$

➡ 유보율을 0%에서 40%로 증가하여 주가는 2,500원 하락

(7) 주가 수익률

주식을 1년 동안 보유하는 경우 주가의 수익률은 다음과 같이 배당수익률과 자본이득률의 합으로 구성된 것을 알 수 있다.

$$P_0 = \frac{D_1 + P_1}{1 + R} \Rightarrow R = \frac{D_1}{P_0} + \frac{P_1 - P_0}{P_0} = \text{배당수익률} + \text{자본이득률} \qquad (3.9)$$

항상성장모형을 적용하는 경우 주가의 수익률은 다음과 같이 배당수익률과 배당성장률의 합으로 구성된 것을 알 수 있다.

$$P_0 = \frac{D_1}{R - g} \Rightarrow R = \frac{D_1}{P_0} + g = \text{배당수익률} + \text{배당성장률} \qquad (3.10)$$

항상성장모형의 배당성장률은 결국 자본이득률을 의미하는 것이다. 따라서 항상성장모형이 성립하는 경우 1년 후의 주가와 현재의 주가는 다음과 같은 관계를 갖는다.

$$P_1 = P_0 \times (1 + g)^1 \qquad (3.11)$$

예제 3-4

K기업의 배당성향은 20%이며 자기자본이익률은 10%이다. 한편 K기업의 자기자본비용은 18%이며 현재시점의 주당배당금은 4,000원이다. 이러한 현상이 지속된다고 가정하고 배당평가모형을 적용하였을 때 K기업 주식의 배당수익률과 1년 후 주가와 2년 후 주가는 각각 얼마인가?

풀이

$g = ROE \times b = 10\% \times 0.8 = 8\%$

자기자본비용(18%) = 배당수익률 + 배당성장률(8%) ➡ 배당수익률 = 10%

$P_1 = \dfrac{D_2}{k_e - g} = \dfrac{4{,}000 \times (1.08)^2}{0.18 - 0.08} = 46{,}656$

$P_2 = P_1 \times (1+g)^1 = 46{,}656 \times 1.08 = 50{,}388$

3. 성장기회평가모형

(1) 성장기회평가모형

이익을 전혀 배당하지 않고 내부유보하여 재투자하는 기업의 주가는 이익을 전액 배당하는 기업의 주가에 비하여 성장기회의 순현재가치 (NPVGO: net present value of growth opportunity)만큼 차이가 나게 될 것이다.

① 성장기회를 갖지 않는 경우의 주식가치 (제로성장모형)

성장기회를 갖지 않는 기업은 이익을 전액 배당하는 기업이므로 이 기업의 주식가치는 미래 주당순이익(EPS)의 현재가치로 평가된다. 이러한 주식평가를 제로성장모형(zero-growth model)이라고 한다.

$$P_0 = \frac{EPS_1}{R}$$

② 성장기회를 갖는 경우의 주식가치

이익의 일정금액을 내부유보하여 순현가(NPV)가 0보다 큰 투자안에 재투자하는 기업의 주식가치는 성장기회를 갖지 않는 기업의 주식가치에 성장기회의 순현재가치를 더한 것으로 평가할 수 있다.

$$P_0 = \frac{EPS_1}{R} + NPVGO \tag{3.12}$$

성장기회를 갖는 기업의 주식가치를 이러한 방법으로 산출하는 것을 성장기회평가모형이라고 한다.

(2) 성장기회가 한 번만 있는 경우

기업이 한 번의 성장기회를 갖는 경우 NPVGO는 재투자의 NPV의 현재가치이다. 기업이 t시점에서 재투자를 한 경우 t시점에 평가한 투자안의 순현가를 NPV_t라고 하면 NPVGO는 다음과 같이 계산한다.

$$NPVGO = \frac{NPV_t}{(1+R)^t} \tag{3.13}$$

예제 3-5

무부채 기업인 K기업은 현재 매년 1,500만원의 순이익을 벌어들이고 있으며, 현재 주식 수는 1만주이다. 이 기업이 1년 후에 1,500만원이 소요되는 투자기회가 있어 투자한다면 그 후 이익은 400만원이 증가하여 1,900만원이 되며, K기업은 이 이익을 모두 배당으로 지급할 예정이다. 이 주식의 할인율이 10%라면 이 회사의 주가와 자기자본의 시장가치는 얼마가 될지 계산하시오.

풀이

(1) 성장의 기회가 없는 경우의 주가

EPS = 1,500만원 ÷ 1만주 = 1,500원

$$P_0 = \frac{EPS_1}{R} = \frac{1,500}{0.1} = 15,000\text{원}$$

(2) 성장기회의 현재가치

1주당 현금흐름은 다음과 같다.

	$t=0$	1	2	3	···	
EPS		1,500	1,500	1,500	···	t
재투자		−1,500	400	400	···	

$$1\text{년 후의 재투자의 NPV(주당)} = -1,500 + \frac{400}{0.1} = +2,500\text{원}$$

$$\text{NPVGO} = \frac{2,500}{1.10} = 2,273\text{원}$$

(3) 성장기회를 반영한 주가

$$P_0 = \frac{EPS}{R} + NPVGO = 15{,}000 + 2{,}273 = 17{,}273\text{원}$$

(4) 성장기회를 반영한 자기자본의 시장가치

자기자본의 시장가치(S) = 주가 × 주식수 이므로

S = 17,273원 × 10,000주 = 172,730,000원

➡ 이 기업은 무부채기업이므로 자기자본의 가치는 기업가치와 동일하다.

(3) 성장기회가 계속되는 경우

항상성장모형에 의한 주식가치는 매년 일정한 유보율(b)로 재투자하여 매년 일정한 성장률(g)로 성장하는 기업의 주식가치이다.

$$P_0 = \frac{D_1}{R-g} = \frac{EPS_1}{R} + NPVGO$$

따라서 매기 일정률로 성장하는 기업의 성장기회에 대한 가치(NPVGO)는 항상성장모형에 의한 주식가치에서 제로성장모형의 주식가치를 차감하면 된다.

$$P_0 = \frac{D_1}{R-g} = \frac{EPS_1}{R} + NPVGO \Rightarrow NPVGO = \frac{D_1}{R-g} - \frac{EPS_1}{R} \tag{3.14}$$

예제 3-6

K기업의 1년도 말(t=1)에 기대되는 주당순이익(EPS)은 2,000원이다. 이 기업의 내부유보율(retention ratio)은 40%이고 내부유보된 자금은 재투자수익률(ROE) 20%로 재투자된다. 이러한 내부유보율과 재투자수익률은 지속적으로 일정하게 유지된다. K기업의 자기자본비용이 14%라고 할 경우 K기업 주식의 성장기회에 대한 가치(PVGO)는 얼마인가?

풀이

(1) 항상성장모형에 의한 주가

$g = ROE \times b$ = 20% × 0.4 = 8%

$D_1 = EPS_1 \times (1-b)$ = 2,000원 × 0.6 = 1,200원

$$P_0 = \frac{D_1}{k_e - g} = 1,200\text{원} \div (0.14 - 0.08) = 20,000\text{원}$$

(2) 제로성장모형의 주가

$$P_0 = \frac{EPS_1}{k_e} = 2,000\text{원} \div 0.14 = 14,286\text{원}$$

(3) 성장기회에 대한 가치

PVGO = 20,000 − 14,286 = 5,714원

성장기회에 대한 가치(PVGO)는 할인율(k_e)과 자기자본이익률(ROE)의 관계에 따라 다음과 같이 양의 값과 음의 값 모두 가능하다.

- 자기자본이익률(ROE) > 할인율(k_e) : PVGO > 0
- 자기자본이익률(ROE) = 할인율(k_e) : PVGO = 0
- 자기자본이익률(ROE) < 할인율(k_e) : PVGO < 0

4. 상대가치평가모형

상대가치평가방법(relative valuation model)은 상호비교 가능한 비율을 계산하여 기업간 혹은 산업내 상대적인 주식가치를 평가하는 방법으로 주가배수평가모형이라고 한다. 주가배수모형에서 많이 사용하는 주가배수는 PER, PBR, PSR 등이 있다.

성장기회가 커서 이익을 배당지급보다는 새로운 투자에 많이 사용하는 주식인 성장주(growth stock)는 주가배수가 높고, 수익이 주로 안정적인 배당으로부터 발생하는 가치주(value stock)는 주가배수가 낮다. 주가배수가 높을수록 주가가 과대평가, 주가배수가 낮을수록 주가가 과소평가되었다고 평가한다.

(1) PER(주가수익률)

주가수익률(price earnings ratio, PER 또는 P/E)은 해당 기업의 주가를 주당순이익으로 나눈 값으로 주가수익비율 또는 주가수익배율이라고도 한다. PER는 해당 주식의 주식가격이 주당순이익의 몇 배가 되는가를 나타낸다.

$$PER = \frac{P}{EPS}$$

개별주식의 PER는 증시전체의 평균적인 PER내지는 산업평균 PER를 상호 비교하여 주가상승 혹은 하락의 상대적 수준을 평가하는데 활용된다. 올해 주당순이익(EPS_0)을 기준으로 계산한 것을 후행PER(trailing PER), 미래 추정 주당순이익(EPS_1)을 기준으로 계산한 것을 선행PER(forward PER)로 표현한다. 특별한 언급이 없이 PER라고 하면 통상적으로 trailing PER 기준을 의미하는 것이 일반적이다.

시장가격을 기준으로 PER를 실제PER라고 하며, 균형주가를 산출할 때 사용하는 PER를 정상PER(normal PER)라고 한다. PER를 이용하여 균형주가를 산출하기 위해서는 EPS에 정상PER를 곱한다.

$$PER = \frac{P}{EPS} \Rightarrow P = \text{EPS} \times \text{PER(normal)}$$

정상PER는 실무적으로는 유사기업의 PER, 산업평균의 PER, 과거평균PER 등을 사용하며 이론적으로는 배당평가모형을 이용하여 산출한다.

식 (3.4)의 항상성장모형을 이용해서 다음과 같이 주가의 균형가격을 구할 수 있다.

$$P_0 = \frac{D_1}{R-g} = \frac{EPS_0(1-b)(1+g)}{R-g}$$

양변을 EPS_0로 나누면 다음과 같이 후행PER 기준의 정상PER를 구할 수 있다.

$$\frac{P_0}{EPS_0} = PER = \frac{(1-b)(1+g)}{R-g}$$

양변을 EPS_1로 나누면 다음과 같이 선행PER 기준의 정상PER를 구할수 있다.

$$\frac{P_0}{EPS_1} = PER = \frac{(1-b)}{R-g}$$

따라서 정상PER는 성장률과 유보율 및 할인율의 함수로 추정할 수 있다. 즉, 정상PER는 성장률(g)과 양의 관계에 있고 할인율(R) 및 유보율(b)과는 음의 관계에 있다.

예제 3-7

K기업의 올해 초 주당순이익(EPS)은 1,400원이고, 올해 말 기대되는 주당순이익(EPS)은 1,500원이다. 동종 산업의 평균 주가수익비율(PER)을 이용하여 K기업의 주식의 가치를 추정하시오.

(1) 동종 산업의 평균 후행PER(trailing PER)가 14인 경우

(2) 동종 산업의 평균 선행PER(forward PER)가 14인 경우

풀이

(1) 후행PER는 현재 주당순이익을 기준이므로 올해 초 주당순이익에 적용한다.

$$P_0 = EPS_0 \times PER(trailing)$$
$$= 1{,}400 \times 14 = 19{,}600\text{원}$$

(2) 선행PER는 미래 추정 주당순이익을 기준이므로 올해 말 주당순이익에 적용한다.

$$P_0 = EPS_1 \times PER(\text{forward})$$
$$= 1{,}500 \times 14 = 21{,}000\text{원}$$

PER는 다음과 같은 유용한 특성을 가지고 있다.

① PER는 이익 1원당 주가수준을 나타내므로 이익의 크기가 다른 기업들의 주가수준을 비교할 수 있다.

② PER는 이익을 기준으로 계산이 되므로, 배당을 하지 않은 기업의 주식에도 적용이 가능하다.

③ 배당평가모형의 구성요소 예측보다 PER의 구성요소 예측이 상대적으로 용이하다.

④ PER는 주당이익으로 현재의 주식가격을 회수하는 데 몇 년이 소요되는 지를 판단하는 회수기간의 의미를 갖기도 한다.

⑤ 성장기회가 없는 경우 PER의 역수는 주주가 요구하는 수익률이 된다.

PER와 관련된 문제점들은 다음과 같다.

① 회계이익은 경기변동에 따라 변동성이 크다.

② 회계이익은 회계처리방법에 많은 영향을 받는다.

③ 주당이익이 음(−)이면 PER의 값도 음(−)이 되어 적용하기가 어렵다.

(2) PBR (주가순자산비율)

주가순자산비율 또는 주가순자산배율(PBR: price book-value ratio)은 주가를 주당순자산(BPS: book-value per share)으로 나눈 값이다. 주당순자산(BPS)은 재무상태표의 순자산을 발행주식수로 나누어 산출한다.

$$PBR = \frac{P}{BPS}$$

일반적으로 회계상의 장부금액은 시장가치를 제대로 반영하지 못하기 때문에 정상적인 기업은 PBR이 1보다 크다. 균형주가를 산출할 때 사용하는 PBR를 정상PBR(normal PBR)이라고 하며, PBR을 이용하여 균형주가를 산출하기 위해서는 BPS에 정상PBR을 곱한다.

$$PBR = \frac{P}{BPS} \Rightarrow P = \text{BPS} \times \text{PBR(normal)}$$

정상PBR은 유사기업의 PER, 산업평균의 PER, 과거평균PER 등을 이용하거나, 계량모형을 이용하여 추정할 수 있다.

한편, PBR을 분해하면 PBR의 구성요소를 다음과 같이 파악할 수 있다.

$$PBR = \frac{P}{BPS} = \frac{P}{EPS} \times \frac{EPS}{BPS} = PER \times ROE$$

즉, PBR은 주가수익비율(PER)에 자기자본이익률(ROE)을 곱한 값으로 분해된다. 자기자본이익률(ROE)의 구성요소는 15장에서 자세히 설명한다.

PBR의 분자와 분모에 주식수(n)를 곱하면 다음과 같다.

$$PBR = \frac{P}{BPS} = \frac{P \times n}{BPS \times n} = \frac{S}{E}$$

즉, PBR은 자기자본의 시장가치(S)를 자기자본의 장부가치(E)로 나눈 값이다. 기업이 재투자로 인한 순현가(NPV)가 0보다 큰 경우 자기자본의 시장가치가 자기자본의 장부가치보다 크기 때문에 PBR은 1보다 크게 된다.

PBR은 다음과 같은 유용한 특성을 가지고 있다.

① 장부가치는 회계이익보다 변동성이 작다.
② 순이익이 음(−)이어도 주당 장부가치는 양(+)가 되어 PBR은 적용이 가능하다.
③ 유형자산이 많은 제조업이나 금융업의 주식을 평가하는데 적합하다.
④ 현재의 주가와 기업의 청산가치를 비교할 수 있다.

PBR와 관련된 문제점들은 다음과 같다.

① 장부가치도 감가상각방법 등 회계처리방법에 많은 영향을 받는다.
② 자본잠식이 되면 주당 장부가치가 음(−)이 되어 PBR의 값도 음(−)이 되어 적용하기가 어렵다.
③ 유형자산이 별로 없는 서비스기업이나 무형자산이 많은 IT기업에는 적용하기 어렵다.

(3) PSR (주가매출액비율)

주가매출액비율 또는 주가매출액배율(PSR: price sales ratio)은 주가를 주당매출액(SPS: sales per share)으로 나눈 값이다. 주당매출액(SPS)은 손익계산서의 매출액을 발행주식수로 나누어 산출한다.

$$PSR = \frac{P}{SPS}$$

균형주가를 산출할 때 사용하는 PSR를 정상PSR(normal PSR)이라고 하며, PSR을 이용하여 균형주가를 산출하기 위해서는 SPS에 정상PSR을 곱한다.

$$PSR = \frac{P}{SPS} \implies P = \mathrm{SPS} \times \mathrm{PSR(normal)}$$

정상PBR은 유사기업의 PER, 산업평균의 PER, 과거평균PER 등을 이용하거나, 계량모형을 이용하여 추정할 수 있다.

한편, PSR을 분해하면 PSR의 구성요소를 다음과 같이 파악할 수 있다.

$$PSR = \frac{P}{SPS} = \frac{P}{EPS} \times \frac{EPS}{SPS} = PER \times ROS$$

즉, PSR은 주가수익비율(PER)에 매출액이익률(return on sales : ROS)을 곱한 값으로 분해된다.

PSR은 다음과 같은 유용한 특성을 가지고 있다.

① 매출액은 회계이익이나 장부가치보다 변동성이 작다.

② 자본잠식 기업이나 순이익이 음(−)이어도 매출액은 양(+)가 되어 PSR은 적용이 가능하다.

③ 스타트업 기업이나 재무적 곤경에 처한 기업에도 적용이 가능하다.

PSR와 관련된 문제점들은 다음과 같다.

① 매출액 순이익률이 낮은 주식이 상대적으로 PSR이 낮아진다. 매출액이 크다고 해도 이익률이 낮은 기업은 수익성이 낮고 PER가 높을 가능성이 많다.

② PSR로는 기업의 자본구성을 알 수 없다. 부채를 많이 사용하는 기업은 경기가 침체될 때 금융비용 부담 때문에 실적이 크게 악화될 수 있다.

예제 3-8

K기업은 발행주식수가 100만주이며, 현재 자기자본의 장부가치는 145억원이다. 동종 산업의 평균 주당순자산비율은 1.5이다. 주당순자산비율을 이용하여 K기업의 주식의 가치와 자기자본의 가치를 추정하시오.

풀이

(1) 주당 순자산(BPS)을 산출한다.

$$BPS = \frac{\text{자기자본의장부금액}}{\text{유통주식수}} = \frac{145\text{억원}}{100\text{만주}} = 14{,}500\text{원}$$

(2) 주당순자산비율을 이용하여 주가를 추정한다.

$$P_0 = BPS_0 \times PBR$$
$$= 14{,}500 \times 1.5 = 21{,}750\text{원}$$

(3) 자기자본의 시장가치

$$S = \text{주가} \times \text{주식수} = 21{,}750 \times 100\text{만주} = 217.5\text{억원}$$

5. 잉여현금흐름모형

주식가치는 잉여현금흐름의 현재가치를 평가함으로써 구할 수 있다. 잉여현금흐름(free cash flow)모형에서는 기업이 실제로 사용가능한 잉여현금흐름의 현재가치로 기업가치를 평가하거나 주주가 실제로 사용가능한 잉여현금흐름의 현재가치로 주주가치(자기자본가치)를 평가하여 주가를 구한다.

기업잉여현금흐름평가모형은 기업잉여현금흐름(free cash flow to the firm: FCFF)을 구하여 기업의 자본비용인 가중평균자본비용(WACC)으로 할인한 현재가치로 기업가치를 구한다. 주주가치는 기업가치에서 부채가치를 차감하여 구하며, 주식가치는 주주가치를 주식수로 나누어 구한다.

주주잉여현금흐름평가모형은 주주잉여현금흐름(free cash flow to the equity: FCFE)을 구하여 주주의 자본비용인 자기자본비용(k_e)으로 할인한 현재가치로 주주가치를 구한다. 주식가치는 주주가치를 주식수로 나누어 구한다.

잉여현금흐름모형의 구체적인 계산식은 제5장에서 설명한다.

6. 주식의 가격과 수익률의 의미

주식의 시장가격과 균형가격이 일치하는 경우를 균형상태라고 하며, 그렇지 않은 경우는 불균형상태라고 한다. 시장가격이 균형가격보다 낮은 경우, 해당 주식을 매입하고, 시장가격이 균형가격보다 높은 경우 해당 주식을 매도(또는 공매도)하면 이익을 얻을 수 있다.

배당평가모형에서 주식의 균형가격은 균형수익률(k_e)로 할인한 현재가치이다.

$$P_0^{균형} = \frac{D_1}{k_e - g} \tag{3.15}$$

이때 균형수익률(k_e)을 먼저 결정한 후에 균형가격을 산출한다.

배당평가모형에서 주식의 기대수익률($E(R)$)은 시장가격으로 계산한 수익률이다.

$$E(R) = \frac{D_1}{P_0^{시장}} + g \tag{3.16}$$

이때 주식의 시장가격을 먼저 결정한 후에 기대수익률($E(R)$)을 산출한다.

시장가격이 균형가격보다 낮은 경우 시장가격으로 산출한 기대수익률은 균형수익률보다 더 커지게 된다. 이 경우 투자자들이 주식을 매입함으로써 시장가격은 상승하고, 기대수익률은 하락하여 시장은 균형상태로 돌아간다.

시장가격이 균형가격보다 큰 경우 시장가격으로 산출한 기대수익률은 균형수익률보다 더 작아지게 된다. 이 경우 투자자들이 주식을 매도함으로써 시장가격은 하락하고, 기대수익률은 상승하여 시장은 균형상태로 돌아간다.

예제 3-9

K기업의 1년도 말($t=1$)에 기대되는 주당순이익(EPS)은 2,000원이다. 이 기업의 내부유보율은 40%이고 내부유보된 자금은 재투자수익률(ROE) 20%로 재투자된다. 이러한 내부유보율과 재투자수익률은 지속적으로 일정하게 유지된다. 가나기업의 자기자본비용이 14%이다.

(1) 주식의 균형가격과 균형수익률은 각각 얼마인가?
(2) 현재 주식의 시장가격이 21,000이라면 주식의 기대수익률은 얼마인가?
    향후 주식의 시장가격과 기대수익률은 어떻게 되는가?
(3) 현재 주식의 시장가격이 19,000이라면 주식의 기대수익률은 얼마인가?

풀이

(1) 항상성장모형에 의한 균형주가

$g = ROE \times b = 20\% \times 0.4 = 8\%$

$D_1 = EPS_1 \times (1-b) = 2{,}000\text{원} \times 0.6 = 1{,}200\text{원}$

$P_0 = \dfrac{D_1}{k_e - g} = 1{,}200\text{원} \div (0.14 - 0.08) = 20{,}000\text{원}$ (균형주가)

균형수익률 = 자기자본비용 = 14%

(2) 기대수익률

$E(R) = 1{,}200/21{,}000 + 0.08 = 13.7\%$

투자자들이 주식을 매도함으로써 시장가격은 21,000원에서 20,000원으로 하락하고, 기대수익률은 13.7%에서 14%로 상승하여 시장은 균형상태로 돌아간다.

(3) 기대수익률

$E(R) = 1{,}200/19{,}000 + 0.08 = 14.3\%$

투자자들이 주식을 매입함으로써 시장가격은 19,000원에서 20,000원으로 상승하고, 기대수익률은 14.3%에서 14%로 하락하여 시장은 균형상태로 돌아간다.

7. 주 식

주식은 채권과 더불어 시장에서 거래되는 가장 중요한 금융자산이다. 주식은 주식회사가 주주로부터 자본을 제공받고 발행한 증서로서 보통주와 우선주의 성격은 다음과 같다.

(1) 보통주(common stock)

보통주의 주주는 기업의 소유주이므로 경영과 이익분배에 참여할 권리를 갖는 반면, 기업의 경영성과에 대한 위험을 부담한다. 보통주의 주주는 기업경영을 책임질 임원을 선출하는 의결권을 가짐으로써 기업경영에 간접적으로 참여하게 된다. 보통주의 법률상 권리는 의결권, 배당청구권, 잔여재산 분배청구권 등이 있으며 보통주주는 유한책임을 갖는다.

주식회사의 주주는 자신이 투자한 금액을 초과하는 회사의 채무나 손실에 대하여 아무런 책임도지지 않는다. 이를 주주의 유한책임이라고 한다.

회사가 청산하는 경우 주주는 기업재산에 대한 청구권을 갖고 있는 모든 이해관계자에게 재산을 분배한 후 남는 잔여재산에 대해서만 권리를 갖는다. 이를 잔여재산청구권이라고 한다.

의결권(voting right)은 주주가 주주총회에 출석하여 결의에 참여할 수 있는 권리를 말한다. 주주의 의결권 행사에서 가장 중요하고 기본적인 것은 주주를 대리하는 이사회의 구성원을 선임하는 것이다. 이사선임에 사용되는 의결권 행사방법으로 과반수투표제, 집중투표제, 초다수결의제가 있다.

기업이 새로이 발행하는 주식을 미리 정한 가격에 인수할 수 있는 권리를 신주인수권(stock right)이라고 하며 이를 나타낸 증서를 신주인수권증서라고 한다. 기업은 새로 발행하는 주식을 기존주주에게 우선적으로 판매할 수 있는데 이때 주주는 자신의 지분율에 비례하여 신주인수권을 받을 수 있다. 신주인수권을 통하여 신주를 기존주주에게 우선적으로 할당하여 주식을 발행하는 방법을 주주배정이라고 한다.

신주의 발행가액은 일반투자자의 투자를 유도하기 위하여 기존주식의 시장가격보다 낮은 수준으로 정하는 것이 보통이다. 증자의 경우 신주인수권이 없어진 상태를 권리락이라고 하며, 배당권이 없어진 경우는 배당락이라 한다. 권리락이 됨에 따라 신주권이 없는 상태의 주식가격을 권리락 주가라고 하고, 배당권이 없어진 주가를 배당락 주가라고 한다.

(2) 우선주(preferred stock)

이익배당 및 잔여재산분배와 관련하여 보통주와 다른 내용을 갖는 주식으로 우선주가 있다. 우선주는 기업이 청산할 때 잔여재산과 이익에 대한 청구권의 우선순위가 회사채보다 낮지만 보통주보다는 높은 증권이다.

우선주는 회사채의 성격과 보통주의 성격이 복합된 증권이라고 할 수 있다. 우선주의 배당은 보통주에 우선하나, 배당금을 지급하지 않는 것이 기업을 파산선고까지 끌고 갈 법적 이유가 되지는 않는다. 우선주는 회계기준상에서는 자기자본으로 처리되지만, 확정 배당금은 고정비용이므로 그 성격은 채권과 유사하다.

우선주에는 누적적 우선주와 비누적적 우선주가 있는데. 대부부분의 우선주는 누적적 우선주의 특징을 지니고 있다. 우선주 발행기업이 예정된 배당을 지급하지 못할 때는 그 부족된 배당분에 대하여 장래에 보상을 약속하는 것이 누적적 우선주이다.

기업이 이익이 많아서 우선주 배당 후 보통주에 대한 배당을 하고도 이익이 많이 남을 때에 우선주에 대해서 추가적으로 이익분배에 참여토록 하는 경우가 있는데 이러한 우선주를 참가적 우선주라 한다. 반면에 추가적인 이익분배에 참가하지 못하는 우선주를 비참가적 우선주라고 하다.

대개의 경우 주주총회에서 우선주 주주에게는 의결권이 주어지지 않는다. 그러나 우선주에 대하여 약속한 배당금을 지급하지 못한 경우에는 회사의 정관에 명시된 조건에 따라 의결권이 부활될 수 있다.

우선주는 보통주와 마찬가지로 만기가 없다. 그러나 기업들은 우선주를 영구적인 자본조달의 원천으로 보지 않기 때문에 상환규정을 두는 것이 보통이다. 상환우선주(redeemable preferred stock)는 우선주로 발행된 후 만기가 되면 사채와 마찬가지로 상환된다. 상환우선주 중 발행기업이 만기 전에 상환할 수 있는 권리를 갖는 경우를 수의상환우선주라고 한다.

우선주 주주의 의사에 의하여 보통주로 전환될 수 있는 우선주를 전환우선주(convertible preferred stock)라고 한다. 기업은 상환과 전환의 특성이 결합된 상환전환우선주를 발행할 수 있다.

(3) 자기주식(treasury stock)

자기주식 또는 자사주는 기업이 발행한 주식을 다시 매입하여 보유하고 있는 주식을 말한다. 자기주식은 보통주의 법률상 권리인 의결권, 배당청구권, 잔여재산 분배청구권이 없기 때문에 자산으로 인식할 수 없으며, 자본에서 차감한다.

8. 주식시장

주식시장은 주식회사의 지분권을 표시하는 유가증권인 주식이 거래되는 시장이다. 주식은 상환의무가 없고 경영실적에 따라 배당만 하면 되기 때문에 발행기업 입장에서는 매우안정적인 자금조달수단이 되며 자기자본으로서 기업의 재무구조를 개선시키는 효과가 있다. 또한 투자자 입장에서는 유용한 자금운용수단이 된다.

주식시장은 기업공개 및 유상증자 등을 통해 주식이 새롭게 공급되는 발행시장과 이미 발행된 주식이 투자자간에 거래되는 유통시장으로 나누어진다.

(1) 발행시장

주식의 발행은 주식회사가 설립자본금을 조달하거나 자본금을 증액할 때 이루어진다. 자본금 증액을 위한 주식발행에는 금전의 출자를 받아 자본금을 증가시키는 유상증자 이외에 무상증자, 주식배당 및 전환사채의 주식전환 등이 포함된다. 발행시장은 새로운 주식이 최초로 출시되는 시장이라는 점에서 제1차 시장(primary market)이라고도 한다.

주식의 발행은 기업공개, 유상증자, 무상증자, 주식배당 등 여러 가지 형태로 이루어진다. 기업공개(IPO: Initial Public Offering)란 주식회사가 신규 발행 주식을 다수의 투자자로부터 모집하거나, 이미 발행되어 대주주 등이 소유하고 있는 주식을 매출하여 주식을 분산시키는 것을 말한다.

주식의 발행방식은 주식의 수요자를 선정하는 방법에 따라 공모발행과 사모발행으로 구분된다. 공모발행(public offering)이란 발행회사가 투자자에 제한을 두지 않고 동일한 가격과 조건으로 주식을 다수의 투자자(50인 이상)에게 발행하는 방식이다. 사모발행(private placement)은 발행회사가 특정한 개인 및 법인을 대상으로 주식을 발행하는 방법이다.

직접발행은 발행회사가 자기 명의로 인수위험 등을 부담하고 발행사무도 직접 담당하는 방식으로 직접모집 또는 자기모집이라고도 한다. 간접발행은 발행회사가 전문적인 지식, 조직 및 경험을 축적하고 있는 금융투자회사를 통해 주식을 발행하는 방식이다. 이 경우 발행회사는 주식발행과 관련한 위험을 금융투자회사에 부담시키고 그 대가로 수수료를 지급하게 된다.

(2) 유통시장

유통시장은 이미 발행된 주식이 매매되는 시장으로 제2차 시장(secondary market)이라고도 한다. 유통시장은 발행된 주식의 시장성과 환금성을 높여주고 자유경쟁을 통해 공정한 가격을 형성하는 기능을 한다.

우리나라의 주식 유통시장에는 유가증권시장, 코스닥시장, 코넥스시장 및 K-OTC시장이 있다. 이중 유가증권시장, 코스닥시장 및 코넥스시장은 한국거래소에서 개설・운영하는 장내시장이며 K-OTC시장은 장외시장이다. 한편 주식이 장내시장에서 매매되기 위해서는 상장이라는 등록 절차를 거쳐야 한다.

유통시장에서 투자자의 매매주문은 투자중개업을 영위하는 금융투자회사를 거쳐 한국거래소에서 체결되며 이에 따른 결제는 매매일로부터 3일째 되는 날(T+2일) 한국예탁결제원을 통해 이루어진다.

(3) 주가지수

KOSPI(Korea Composite Stock Price Index)는 종합주가지수를 뜻하는 단어로, 현재는 유가증권시장의 주가지수를 코스피지수, 유가증권시장을 코스피시장이라고 부르기도 한다. 현재 코스피지수는 시가총액식 주가지수로 1980년 1월 4일 시가총액을 기준시점으로 현재의 지수를 산출하고 있다.(기준지수 100)

KOSPI200지수는 증시를 대표하는 종목 200개를 선정, 종합주가지수(KOSPI)의 움직임을 반영할 수 있도록 만든 지수로 주가지수 선물 및 옵션의 거래대상이 된다.

상장지수펀드(ETF: Exchange Traded Fund)는 특정 주가지수의 수익률에 연동되도록 설계된 지수연동형 펀드로 한국거래소에 상장되어 일반주식처럼 거래되는 상품이다. 따라서 ETF를 매수하면 해당 주가지수를 구성하는 종목 전체를 매수하는 것과 동일한 효과를 얻을 수 있다.

미국 주식시장의 움직임을 종합적으로 나타내는 주가지수로는 다우존스산업평균지수, S&P500지수 및 나스닥(NASDAQ)지수가 있다. 글로벌 증시 투자자들이 투자실적 비교, 각국별 투자비중 산정 등에 기준으로 삼는 지수로는 MSCI(Morgan Stanley Capital International)지수가 있다.

(4) 공매도(short sale)

공매도(short sale)는 소유하지 않은 증권을 매도하는 투자기법을 말하며 소유하지 않은 상장증권을 매도하는 무차입공매도(naked short)와 차입한 상장증권으로 결제하고자 매도하는 차입공매도(covered short)로 구분된다.

공매도는 공정가격 발견 기능을 제고하고 시장유동성을 공급할 뿐만 아니라 위험관리 수단을 제공하여 다양한 투자기법의 개발을 가능하게 하는 순기능을 갖고 있다. 그러나 결제불이행 등으로 증권시스템이 큰 위험에 직면할 수 있는 데다 시세조종 등과 같은 불공정거래 행위가 발생할 소지가 있어 규제의 대상이 되기도 한다.

연습문제 3-1

항상성장배당평가모형이 성립하다고 가정하고, 다음 물음에 대하여 '옳다' 또는 '옳지 않다'라고 답하시오.

(1) 다른 조건이 일정할 때, 주주의 요구수익률이 증가하면 주가는 상승한다.
(2) 다른 조건이 일정할 때, 유보율이 증가하면 주가는 상승한다.
(3) 다른 조건이 일정할 때, 자기자본이익률이 증가하면 주가는 상승한다.
(4) 다른 조건이 일정할 때, 주식의 위험이 증가하면 주가는 상승한다.
(5) 다른 조건이 일정할 때, 주가는 배당성장률과 동일한 비율로 성장한다.
(6) 항상성장배당평가모형을 적용하기 위해서는 배당이 성장률이 주주의 요구수익률보다 작아야 한다.

해설

(1) 옳지 않다.
주주의 요구수익률(k)이 증가하면 할인율이 증가하여 주식의 균형가격이 감소하므로 주가는 하락한다.

(2) 옳지 않다.
자기자본이익률(ROE)가 주주의 요구수익률보다 큰 경우에는 유보율(b)이 증가하면 주가는 상승하지만, 자기자본이익률(ROE)가 주주의 요구수익률보다 작은 경우에는 유보율(b)이 증가하면 주가는 하락한다.

(3) 옳다.
자기자본이익률이 증가하면 배당성장률(g)이 증가하여 주식의 균형가격이 증가하므로 주가는 상승한다.

(4) 옳지 않다.
주식의 위험이 증가하면 투자자들의 요구수익률(k)이 증가하여 주식의 균형가격이 감소하므로 주가는 하락한다.

(5) 옳다.
1년 후의 주가는 현재의 주가보다 배당성장률(g)만큼 증가한다.

(6) 옳다.
고정성장형 영구연금이 성립하기 위해서는 할인율은 성장률보다 커야 한다. 따라서 배당평가모형에서도 주주의 요구수익률(k)은 배당성장률(g)보다 커야 한다.

연습문제 3-2

(1) A기업은 내년의 주당이익(EPS_1)을 660원으로 예상하고 있으며 주식에 대한 적정 할인율은 12%이다. A기업은 앞으로 매년 이익의 60%를 재투자할 예정이며 자기자본에 대한 투자수익률은 15%를 유지할 것으로 전망된다. 배당할인모형에 의하면 주식가치는 얼마인가? 또 주식가치 중에서 성장기회에 대한 가치(NPVGO)는 얼마인가?

(2) ㈜미래의 발행주식수는 100,000주이고 배당성향이 30%이며 자기자본이익률이 10%이다. ㈜미래의 자기자본비용은 17%이고 올해 초 주당 배당금으로 2,000원을 지불하였다. 이러한 현상이 지속된다고 가정할 때, ㈜미래의 2년 말 시점의 주가는 얼마가 되는가?

해설

(1) 성장률 $g = ROE \times b = 0.6 \times 15\% = 9\%$

항상성장모형을 이용한 주식가치 : $P_0 = \dfrac{D_1}{k_e - g} = \dfrac{660 \times 0.4}{0.12 - 0.09} = 8{,}800$원

$P_0 = 8{,}800 = \dfrac{EPS_1}{k_e} + NPVGO = \dfrac{660}{0.12} + NPVGO$

$NPVGO = 3{,}300$원

(2) 2년 말 시점의 주가

$g = ROE \times b = 10\% \times 0.7 = 7\%$

$P_2 = \dfrac{D_3}{k_e - g} = \dfrac{2{,}000 \times 1.07^3}{0.17 - 0.07} = 24{,}500$원

연습문제 3-3

다음에 주어진 자료에 근거하여 A, B 두 기업의 현재 주당 주식가치를 평가했을 때, 두 기업의 주당 주식가치의 차이는 얼마인가? (단, 배당금은 연 1회 연말에 지급한다.)

기업 A: 내년($t=1$)에 주당 2,500원의 배당금을 지급하고 이후 2년간(t = 2~3)은 배당금이 매년 25%로 고성장하지만, 4년째($t=4$)부터는 5%로 일정하게 영구히 성장할 것으로 예상된다. 주주의 요구수익률은 고성장기간 동안 연 15%, 이후 일정성장기간 동안 연 10%이다.

기업 B: 올해 주당순이익은 3,200원이며, 순이익의 80%를 배당금으로 지급하였다. 순이익과 배당금은 각각 매년 5%씩 성장할 것으로 예상되고, 주주의 요구수익률은 연 9.7%이다.

해설

<기업 A의 주가>

(1) 매년 주당 배당금을 결정한다.

$D_1=2,500,\quad D_2=2,500\times1.25=3,125,\quad D_3=3,125\times1.25=3,906,\quad D_4=3,906\times1.05=4,102$

(2) 4년 후부터는 고정성장배당평가 모형을 이용하여 3년 후의 주식가치를 구한다.

$$P_3=\frac{4,102}{0.10-0.05}=82,040$$

(3) 초과성장의 배당금의 현재가치와 3년 후의 주식가치의 현재가치를 계산하여 더한다.

$$P_0=\frac{2,500}{1.15^1}+\frac{3,125}{1.15^2}+\frac{3,906+82,020}{1.15^3}=61,047$$

<기업 B의 주가>

항상성장모형을 적용한다.

$$P_0=\frac{D_1}{R-g}\ \Rightarrow P_0=\frac{3,200\times1.05^1\times0.8}{0.097-0.05}=57,191$$

$\therefore\ P_A-P_B=61,047-57,191=3,856$

연습문제 3-4

투자자 갑은 기업 A와 B에 대해 다음 표와 같은 정보를 수집하였다. 위험자산수익률은 10%이다. 주가가 이론적 가치에 따라 변동한다고 가정한다. 일정성장배당평가모형(Constant Growth Dividend Discount Model)을 적용하여 현재 주가를 평가할 때, 다음 물음에 답하시오. (단, 배당금은 연말에 한 번 지급하는 것으로 가정한다.)

	기업 A	기업 B
ROE	15%	9%
내부유보율	12%	20%
내년도 예상 주당순이익	100원	100원
자기자본비용	10%	9%

(1) 기업 A의 주가와 기업 B의 주가는 각각 얼마인가?

(2) 다른 조건은 변하지 않는 상태에서, A기업이 내부유보율을 증가시킨다면 A기업의 주가는 상승하는가? 하락하는가?

(3) 다른 조건은 변하지 않는 상태에서, B기업이 내부유보율을 증가시킨다면 B기업의 주가는 상승하는가? 하락하는가?

(4) 기업 A주식의 성장기회에 대한 가치(NPVGO)는 얼마인가?

(5) 기업 B주식의 성장기회에 대한 가치(NPVGO)는 얼마인가?

해설

(1) A기업의 주가 : $P_0 = \dfrac{100 \times (1-0.12)}{0.10 - 0.15 \times 0.12} = 1{,}073$

B기업의 주가 : $P_0 = \dfrac{100 \times (1-0.20)}{0.09 - 0.09 \times 0.20} = 1{,}111$

(2) A기업은 ROE(15%) > k(10%)이므로 유보율은 증가하면 주가는 상승한다.

(3) B기업은 ROE(9%) = k(9%)이므로 유보율은 증가하여도 주가는 변동 없다.

(4) $1{,}073 = \dfrac{100}{0.10} + NPVGO$ ➡ NPVGO = 73원

(5) $1{,}111 = \dfrac{100}{0.09} + NPVGO$ ➡ NPVGO = 0원

연습문제 3-5

고정성장배당평가모형(constant growth dividend discount model)에 관한 설명으로 가장 적절하지 않은 것은?

① 계속기업(going concern)을 가정하고 있다.
② 고정성장배당평가모형이 성립하면, 주가는 배당성장률과 동일한 비율로 성장한다.
③ 고정성장배당평가모형이 성립하면, 주식의 투자수익률은 배당수익률과 배당성장률의 합과 같다.
④ 다른 조건은 일정하고 재투자수익률(ROE)이 요구수익률보다 낮을 때, 내부유보율을 증가시키면 주가는 상승한다.
⑤ 다른 조건이 일정할 때, 요구수익률이 하락하면 주가는 상승한다.

해설

재투자수익률(ROE)이 요구수익률보다 클 때 내부유보율을 증가시키면 주가는 상승
재투자수익률(ROE)이 요구수익률보다 작을 때 내부유보율을 증가시키면 주가는 하락

정답: ④

연습문제 3-6

현재(t=0) 주당 배당금 2,000원을 지급한 A기업의 배당 후 현재 주가는 30,000원이며, 향후 매년 말 배당금은 매년 5%의 성장률로 증가할 것으로 예상된다. 또한 매년 말 700원을 영구적으로 지급하는 채권은 현재 10,000원에 거래되고 있다. A기업 주식 1주와 채권 1주로 구성된 포트폴리오의 기대수익률은 얼마인가?

해설

(1) 주식의 기대수익률

$$P_0 = \frac{D_1}{R-g} \Rightarrow R = \frac{D_1}{P_0} + g$$

$$R = \frac{2,000 \times 1.05}{30,000} + 0.05 = 0.12(12\%)$$

(2) 채권의 기대수익률

$$P_0 = \frac{C}{R} \Rightarrow R = \frac{C}{P_0}$$

$$R = \frac{700}{10,000} = 0.07(7\%)$$

(3) 포트폴리오의 기대수익률

포트폴리오의 기대수익률은 주식의 기대수익률과 채권의 기대수익률을 주식의 가치와 채권의 가치금액을 기준으로 가중 평균한다.

$$R = 12\% \times \frac{30,000}{40,000} + 7\% \times \frac{10,000}{40,000} = 10.75\%$$

연습문제 3-7 (21년 기출)

배당평가모형에 따른 주식가치 평가에 관한 설명으로 적절한 항목만을 모두 선택한 것은?

a. 전액 배당하는 무성장 영구기업의 주가수익배수(PER)는 요구수익률과 정(+)의 관계를 갖는다.

b. A기업의 배당성장률(g)은 항상 2%이다. A기업의 현재 이론주가(P0)가 10,000원, 주식투자자의 요구수익률이 10%일 때, 최근 지급된 배당액(D0)은 750원보다 적다.

c. 유보율이 0인 무성장 영구기업의 경우 현재 이론주가(P0)는 주당순이익(EPS1)÷자기자본비용(ke)으로 추정할 수 있다.

d. 항상(일정)성장모형을 통해 주가 추정시 주주 요구수익률이 성장률보다 작을 경우에 한해 현재 이론주가(P0)가 추정된다.

e. 배당평가모형은 미래배당을 현재가치화한 추정모형이다.

① a, b ② b, e ③ c, e
④ a, c, e ⑤ a, d, e

해설

a. 주가수익배수(PER)는 요구수익률과 반(−)의 관계를 갖는다.

b. $10,000 = \frac{D_o \times 1.02}{0.10 - 0.02}$ ➠ D_0 = 784원

d. 항상(일정)성장모형의 가정 : 주주 요구수익률 > 성장률

정답: ③

연습문제 3-8 (24년 기출)

㈜A기업의 1년 후 주당순이익은 3,000원으로 예상된다. 이 기업은 매년 순이익의 60%를 유보하여 재투자하고자 한다. 주식에 대한 적절한 할인율이 20%이고 현재 주가가 30,000원일 때, 이 기업의 자기자본순이익률(ROE)과 가장 가까운 것은? (단, 항상성장모형이 성립하고 현재의 주가는 이론적 가격과 같다고 가정한다.)

① 20.67% ② 22.47% ③ 24.82% ④ 26.67% ⑤ 28.55%

해설

$$k_e = \frac{D_1}{P_o} + g$$

20% = (3,000 × 0.4)/30,000 + g → g = 16%

g= ROE × b

16% = ROE × 0.6 → g = 26.67%

정답: ④

연습문제 3-9 (22년 기출)

주가배수모형에 관한 설명으로 가장 적절하지 않은 것은?

① 다른 조건이 일정하다면 요구수익률(또는 자기자본비용)이 낮을수록 PER(주가수익비율)은 높게 나타난다.

② 성장이 없는 기업의 PER은 요구수익률(또는 자기자본비용)의 역수이다.

③ 다른 조건이 일정하다면 보수적인 회계처리를 하는 기업의 PER은 낮게 나타난다.

④ PBR(주가장부가비율)은 ROE(자기자본이익률)와 PER의 곱으로 표현할 수 있다.

⑤ PER, PBR 또는 PSR(주가매출액비율)을 사용하여 주식가치를 상대평가 할 수 있다.

해설

보수적인 회계처리 ➠ EPS 과소평가 ➠ PER 과대평가 (PER = P/ EPS)

정답 : ③

연습문제 3-10 (22년 기출)

연 1회 매년 말에 지급되는 A기업의 배당금은 앞으로 계속 5%의 성장률을 보일 것으로 예상된다. 현재(t=0) A기업 주식의 주당 내재가치는 50,000원이고 베타는 1.5이다. 무위험 이자율은 3%이며 시장포트폴리오의 기대수익률은 10%이다. 전년도 말(t=0)에 지급된 주당 배당금(D0)은 얼마인가? (단, CAPM이 성립한다고 가정한다.)

해설

CAPM을 이용한 요구수익률

$k_e = 3 + (10-3) \times 1.5 = 13.5\%$

배당평가모형을 이용한 주식가치

$$50,000 = \frac{D_0 \times 1.05}{0.135 - 0.05} \rightarrow D_0 = 4,048$$

정답 : 4,048원

> > > Financial Management

제 4 장 채권의 가치평가

1. 채권가치평가의 기초

(1) 채권의 개념

채권(bond)은 발행자(채무자)가 투자자(채권자)에게 원금과 일정기간 동안의 이자를 정해진 일자에 상환하기로 약속한 증서이다. 채권에는 상환하기로 예정된 날인 만기일과 원금 및 이자금액이 명시된다. 채권은 발행시점에서 액면이자율, 액면가, 만기일이 확정되므로 채권의 미래현금흐름이 사전적으로 확정되었다는 점에서 고정수익증권(fixed income security)으로도 부른다.

채권의 가치평가를 위하여 다음과 같이 기호를 정의한다. (이자지급주기 1년 기준)

n : 채권의 만기(maturity date)
F : 채권의 원금(액면가, 만기가치, 상환가치)
C : 연간 액면이자(coupon)
c : 연간 액면이자율(coupon rate)
B_0 : 채권의 현재가치
R : 채권의 할인율(수익률)

(2) 이표채의 가치평가

이표채(coupon-bearing bond)는 이자지급일에 액면이자와 만기에 원금을 지급하는 채권으로 액면이자율과 시장이자율의 차이로 인하여 발행가격은 액면금액과 다르게 된다. 이표채의 가치는 다음과 같이 평가한다.

$$\begin{aligned} B_0 &= \frac{C}{(1+R)} + \frac{C}{(1+R)^2} + \cdots + \frac{C}{(1+R)^n} + \frac{F}{(1+R)^n} \\ &= \sum_{t=1}^{n} \frac{C}{(1+R)^t} + \frac{F}{(1+R)^n} \\ &= C \times PVIFA(R,n) + F \times PVIF(R,n) \end{aligned} \tag{4.1}$$

예를 들어 만기가 3년이고 원금이 10,000, 액면이자율 8%. 매 1년마다 액면이자를 지급하는 이표채의 가격은 시장이자율이 10%이면 9,503원이다.

$$B_0 = \frac{800}{1.10^1} + \frac{800}{1.10^2} + \frac{800 + 10,000}{1.10^3}$$
$$= 800 \times 2.4869 + 10,000 \times 0.7513 = 9,503$$

(3) 무이표채(할인채)의 가치평가

무이표채(zero coupon bond)는 만기일 전에 이자를 지급하지 않는 채권으로 순수할인채권(pure discount bond) 또는 할인채라고도 한다. 무이표채는 액면이자율이 0%이므로 형식상 액면이자가 지급되지 않으나 이자비용은 할인된 가격에 반영되어 있다. 무이표채는 가장 단순한 구조를 가지고 있기 때문에 채권의 가치평가 및 위험관리에서 매우 유용하게 이용된다. 무이표채의 가치는 다음과 같이 평가한다.

$$B_0 = \frac{F}{(1+R)^n} \tag{4.2}$$

예를 들어 만기가 3년이고 원금이 10,000원인 무이표채의 가격은 시장이자율이 10%이면 7,513원이다.

$$B_0 = \frac{10,000}{1.10^3} = 7,513$$

채권투자자는 오늘 7,513을 투자하고 3년 후 10%의 이자 2,487원이 반영된 10,000원을 수령한다.

(4) 영구채의 가치평가

영구채권(consol bond , perpetual bond)은 원금을 상환하지 않고 액면이자만을 영구히 지급하는 채권으로 영구채의 가치는 다음과 같이 평가한다.

$$B_0 = \frac{C}{(1+R)} + \frac{C}{(1+R)^2} + \cdots + \frac{C}{(1+R)^\infty} = \frac{C}{R} \tag{4.3}$$

예를 들어 원금이 10,000, 액면이자율 8%. 매 1년마다 액면이자를 지급하는 영구채의 가격은 시장이자율이 10%이면 8,000원이다.

$$B_0 = \frac{800}{0.10} = 8,000$$

[그림 4-1] 채권가격과 시장이자율의 관계

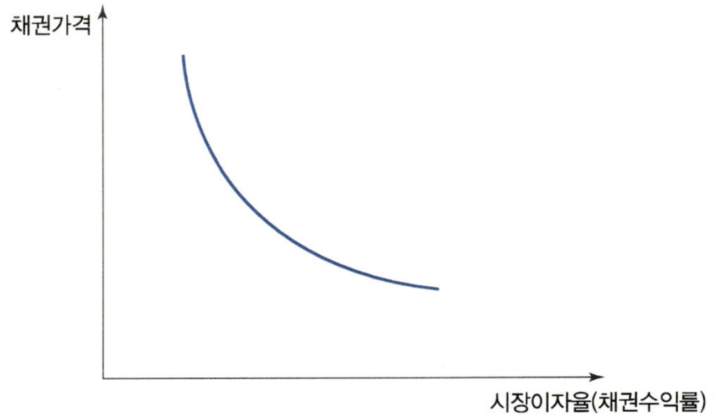

(5) 채권수익률과 채권가격

채권수익률은 채권가격의 할인율이므로 채권가격과 채권수익률(시장이자율)은 역의 관계에 있다. 즉, 시장이자율이 증가하면 채권가격은 감소하며, 시장이자율이 감소하면 채권가격은 증가한다. 이러한 관계를 그림으로 나타내면 [그림 4-1]이 된다.

채권가격과 시장이자율의 역의 관계는 채권에 대한 분석에서 가장 중요한 요소이며, 시장이자율 변동에 따른 채권가격의 변동은 채권투자의 주된 위험이다. 시장이자율이 상승하면 채권가격은 하락하게 되어 채권 보유자가 손실을 입을 가능성을 가격위험(price risk)라고 한다.

시장이자율과 액면이자율간의 차이로 인해 채권가격은 액면가와 다르게 된다. 이를 정리하면 다음과 같다.

시장이자율 > 액면이자율 ➡ 채권가격 < 액면금액 : 할인(discount)거래
시장이자율 = 액면이자율 ➡ 채권가격 = 액면금액 : 액면(par)거래
시장이자율 < 액면이자율 ➡ 채권가격 > 액면금액 : 할증(premium)거래

[그림 4-2] 채권가격과 만기의 관계

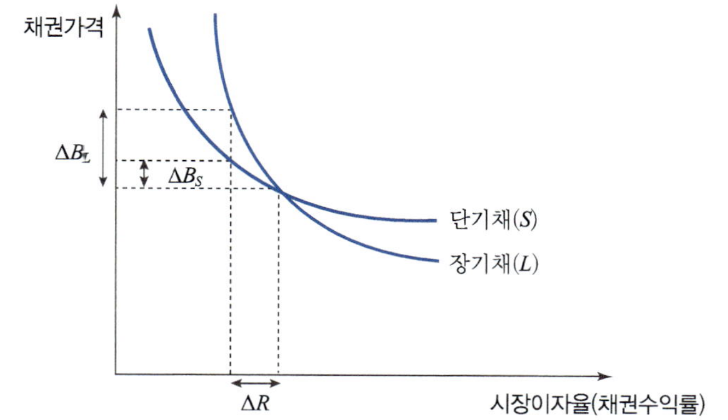

(6) 만기와 채권가격

채권가격의 변동위험 지표중의 하나는 채권의 만기이다. 잔존만기가 긴 채권이 잔존만기가 짧은 채권보다 가격 변동정도가 더 크다. 즉, 시장이자율이 증가하면 만기가 1년인 채권의 감소금액보다 만기가 10년인 채권의 감소금액이 더 크며, 시장이자율이 감소하면 만기가 1년인 채권의 증가금액보다 만기가 10년인 채권의 증가금액이 더 크다. 이러한 관계를 그림으로 나타내면 [그림 4-2]가 된다.

[그림 4-2]에서 채권의 만기가 길수록 시장이자율 변동에 대한 채권가격의 변동정도가 크다는 것을 알 수 있다. 따라서 채권의 만기가 길수록 이자율변동에 대한 가격위험이 더 크다.

2. 채권수익률

(1) 만기수익률

만기수익률(YTM: yield to maturity)은 채권투자를 통하여 얻게 되는 투자수익률을 나타내는 대표적인 측정치로 지금 채권을 구입해서 만기까지 보유할 경우에 얻게 되는 연평균 투자수익률을 의미한다. 이표채의 만기수익률은 식 (4.1)에서의 R을 구함으로써 계산된다.

$$B_0 = \sum_{t=1}^{n} \frac{C}{(1+R)^t} + \frac{F}{(1+R)^n} \Rightarrow R = YTM \qquad (4.1)$$

식 (4.1)로 계산되는 만기수익률(R)은 채권투자의 내부수익률(IRR)로 다음과 같은 가정이 전제된 수익률이다.

① 채권의 발행자가 원금과 이자를 약속한 대로 지급한다.
② 채권을 중도에 매각하지 않고 만기까지 보유한다.
③ 액면 이자는 만기까지 만기수익률로 재투자한다.

만기수익률은 채무불이행이 없는 수익률이므로 약속수익률(promised yield)이라고 한다. 세 번째 가정은 현실적으로 완벽하게 만족할 수 없는 가정이므로 투자자가 정확히 만기수익률을 얻는 것은 불가능하다.

식 (4.1)에서 만기수익률(R)은 시행착오법(trial and error)으로 계산하기 때문에 계산에 어려움이 있다. 따라서 실무적으로 다음과 같은 근사치를 계산하는 방법이 이용된다.

$$\text{만기수익률(YTM)} = \frac{\text{연평균투자수익}}{\text{연평균투자액}} = \frac{C + (F - B_0)/n}{(F + B_0)/2} \qquad (4.2)$$

예제 4-1

액면금액이 10,000원이고 액면이자율이 연 8%, 만기가 3년인 채권의 현재 거래가격이 9,503원이다.

(1) 이 채권의 만기수익률의 근사치를 산출하라.
(2) 이 채권의 만기수익률을 시행착오로 산출하라.

풀이

(1) 간편식을 이용해서 만기수익률을 산출하면 다음과 같다.

$$YTM = \frac{800 + (10,000 - 9,503)/3}{(9,503 + 10,000)/2} = 9.90\%$$

(2) 시행착오로 9.90%부터 대입해서 R을 구한다.

$$9,503 = \frac{800}{(1+R)} + \frac{800}{(1+R)^2} + \frac{10,800}{(1+R)^3}$$

위 식을 풀면 R=YTM=10%이다.

(2) 기대수익률

기대수익률(expected yield)은 채권투자에서 예상되는 현금흐름에서 얻을 수 있는 투자수익률을 의미하며 채무불이행위험을 고려하였을 경우 실현가능한 수익률의 기대값이다.

$$B_0 = \sum_{t=1}^{n} \frac{E(C)}{(1+R)^t} + \frac{E(F)}{(1+R)^n} \quad \Rightarrow \quad R = EY \tag{4.3}$$

만기수익률은 채무불이행이 없을 경우의 수익률이며, 기대수익률은 채무불이행을 고려한 수익률이므로 두 수익률의 차이는 채무불이행 위험프리미엄이다.

만기수익률 − 기대수익률 = 채무불이행 위험프리미엄

(3) 채권수익률 결정요인

제2장에서 설명한 것처럼 기대수익률은 무위험이자율과 위험프리미엄의 합으로 구성되며 이러한 관계는 채권수익률에도 동일하다.

무위험이자율은 채권의 발행기업과 관련이 없는 기업외적인 요인이며, 위험프리미엄은 발행기업의 특성에 관련된 기업내적인 요인이다.

① 실질이자율(r : real interest rate)

실질이자율은 소비에 대한 시차선호 및 투자기회의 생산성에 의하여 결정된다. 현재 소비에 대한 선호가 증가하면 실질이자율은 증가하며, 투자기회의 생산성이 크면 실질이자율은 증가한다.

[그림 4-3] 채권수익률의 결정요인

채권수익률 = 무위험이자율 + 위험프리미엄

무위험이자율	위험프리미엄
소비에 대한 시차선호 투자기회의 생산성 기대인플레이션율	만기 채무불이행위험 기타위험

② 무위험이자율(R_f : risk-free interest rate)

실질이자율에 기대인플레이션을 반영하여 결정된 이자율을 명목이자율 또는 무위험이자율이라고 한다. 다른 조건이 일정한 경우 기대인플레이션율이 증가하면 무위험이자율은 증가한다.

피셔 방정식(Fisher Equation)

명목이자율은 실질이자율과 인플레이션의 합이라는 관계를 간단한 방정식으로 나타낸 것으로 경제학자 어빙 피셔(Irving Fisher)가 1930년에 소개하였다.

$$1+\text{명목이자율}(R)=(1+\text{실질이자율}(r))\times(1+\text{기대인플레이션율})$$
$$\text{명목이자율}(R)\fallingdotseq \text{실질이자율}(r)+\text{기대인플레이션율}$$

③ 채권수익률의 기간구조

채권의 위험을 구성하는 요소는 만기와 만기 이외의 위험요소로 나눌 수 있다. 채권의 만기가 서로 상이함에 따라 채권수익률이 서로 다르게 나타나는데 이를 채권수익률의 기간구조라고 한다.

④ 채권수익률의 위험구조

만기 이외의 위험요소와 채권수익률 가의 관계를 채권수익률의 위험구조라고 한다. 만기 이외의 위험 요소로는 **채무불이행위험**, **유동성위험** 및 **수의상환위험**이 있다.

채무불이행위험(default risk)은 채권의 원리금이 계약대로 지불되지 않을 가능성을 말하며, 채무불이행위험이 클수록 채권투자자들은 위험에 대한 보상으로 더 높은 수익률을 요구한다. 따라서 다른 조건이 일정하다면 채무불이행위험이 증가하면 위험프리미엄(risk premium: RP)이 증가하여 채권의 수익률은 증가한다.

유동성 위험이란 채권을 매도할 때, 그 채권에 대한 매수세가 부족해서 제값을 받지 못할 위험이다. 매수-매도 호가 간격이 좁으면 유동성 위험이 낮고, 매수-매도 호가 간격이 넓으면 유동성 위험이 크다고 할 수 있다.

수의상환위험은 제10장에 설명한다.

〈표 4-1〉 채권등급평가

무디스	Aaa	Aa 1 Aa 2 Aa 3	A 1 A 2 A 3	Baa 1 Baa 2 Baa 3	Ba 1 Ba 2 Ba 3	B 1 B 2 B 3	Caa	Ca	C
스탠더드 푸어스	AAA	AA+ AA AA−	A+ A A−	BBB+ BBB BBB−	BB+ BB BB−	B+ B B−	CCC	CC	C

3. 채무불이행 위험

수익률스프레드(yield spread)는 채무불이행 위험이 전혀 없는 채권의 수익률과 채무불이행의 위험이 있는 채권의 수익률과의 차이를 말하는 것이다. 만기가 동일한 경우 채무불이행 위험이 전혀 없는 것으로 간주되는 국채의 수익률과 지급불능의 위험이 있는 회사채의 수익률은 서로 차이가 나타나는데 이 차이가 수익률스프레드인 것이다. 예를 들어 액면이자율이 8%이고 만기가 5년인 국채와 회사채의 수익률이 각각 9.14%와 10.25%인 경우 수익률 스프레드는 10.25%−9.14%=1.11%이다.

채권평정(bond rating)이란 안정성 등과 같은 특성을 고려하여 신용평가기관들이 채권에 대해 등급을 정하는 것이다. 채권은 발행회사가 약속된 이자와 원금을 지급할 수 있는 능력에 따라 등급이 결정되므로, 채권등급은 채무 불이행 위험을 나타낸다고 할 수 있다.

채권평가등급의 내용을 살펴보면 <표 4-1>과 같다. 무디스(Moody's) 채권평가등급은 가장 높은 등급은 Aaa, 가장 낮은 등급은 C이며 Ba1이하 등급은 채무불이행위험이 높은 채권을 의미하는 정크본드(junk bond)이다. 스탠더드앤드푸어스(S&P) 채권평가등급은 가장 높은 등급은 AAA, 가장 낮은 등급은 C이며, BB+ 이하 등급은 정크본드이다.

다른 조건이 일정하다면 신용등급의 변화는 다음과 같이 채권수익률과 채권가격에 영향을 준다.

채권평가등급 상승 ➠ 채무불이행위험 감소 ➠ 위험프리미엄 감소 ➠ 채권수익률 하락 ➠ 채권가격 상승 ➠ 채권보유자 이익

채권평가등급 하락 ➠ 채무불이행위험 증가 ➠ 위험프리미엄 증가 ➠ 채권수익률 상승 ➠ 채권가격 하락 ➠ 채권보유자 손실

4. 채권수익률의 기간구조이론

(1) 수익률곡선

모든 조건이 동일할 때 채권의 만기가 다름에 따라 채권의 수익률 역시 다르게 나타난다. 무이표채를 만기까지 보유할 경우의 만기수익률을 현물이자율(spot rate)이라고 하는데, 만기와 현물이자율간의 관계를 이자율의 기간구조(term structure of interest rates)라고 하며, 이를 그래프로 그린 것이 수익률곡선(yield curve)이다.

[그림 4-4]에서와 같이 수익률 곡선은 우상향, 우하향, 수평으로 구분된다. 우상향 수익률 곡선은 정상수익률 곡선(normal yield curve)이라고도 하는데, 만기가 길수록 현물이자율이 증가하는 형태를 갖는다. 우하향 수익률 곡선은 만기가 길수록 현물이자율이 감소하며, 수평 수익률 곡선은 만기와 관계없이 현물이자율이 일정함을 나타낸다.

예를 들어 만기 1년 무이표채의 현물이자율이 8%일 때, 만기 2년 무이표채의 현물이자율이 9%인 경우 수익률 곡선은 우상향, 만기 2년 무이표채의 현물이자율이 8%인 경우 수익률 곡선은 수평, 만기 2년 무이표채의 현물이자율이 7%인 경우 수익률 곡선은 우하향이다.

실증적으로 미국 재무성증권을 대상으로 이자율과 만기와의 관계를 관찰해본 결과 관찰시점에 따라 수익률 곡선은 우상향, 우하향, 수평의 다른 양상을 보였다. 이처럼 시점에 따라 다른 양상을 띠는 수익률의 기간구조를 설명하는 이론을 이자율의 기간구조이론이라고 한다.

[그림 4-4] 수익률곡선의 형태

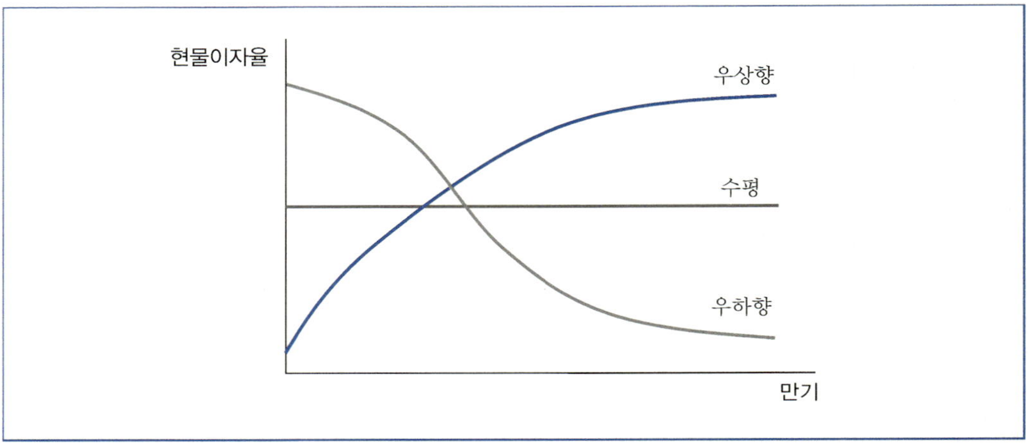

(2) 선도이자율

이자율의 기간구조이론을 설명하기 위해 선도이자율의 개념을 이해하여야 하며, 선도이자율을 이해하기 위해서는 현물이자율의 개념을 이해하여야 한다.

① 현물이자율(spot rate)

현물이자율은 무이표채(할인채)를 만기까지 보유할 경우의 만기수익률로 현재시점을 기준으로 연평균이자율이다. 만기 n년 무이채표의 만기수익률인 현물이자율은 $_0R_n$이라고 표기한다.

무이표채의 가치평가를 설명하는 식 (4.4)에서 R은 현물이자율 $_0R_n$을 의미한다.

$$B_0 = \frac{F}{(1+R)^n} \rightarrow B_0 = \frac{F}{(1+{}_0R_n)^n} \tag{4.4}$$

예를 들어 만기가 1년이고 원금이 10,000원인 무이표채의 가격이 9,259원이고, 만기가 2년이고 원금이 10,000원인 무이표채의 가격이 8,417원 경우 현물이자율은 다음과 같다.

$$9,259 = \frac{10,000}{(1+{}_0R_1)^1} \rightarrow {}_0R_1 = 8\% \qquad 8,417 = \frac{10,000}{(1+{}_0R_2)^2} \rightarrow {}_0R_2 = 9\%$$

② 선도이자율(forward rate)

수익률 곡선이 추정되면 현물이자율에 내재된 미래 일정기간 동안의 이자율을 계산할 수 있는데 이를 선도이자율(forward rate)이라고 한다. 선도이자율은 $_1f_2$, $_2f_3$, $_3f_4$ 등으로 표시되며, 표시의 의미는 다음과 같다.

$_1f_2$: 1년 후부터 2년 후까지의 선도이자율

$_2f_3$: 2년 후부터 3년 후까지의 선도이자율

$_{n-1}f_n$: $n-1$년 후부터 n년 후까지의 선도이자율

[그림 4-5]에서 보는 것처럼 선도이자율은 다음과 같이 결정된다.

[그림 4-5] 선도이자율

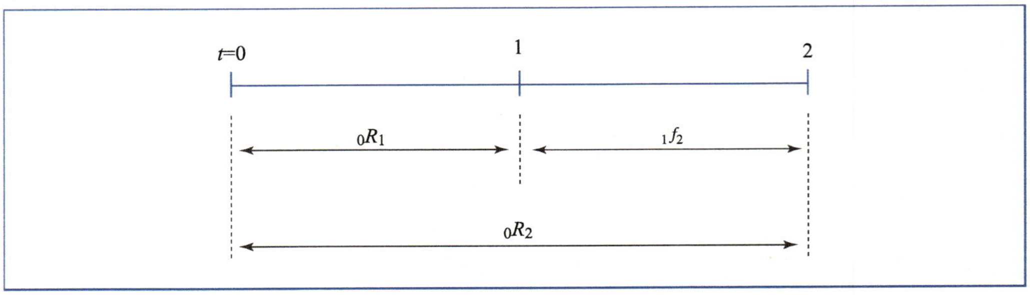

<투자전략 1>

2년 만기 무이표채에 1투자한다.

➠ 오늘 투자한 1원의 2년 후 미래가치 = $(1+{}_0R_2)^2$

<투자전략 2>

1년 만기 무이표채에 투자한다.

1년 후 투자자금회수액을 1년 만기 무이표채에 재투자한다.

➠ 오늘 투자한 1원의 2년 후 미래가치 = $(1+{}_0R_1)(1+{}_1f_2)$

차익거래의 기회가 없으려면 두 투자전략은 2년 후에 동일한 가치를 가져야 한다.

$$(1+{}_0R_1)(1+{}_1f_2)=(1+{}_0R_2)^2 \tag{4.5}$$

식 (4.5)에서 2년간 현물이자율은 1년간 현물이자율과 1년 후부터 2년 후까지의 선도이자율의 기하평균임을 알 수 있다.

선도이자율은 현재시점에서 결정된 미래이자율이다. 식 (4.5)에서 선도이자율을 산출하면 다음과 같다.

$${}_1f_2=\frac{(1+{}_0R_2)^2}{(1+{}_0R_1)}-1$$

식(4.5)를 일반화시켜서 정리하면 다음과 같은 식을 구할 수 있다.

$$(1+{}_0R_n)^n=(1+{}_0R_1)(1+{}_1f_2)(1+{}_2f_3)\ \cdots\ (1+{}_{n-1}f_n)$$

예제 4-2

액면금액이 100,000원인 무이표채의 가격이 다음과 같이 형성되어 있다.

- 만기 1년 : 94,340원
- 만기 2년 : 84,168원

현물이자율 및 선도이자율을 구하시오.

풀이

(1) 만기별 현물이자율은 다음과 같다.

만기 1년 : $94,340 = \frac{100,000}{(1+{}_0R_1)^1} \rightarrow {}_0R_1 = 6\%$

만기 2년 : $84,168 = \frac{100,000}{(1+{}_0R_2)^2} \rightarrow {}_0R_2 = 9\%$

☞ 1년 만기 현물이자율은 6%, 2년 만기 현물이자율은 9%이므로 수익률 곡선은 우상향이다.

(2) 현물이자율을 이용하여 선도이자율을 구한다.

$(1+{}_0R_2)^2 = (1+{}_0R_1) \times (1+{}_1f_2)$

$(1+0.09)^2 = (1+0.06)^1 \times (1+{}_1f_2)^1$ ➡ ${}_1f_2 = 0.1208(12.08\%)$

☞ 수익률 곡선이 우상향이므로 만기2년 현물이자율보다 두 번째 해의 선도이자율이 더 크다.

2년간 현물이자율은 1년간 현물이자율과 2번째 기간의 선도이자율의 기하평균이므로 다음의 관계가 성립한다.

수익률 곡선이 우상향하는 경우 ➡ ${}_0R_1 < {}_0R_2 < {}_1f_2$

수익률 곡선이 수평인 경우 ➡ ${}_0R_1 = {}_0R_2 = {}_1f_2$

수익률 곡선이 우하향하는 경우 ➡ ${}_0R_1 > {}_0R_2 > {}_1f_2$

수익률 곡선이 우상향인 경우 2년간 현물이자율은 1년간 현물이자율과 크기 때문에 2번째 기간의 선도이자율은 2년간 현물이자율보다 커야 한다. 이를 일반화하여 우상향 수익률곡선과 선도이자율의 관계를 나타내면 [그림 4-6]과 같다.

(3) 이자율의 기간구조이론

시점에 따라 우상향, 우하향, 수평의 다른 양상을 띠는 수익률의 기간구조를 설명하는

[그림 4-6] 우상향 수익률곡선과 선도이자율

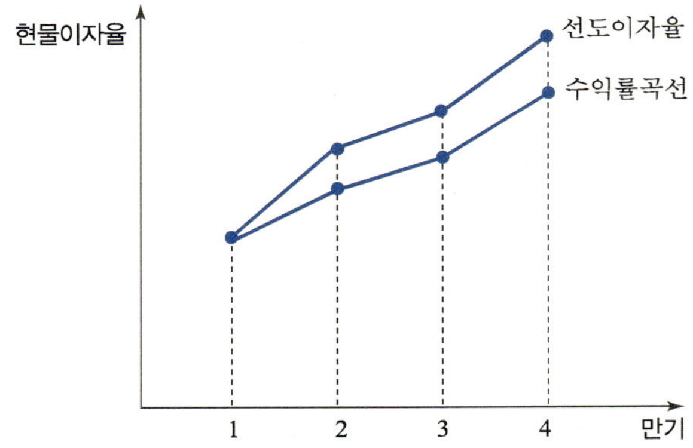

이론을 이자율의 기간구조이론이라고 하며 기대이론, 유동성선호이론, 시장분할이론, 선호영역이론으로 나누어진다.

① 기대이론(불편기대가설)

기대이론(expectation theory)은 불편기대가설이라고도 하며 미래 기대 현물이자율과 선도이자율이 같다고 본다. 즉, 2번째 기간의 선도이자율은 2번째 기간의 예상되는 단기 현물이자율이라고 본다.

$$ {}_{1}f_{2} = E({}_{1}R_{2}) $$

이를 일반화하면 다음과 같다.

$$ {}_{n-1}f_{n} = E({}_{n-1}R_{n}) = {}_{n-1}R_{\mathrm{n}} $$

기대이론은 위험중립형 투자자를 가정하고 있기 때문에 채권가격 변동위험이나 유동성의 차이에 대해서 어떤 보상을 요구하지 않는다.

기대이론에서는 수익률곡선과 예상이자율간의 관계를 다음과 같이 설명한다.

향후 이자율이 높아질 것으로 예상되는 경우 ➠ 우상향 수익률 곡선
향후 이자율이 변하지 않을 것으로 예상되는 경우 ➠ 수평 수익률 곡선
향후 이자율이 낮아질 것으로 예상되는 경우 ➠ 우하향 수익률 곡선

기대이론에서는 현물이자율로부터 도출된 선도이자율을 미래 현물이자율의 불편 추정치로 사용할 수 있다.

② 유동선 선호이론(유동성 프리미엄이론)

유동성선호이론(liquidity preference theory)은 유동성 프리미엄이론이라고도 하며 위험회피형 투자자를 가정하기 때문에 유동성 프리미엄으로 인해 선도이자율은 미래 기대 현물이자율의 불편추정치가 아니라고 주장한다. 즉, 선도이자율은 다음과 같이 예상미래 이자율과 유동성프리미엄의 합으로 표현된다.

선도이자율 = 미래 기대현물이자율 + 유동성 프리미엄

즉, 2번째 기간의 선도이자율은 2번째 기간의 예상되는 단기 현물이자율과 2번째 기간에 요구되는 유동성프리미엄의 합이다.

$$ {}_1f_2 = E({}_1R_2) + L_2 $$

이를 일반화하면 다음과 같다.

$$ {}_{n-1}f_n = E({}_{n-1}R_n) + L_n $$

단, L_n: n기간에 대한 유동성프리미엄

유동성 선호이론은 투자자들이 만기가 긴 채권일수록 장기간 투자하는 대가로 예상미래이자율 외에 추가적으로 프리미엄을 요구한다는 것이다. 즉, 만기가 긴 채권일수록 채권가격 변동위험이나 유동성의 차이에 대해서 보상을 요구한다는 것이다. 유동성프리미엄은 일반적으로 만기와 (+)의 관계를 갖으며, 만기가 길수록 유동성프리미엄이 증가속도는 감소한다.

기대이론의 선도이자율은 기대현물이자율이지만 유동성선호이론의 선도이자율은 기대현물이자율에 유동성프리미엄까지 포함되기 때문에 기대이론에 따른 수익률곡선보다 항상 높게 형성된다. 이를 그림으로 나타내면 [그림 4-7]과 같다.

유동성 선호이론에서는 수익률곡선과 예상이자율간의 관계를 다음과 같이 설명한다.

향후 이자율이 높아질 것으로 예상되는 경우	➠	우상향 수익률 곡선
향후 이자율이 변하지 않을 것으로 예상되는 경우	➠	우상향 수익률 곡선
향후 이자율이 낮아질 것으로 예상되는 경우	➠	알 수 없음

[그림 4-7] 유동성선호이론

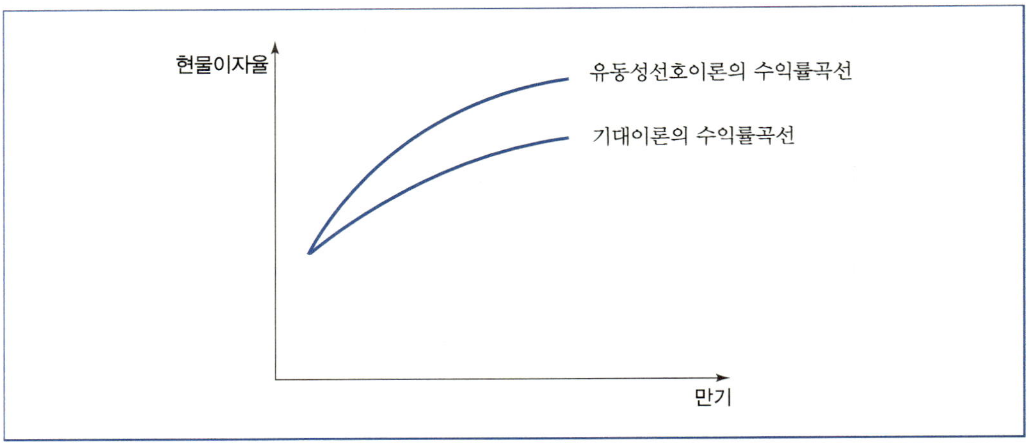

따라서 미래의 이자율이 낮아질 것으로 예상되는 경우에도 유동성 프리미엄 때문에 우상향 수익률 곡선도 가능하다.

유동성 선호이론에서는 현물이자율로부터 도출된 선도이자율에서 유동성 프리미엄을 차감하여 미래 기대현물이자율을 구한다.

$$E({}_1R_2) = {}_1f_2 - L_2$$

③ 시장분할이론

시장분할이론(market segmentation theory)은 채권시장의 투자자들은 채권의 만기에 따라 선호대상이 다르기 때문에 몇 개의 시장으로 분할되어 있다고 본다. 채권의 단기수익률은 단기 채권시장의 수요와 공급에 의해서 결정되며, 장기수익률은 장기 채권시장의 수요와 공급에 의해서 결정된다는 것이다. 즉, 단기채권과 장기채권 시장이 서로 분할되어 채권수익률이 독립적으로 결정된다는 것이다.

④ 선호영역이론

선호영역이론(preferred habitat theory)은 각 투자자들이 선호하는 특정한 만기의 영역이 존재하나, 만일 다른 만기의 채권들에 충분한 위험프리미엄이 존재한다면 자신들이 선호하는 영역을 벗어난 만기를 가진 채권에 언제라도 투자할 수 있다는 것이다. 즉, 시장분할이론은 투자자들은 자기가 선호하는 만기로부터 결코 이동하지 않지만, 선호영역이론에서는 투자자들은 자기가 선호하지 않는 만기의 채권수익률이 그들이 선호하는 만기를 가진 채권의 수익률보다 충분히 큰 경우 자신들이 선호하는 만기의 영역을 넘어 다른 만기를 가진 채권에 투자한다.

예제 4-3

다음은 무이표채의 만기별 현물이자율의 내역이다.
- 만기 1년 : 8%
- 만기 2년 : 10%

(1) 불편기대이론이 성립할 때 두 번째 해의 선도이자율은 얼마인가?
(2) 유동성선호이론이 성립하며 (1)에 산출된 기대현물이자율에 2차 연도의 유동성프리미엄이 0.5%가 요구되는 경우 만기 2년 현물이자율은 얼마가 되는가?

풀이

(1) 기대이론에 의한 선도이자율($_1f_2$)

$$(1+{}_0R_2)^2=(1+{}_0R_1)\times(1+{}_1f_2)$$

$$(1+0.10)^2=(1+0.08)^1\times(1+{}_1f_2)^1 \Rightarrow {}_1f_2=E({}_1R_2)=0.1204\,(12.04\%)$$

(2) 유동성 선호이론에 의한 선도이자율($_1f_2$)

유동성 선호이론의 선도이자율은 기대현물이자율에 유동성프리미엄을 더한다.

$${}_1f_2=E({}_1R_2)+{}_1L_2=0.1204+0.005=0.1254\,(12.54\%)$$

변화된 선도이자율을 적용하여 만기2년 현물이자율을 계산한다.

$$(1+{}_0R_2)^2=(1+{}_0R_1)\times(1+{}_1f_2)$$

$$(1+{}_0R_2)^2=(1+0.08)\times(1+0.1254) \Rightarrow {}_0R_2=0.1025\,(10.25\%)$$

☞ 유동성 선호이론의 수익률 곡선은 기대이론에 따른 수익률 곡선보다 항상 더 높게 형성된다.

(4) 미래의 기대이자율과 수익률곡선

미래의 기간별 이자율의 기대에 따른 수익률곡선의 형태를 기간구조이론과 유동성 선호이론을 비교하면 다음과 같다.

미래이자율의 예상	수익률곡선	
	기대이론	유동성 선호이론
상승	우상향	우상향
일정	수평	우상향
하락	우하향	모두 가능

수익률곡선의 형태에 따른 미래의 기간별 이자율의 기대를 기간구조이론과 유동성 선호이론을 비교하면 아래와 같다.

수익률곡선	미래이자율 예상	
	기대이론	유동성 선호이론
우상향	상승	모두 가능
수평	일정	하락
우하향	하락	하락

(5) 이표채의 균형가격

이표채의 가치평가는 먼저 이표채를 분리(stripping)하여 여러 개의 무이표채로 만든 후 무이표채의 만기와 현물이자율을 일치시켜 할인하여 각각의 현가를 구한 후 이들을 합산하여 계산된다. 즉, 이자부채권(이표채)의 균형가격은 이표채의 원금과 이자를 기간별 현물이자율로 할인한 값으로 다음과 같다.

$$B_o = \sum_{t=1}^{n} \frac{C_t}{(1+{}_0R_t)^t} + \frac{F}{(1+{}_0R_n)^n} \tag{4.6}$$

예를 들어 만기 2년 이표채의 균형가격은 다음과 같이 계산한다.

$$B_0 = \frac{C}{(1+{}_0R_1)^1} + \frac{C+F}{(1+{}_0R_2)^2}$$

예제 4-4

올해 1월 1일 현재 채권시장에서 (갑), (을), (병) 세 가지 종류의 무이표 국고채가 거래되고 있다. (갑) 채권은 액면가 10,000원, 만기 1년이고 만기수익률이 2%이다. (을) 채권은 액면가 10,000원, 만기 2년이고 만기수익률이 4%이며, (병) 채권은 액면가 10,000원, 만기 3년이고 만기수익률이 5%이다. (갑), (을), (병) 채권으로 복제포트폴리오를 구성하여 액면가 1,000,000원, 액면이자율 2%, 만기 3년이며 이자를 1년에 한번씩 연말에 지급하는 국고채의 가격을 구할 때 차익거래가 발생하지 않기 위한 채권가격은 얼마인가?

풀이

현물이자율을 이용하여 만기 3년 이표채의 균형가격을 구한다.

$$B_o = \sum_{t=1}^{n} \frac{C_t}{(1+{}_0R_t)^t} + \frac{F}{(1+{}_0R_n)^n}$$

$$= \frac{20{,}000}{1.02} + \frac{20{,}000}{1.04^2} + \frac{1{,}020{,}000}{1.05^3} \;=\; 919{,}213\text{원}$$

예제 4-5

현재 채권시장에서 ㈜한국의 1년 만기 액면가 1,000원의 순수할인채권은 909.09원에, 2년 만기 액면가 1,000원의 순수할인채권은 783.15원에 거래되고 있다. ㈜한국이 액면가 1,000원, 만기 2년, 액면이자율 10%(이자는 연 1회 후급조건)인 회사채를 발행하려 한다면, 이 회사채의 균형가격은 얼마인가?

풀이

현물이자율을 이용하여 만기 2년 이표채의 균형가격을 구한다.

$$B_0 = \frac{100}{(1+{}_0R_1)^1} + \frac{100+1{,}000}{(1+{}_0R_2)^2}$$

$$= 909.09 \times 0.1 + 783.15 \times 1.1 \;=\; 952.374\text{원}$$

만약 이표채의 시장가격과 현물이자율로 할인한 이표채의 균형가격이 일치하지 않는 경우에는 채권이 불균형상태가 되어 다음과 같은 차익거래를 통한 차익(재정이익)을 취할 수 있다.

- 이표채의 균형가격 < 이표채의 시장가격인 경우
  - ➠ 이표채를 매도하고 이표채와 동일한 원금과 이자를 얻는 무이표채 포트폴리오를 매수
- 이표채의 균형가격 > 이표채의 시장가격인 경우
  - ➠ 이표채를 매입하고 이표채와 동일한 원금과 이자를 지급하는 무이표채 포트폴리오를 매도

이표채의 차익거래는 <연습문제 4-3>을 통하여 설명한다.

(6) 이표채의 만기수익률

만기 2년 이자부채권(이표채)의 시장가격이 균형상태인 경우 이표채의 만기수익률(YTM)은 시행착오법에 의하여 다음과 같이 산출된다.

$$\frac{C}{(1+YTM)^1}+\frac{C+F}{(1+YTM)^2}=\frac{C}{(1+{}_0R_1)^1}+\frac{C+F}{(1+{}_0R_2)^2} \tag{4.7}$$

만기 2년 이표채의 만기수익률은 1년간 현물이자율은 2년간 현물이자율의 금액가중평균이 되므로 수익률곡선의 형태와 현물이자율 및 이표채 만기수익률의 관계를 정리하면 다음과 같다.

수익률 곡선이 우상향하는 경우 ➠ ${}_0R_1 < YTM < {}_0R_2 < {}_1f_2$

수익률 곡선이 수평인 경우 ➠ ${}_0R_1 = YTM = {}_0R_2 = {}_1f_2$

수익률 곡선이 우하향하는 경우 ➠ ${}_0R_1 > YTM > {}_0R_2 > {}_1f_2$

(7) 보유수익률

보유수익률(HPY: holding-period-yield)은 현재 채권을 매입하여 채권을 만기 이전에 매각하는 경우 얻게 되는 연평균 수익률로써 *m*시점에 매각하는 경우 시행착오법에 의하여 다음과 같이 산출된다.

$$B_0 = \sum_{t=1}^{m} \frac{C}{(1+HPY)^t} + \frac{E(B_m)}{(1+HPY)^m} \tag{4.8}$$

$E(B_m)$: m시점의 채권의 예상가격

이표채를 1년 보유한 경우 보유수익률을 구하면 다음과 같다.

$$B_0 = \frac{C+E(B_1)}{(1+HPY)^1}$$

$E(B_1)$: 1년 후 채권의 예상가격

1년 후 채권의 예상가격은 1년 후 미래 기대이자율로 할인한다.

(8) 경상이자율

경상이자율(CY: current yield)은 채권을 매입하여 얻게 되는 연간 이자액을 채권의 시장가격으로 나눈 값으로 단순수익률이라고 한다.

$$CY = \frac{C}{B_0} \tag{4.9}$$

무이표채의 경상이자율은 0이며, 이표채의 경우 채권가격이 액면가액보다 높으면 경상이자율은 액면이자율보다 낮으며, 채권가격이 액면가액보다 작으면 경상이자율은 액면이자율보다 크다.

연습문제 4-1

액면금액이 10만원인 무이표채의 가격이 다음과 같이 형성되어 있다.

－만기 1년 : 94,340원

－만기 2년 : 84,168원

유동성선호이론이 성립할 경우, 1년 후 1년 동안의 기대이자율은 얼마인가? 1년 후 1년 동안의 유동성프리미엄은 1.5%이다.

해설

(1) 만기별 현물이자율을 계산한다.

만기 1년 : $94,340 = \frac{100,000}{1 + {}_0R_1} \rightarrow {}_0R_1 = 6\%$

만기 2년 : $84,168 = \frac{100,000}{1 + {}_0R_2} \rightarrow {}_0R_2 = 9\%$

$(1 + {}_0R_2)^2 = (1 + {}_0R_1) \times (1 + {}_1f_2)$

$(1 + 0.09)^2 = (1 + 0.06)^1 \times (1 + {}_1f_2)^1 \Rightarrow {}_1f_2 = 12.08\%$

(2) 유동성 선호이론

${}_1f_2 = E({}_1R_2) + {}_1L_2$

$12.08\% = E({}_1R_2) + 1.5\% \Rightarrow E({}_1R_2) = 10.58\%$

연습문제 4-2

다음은 무이표채의 만기별 현물이자율의 내역이다.

- 만기 1년 : 8%
- 만기 2년 : 10%
- 만기 3년 : 12%

불편기대이론이 성립한다고 가정하고 다음 물음에 답하시오.

(1) 두 번째 해의 선도이자율은 얼마인가?

(2) 세 번째 해의 선도이자율은 얼마인가?

(3) 1년 후에 무이표채를 매입하여 3년 후에 매도한다면 얻을 수 있는 연 평균 수익률은 얼마인가?

해설

(1) 두 번째 해의 선도이자율($_1f_2$)

$(1+{}_0R_2)^2 = (1+{}_0R_1)\times(1+{}_1f_2)$

$(1+0.10)^2 = (1+0.08)^1\times(1+{}_1f_2)^1$ ➡ ${}_1f_2 = 12.04\%$

(2) 세 번째 해의 선도이자율($_2f_3$)

$(1+{}_0R_3)^3 = (1+{}_0R_2)^2\times(1+{}_2f_3)^1$

$(1+0.12)^3 = (1+0.10)^2\times(1+{}_2f_3)^1$ ➡ ${}_2f_3 = 16.11\%$

(3) $t=1 \sim t=3$의 선도이자율

$(1+{}_0R_3)^3 = (1+{}_0R_1)^1\times(1+{}_1f_3)^2$

$(1+0.12)^3 = (1+0.08)^1\times(1+{}_1f_3)^2$ ➡ ${}_1f_3 = E({}_1R_3) = 14.06\%$

또는

$(1+{}_1f_3)^2 = (1+{}_1f_2)\times(1+{}_2f_3)$

$(1+{}_1f_3)^2 = (1+0.1204)\times(1+0.1611)$ ➡ ${}_1f_3 = E({}_1R_3) = 14.06\%$

☞ 기대이론이 성립하면 선도이자율과 기대현물이자율이 같기 때문이 위와 같이 계산이 되지만 유동성 선호이론이 성립하는 경우 선도이자율과 기대현물이자율이 다르기 때문에 유동성 프리미엄을 조정하여 계산하므로 위와는 다른 결과가 계산된다. (연습문제 4-10참고)

연습문제 4-3

액면금액이 10만원인 채권가격이 다음과 같이 형성되어 있다. 불편기대가설의 성립을 전제로 다음 각 물음에 답하라.

채권	만기	시장가격	표시이자율
A	1년	90,909원	0%
B	2년	81,162원	0%
C	3년	71,178원	0%
D	3년	83,540원	5%

(1) 1년 후 시점에서 액면 10만원짜리 1년 만기 할인채와 2년 만기 할인채의 가격을 구하라.

(2) 채권 D의 과소 또는 과대평가 여부를 밝혀라.

(3) 차익거래를 하기 위해서 채권 D를 액면 1천만원어치 공매할 경우 매입해야 할 채권 A, B, C의 액면기준금액은?

(4) (3)에서의 차익거래의 이익(차익)은 얼마인가?

(5) (3)에서 매입 또는 공매 시 액면기준 0.1%의 거래비용이 존재하는 경우 차익거래이익이 발생하기 위한 채권 D의 가격은?

해설

(1) 무이표채를 이용하여 현물이자율을 구한다.

$$\frac{100,000}{(1+{}_0R_1)}=90,909 \quad ➠ \quad {}_0R_1=10\%$$

$$\frac{100,000}{(1+{}_0R_2)^2}=81,162 \quad ➠ \quad {}_0R_2=11\%$$

$$\frac{100,000}{(1+{}_0R_3)^3}=71,178 \quad ➠ \quad {}_0R_3=12\%$$

현물이자율로부터 선도이자율을 다음과 같이 산출한다.

$${}_1f_2=\frac{(1+0.11)^2}{(1+0.1)}-1=12\% \qquad {}_2f_3=\frac{(1+0.12)^3}{(1+0.11)^2}-1=14\%$$

선도이자율이 기대현물이자율과 일치하는 불편기대가설이 성립하므로 선도이자율을 이용하여 1년 후 시점에서 1년 만기 할인채와 2년 만가 할인채의 가격을 구한다.

$$\frac{100,000}{1+{}_1f_2}=\frac{100,000}{1.12}=89,286$$

$$\frac{100,000}{(1+{}_1f_2)(1+{}_2f_3)}=\frac{100,000}{1.12\times1.14}=\ 78,321$$

(2) 현물이자율을 이용하여 이표채(D)의 균형가격을 산출한다.

$$B_D=\frac{5,000}{(1+0.1)}+\frac{5,000}{(1+0.11)^2}+\frac{105,000}{(1+0.12)^3}=83,340$$

채권 D의 시장가격은 83,540이므로 채권은 좌당 200원 과대평가되어 있다.

(3) 무이표채 A,B,C로 이표채와 동일한 미래가치를 가지는 포트폴리오를 구성한다.

채권 D 100개 공매 : 1년 후 현금흐름 : (−)500,000원
2년 후 현금흐름 : (−)500,000원
3년 후 현금흐름 : (−)10,500,000원
채권 A 5개 매입 : 1년 후 현금흐름 : (+)500,000원
채권 B 5개 매입 : 2년 후 현금흐름 : (+)500,000원
채권 C 105개 매입 : 3년 후 현금흐름 : (+)10,500,000원
∴ 미래의 매년 순현금흐름은 0이다.

(4) 현재시점의 차익

현재시점의 현금흐름은 다음과 같다.
채권 D 100개 공매 : 83,540×100개=8,354,000원 (+)
채권 A 5개 매입 : 90,909×5단위 =454,545원 (−)
채권 B 5개 매입 : 81,162×5단위 =405,810원 (−)
채권 C 105개 매입 : 71,178×105단위 =7,473,690원 (−)
현재시점의 순현금흐름 : 19,955원 현금유입

차익거래이익은 채권 D가 개당 200만큼 과대평가되었기 때문에 200원×100개=20,000원 으로 구할 수도 있다. 이 경우 19,955와 차이는 소수점 반올림 오차에 의한 것이다.

(5) 거래비용을 고려한 차익거래

차익거래의 채권수량 = 100개(D) + 5개(A) + 5개(B) + 105개(C) = 215개
거래비용 = 205개 × 100,000원 × 0.1% = 21,500원
채권 D의 현재가격 83,540에서 차익은 21,500원보다 작기 때문에 차익거래유인이 없다.

따라서 거래비용이 있는 경우 차익거래가 가능한 채권 D의 시장가격은 다음과 같다.

$$B_D\ >\ 83,340+\frac{21,500}{100}=83,555$$

즉, 채권 D의 시장가격이 83,555원을 초과하면 차익거래가 가능하다.

연습문제 4-4

외환시장에서 현재 거래되는 원/달러 현물환율은 ₩1,100/$이고 원/엔 현물환율은 ₩1,100/100￥이다. 또한 한국, 미국 및 일본의 만기별 채권수익률은 다음과 같다.

만기		1년	2년	3년
만기별 채권수익률	한국	4.0%	3.5%	3.0%
	미국	3.0%	4.0%	4.5%
	일본	0.5%	0.5%	0.5%

채권수익률의 기간구조이론 중 유동성선호가설이 성립하며, 한국의 경우 2차 연도와 3차 연도의 유동성프리미엄이 각각 0.5%와 0.7%이고 미국의 경우 2차 연도와 3차 연도의 유동성프리미엄이 각각 0.2%와 0.5%이다. 한국과 미국의 1년 만기 현물이자율은 1년 후와 2년 후 각각 얼마가 될 것으로 예상되는가?

해설

(1) 한국의 1년 후 1년 만기 현물이자율

$(1.035)^2=(1.04)\times(1+E({}_1R_2)+0.005) \Rightarrow E({}_1R_2)=2.502\%$

(2) 한국의 2년 후 1년 만기 현물이자율

$(1.03)^3=(1.035)^2\times(1+E({}_2R_3)+0.007) \Rightarrow E({}_2R_3)=1.307\%$

(3) 미국의 1년 후 1년 만기 현물이자율

$(1.04)^2=(1.03)\times(1+E({}_1R_2)+0.002) \Rightarrow E({}_1R_2)= 4.810\%$

(4) 미국의 2년 후 1년 만기 현물이자율

$(1.045)^3=(1.04)^2\times(1+E({}_2R_3)+0.005) \Rightarrow E({}_2R_3)=5.007\%$

연습문제 4-5

정부가 발행한 채권의 만기에 따른 현물이자율과 선도이자율이 다음과 같을 때 3차년도와 4차년도 2년간의 내재선도이자율(implied forward rate)을 연단위로 계산하면 얼마인가?

만기(년)	현물이자율	선도이자율
1	5.0%	–
2	6.5%	?
3	?	10.0%
4	8.5%	?

해설

만기 4년 현물이자율은 만기 2년 현물이자율과 3차년도와 4차년도 2년간의 내재선도이자율의 기하평균이다.

$(1+{}_0R_4)^4=(1+{}_0R_2)^2\times(1+{}_2f_4)^2 \Rightarrow (1.085)^4=(1.065)^2\times(1+{}_2f_4)^2 \Rightarrow {}_2f_4=10.54\%$

<산술평균으로 계산한 근사치>

$8.5\%\times 4=6.5\%\times 2+{}_2f_4 \text{ x } 2 \Rightarrow {}_2f_4=10.5\%$

연습문제 4-6

다음의 조건을 갖는 국채 A, B, C가 있다. 이자율은 모두 연 이자율이며, 이표채는 연 1회 이자를 지급한다. 다음 각 물음에 답하시오.

국채	만기	액면금액	액면이자율	만기수익률
A	1년	1,000원	10%	10%
B	2년	1,000원	20%	15%
C	3년	1,000원	0%	15.2%

(1) 2년 만기 현물이자율은 얼마인가?

(2) 1년 후부터 2년 후까지의 선도이자율은 얼마인가?

(3) 2년 후부터 3년 후까지의 선도이자율은 얼마인가?

(4) 1년이 지나도 수익률곡선이 현재와 동일하게 유지된다고 예상하는 투자자 갑이 있다. 현재 시점에서 국채 C를 매입하고 1년 후 매도한다면 투자자 갑이 예상하는 투자수익률은 얼마인가?

해설

(1) 채권 A: ${}_0R_1 = 10\%$

☞ 채권 A는 이표채이지만 만기가 1년이므로 채권 A의 만기수익률은 만기가 1년인 무이표채의 만기수익률인 현물이자율과 일치한다.

채권 C: ${}_0R_3 = 15.2\%$

채권 B: $\frac{200}{1.15^1} + \frac{1200}{1.15^2} = \frac{200}{1.10^1} + \frac{1200}{(1+{}_0R_2)^2}$ 에서 ${}_0R_2 = 15.5\%$

(2) 현물이자율을 이용하여 선도이자율 산출

$(1.10) \times (1 + {}_1f_2) = (1.155)^2$에서 ${}_1f_2 = 21.3\%$

(3) 현물이자율을 이용하여 선도이자율 산출

$(1.155)^2 \times (1 + {}_2f_3) = (1.152)^3$에서 ${}_2f_3 = 14.6\%$

(4) 수익률곡선이 현재와 동일하게 유지된다고 가정하므로 1년 후에도 만기가 2년인 무이표채의 만기수익률은 현재와 동일한 15.5%라고 가정한다.

현재 채권 C의 가격 $= \frac{1000}{1.152^3} = 654.1$원   1년 후 채권 C의 예상가격 $= \frac{1000}{1.155^2} = 749.6$원

국채 C 1년 보유수익률(HPY) $= \frac{E(B_1)}{B_0} - 1 = 14.6\%$

연습문제 4-7

유동성 프리미엄 가설이 성립한다고 가정하자. 1년 만기 현물이자율은 6%이다. 그리고 1년 후 기준 1년 만기 현물이자율은 8%로 예상된다. (6%와 8%는 명목이자율임) 만기가 2년이고 액면이자율이 8%인 채권(연 1회 이자 지급, 원금 10,000원)을 1년 보유하는 경우 보유수익률이 6.8%로 예상된다. (가격은 정수로 계산하고 수익률은 %기준으로 소수둘째자리까지 표기한다.)

(1) 채권의 1년 후 기대가격과 현재가격을 계산하라.
(2) 가격에 반영된 유동성 프리미엄은 몇 퍼센트인가?
(3) 실질수익률이 3%로 일정하다면 물가상승률이 2년 동안 어떻게 변할 것으로 기대되는가?

해설

(1) 1년 후 예상 현물이자율로 1년 후 채권의 기대가격을 산출한다.

채권의 1년 후 기대가격: $E(B_1) = \dfrac{C+F}{(1+E({}_1R_2))^1} = \dfrac{800+10,000}{1.08} = 10,000$원

채권의 기대가격과 보유수익률을 이용하여 채권의 현재가격을 산출한다.

채권의 현재가격: $B_0 = \dfrac{C_1+E(B_1)}{(1+HPY)^1} = \dfrac{800+10,000}{1.068} = 10,112$원

(2) 채권의 현재가격을 이용하여 만기2년 현물이자율에 반영된 유동성 프리미엄을 계산한다.

$$B_0 = \frac{C}{(1+{}_0R_1)^1} + \frac{C+F}{(1+{}_0R_1)\times(1+E({}_1R_2)+L)}$$

$$10,112 = \frac{800}{1.06} + \frac{10,800}{1.06\times(1+0.08+L)^1} \quad \Rightarrow L = 0.88\%$$

(3) 피셔효과를 이용하여 물가상승률을 계산한다.

현재부터 1년 동안의 물가상승률 : $(1.06) = (1.03)\times(1+inf)$에서 $inf = 2.91\%$

1년 후부터 1년 동안의 물가상승률 : $(1.08) = (1.03)\times(1+inf)$에서 $inf = 4.85\%$

연습문제 4-8

현재 채권시장에서 (주)한국의 1년 만기 액면가 10만원의 순수할인채권은 90,909원에, 2년 만기 액면가 10만원의 순수할인채권은 79,719원에 거래되고 있다.

(1) (주)한국이 액면가 10만원, 만기 2년, 액면이자율 10%(이자는 연 1회 후급조건)인 회사채를 발행하려 한다면, 이 회사채의 발행가격은 얼마인가?

(2) 불편기대이론이 성립할 경우, 1년 후 (주)한국의 회사채의 가격은 얼마로 예상되는가?

해설

(1) 이표채의 가치평가

만기별 현물이자율을 계산한다.

만기 1년 : $90{,}909 = \dfrac{100{,}000}{1+{}_0R_1} \rightarrow {}_0R_1 = 0.10(10\%)$

만기 2년 : $79{,}719 = \dfrac{100{,}000}{1+{}_0R_2} \rightarrow {}_0R_2 = 0.12(12\%)$

현물이자율을 이용하여 이표채의 가치를 평가한다.

액면이자 $= 100.000 \times 10\% = 10{,}000$

이표채의 발행가액 $= \dfrac{10{,}000}{(1+0.1)^1} + \dfrac{10{,}000+100{,}000}{(1+0.12)^2} = 96{,}782$원

☞ 별해

무이표채의 가격을 가중평균하여 이표채의 가치를 평가한다.

$10{,}000 \times \dfrac{90{,}909}{100{,}000} + 110{,}000 \times \dfrac{79{,}719}{100{,}000} = 96{,}782$원

(2) 1년 후 기대채권가격

불편기대이론이 성립하므로 선도이자율과 기대현물이자율이 같다.

$(1+0.12)^2 = (1+0.10)^1 \times (1+{}_1f_2)^1$ ➠ ${}_1f_2 = E({}_1R_2) = 0.1404(14.04\%)$

1년 후 채권가격은 2년 후에 지급되는 원금과 이자를 기대현물이자율로 할인한 값이다.

1년 후 기대채권가격 $= \dfrac{10{,}000+100{,}000}{(1+0.1404)^1} = 96{,}457$원

연습문제 4-9

채권수익률 기간구조이론에 대한 다음 물음에 대하여 '옳다' 또는 '옳지 않다'라고 답하시오.

(1) 기대이론에 따르면, 시장에서 향후 이자율이 상승할 것이라고 기대될 때에만 우상향하는 수익률곡선(yield curve)이 나타난다.
(2) 기대이론에 의하면 미래 기대 현물이자율은 선도이자율보다 작다.
(3) 유동성프리미엄(liquidity premium)이론에 의하면 투자자는 위험회피형이며 선도이자율은 미래 기대 현물이자율에서 유동성프리미엄을 차감한 값과 동일하다.
(4) 기대이론에 따르면 2년 만기 현물이자율이 1년 만기 현물이자율보다 높으면 현재로부터 1년 후의 선도이자율은 2년 만기 현물이자율보다 높아야만 한다.
(5) 유동성선호이론에 따르면, 시장에서 향후 이자율이 상승할 것이라고 기대될 때에만 우상향하는 수익률곡선(yield curve)이 나타난다.
(6) 불편기대가설이 성립하는 경우 정부 발행 5년 만기 할인채에 투자하는 장기투자전략과 정부 발행 1년 만기 할인채에 5년 동안 반복 투자하는 롤오버전략의 사후적인 투자성과는 같다.

해설

1) 옳다.
기대이론에서는 향후 이자율이 높아질 것으로 예상되는 경우에만 우상향 수익률 곡선이 나타난다.

(2) 옳지 않다.
기대이론이 성립하면 선도이자율과 기대현물이자율이 같다.

(3) 옳지 않다.
유동성프리미엄(liquidity premium)이론에 의하면 선도이자율은 미래 기대 현물이자율에 유동성프리미엄을 더한 값과 동일하다.

(4) 옳다.
2년 만기 현물이자율이 1년 만기 현물이자율보다 높으면 수익률 곡선은 우상향하며, 이 경우 1년 후의 선도이자율은 2년 만기 현물이자율보다 높다.

(5) 옳지 않다.
유동성선호이론에 따르면, 시장에서 향후 이자율이 변하지 않거나 하락할 것이라고 기대될 때에도 우상향하는 수익률곡선(yield curve)이 나타날 수 있다.

(6) 옳지 않다.
기대이론이 성립하면 5년 만기 할인채에 투자하는 장기투자전략과 1년 만기 할인채에 5년 동안 반복 투자하는 롤오버전략의 기대수익률은 같다. 그러나 사후적인 투자성과는 다를 수 있다.

연습문제 4-10

1년, 2년, 3년 만기 현물이자율(spot rate)이 각각 4.50%, 5.12%, 5.53%이다. 유동성프리미엄가설(liquidity premium hypothesis)이 성립하며 2차연도와 3차연도의 유동성프리미엄이 각각 0.5%와 0.6%라고 가정하자.

(1) 1년이 지난 시점에서의 1년 만기 현물이자율을 구하시오.

(2) 2년이 지난 시점에서의 1년 만기 현물이자율을 구하시오.

(3) 1년이 지난 시점에서의 2년 만기 현물이자율을 구하시오.

해설

(1) 1년 후 1년 만기 기대현물이자율

$(1+{}_0R_2)^2=(1+{}_0R_1)\times(1+E({}_1R_2)+{}_1L_2)$

$(1+0.0512)^2=(1+0.045)\times(1+E({}_1R_2)+0.005)\ \Rightarrow\ E({}_1R_2)=0.0524(5.24\%)$

(2) 2년 후 1년 만기 기대현물이자율

$(1+{}_0R_3)^3=(1+{}_0R_2)^2\times(1+E({}_2R_3)+{}_2L_3)$

$(1+0.0553)^3=(1+0.0512)^2\times(1+E({}_2R_3)+0.006)\ \Rightarrow\ E({}_2R_3)=0.0575(5.75\%)$

(3) 1년 후 2년 만기 기대현물이자율

1년 후 유동성 프리미엄을 다음과 같이 1기간씩 조정한다.

$(1+E({}_1R_3))^2=(1+E({}_1R_2))\times(1+E({}_2R_3)+{}_1L_2)$

즉, 현재시점에서 $E({}_1R_2)$의 유동성 프리미엄은 0.5%이지만 1년이 경과하면 기대현물이자율이 아닌 현물이자율이 되어 유동성 프리미엄은 없다. 또한 현재시점에서 $E({}_2R_3)$의 유동성 프리미엄은 0.6%이지만 1년이 경과하면 0.5%로 조정한다.

$(1+E({}_1R_3))^2=(1+0.0524))\times(1+0.0575+0.005)\ \Rightarrow\ E({}_1R_3)=0.0574(5.74\%)$

연습문제 4-11 (23년 기출)

현재 시장에 액면금액이 100,000원으로 동일한 채권들의 만기와 시장가격, 그리고 표면이자율은 다음과 같다.

채권	만기	시장가격	표면이자율
A	1년	90,909원	0%
B	2년	79,719원	0%
C	2년	100,000원	12%

다음의 설명 중 가장 적절하지 않은 것은? (단, 거래비용은 없으며, 기대가설이 성립한다고 가정한다. 소수점 첫째자리에서 반올림한다.)

① 1년 만기 현물이자율은 10%이다.
② 1년 후 시점의 1년 만기 선도이자율은 14%이다.
③ 채권 B를 기초자산으로 하는 1년 만기 선물의 균형가격은 87,719원이다.
④ 채권 C를 100개 매입한다고 가정하면 채권 A와 채권 B로 구성한 포트폴리오를 이용하여 19,436원의 차익거래이익을 얻을 수 있다.
⑤ 채권 C의 균형가격은 97,089원이다.

해설

(1) 1년 만기 현물이자율

$$90,909 = \frac{100,000}{(1+{}_0R_1)^1} \quad \rightarrow {}_0R_1 = 10\%$$

(2) 1년 후 시점의 1년 만기 선도이자율

$$79,719 = \frac{100,000}{(1+{}_0R_2)^2} \quad \rightarrow {}_0R_2 = 12\%$$

$$1.12^2 = 1.10^2 \times (1+{}_1f_2)^1 \rightarrow {}_1f_2 = 14.04\% = 14\%$$

(3) 선물의 균형가격

$$F = \frac{100,000}{(1+{}_1f_2)^1} = \frac{100,000}{1.14^1} = 87,719$$

(5) 채권 C의 균형가격

$$C = \frac{12,000}{1.10^1} + \frac{112,000}{1.12^2} = 100,195\text{원}$$

(4) 채권 C 차익거래

채권 C의 시장가격 100,000원으로 195원 과소평가

채권 C 100개 매입, 채권A 12개 매도, 채권B 112개 매도

차익거래이익 = −100 × 100,000 + 12 × 90,909 + 112 × 79,719 = +19,436원 정답: ⑤

연습문제 4-12 (21년 기출)

금융시장에서 만기 및 액면금액이 동일한 채권 A와 채권 B가 존재하고 이 채권들의 액면이자율과 현재(t=0) 시장가격이 다음 표에 제시되어 있다. 다음 표의 자료를 이용하여 ${}_0i_4$가 현재(t=0) 시점에서 4년 만기 현물이자율일 때 $(1+{}_0i_4)^4$은 얼마인가? 액면이자는 연 1회 지급된다.

구분	채권 A	채권 B
만기	4년	4년
액면금액	10,000원	10,000원
액면이자율	10%	20%
현재 시장가격	8,000원	11,000원

① 1.5 ② 1.75 ③ 2.0 ④ 2.25 ⑤ 2.5

해설

채권 A를 2개 구입하면 채권 B를 1개 구입한 것과 액면이자가 동일하다.
현물이자율은 무이표채 수익률이므로 이표채 A와 B의 액면이자를 제거하기 위하여 채권 A 2개 구입에서 채권 B 1개 구입을 차감하면 다음과 같다.

$$8{,}000 \times 2 - 11{,}000 \times 1 = \frac{10{,}000 \times 2 - 10{,}000}{(1+{}_0i_4)^4} \Rightarrow (1+{}_0i_4)^4 = 2.0$$

정답: ③

※ 부트스트랩(Bootstrapping)
일련의 이표부채권 가격에 전진대입법을 적용해서 무이표채 수익률 곡선을 구하는 방법

연습문제 4-13 (22년 기출)

현재시점(t=0)에서 1년 만기 현물이자율($_0r_1$)은 6%, 2년 만기 현물이자율($_0r_2$)은 8%이다. 다음 설명에 대하여 '옳다' 또는 '옳지 않다'라고 답하시오. (단, 차익거래는 없다고 가정하며, % 기준으로 소수점 아래 셋째 자리에서 반올림하여 계산한다.)

(1) 1년 후 1년간의 선도이자율($_1f_2$)은 10.04%이다.

(2) 기대가설(expectation hypothesis)에 의하면 1년 후 단기이자율($_1r_2$)은 현재시점 1년 만기 현물이자율보다 상승할 것으로 기대된다.

(3) 유동성선호가설(liquidity preference hypothesis)에 의하면 유동성프리미엄($_1L_2$)이 3%일 경우 1년 후 단기이자율($_1r_2$)은 현재시점 1년 만기 현물이자율보다 하락할 것으로 기대된다.

해설

(1) 옳다.

$1.08^2 = 1.06 \times {}_1f_2 \rightarrow {}_1f_2 = 10.04\%$

(2) 옳다.

${}_1f_2 = E({}_1R_2) = 10.04\%$

${}_0R_1 = 6\%$

$E({}_1R_2) > {}_0R_1$ ➠ 이자율이 상승할 것으로 기대됨

(3) 옳지 않다.

${}_1f_2 = E({}_1R_2) + {}_1L_2$

$10.04\% = E({}_1R_2) + 3\% \rightarrow E({}_1R_2) = 7.04\%$

${}_0R_1 = 6\%$

$E({}_1R_2) > {}_0R_1$ ➠ 이자율이 상승할 것으로 기대됨

>>> Financial Management

자본예산과 기업잉여현금흐름 제 5 장

제 1 절 자본예산의 기초개념

1. 자본예산의 의의

자본예산(capital budgeting)은 공장의 신축, 생산설비의 취득 및 신제품의 개발과 같이 투자로 인한 영향이 장기간(1년 이상)에 걸쳐 나타나는 투자안을 결정하는 과정을 말한다. 미국의 경제학자 Joel Dean은 1951년 "Capital Budgeting"이라는 논문으로 기업재무의 자본예산분야에 공헌을 하였으며 그 이후 순현가(NPV)가 널리 기업재무에 사용되었다. 자본예산은 투자금액이 거액이고 투자의 효과가 장기간에 걸쳐서 나타나기 때문에 경영진과 재무관리자(CFO)에게는 매우 중요한 의사결정이다.

2. 자본예산의 수행과정

자본예산의 과정은 일반적으로 다음과 같이 정리해 볼 수 있다.

[그림 5-1] 자본예산의 절차

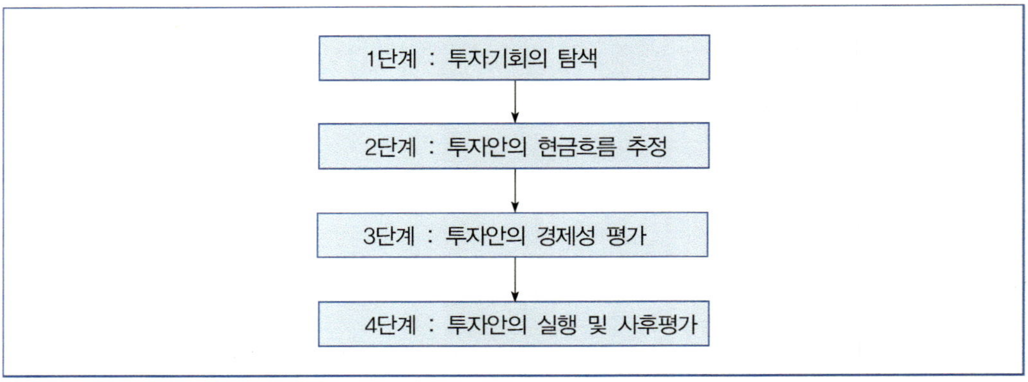

제 2 절 현금흐름의 추정과 가치평가

투자안의 가치는 기업가치를 계산하는 원리를 그대로 적용하여 산출된다. 즉, 기업가치가 그 기업이 매년 벌어들이는 현금흐름을 할인한 현재가치로 계산하듯이 투자안의 가치도 그 투자안에서 기대되는 미래현금흐름의 현재가치로 계산한다. 따라서 기업가치평가의 현금흐름인 기업잉여현금흐름과 기업가치평가의 계산원리를 먼저 설명한다.

1. 기업잉여현금흐름

(1) 재무상태표의 재구성

재무상태표(F/P: financial position)는 일정시점에서의 재무상태에 대한 정보를 제공한다. 재무상태는 자산과 부채 및 자본의 구성상태를 말한다. 회계기준에 따라 작성된 재무상태표의 자산과 부채는 자금의 조달과 자금의 운용의 결과가 구분되어 있지 않기 때문에 재무관리의 기업가치 평가를 위해서는 이를 구분할 수 있도록 재구성하여야 한다.

자산 = 부채 + 자본(Equity)

자산 = 영업자산 + 비영업자산

부채 = 영업부채 + 타인자본(Debt)

영업자산 = 유동자산 + 고정자산

회계기준에서는 자산을 유동자산과 비유동자산으로 구분하지만 재무관리에서는 자산을 영업자산과 비영업자산으로 구분한다. 영업자산은 자금운용의 결과로 실물시장에 투입된 자산을 말하며, 비영업자산은 실물시장에 투입되지 않고 금융시장에 투자한 자산으로 주로 현금 및 금융자산을 의미한다. 회계기준에서는 부채를 유동부채와 비유동부채로 구분하지만 재무관리에서는 부채를 영업부채과 타인자본(Debt)으로 구분한다. 영업부채는 자금운용의 결과로 실물시장에서의 부채를 말하며, 타인자본은 자금조달의 결과로 금융시장에의 부채를 말한다. 영업부채는 이자비용이 발생하지 않으며, 타인자본은 이자비용이 발생한다. 수험목적으로는 유동부채는 영업부채, 비유동부채는 타인자본으로 계산한다. 영업자산은 매출채권이나 재고자산처럼 영업활동으로 인한 유동자산과 유형자산이나 무형자산처럼 투자활동으로 인한 고정자산(FA: fixed assets)으로 구분한다.

$$\text{순운전자본(NWC)} = \text{유동자산} - \text{영업부채(유동부채)} \tag{5.1}$$

순운전자본(NWC: net working capital)은 영업활동에서 발생한 유동자산에서 영업부채를 차감한 금액으로, 재고자산을 외상매입하면 순운전자본의 크기는 변동이 없지만, 재고자산을 현금매입하면 순운전자본의 크기는 증가한다. 따라서 순운전자본이 증가하면 현금이 유출되고, 순운전자본이 감소하면 현금은 유입된다.

$$\text{투하자본(IC)} = \text{순운전자본(NWC)} + \text{고정자산(FA)} \tag{5.2}$$

투하자본(IC: invested capital)은 실물시장에 투입된 자금의 운용의 크기를 의미하며 순운전자본과 고정자산을 더하여 계산한다.

$$\begin{aligned}\text{총자본(Capital)} &= \text{타인자본(Debt)} + \text{자기자본(Equity)} \\ &= \text{투하자본(IC)} + \text{비영업자산}\end{aligned} \tag{5.3}$$

투하자본(IC: invested capital)은 실물시장에 투입된 자금의 운용의 크기를 의미하며 순운전자본과 고정자산을 더하여 계산한다. 총자본(total capital)은 금융시장에서 조달된 자금의 크기를 의미하며 자기자본과 타인자본의 합으로 계산되며, 이는 투하자본과 비영업자산의 합과 같다. 비영업자산이 없는 경우에는 총자본과 투하자본의 크기는 동일하다.

예제 5-1

㈜미래의 20×1년 초 재무상태표와 관련된 정보는 다음과 같다. (단위: 만원)

현 금	60	매입채무	40
재고자산	90	장기차입금	110
금융자산	20	납입자본	50
유형자산	120	이익잉여금	90
계	290	계	290

(1) 현금은 비영업자산으로 가정하고 ㈜미래의 순운전자본, 투하자본 및 총자본을 계산하시오.

(2) 현금 10만원은 영업자산으로 가정하고 ㈜미래의 순운전자본, 투하자본 및 총자본을 계산하시오.

풀이

(1) 비영업자산=60+20=80
순운전자본=90−40=50
투하자본=순운전자븐+고정자산=50+120=170만원
총자본=170+80=250만원 (타인자본 110, 자기자본 150)

(2) 비영업자산=50+20=70
순운전자본=10+90−40=60
투하자본=순운전자본+고정자산=60+120=180만원
총자본=180+70=250만원 (타인자본 110, 자기자본 150)

(2) 손익계산서

손익계산서(I/S: income statement)는 일정기간 동안의 경영성과에 대한 정보를 제공한다. 재무상태는 자산과 부채 및 자본의 구성상태를 말한다. 회계기준에 따라 작성된 손익계산서의 당기순이익(NI: net income)은 자금조달의 원천중의 일부인 주주(자기자본)에게 돌아갈 몫을 나타낸다. 당기순이익(NI)은 영업이익(EBIT: earning before interest and tax)에서 이자비용(I: interest)과 법인세비용을 차감한다.

영업이익(EBIT) = 매출액 − 매출원가 − 판매비와 관리비
당기순이익(NI) = 영업이익(EBIT) − 이자비용(I) − 법인세비용
= [영업이익(EBIT) − 이자비용(I)] × [1 − 법인세율(t)]

그러나 재무관리의 기업가치 평가를 위해서는 자금조달의 원천인 채권자(타인자본)와 주주(자기자본) 즉, 기업에 귀속되는 몫을 측정하여야 한다. 기업에게 귀속되는 세후이익은 세후영업이익(NOPAT: net operating profit after tax)으로 채권자(타인자본)에게 지급하는 이자비용 차감 전 이익인 영업이익(EBIT)에서 법인세 비용을 차감한다.

세후영업이익(NOPAT) = 영업이익(EBIT) × [1 − 법인세율(t)]
= 당기순이익(N) + 이자비용(I) × [1 − 법인세율(t)] (5.4)

(3) 영업현금흐름

세후영업이익은 발생주의로 측정한 이익이므로 현금유출이 발생하지 않는 감가상각비(Dep: depreciation and amortization)가 포함되어 있다. 기업가치 평가를 위해서는 세후영업이익에 포함된 감가상각비를 제거하여 영업현금흐름(OCF: operating cash flow)을 측정하여야 한다. 영업현금흐름(OCF)은 실물시장에서 발생하는 세후영업현금흐름으로 회계기준의 현금흐름표의 영업활동으로 인한 현금흐름(cash flow from operating)과는 다른 개념이다. 영업현금흐름은 실물시장에서의 현금흐름이므로 이자비용 및 이자비용 감세효과는 고려하지 않는다.

- EBITDA(earnings before interests, taxes, depreciation and amortization)

EBITDA는 법인세, 이자비용 및 감가상각비를 차감하기 전 이익으로 법인세차감 전 영업현금흐름을 의미하며 다음과 같이 계산된다.

$$\begin{aligned}\text{세전영업현금흐름(EBITDA)} &= \text{영업수익}(R) - \text{현금영업비용}(C)\\ &= EBIT + Dep\end{aligned}$$

<표 5-1>의 손익계산서를 이용하여 세전영업현금흐름을 측정하면 다음과 같다.

$$\text{EBITDA} = 60 + 40 = 100$$

- OCF(operating cash flow)

영업현금흐름(OCF)은 세후영업현금흐름이므로 다음과 같이 산출된다.

$$\begin{aligned}\text{세후영업현금흐름} &= \text{세전영업현금흐름} - \text{영업활동관련 법인세}\\ &= EBITDA - EBIT \times t\\ &= EBIT + Dep - EBIT \times t\\ &= EBIT(1-t) + Dep\end{aligned}$$

따라서 영업현금흐름(OCF)은 다음과 같이 산출된다.

$$\text{영업현금흐름(OCF)} = EBIT(1-t) + Dep \tag{5.5}$$

〈표 5-1〉 회계기준의 손익계산서와 가치평가목적의 손익계산서

회계기준 손익계산서	
매출액	×××
매출원가	×××
매출총이익	×××
판매관리비	×××
영업이익	×××
영업외수익	×××
영업외비용	×××
법인세차감전순이익	×××
법인세	××
당기순이익	×××

재무관리 손익계산서	
영업수익(R)	500
현금영업비용(C)	400
세전영업현금(EBITDA)	100
감가상각비(Dep)	40
영업이익(EBIT)	60
법인세(세율 25%)	15
세후영업이익(NOPAT)	45

<표 5-1>의 손익계산서를 이용하여 영업현금흐름을 측정하면 다음과 같다.

$$영업현금흐름 = 60 \times (1-0.25) + 40 = 85$$

영업현금흐름(OCF)은 다음과 같이 산출될 수도 있다.

$$\begin{aligned} 세후영업현금흐름 &= 세전영업현금흐름 - 영업활동관련\ 법인세 \\ &= \text{EBITDA} - EBIT \times t \\ &= \text{EBITDA} - (\text{EBITDA} - Dep) \times t \\ &= \text{EBITDA}(1-t) + Dep \times t \end{aligned}$$

따라서 영업현금흐름(OCF)은 다음과 같이 산출된다.

$$영업현금흐름(\text{OCF}) = \text{EBITDA}(1-t) + Dep \times t \tag{5.6}$$

위의 식에서 $Dep \times t$ 는 감가상각비 때문에 감소된 세금의 크기를 나타내는 것이므로 이를 감가상각비 감세효과(depreciation tax shield effect)라고 한다.

<표 5-1>의 손익계산서를 이용하여 영업현금흐름을 측정하면 다음과 같다.

$$영업현금흐름 = 100 \times (1-0.25) + 40 \times 0.25 = 85$$

(4) 기업잉여현금흐름

기업잉여현금흐름(FCFF: Free cash flow to the firm)은 기업이 실물투자를 하여 주주와 채권자에게 분배할 수 있는 현금흐름으로 기업가치평가의 대상이 되는 현금이다. 기업잉여현금흐름(FCFF)은 실물투자로부터 유입되는 영업현금흐름(OCF)에서 실물투자로 유출되는 자본적 지출(CE: capital expenditures)과 순운전자본지출(NWCE: net working capital expenditures)을 차감한다.

$$\text{기업잉여현금흐름(FCFF)} \\ = \text{영업현금흐름(OCF)} - \text{자본적 지출(CE)} - \text{순운전자본지출(NWCE)} \quad (5.7)$$

자본적 지출(CE)은 고정자산투자로 인한 현금유출로 고정자산의 증가금액(ΔFA)에 감가상각비를 더한다.

$$\text{자본적 지출(CE)} = \text{고정자산 증가}(\Delta FA) + \text{감가상각비(Dep)} \quad (5.8)$$

순운전자본지출(NWCE)는 순운전자본투자로 인한 현금유출로 순운전자본의 증가금액(ΔNWC)이다.

$$\text{순운전자본지출(NWCE)} = \text{순운전자본 증가}(\Delta NWC) \quad (5.9)$$

식 (5.7)에 (5.5), (5.8), (5.9)을 대입하면 다음과 같이 간편법으로 기업잉여현금흐름 측정공식을 도출할 수 있다.

$$\text{기업잉여현금흐름(FCFF)} \\ = \text{세후영업이익(NOPAT)} - \text{고정자산 증가}(\Delta FA) - \text{순운전자본 증가}(\Delta NWC) \\ = \text{세후영업이익(NOPAT)} - \text{투하자본 증가}(\Delta IC) \quad (5.10)$$

식 (5.10)에서 비영업자산이 없는 경우를 가정하면 다음과 같다.

$$\text{기업잉여현금흐름(FCFF)} \\ = \text{세후영업이익(NOPAT)} - \text{총자본 증가}(\Delta Capital) \quad (5.11)$$

예제 5-2

다음 재무제표를 이용하여 다음 각 물음에 답하시오. 단, 자산과 유동부채는 영업용이고 법인세율은 25%이다.

재무상태표

	당기	전기
유동자산	100	85
비유동자산	200	165
자산총계	300	250
유동부채	50	40
비유동부채	120	110
자본	130	100
부채및자본총계	300	250

손익계산서

매출액	500
변동영업비	220
고정영업비	180
감가상각비	24
영업이익	76
이자비용	12
세전이익	64
법인세	16
당기순이익	48

(1) 영업현금흐름은 얼마인가?
(2) 자본적지출은 얼마인가?
(3) 순운전자본지출은 얼마인가?
(4) 기업잉여현금흐름은 얼마인가?

풀이

(1) $\text{OCF} = \text{NOPAT} + Dep = 76 \times (1-0.25) + 24 = 81$

(2) $\text{CE} = \Delta FA + Dep = (200-165) + 24 = 59$

(3) $\text{NWCE} = (100-50) - (85-40) = 5$

(4) $\text{FCFF} = \text{OCF} - (\text{CE} + \text{NWCE}) = 81 - (59+5) = 17$ 또는
$\text{FCFF} = NOPAT - \Delta C = 76 \times (1-0.25) - (300-50) - (250-40) = 17$

(5) 주주잉여현금흐름

주주잉여현금흐름(FCFE: Free cash flow to equity)은 주주에게 귀속되는 현금흐름으로 기업잉여현금흐름에서 채권자에게 귀속되는 현금흐름을 차감하여야 한다.

주주잉여현금흐름(FCFE) = 기업잉여현금흐름(FCFF) − 채권자의 현금흐름 (5.12)

타인자본의 조달은 기업입장에서는 현금유입이지만 채권자입장에서는 현금유출이며, 이자비용은 기업입장에서는 현금유출이지만 채권자입장에서는 현금유입이다. 따라서 채권자에게 귀속되는 현금흐름은 세후이자비용에서 타인자본의 조달은 차감하고 타인자본의 상환은 가산한다.

$$\text{채권자의 현금흐름} = \text{세후이자비용}[I \times (1-t)] - \text{타인자본 증가}(\Delta Debt) \quad (5.13)$$

식 (5.12)에 (5.11)과 (5.13)을 대입하면 다음과 같다.

$$\text{주주잉여현금흐름(FCFE)} = \text{당기순이익(NI)} - \text{자기자본 증가}(\Delta Equity) \quad (5.14)$$

예제 5-3

K기업은 20×2년에 비유동자산을 처분(장부가액 10,000원, 처분손익은 발생하지 않음)하였으며 8,000원의 장기부채를 신규로 차입하였다. 다음은 K기업의 20×1년과 20×2년 재무제표 정보이며 법인세율은 30%이다.

재무상태표의 일부

(단위: 원)

자산	20×1년말	20×2년말	부채와자본	20×1년말	20×2년말
유동자산	5,000	5,500	유동부채	2,000	2,200
비유동자산	25,000	30,000	비유동부채	20,000	26,000

20X2년도 포괄손익계산서의 일부

(단위: 원)

매출액	150,000
매출원가	80,000
감가상각비	10,000
이자비용	2,000

(1) 영업현금흐름은 얼마인가?
(2) 고정자산 취득액은 얼마인가?
(3) 순운전자본지출은 얼마인가?
(4) 기업잉여현금흐름은 얼마인가?
(5) 채권자의 현금흐름은 얼마인가?
(6) 타인자본상환액은 얼마인가?
(7) 주주잉여현금흐름은 얼마인가?

풀이

(1) EBIT = 150,000 − 80,000 − 10,000 = 60,000
OCF = NOPAT + Dep = 60,000 × (1 − 0.30) + 10,000 = 52,000

(2) CE = ΔFA + Dep = (30,000 − 25,000) + 10,000 = 15,000
고정자산취득액 = 15,000 + 10,000 = 25,000

(3) NWCE = (5,500 − 2,200) − (5,000 − 2,000) = 300

(4) FCFF = OCF − (CE + NWCE) = 52,000 − (15,000 + 300) = 36,700

(5) 채권자CF = $I \times (1-t) - \Delta Debt$ = 2,000 × (1 − 0.30) − (26,000 − 20,000) = −4,600

(6) 타인자본상환액 = 8,000 − (26,000 − 20,000) = 2,000

(7) FCFE = 36,700 − (−4,600) = 41,300

2. 기업가치평가

(1) 기업잉여현금흐름과 기업가치

기업가치(V: firm value)는 그 기업이 매년 벌어들이는 현금흐름을 할인한 현재가치로 계산한다. 기업이 매년 벌어들이는 현금흐름은 기업잉여현금흐름(FCFF)으로 계산하며, 할인율은 자기자본비용(k_e)과 타인자본비용(k_d)을 평균한 가중평균자본비용(wacc)을 사용한다.

$$V = \sum_{t=1}^{n} \frac{FCFF_t}{(1+wacc)^t} \tag{5.15}$$

가중평균자본비용(wacc)을 산출할 때 가중치는 타인자본과 자기본의 장부가치가 아닌 시장가치 기준이다. 기업가치(V)는 타인자본의 시장가치(B)와 자기자본의 시장가치(S)의 합이므로 이의 구성비율을 가중치로 한다. 기업잉여현금흐름(FCFF)에는 이자비용의 감세효과(interest tax shield effect)가 반영되지 않았기 때문에 가중평균자본비용(wacc)에 이자비용 감세효과를 반영하여야 한다. 이자비용 감세효과는 $k_d \times t$ 이므로 이자비용 감세효과를 반영한 세후타인자본비용(k_i)은 $k_d \times (1-t)$이다.

$$wacc = k_d \times (1-t) \times \frac{B}{V} + k_e \times \frac{S}{V} \tag{5.16}$$

기업이 매년 벌어들이는 현금흐름이 영구적으로 매년 일정한 경우 기업가치(V)는 영구연금공식을 이용하여 계산한다. 기업잉여현금흐름(FCFF)이 매년 일정하기 위해서는 매년 감가상각비에 해당되는 금액만 재투자를 한다고 가정하므로 총자본 증가가 0이 되어 이를 식 (5.11)에 대입하면 기업잉여현금흐름(FCFF)은 세후영업이익(NOPAT)이 된다. 제11장의 자본구조이론에서는 기업가치평가는 이 공식을 사용한다.

$$V = \frac{NOPAT}{wacc} \tag{5.17}$$

(2) 이자비용의 감세효과

일반적으로 기업가치평가에서는 기업잉여현금흐름(FCFF)에 이자비용 감세효과를 반영하지 않고 가중평균자본비용(wacc)에 이자비용 감세효과를 반영한다. 하지만 현금흐름에 이자비용 감세효과를 반영하여 기업가치를 평가할 수도 있다. 이 경우 현금흐름에 이자비용 감세효과가 반영되므로 할인율에는 이자비용 감세효과를 반영하지 않는다.

<표 5-1>에서 영업현금흐름은 240이다. 이때 이자비용은 50이고 법인세율이 40%이므로 이자비용의 감세효과는 50×0.4=20이 되며, 이자비용 감세효과를 반영한 영업현금흐름은 240+20=260이 된다.

예제 5-4

K기업은 재투자 없이 매년 영업현금흐름 400이 무한히 유입된다. 그러나 이자비용의 절세효과가 반영된 영업현금흐름은 480이다. 영업현금흐름에 대한 할인율이 10%라고 가정하자.

(1) K기업의 기업가치는 얼마인가?

(2) 이자비용의 절세효과가 반영된 현금흐름에 대한 할인율은 얼마인가?

풀이

(1) K기업의 기업가치는 다음과 같다.

$V = 400 \div 0.10 = 4{,}000$

(2) 이자비용의 절세효과가 반영된 현금흐름을 할인한 K기업의 기업가치도 4,000이어야 한다. 따라서 이자비용의 감세효과를 반영하지 않은 할인율은 다음과 같이 12%이다.

480 ÷ R=4,000 ➠ $R=12\%$

이자비용 감세효과를 반영하지 않은 가중평균자본비용(wacc*)은 다음과 같이 구한다.

$$wacc^* = k_d \times \frac{B}{V} + k_e \times \frac{S}{V} \tag{5.18}$$

(3) 자기자본가치

자기자본가치(S)는 매년 주주에게 귀속되는 현금흐름을 할인한 현재가치로 계산한다. 이때 현금흐름은 주주잉여현금흐름(FCFE)으로 계산하며, 할인율은 자기자본비용(k_e)을 사용한다.

$$S = \sum_{t=1}^{n} \frac{FCFE_t}{(1+k_e)^t} \tag{5.19}$$

3. 투자안의 현금흐름

(1) 투자안의 현금흐름 원칙

투자안을 평가하기 위한 현금흐름을 측정할 때 다음과 같은 기본원칙을 명심해야 한다.

① 투자안의 분석에서 중요한 것은 이익이 아닌 현금흐름이다.
② 현금흐름은 증분기준(incremental basis)으로 측정해야 한다.
③ 인플레이션을 다루는 데 있어서 일관성을 유지해야 한다. 즉, 할인율이 명목이자율이면 현금흐름드 명목현금흐름을, 할인율이 실질이자율이면 현금흐름은 실질현금흐름을 사용한다.

증분현금흐름은 투자안을 선택하는 경우와 선택하지 않은 경우의 현금흐름의 차이이다. 증분기준의 적용 시 다음사항을 주의하여야 한다.

① 부수효과(side effect)

사업의 다른 부문에서 발생하는 부수효과를 모두 고려하여야 한다. 투자안의 선택으로 인하여 사업의 다른 부문에 부정적인 부수효과를 잠식효과라고 한다.

② 매몰원가(sunk cost)

매몰원가(매몰비용)은 투자안을 선택하기 전에 이미 지출한 비용으로 현금흐름에 포함하지 말아야 한다. 투자안 분석을 하기 위한 정보를 수집하기 하여 이미 지출한 시장조사비용은 투자안의 채택 여부와 관계없이 이미 지출한 비용이므로 현재의 투자의사결정에 영향을 미치지 말아야 한다.

③ 기회비용(opportunity cost)

기업이 새로운 투자에 사용하기 위한 토지를 이미 소유하고 있는 경우 이 토지를 임대하거나 매각할 수 있었다는 것을 고려해야 한다.

(2) 투자안의 현금흐름

투자안을 평가하기 위한 투자안의 현금흐름은 증분 기업잉여현금흐름(ΔFCFF)을 의미하며 각 시점별로 정리하면 다음과 같다.

① 투자시점($t=0$)

투자시점에서의 증분 기업잉여현금흐름(ΔFCFF)은 신규투자안에 따른 자본적지출 및 순운전자본지출 및 기존자산의 세후처분금액을 고려하여야 한다.

$$\Delta FCFF_0 = -(CE + NWCE) + \text{기존자산 세후처분금액}$$

기존자산 세후처분금액은 처분가액에서 처분손익의 법인세를 가감하여 다음과 같이 구한다.

$$\text{세후처분금액} = \text{처분가액}(SV) - [\text{처분가액}(SV) - \text{장부금액}(BV)] \times \text{세율}(t)$$

② 투자기간($t=1$ ~ $t=n-1$)

투자기간의 증분 기업잉여현금흐름(ΔFCFF)은 증분 영업현금흐름 및 순운전자본의 증감을 고려한다. 매년 증분 영업현금흐름이 일정한 경우 순운전자본의 증감은 0이다.

$$\Delta FCFF_t = \Delta EBIT_t \times (1-t) + \Delta Dep_t - (\Delta NWC_t)$$

③ 투자종료시점($t=n$)

투자기간의 증분 기업잉여현금흐름(ΔFCFF)은 증분 영업현금흐름, 순운전자본의 증감 및 신규투자안의 세후처분금액을 고려한다. 매년 증분 영업현금흐름이 일정한 경우 투자시점에 투자안 순운전자본은 투자종료시점에서 전액 회수된다.

$$\Delta FCFF_n = \Delta OCF_n - \Delta NWC_n + \text{신규 투자안 세후처분금액}$$

예제 5-5

가나출판사는 현재 사용하고 있는 구형 윤전기를 대체할 3년 수명의 신형 윤전기 구입을 고려하고 있다. 구형 윤전기는 완전상각되어 있으며 잔존 시장가는 1억원이다. 72억원인 신형 윤전기를 구입함으로 인해 3년 동안 연간 매출액이 구형 윤전기에 비해 28억원 증가하고, 매출원가는 변동이 없을 것으로 추정한다. 신형 윤전기는 정액법으로 3년 동안 100% 감가상각할 예정이나 3년 후($t=3$) 처분가치는 6억원일 것으로 추정하고 있다. 윤전기를 도입하면 초기($t=0$)에 3억원의 순운전자본이 소요되며, 이 순운전자본은 3년 후 시점에서 전액 회수된다. 법인세율이 30%라면 매년 투자안의 증분현금흐름은 얼마인가?

풀이

(1) 투자시점($t=0$)의 현금흐름

1) 신형 윤전기 자본적지출 : 72억원
2) 구형 윤전기 처분금액=1억원−(1억원−0)×0.3=0.7억원
3) 순운전자본지출=3억원

➡ 증분 기업잉여현금흐름=−72+0.7−3=−74.3억원

(2) 1년 후 현금흐름

감가상각비=72억/3=24억

증분영업현금흐름＝(28－24)×0.7＋24＝26.8억

(3) 2년 후 현금흐름＝26.8억

(4) 투자종료시점(t＝3)의 현금흐름

1) 신형 윤전기 처분금액＝6억원－(6억원－0)×0.3＝4.2억원

2) 순운전자본회수＝3억원

3) 증분영업현금흐름＝26.8억

➡ 증분 기업잉여현금흐름＝4.2＋3＋26.8＝34억원

제 3 절 투자안의 경제성 분석

투자안의 경제성을 분석하여 투자의사결정을 하는데 이용하는 기법으로 화폐의 시간적 가치를 고려하는 방법과 화폐의 시간가치를 고려하지 않는 방법으로 다음과 같이 구분하여 살펴본다.

- 화폐의 시간적 가치를 고려하지 않는 방법(비할인모형)
  - ➡ 회수기간법, 회계적 이익률법(ARR)
- 화폐의 시간적 가치를 고려하는 방법(할인모형)
  - ➡ 순현가법(NPV), 내부수익률법(IRR), 수익성지수법(PI)

위의 투자안 평가방법 중 순현가법(NPV)은 화폐의 시간적 가치를 반영하면서 기업의 가치를 극대화할 수 있는 투자안들 선택할 수 있는 방법으로 가장 우수한 방법이다.

1. 회수기간법

(1) 의의

회수기간법(payback period)은 투자에 소요된 현금을 회수하는데 소요되는 기간으로 각 투자안의 회수기간을 계산하여 보다 짧은 회수기간을 갖는 투자안에 투자결정을 한다. 이 방법은 현금흐름의 추정이 매우 불확실할 경우에 유용한 방법이며, 현금흐름이 연중 균등하다고 가정하고 분석을 한다.

$$\text{회수기간} = \frac{\text{투자액}}{\text{연간순현금유입액}} \tag{5.20}$$

(2) 의사결정기준

사전에 설정한 회수기간(목표회수기간)을 기준으로 투자안을 평가한다.

① 독립적 투자안

회수기간 < 목표회수기간이면 투자안을 채택

② 상호배타적 투자안

회수기간 < 목표회수기간인 투자안 중 회수기간이 가장 짧은 투자안을 선택

(3) 장점

① 이해가 쉽고 계산과정이 간단하다.

② 투자안의 위험지표로 이용된다.

③ 수익성보다 유동성을 중요시하는 기업에 유용하다.

(4) 단점

① 목표회수기간이 자의적이다.

② 회수기간 이후의 현금흐름을 반영하지 못한다.

③ 화폐의 시간적 가치를 고려하지 못한다.

(5) 할인 회수기간법

할인 회수기간법(discounted payback period)은 현금유입액의 현재가치를 누적한 금액이 투자금액과 일치하는 기간을 의미한다. 이 방법은 특징은 다음과 같다.

① 할인회수기간은 회수기간보다 길다.

② 회수기간 이후의 현금흐름을 반영하지 못하며 목표회수기간이 자의적이다.

③ 화폐의 시간적 가치를 고려한다.

2. 회계적 이익률법

(1) 의의

회계적 이익률법(ARR: accounting rate of return)은 연평균순이익을 연평균투자액(또는 최초투자액)으로 나누어 계산한 지표로 현금흐름이 아닌 회계상 이익을 기준으로 수익성을 고려한 것이다.

$$\text{회계적이익률(ARR)} = \frac{\text{연평균순이익}}{\text{연평균투자액}} \qquad (5.21)$$

위 식에서 연평균순이익은 투자안의 내용연수 동안 매기간의 세후 영업이익(NOPAT)의 합계를 내용연수로 나누어 산출한다. 그리고 연평균투자액이란 최초투자금액과 잔존가치를 합하여 2로 나눈 평균값을 의미한다.

$$\text{연평균투자액} = \frac{\text{최초투자액} + \text{잔존가치}}{2} \tag{5.22}$$

(2) 의사결정기준

사전에 설정한 목표이익률을 기준으로 투자안을 평가한다.

① 독립적 투자안

회계적이익률 > 목표이익률이면 투자안을 채택

② 상호배타적 투자안

회계적이익률 > 목표이익률인 투자안 중 회계적이익률이 가장 큰 투자안을 선택

(3) 장점

① 이해가 쉽고 계산과정이 간단하다.

② 자료를 쉽게 확보하여 이용할 수 있다.

(4) 단점

① 목표이익률이 자의적이다.

② 현금흐름을 반영하지 못한다.

③ 화폐의 시간적 가치를 고려하지 못한다.

3 순현가법

(1) 의의

순현재가치(NPV: net present value)란 투자안에서 예상되는 미래현금유입을 적절한 할인율로 할인하여 산출한 현재가치에서 투자금액을 차감한 값이다. 순현가는 다음과 같이 구한다.

$$NPV = \sum_{t=1}^{n} \frac{C_t}{(1+k)^t} - C_0 = \sum_{t=0}^{n} \frac{C_t}{(1+k)^t} \tag{5.23}$$

단, C_t : t시점 현금흐름(기업잉여현금흐름)

C_0 : 투자비용(기업잉여현금흐름)

k : 자본비용(가중평균자본비용)

(2) 의사결정기준

① 독립적 투자안

NPV > 0 이면 투자안 채택

NPV < 0 이면 투자안 기각

② 상호배타적 투자안

NPV > 0 인 투자안 중 NPV가 가장 큰 투자안을 선택

(3) 장점

① 화폐의 시간가치를 고려하고 있다.

② 투자안의 모든 현금흐름을 고려한다.

③ 가치가산의 원칙이 성립된다. ➠ NPV(A+B) = NPV(A) + NPV(B)

(4) 순현가곡선

순현가곡선(NPV profile)은 투자안의 NPV와 자본비용 사이의 관계를 보여주는 그래프로 [그림 5-2]와 같다. 순현가곡선의 유용성은 다음과 같다.

① 자본비용의 각 수준에 따른 NPV값을 알 수 있다.

② NPV=0인 할인율을 통해서 내부수익률(IRR)을 구할 수 있다.

③ NPV값이 할인율 변화에 대해 갖는 민감도를 알 수 있다.

➠ 순현가곡선의 기울기가 가파를수록 할인율 변화에 대해 NPV의 민감도가 크다.

[그림 5-2] NPV profile

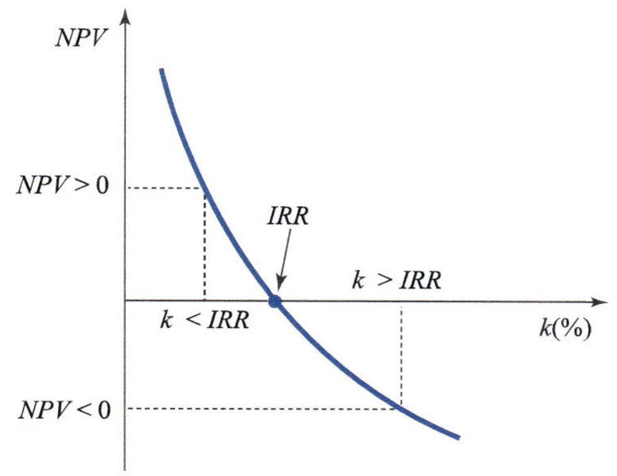

4. 내부수익률법

(1) 의의

내부수익률(IRR: internal rate of return)은 투자안의 현금유입의 현재가치와 현금유출의 현재가치를 같게 만드는 할인율이다. 즉, IRR은 투자안의 NPV를 0으로 만들어 주는 할인율로서 투자안의 투자수익률을 의미한다.

$$\sum_{t=1}^{n} \frac{C_t}{(1+IRR)^t} = C_0 \tag{5.24}$$

내부수익률은 채권의 만기수익률(YTM)과 마찬가지로 스프레드시트 또는 재무관리용 계산기로 계산하거나 시행착오법을 이용하여 계산한다.

(2) 의사결정기준

① 독립적 투자안

IRR > k(자본이용)이면 투자안 채택

IRR < k(자본이용)이면 투자안 기각

② 상호배타적 투자안

IRR > k(자본이용)인 투자안 중 IRR이 가장 큰 투자안을 선택

(3) 장점

① 화폐의 시간가치를 고려하고 있다.

② 투자안의 모든 현금흐름을 고려한다.

5 수익성지수법

(1) 의의

수익성지수 (PI: profitability index)는 투자안의 현금유입의 현재가치를 현금유출의 현재가치로 나누어 계산한 값으로 투자안의 상대적 수익성 또는 효율성을 나타낸다. 즉, NPV는 투자안의 절대적 성과에 대한 정보를 제공하지만, PI는 투자안의 투자규모에 대비한 상대적 성과에 대한 정보를 제공한다.

$$PI = \frac{\text{현금유입액의현재가치}}{\text{현금유출액의현재가치}} = 1 + \frac{NPV}{\text{투자금액}} \tag{5.24}$$

(2) 의사결정기준

① 독립적 투자안

PI > 1이면 투자안 채택

PI < 1이면 투자안 기각

② 상호배타적 투자안

PI > 1 인 투자안 중 PI가 가장 큰 투자안을 선택

(3) 장점

① 화폐의 시간가치를 고려하고 있다.

② 투자안의 모든 현금흐름을 고려한다.

③ 투자규모에 대비한 상대적 성과에 대한 정보를 제공한다.

예제 5-6

(주)한국은 생산라인 제어시스템을 구입하려고 한다. 이 설비를 구입하는 경우 세전영업현금흐름은 연간 약 6천만원이 증가한다. 이 시스템의 구입비용은 총 2억원이며 내용연수는 5년이다. 이 시스템은 정액법으로 감가상각이 되며 5년 사용 후 잔존 가치는 없을 것으로 예상된다. (주)한국의 법인세율은 20%이고 투자안의 할인율은 10%이다.

(1) 이 투자안의 회수기간은 얼마인가?
(2) 평균투자액을 기준으로 한 투자안의 회계적이익률은 얼마인가?
(3) 이 투자안의 순현가는 얼마인가?
(4) 이 투자안의 내부수익률은 얼마인가?
(5) 이 투자안의 수익성지수는 얼마인가?

풀이

(1) 회수기간법

연간 감가상각비: Dep = 20,000 ÷ 5년 = 4,000만원

영업이익 : EBIT = 6,000 − 4,000 = 2,000만원

영업현금흐름 : OCF = EBIT(1−t) + Dep

= 2,000 × (1−0.2) + 4,000 = 5,600만원

회수기간 = $\dfrac{20,000}{5,600}$ = 3.571년

☞ 회수기간 3.571년이 목표회수기간보다 짧으면 투자안은 채택한다.

(2) 회계적이익률법

세후영업이익 : NOPAT = 2,000 × (1−0.2) = 1,600만원

연평균영업이익 : 1,600만원 (매년 영업이익이 동일하므로)

연평균투자액 = $\dfrac{20,000+0}{2}$ = 10,000만원

회계적이익률 : ARR = $\dfrac{1,600}{10,000}$ = 16%

☞ 회계적이익률 16%가 목표이익률보다 크면 투자안은 채택한다.

(3) 순현가법

$$NPV = \sum_{t=1}^{5}\frac{5,600}{1.10^t} - 20,000$$

= 5,600 × PVIFA(10%, 5) − 20,000

= 5,600 × 3.7908 − 20,000 = +1,228만원

☞ NPV > 0이므로 투자안은 채택한다.

(4) 내부수익률법

$$\sum_{t=1}^{5}\frac{5,600}{(1+IRR)^t}=20,000$$

엑셀 스프레드시트나 재무관리용 계산기로 계산하면 IRR = 12.38%이다.

보간법을 이용해서 내부수익률을 산출하면 다음과 같다.

할인율 = 12%일 때 NPV = 5,600 × 3.6048 − 20,000 = +187만원

할인율 = 14%일 때 NPV = 5,600 × 3.4331 − 20,000 = −775만원

NPV = 0이 되는 IRR은 12%와 14% 사이에 존재한다.

할인율 = 12%과 14%일 때 NPV의 차이는 187 − (−775) = 962만원

2% : 962 = R : 187 ➠ R = 0.39%이므로

보간법으로 추정한 IRR = 12% + 0.39% = 12.39%가 된다.

☞ IRR > 10%이므로 투자안은 채택한다.

(5) 수익성지수법

현금유입액의 현재가치 = 현금유출액의 현재가치 + NPV

= 20,000 + 1,228 = 21,228만원

$$수익성지수 = \frac{21,228}{20,000} = 1.061$$

☞ PI > 1이므로 투자안은 채택한다.

6. 순현가법과 내부수익률법의 비교

순현가법(NPV법)과 내부수익률법(IRR법)은 모두 화폐의 시간적 가치를 고려하는 평가방법으로서 투자안의 경제성 분석에 가장 많이 이용되는 방법들이다. 하지만 기업가치 극대화라는 기업재무의 목표를 달성하는 방법은 NPV법이므로 NPV법이 더 우수한 방법이다. 이 두 방법에 대해 자세히 비교 및 분석해 보자.

(1) 독립적인 투자안을 분석하는 경우

단일 투자안 또는 독립적인 투자안들을 평가하는 경우에는 NPV법과 IRR법은 서로 동일한 분석결과를 보여 준다. [그림 5-3] NPV곡선에서 보듯이 NPV > 0인 영역은 투자의 기회비용인 자본비용(k)이 IRR보다 작은 영역이다.

[그림 5-3] NPV와 IRR

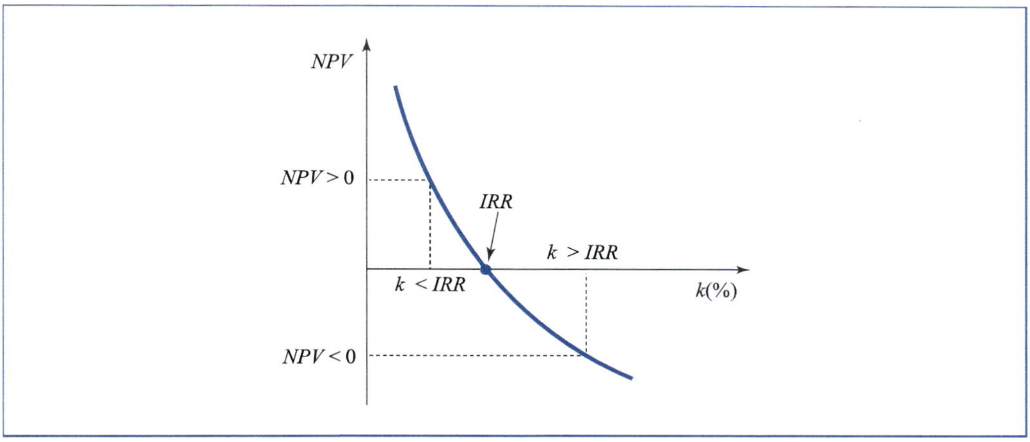

$IRR > k$ ➠ $NPV > 0$ ➠ 투자안 채택

$IRR = k$ ➠ $NPV = 0$

$IRR < k$ ➠ $NPV < 0$ ➠ 투자안 기각

따라서 NPV > 0인 영역과 IRR > k인 영역은 동일하므로, NPV법과 IRR법은 평가결과는 동일함을 알 수 있다.

(2) 상호배타적인 투자안을 분석하는 경우

여러 투자안들 중에서 하나를 선택해야 하는 경우 NPV법과 IRR법에 의한 평가결과가 서로 다르게 나타날 수 있다.

[그림 5-4]에서 보는 것처럼 투자안 A와 B의 순현가곡선이 교차하는 경우 교차하는 점에 해당하는 할인율을 피셔의 수익률(Fisher's rate of return)이라고 한다. 즉, 피셔의 수익률은 두 투자안의 NPV를 같게 만들어 주는 할인율이며, 피셔수익률을 F라고 할 때 다음 식에서 F를 할 수 있다.

$$\sum_{t=1}^{n} \frac{C_t^A}{(1+F)^t} - C_0^A = \sum_{t=1}^{n} \frac{C_t^B}{(1+F)^t} - C_0^B \qquad (5.25)$$

두 투자안의 순현가곡선이 교차하는 경우 NPV법과 IRR법에 의한 평가결과가 서로 다르게 나타날 수 있다. [그림 5-4]에서 투자의사결정은 자본비용의 크기에 따라 달라진다.

[그림 5-4] 상호배타적인 투자안의 순현가곡선

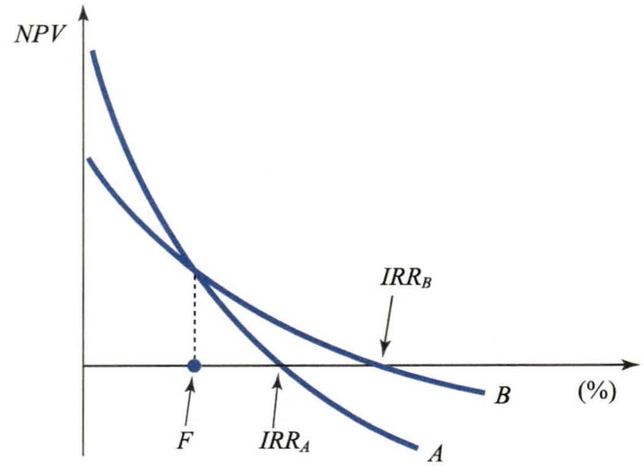

- k(자본비용) < F(피셔수익률) : NPV법은 A를 선택, IRR법은 B를 선택한다.
  ➠ 서로 다른 선택결과를 갖는다.
- k(자본비용) > F(피셔수익률) : NPV법은 B를 선택, IRR법은 B를 선택한다.
  ➠ 의사결정에 차이가 없다.

두 투자안의 순현가곡선이 교차하는 원인은 다음 3가지 중 하나이다.

① 투자규모가 서로 다른 경우

순현가곡선의 기울기가 큰 A의 투자규모가 순현가곡선의 기울기가 작은 큰 B의 투자규모보다 더 크다.

② 내용연수(투자수명)가 서로 다른 경우

순현가곡선의 기울기가 큰 A의 내용연수가 순현가곡선의 기울기가 작은 큰 B의 내용연수보다 더 크다.

③ 현금흐름의 양상이 서로 다른 경우

순현가곡선의 기울기가 큰 A는 현금유입이 후기에 많고 순현가곡선의 기울기가 작은 큰 B는 현금유입이 초기에 많다.

이를 정리하면 다음과 같다.

	기울기가 큰 투자안(A)	기울기가 작은 투자안(B)
투자규모	Big	Small
내용연수	Long	Short
현금흐름의 양상	후기에 집중	초기에 집중

(3) 순현가법의 우위성

NPV법과 IRR법이 투자안의 경제성을 평가하는데 있어서 서로 다른 결과를 가져올 경우에는 NPV법으로 투자안의 경제성을 평가해야 하는데, 그 이유는 다음과 같다.

① 합리적인 재투자수익률의 가정

NPV법은 매기의 현금흐름을 내용연수 말까지 투자안의 할인율인 자본비용(k)로 재투자한다는 가정을 가지고 있다. 반면, IRR법은 매기의 현금흐름을 내용연수 말까지 IRR의 수익률로 재투자한다는 가정을 가지고 있는데 이는 미래에도 좋은 조건의 투자기회가 계속된다는 것을 가정하므로 너무 낙관적이다. 따라서 재투자에 대한 가정이 NPV법이 보다 합리적이다.

② 가치의 가산원칙

가치의 가산원칙(value additivity principle)이란 여러 투자안을 복합적으로 평가한 값이 각각의 투자안을 따로 평가한 값의 합과 같다는 원리이다. 따라서 투자안 A와 투자안 B의 두 투자안에 모두 투자할 경우의 순현가는 각 투자안의 순현가를 합한 것과 동일하므로 NPV법은 가치의 가산원칙이 성립된다.

$$NPV(A+B) = NPV(A) + NPV(B)$$

그러나 투자안 A와 투자안 B의 두 투자안에 모두 투자할 경우의 IRR은 각 투자안의 IRR을 합한 것과 동일하지 않으므로 IRR법은 가치의 가산원칙이 성립되지 않는다.

$$IRR(A+B) \neq IRR(A) + IRR(B)$$

따라서 투자조합의 IRR을 다시 구해야 하는 번거로움이 따른다.

③ 복수의 IRR 문제

현금흐름의 방향이 여러 번 바뀔 때(2회 이상의 현금유출이 있을 때)에는 IRR은 복수의 IRR을 갖거나 IRR이 존재하지 않을 수 있다. 하지만 현금흐름의 방향이 여러 번 바뀔 때에도 NPV는 값이 1개만 존재한다.

투자수행 초기에 1회 투자지출이 이루어지고, 그 이후에는 계속적인 현금유입이 있는 경우에는 1개의 IRR이 존재한다.

$$- \quad + \quad + \quad + \quad +$$

다음과 같이 부호전환이 2회 이상 존재하는 경우에는 IRR은 2개 이상 또는 존재하지 않을 수 있다.

$$- \quad + \quad + \quad - \quad + \quad +$$

④ 기업가치의 극대화

NPV는 가치의 순증가분을 나타내므로 NPV의 극대화는 바로 기업가치의 극대화를 의미한다. 그러나 IRR은 상대적인 투자성과를 나타내므로 IRR의 극대화가 기업가치의 극대화를 반드시 가져오지는 않는다.

7. 수정 IRR

수정 내부수익률(MIRR: modified IRR)은 IRR의 문제점 중의 하나인 재투자수익률의 가정을 해결하기 위하여 구한 내부수익률이다. 즉, IRR법은 내부수익률을 재투자수익률로 삼고 있지만, MIRR은 NPV법과 동일하게 자본비용을 재투자수익률로 사용하고 있다. 투자안의 매 기간 현금유입을 자본비용으로 재투자하여 내용연수 말에 구한 미래가치를 FV_n이라고 할 때 MIRR은 다음과 같이 계산한다.

$$\frac{FV_n}{(1+MIRR)^n} = C_0 \tag{5.26}$$

MIRR은 재투자수익률을 자본비용으로 가정하기 때문에 내부수익률(IRR)과는 다음과 같은 관계가 성립한다.

- IRR > k ➠ IRR > MIRR
- IRR < k ➠ IRR < MIRR

MIRR은 투자수명 또는 현금흐름의 시기가 다른 투자안의 평가결과는 NPV와 일치하며, 투자규모가 상이한 경우에만 투자안의 평가결과가 NPV와 불일치할 수 있다.

MIRR의 특징을 요약하면 다음과 같다.

① 재투자수익률을 자본비용으로 가정하기 때문에 합리적이다.

② 현금흐름의 방향이 여러 번 바뀌어도 복수의 IRR 문제는 발생하지 않는다.

③ 가치의 가산원칙은 성립하지 않는다.

④ 투자규모가 상이한 경우에는 NPV와 평가결과가 불일치할 수 있다.

예제 5-7

투자안 A와 B로부터 예상되는 현금흐름이 다음과 같다. 두 투자안의 자본비용은 12%이다. 다음 각 물음에 답하라. (단위 : 만원)

	$t=0$	1	2
투자안 A	−1,000	100	1,400
투자안 B	−1,000	700	700

(1) 투자안의 우선순위를 IRR법에 따라 평가하시오.

(2) 투자안의 우선순위를 NPV법에 따라 평가하시오.

(3) 두 투자안의 NPV가 동일하게 되는 자본비용을 계산하시오.

(4) 투자안의 우선순위를 MIRR법에 따라 평가하시오.

풀이

(1) IRR법에 따라 평가

투자안 A: $1,000=\dfrac{100}{(1+R)}+\dfrac{1,400}{(1+R)^2}$ ➠ $R=$ IRR $=$ 23.4%

투자안 B: $1{,}000 = \dfrac{700}{(1+R)} + \dfrac{700}{(1+R)^2}$ ➡ $R =$ IRR $= 25.7\%$

$IRR_A < IRR_B$이므로 B를 선택한다.

(2) NPV법에 따라 평가

투자안 A: $\text{NPV} = -1{,}000 + \dfrac{100}{(1+0.12)} + \dfrac{1{,}400}{(1+0.12)^2} = 205$

투자안 B: $\text{NPV} = -1{,}000 + \dfrac{700}{(1+0.12)} + \dfrac{700}{(1+0.12)^2} = 183$

$NPV_A > NPV_B$이므로 A를 선택한다.

☞ 두 투자안은 투자규모와 내용연수는 동일하지만 현금흐름의 양상이 다르기 때문에 순현가 곡선은 교차한다.

(3) 피셔 수익률

두 투자안의 NPV가 동일하게 되는 자본비용은 피셔의 수익률이다.

$$-1{,}000 + \frac{100}{(1+F)} + \frac{1{,}400}{(1+F)^2} = -1{,}000 + \frac{700}{(1+F)} + \frac{700}{(1+F)^2} \quad \therefore\ F = 16.7\%$$

☞ 자본비용(12%) < 피셔의 수익률(16.7%)이기 때문에 NPV와 IRR의 평가결과가 불일치한다.

(4) 수정IRR

1년 후의 현금유입액을 12%로 재투자한 2년 후의 미래가치를 구한다.

투자안 A: $FV_2 = 100 \times (1+0.12)^1 + 1{,}400 = 1{,}512$

$$1{,}000 = \frac{1{,}512}{(1+R)^2} \ ➡\ R = \text{MIRR} = 23.0\%$$

투자안 B: $FV_2 = 700 \times (1+0.12)^1 + 700 = 1{,}484$

$$1{,}000 = \frac{1{,}484}{(1+R)^2} \ ➡\ R = \text{MIRR} = 21.8\%$$

$MIRR_A > MIRR_B$이므로 A를 선택한다.

☞ 내용연수 또는 현금흐름의 양상이 다른 투자안의 평가결과는 NPV와 MIRR는 일치한다.

8 증분 IRR

증분 IRR(IIRR: incremental IRR)은 두 투자안의 투자규모가 상이할 때 때 투자규모가 큰 투자안의 현금흐름에서 투자규모가 작은 투자안의 현금흐름을 차감한 현금흐름의 IRR이다. 투자규모가 큰 투자안의 현금흐름에서 투자규모가 작은 투자안의 현금흐름을 차감한 차액현금흐름과 투자비용을 각각 ΔC_t과 ΔC_0라고 할 때 증분 IRR은 다음과 같이 구한다.

$$\sum_{t=1}^{n} \frac{\Delta C_t}{(1+IIRR)^t} = \Delta C_0 \tag{5.27}$$

증분 IRR의 의사결정은 다음과 같다.

- IIRR $> k$ ➠ 투자규모가 큰 투자안 선택
- IIRR $< k$ ➠ 투자규모가 작은 투자안 선택

그런데 식 (5.27)에서 산출된 증분 IRR은 식 (5.27)에서 산출된 피셔 수익률과 같은 값이 된다. 따라서 증분 IRR 방법으로 평가한 결과는 항상 NPV법에 의한 평가결과와 일치하게 된다. 이는 NPV법에 의한 의사결정이 IRR이나 MIRR과 상반된다 하더라고 증분 IRR과 일치하기 때문에 증분IRR은 NPV법의 의사결정이 올바른 결정이라는 것을 증명해 주는 역할을 한다. 따라서 투자안의 의사결정은 IRR보다는 NPV로 의사결정을 하는 것이 바람직하다.

예제 5-8

투자안 A와 B로부터 예상되는 현금흐름이 다음과 같다. 두 투자안의 자본비용은 12%이다. 다음 각 물음에 답하라. (단위 : 만원)

	$t=0$	1	2
투자안 A	−2,000	1,300	1,300
투자안 B	−1,000	700	700

(1) 투자안의 우선순위를 IRR법에 따라 평가하시오.
(2) 투자안의 우선순위를 NPV법에 따라 평가하시오.
(3) 두 투자안의 NPV가 동일하게 되는 자본비용을 계산하시오.
(3) 투자안의 우선순위를 MIRR법에 따라 평가하시오.
(4) 투자안의 우선순위를 IIRR법에 따라 평가하시오.

풀이

(1) IRR법에 따라 평가

투자안 A: $2{,}000 = \dfrac{1{,}300}{(1+R)} + \dfrac{1{,}300}{(1+R)^2}$ ➡ $R =$ IRR $=$ 19.4%

투자안 B: $1{,}000 = \dfrac{700}{(1+R)} + \dfrac{700}{(1+R)^2}$ ➡ $R =$ IRR $=$ 25.7%

$IRR_A < IRR_B$이므로 B를 선택한다.

(2) NPV법에 따라 평가

투자안 A: $NPV = -2{,}000 + \dfrac{1{,}300}{(1+0.12)} + \dfrac{1{,}300}{(1+0.12)^2} = 197$

투자안 B: $NPV = -1{,}000 + \dfrac{700}{(1+0.12)} + \dfrac{700}{(1+0.12)^2} = 183$

$NPV_A > NPV_B$이므로 A를 선택한다.

☞ 두 투자안은 투자규모가 다르기 때문에 순현가곡선은 교차한다.

(3) 피셔의 수익률

두 투자안의 NPV가 동일하게 되는 자본비용은 피셔의 수익률이다.

$$-2{,}000 + \frac{1{,}300}{(1+F)} + \frac{1{,}300}{(1+F)^2} = -1{,}000 + \frac{700}{(1+F)} + \frac{700}{(1+F)^2} \qquad \therefore F = 13.1\%$$

☞ 자본비용(12%) < 피셔 수익률(13.1%)이기 때문에 NPV와 IRR의 평가결과가 불일치한다.

(4) 수정IRR

1년 후의 현금유입액을 12%로 재투자한 2년 후의 미래가치를 구한다.

투자안 A: $FV_2 = 1{,}300 \times (1+0.12)^1 + 1{,}300 = 2{,}756$

$$2{,}000 = \frac{2{,}756}{(1+R)^2} \Rightarrow R = \text{MIRR} = 17.4\%$$

투자안 B: $FV_2 = 700 \times (1+0.12)^1 + 700 = 1{,}484$

$$1{,}000 = \frac{1{,}484}{(1+R)^2} \Rightarrow R = \text{MIRR} = 21.8\%$$

$MIRR_A < MIRR_B$이므로 B를 선택한다.

☞ 두 투자안은 투자규모가 다르기 때문에 NPV와 MIRR는 평가결과는 불일치한다.

(5) 증분IRR법

투자안 A가 규모가 큰 투자안이므로 투자안 A에서 B를 차감한 차액현금흐름을 구한다.

	$t=0$	1	2
A−B	−1,000	600	600

투자안 A−B : $1{,}000 = \dfrac{600}{(1+R)} + \dfrac{600}{(1+R)^2}$ ➡ $R =$ IIRR $=$ 13.1% $=$ 피셔수익률

$IIRR_{A-B} > k$이므로 투자규모가 큰 A를 선택한다.

제 4 절 자본예산의 특수문제

1. 투자안의 내용연수가 다른 경우

상호배타적인 두 투자안의 경제성을 평가할 때 두 투자안의 내용연수가 다르면 내용연수 종료 후에 반복투자 유무에 따라 의사결정이 달라진다.

(1) 반복투자가 불가능한 경우

투자안의 수명이 종료된 후 동일한 투자안의 반복투자가 불가능한 경우 자본비용으로 재투자 하게 되므로 후속 투자안의 NPV는 0이다. 따라서 반복투자가 불가능한 경우에는 상호배타적인 두 투자안의 내용연수 차이를 무시하고 NPV가 큰 투자안을 선택하는 것이 합리적이다.

(2) 반복투자를 가정하는 방법

투자안의 수명이 종료된 후 동일한 투자안의 반복투자가 가능한 경우 최소공배수법, 무한반복NPV법, 연간균등가치법으로 투자안을 평가하여 의사결정을 한다. 다음 사례를 이용하여 세 가지 방법에 대해서 살펴보자.

	투자안 A	투자안 B
내용연수	3년	4년
NPV	+210억	+250억
자본비용(할인율)	10%	10%

① 최소공배수법

두 투자안의 내용연수가 동일하게 되는 최소공배수를 구하고, 이 기간 동안 투자안의 반복투자의 NPV를 구하여 비교한다.

사례에서는 3년과 4년의 최소공배수는 12년이므로 투자안 A는 4회 반복투자, 투자안 B는 3회 반복투자한 NPV를 계산한다.

투자안 A : NPV = $210+\frac{210}{(1+0.10)^3}+\frac{210}{(1+0.10)^6}+\frac{210}{(1+0.10)^9}=732$억

투자안 B : NPV = $250+\frac{250}{(1+0.10)^4}+\frac{250}{(1+0.12)^8}=684$억

$NPV_A > NPV_B$이므로 A를 선택한다.

② 무한반복NPV

비교대상이 되는 투자안이 많을수록 최소공배수법은 계산하기가 어려워 지므로 이때에는 각 투자안이 무한히 반복투자하는 경우의 NPV를 구하여 의사결정을 한다. 이때 무한반복 순현가인 NPV(∞)는 각 투자안의 내용연수를 한 기간으로 선불영구연금으로 NPV를 지급하는 공식으로 산출한다.

$$NPV(\infty)=NPV+\frac{NPV}{(1+R)^n}+\frac{NPV}{(1+R)^{n\times 2}}+\cdots+\frac{NPV}{(1+R)^{\infty}}$$

$$NPV(\infty)=NPV+\frac{NPV}{(1+R)^n-1} \tag{5.28}$$

사례에서 각 투자안의 무한반복 NPV는 다음과 같다.

투자안 A ; NPV = $210+\frac{210}{(1+0.10)^3-1}=844$억

투자안 B ; NPV = $250+\frac{250}{(1+0.10)^4-1}=789$억

$NPV_A > NPV_B$이므로 A를 선택한다.

③ 연간균등가치(AEV)

연간균등가치(AEV: annual equivalent value)는 투자안의 NPV를 투자안의 내용연수동안 할인율에 맞는 정상연금액이다. AEV는 투자안의 NPV로 산출하거나 무한반복NPV로 산출한다.

투자안의 NPV로 AEV를 산출하면 다음과 같다.

$$NPV=AEV\times PVIFA(k,n) \tag{5.29}$$

사례에서 각 투자안의 연간균등가치는 다음과 같다.

투자안 A : 210 = PVIFA(10%, 3) × AVE = 2.4869 × AEV ➠ AEV = 84.4억

투자안 B : 250 = PVIFA(10%, 4) × AVE = 3.1699 × AEV ➠ AEV = 78.9억

$AEV_A > AEV_B$이므로 A를 선택한다.

무한반복 NPV로 AEV를 산출하면 다음과 같다.

$$\frac{AEV}{k} = NPV(\infty) \quad \Rightarrow \quad AEV = NPV(\infty) \cdot k \qquad (5.30)$$

사례에서 각 투자안의 연간균등가치는 다음과 같다.

투자안 A : AEV = 844억 × 10% = 84.4억

투자안 B : AEV = 789억 × 10% = 78.9억

$AEV_A > AEV_B$이므로 A를 선택한다.

2 연간균등비용

연간균등비용(EAC: equivalent annual cost)은 투자안을 취득하여 운영하는데서 발생하는 총비용의 현재가치와 동일한 현가를 갖는 연간비용을 말한다. 연간균등비용은 투자수명이 다른 유형자산의 선택이나 유형자산의 교체시점의 결정에 사용된다.

(1) 성능이 동일한 기계의 선택

성능이나 효과 면에서는 차이가 없어서 매년 동일한 현금유입이 발생하고 투자수명, 투자비용 및 유지비용이 서로 다른 두 기계 중 하나를 선택하여야 하는 경우 연간균등비용을 산출해서 연간균등비용이 더 작은 기계를 선택한다. 이 경우 기계를 선택하면 반복해서 교체한다고 가정한다.

예제 5-9

㈜민국은 신형기계를 도입하기로 하고 A형 기계와 B형 기계 두 기종을 검토 중이다. A형 기계의 구입원가는 10억원이고 매년 1억원의 유지비가 소요되며 수명은 2년이다. 한편 B형 기계는 구입원가가 14억원이고 매년 7천만원의 유지비가 소요되며 수명은 3년이다. 매년 두 기계로부터 얻는 미래 현금유입이 동일하며 일단 특정기계를 선택하면 그 기계로 영구히 교체해서 사용해야 한다. 투자안의 할인율이 12%일 A형 기계와 B형 기계의 연간균등비용은 각각 얼마인가?

풀이

(1) A형 기계의 연간균등비용

$$10억 + \frac{1억}{1.12} + \frac{1억}{1.12^2} = 11.69억 = \frac{EAC}{1.12} + \frac{EAC}{1.12^2} \quad \rightarrow \mathrm{EAC} = 6.9억$$

(2) B형 기계의 연간균등비용

$$14억 + \frac{0.7억}{1.12} + \frac{0.7억}{1.12^2} + \frac{0.7억}{1.12^3} = 15.68억 = \frac{EAC}{1.12} + \frac{EAC}{1.12^2} + \frac{EAC}{1.12^3} \quad \rightarrow \mathrm{EAC} = 6.5억$$

☞ $EAC_A > EAC_B$이므로 B를 선택한다.

(2) 최적 교체시점의 결정

현재 사용하고 있는 기계를 언제 새 기계로 교체하는 것이 적적한 것인가? 이러한 의사결정도 연간균등비용을 이용하여 이루어진다. 최적 교체시점의 결정은 다음과 같이 3단계로 이루어진다.

① 신기계의 연간균등비용을 계산한다.

② 기존기계를 1년 더 사용할 때 발생하는 비용을 다음과 같이 계산한다.

기존기계 유지비용 + 기초시점 잔존가치의 기회비용 − 기말시점 잔존가치

③ 교체시점 의사결정

① > ② : 기존기계 유지

① < ② : 기존기계 교체

예제 5-10

K기업은 현재 사용 중인 기계를 새로운 기계로 교체할 것을 검토 중이다. 기존기계의 내용연수는 3년이며, 계속 사용하는 경우의 유지비용과 처분가액은 다음과 같다.

시점	0	1	2	3
유지비용	0	100만원	130만원	200만원
처분가액	250만원	200만원	150만원	100만원

K기업은 기존기계와 성능 면에서는 차이가 없는 내용연수 3년인 새 기계를 500만원에 구입할 수 있다. 이 투자안의 자본비용은 10%이며, 법인세는 없다고 가정한다. 기존의 기계를 언제 교체하는 것이 좋은지 평가하시오.

풀이

(1) 신기계의 연간균등비용을 계산한다.

500 = EAC × PVIFA(10%,3) = EAC × 2.4869 ➡ EAC = 201만원

(2) 기존기계의 연간 사용비용을 계산한다.

t=1 : 100 + 250 × 1.10 − 200 = 175만원

t=2 : 130 + 200 × 1.10 − 150 = 200만원

t=3 : 200 + 150 × 1.10 − 100 = 265만원

(3) 교체시점의 결정

기존기계의 연간 사용비용이 새 기계의 연간균등비용보다 커지는 시점이 3차 연도이므로 기계의 교체는 2차 연도 말에 이루어진다.

3. 투자규모가 다른 경우

(1) 중복투자가 가능한 경우

각 투자안에 중복해서 투자할 수 있는 경우에는 수익성 지수법(PI)과 NPV법과 같은 결과를 보인다. 이 경우 수익성지수법에 따라 의사 결정하는 것이 더 편리하다.

예를 들어 [예제 5-8]에서 투자안 A와 투자안 B의 수익성지수는 다음과 같다.

$$\text{투자안 A : } \quad PI = 1 + \frac{197}{2,000} = 1.099$$

$$\text{투자안 B : } \quad PI = 1 + \frac{183}{1,000} = 1.183$$

중복투자가 가능하다면 투자원금 2,000만원으로 투자안 A를 투자하는 것 보다는 투자안 B를 2개 중복투자하는 것이 NPV가 더 크다.

(2) 중복투자가 불가능한 경우

각 투자안에 중복해서 투자할 수 없는 경우에는 수익성 지수법(PI)과 NPV법과 다른 결과를 보인다. 이 경우 투자규모와 관계없이 NPV가 큰 투자안을 선택한다.

4. 자본할당

투자금액에 제약이 있는 경우 제약조건 하에서 가능한 투자조합을 구성하는 과정을 자본할당(capital rationing)이라고 한다. 자본할당은 분할투자가 가능한 경우의 의사결정과 분할투자가 불가능한 경우의 의사결정으로 구분된다.

(1) 분할투자가 가능한 경우

분할투자가 가능한 경우에는 수익성지수(PI)가 높은 순서대로 투자안을 선택한다. 하지만 분할투자가 가능하다는 가정은 비현실적이다.

(2) 분할투자가 불가능한 경우

분할투자가 불가능한 경우에는 주어진 투자금액으로 가능한 투자조합을 구성하여 NPV 또는 WAPI(가중평균수익성지수)를 이용하여 최적 투자조합을 선택한다.

가중평균수익성지수(WAPI: weighted average profitability index)란 투자조합의 각 투자안의 수익성지수를 투자금액의 비중에 따라 가중평균한 값이다.

$$WAPI = \sum_{t=1}^{n} w_i \cdot PI_i \tag{5.31}$$

$$\text{단, } w_i = \frac{\text{투자안}i\text{의투자금액}}{\text{투자조합의총투자금액}}$$

WAPI를 계산할 때 투자하지 못한 금액에 대해서는 PI = 1로 가정하여 계산한다. 이는 기업의 기회비용인 자본비용으로 투자한 것을 가정한 것이다.

예제 5-11

㈜대한은 다음 4개의 서로 독립적인 투자안을 고려하고 있다. 현재 이 회사의 투자가능한 금액은 12억원으로 제한되어 있다. 다음 중 ㈜대한의 기업가치를 극대화 할 수 있는 투자조합은 어느 것인가?

투자안	최초투자비용(억원)	수익성지수
A	4	1.50
B	5	1.20
C	3	1.40
D	6	1.30

(1) 각 투자안에 대한 부분적인 투자는 가능한 경우 ㈜대한의 기업가치를 극대화 할 수 있는 투자조합을 구성하고, 최적투자조합의 NPV를 구하시오.

(2) 각 투자안에 대한 부분적인 투자는 불가능한 경우 투자가능한 조합의 가중평균수익성지수를 구하고, 최적투자조합을 구하시오.

(3) 각 투자안에 대한 부분적인 투자는 불가능한 경우 투자가능한 조합의 NPV를 구하고, 최적투자조합을 구하시오.

풀이

(1) 부분투자가 가능한 경우

우선 각 투자안의 NPV를 계산한다.

$$PI = 1 + \frac{NPV}{C_0} \Rightarrow NPV = (\Pi - 1) \times C_0$$

투자안 A : NPV = (1.50 − 1) × 4 = 2억

투자안 B : NPV = (1.20 − 1) × 5 = 1억

투자안 C : NPV = (1.40−1) × 3 = 1.2억
투자안 D : NPV = (1.30−1) × 6 = 1.8억

부분투자가 가능한 경우 자본할당은 수익성지수가 높은 순서대로 투자하는 것이 최적이다.
A > C > D > B
주어진 자금 12억으로 A와 C에 투자하고 남은 자금 5억은 D에 부분투자를 한다.
최적투자 : A 4억, C 3억, D 5억
최적투자의 NPV = 2 + 1.2 + (1.30−1) × 5 = 4.7억

(2) 부분투자가 불가능한 경우
투자안들이 PI가 모두 1보다 크기 때문에 가능한 최대투자를 가정한 조합은 다음과 같다.
A + B + C, A + D, B + D, C + D
투자조합의 가중평균수익성지수는 다음과 같다.

A + B + C : $WAPI = 1.5\times\frac{4}{12}+1.2\times\frac{5}{12}+1.4\times\frac{3}{12}=1.35$

A + D : $WAPI = 1.5\times\frac{4}{12}+1.3\times\frac{6}{12}+1.0\times\frac{2}{12}=1.32$

B + D : $WAPI = 1.2\times\frac{5}{12}+1.3\times\frac{6}{12}+1.0\times\frac{1}{12}=1.23$

C + D : $WAPI = 1.4\times\frac{3}{12}+1.3\times\frac{6}{12}+1.0\times\frac{3}{12}=1.25$

☞ 유휴자금의 PI는 1로 계산한다.
∴ 최적투자조합 : A, B, C

(3) 부분투자가 불가능한 경우
NPV의 가치가산의 원칙을 이용하여 투자조합의 NPV를 산출한다.
A + B + C : NPV = 2 + 1 + 1.2 = 4.2억
A + D : NPV = 2 + 1.8 = 3.8억
B + D : NPV = 1 + 1.8 = 2.8억
C + D : NPV = 1.2 + 1.8 = 3억
∴ 최적투자조합 : A, B, C
☞ 부분투자가 불가능한 경우 WAPI의 최적투자조합과 NPV의 최적투자조합이 일치한다.

5. 인플레이션을 고려한 투자안의 평가

(1) 인플레이션을 고려하는 방법

인플레이션 효과를 자본예산에서 반영하는 방법은 다음과 같이 두 가지가 있으며, 현금흐름과 할인율에 인플레이션 효과를 일관성 있게 적용하여야 한다.

① 명목현금흐름으로 현금흐름이 측정된 경우 명목이자율로 할인하여야 한다.
② 실질현금흐름으로 현금흐름이 측정된 경우 실질이자율로 할인하여야 한다.

두 방법에 의한 NPV는 언제나 일치하며, 일반적인 투자안의 평가는 방법 ①을 사용한다.

(2) 현금흐름과 인플레이션

인플레이션이 반영된 현금흐름이 명목현금흐름이며, 투자시점의 불변가격으로 측정된 현금흐름이 실질현금흐름이다. 영업현금흐름을 계산할 때 감가상각비 감세효과($Dep \times t$)는 인플레이션과 관계없이 일정한 값이므로 명목현금흐름에 해당된다.

예제 5-12

K기업은 다음과 같은 명목현금흐름을 갖는 투자안을 고려하고 있다. (단위: 만원)

연도	$t=0$	$t=1$	$t=2$
현금흐름	−1,000	+700	+700

이 투자안의 명목자본비용은 12%, 연평균 인플레이션율은 5%로 기대된다.

(1) 명목가치에 의한 투자안의 NPV를 구하시오.
(2) 실질가치에 의한 투자안의 NPV를 구하시오.

풀이

(1) 명목가치에 의한 평가

$$NPV = -1{,}000 + \frac{700}{(1+0.12)^1} + \frac{700}{(1+0.12)^2} = +183\text{만원}$$

(2) 실질가치에 의한 평가

① 피셔효과를 통해서 실질자본비용을 산출한다.

$$r = \frac{1+R}{1+inf} - 1 = \frac{1.12}{1.05} - 1 = 6.7\%$$

② 연도별 실질현금흐름을 구한다.

$$1\text{년 후 현금흐름} : \frac{700}{(1+0.05)^1} = 667$$

$$2\text{년 후 현금흐름} : \frac{700}{(1+0.05)^2} = 635$$

③ 실질가치에 의한 NPV

$$NPV = -1{,}000 + \frac{667}{(1+0.067)^1} + \frac{635}{(1+0.067)^2} = +183\text{만원}$$

☞ 두 방법에 의한 NPV의 평가는 동일한 결과를 가져온다.

제 5 절 경제적 부가가치

1. 경제적 부가가치(EVA)

경제적 부가가치(EVA: economic value added)는 기업의 투하자본(IC: invested capital)과 대비하여 실제로 벌어들인 이익이 얼마인지를 나타내는 지표로, 세후영업이익에서 자본비용을 공제한 후의 경제적 이익(EP: economic profit)이다. EVA는 영업이익에서 법인세와 타인자본비용 및 자기자본비용을 차감한 이익이며, 이때 자본비용은 %가 아닌 금액 단위로 측정된다. 금액단위의 자본비용은 투자자본에 대한 자본비용이므로 가중평균자본비용을 사용한다.

$$\begin{aligned} \text{EVA} &= \text{영업이익} - \text{법인세} - \text{금액단위 자본비용} \\ &= \text{세후영업이익} - \text{금액단위 자본비용} \end{aligned} \tag{5.32}$$

위의 식에서 세후영업이익(NOPAT: net operating profit after taxes)과 금액기준 자본비용은 다음과 같이 계산된다.

$$\text{세후영업이익} = \text{EBIT}(1-t)$$

$$\text{금액기준 자본비용} = \text{투하자본(IC)} \times \text{WACC(\%)}$$

투자자본수익률(ROIC: return on invested capital)은 세후영업이익을 기초 투하자본으로 나눈 값이므로 세후영업이익은 기초 투하자본에 ROIC를 곱하여 구할 수 있다.

$$\text{세후영업이익} = \text{EBIT}(1-t) = \text{ROIC} \times \text{투하자본}$$

따라서 EVA는 다음과 같이 구할 수 있다.

$$\begin{aligned} \text{EVA} &= \text{EBIT}(1-t) - (\text{IC} \times \text{WACC}) \\ &= \text{IC} \times (\text{ROIC} - \text{WACC}) \end{aligned} \tag{5.33}$$

투하자본(IC)은 식 (5.2)와 식 (5.3)을 이용하면 다음과 같이 계산한다.

$$\begin{aligned} \text{투하자본(IC)} &= \text{순운전자본(NWC)} + \text{고정자산(FA)} \\ &= \text{총자본(Total Capital)} - \text{비영업자산} \\ &= \text{영업자산} - \text{유동부채(비이자발생부채)} \end{aligned} \tag{5.34}$$

2. 시장부가가치(MVA)

시장부가가치(MVA: market value added)는 총자본(Total Capital)의 시장가치(또는 기업가치(V))에서 총자본의 장부금액을 차감한 값으로, 미래에 예상되는 EVA를 가중평균자본비용(WACC)으로 할인한 현재가치이다.

$$\text{MVA} = \text{총자본의 시장가치}(V) - \text{총자본의 장부금액(Capital)}$$
$$= \sum_{t=1}^{n} \frac{EVA_t}{(1+wacc)^t} \quad (5.35)$$

따라서 기업가치 또는 투자안의 가치는 다음과 같이 구할 수 있다.

$$\text{기업가치총자본의(투자안의 가치)} = \text{총자본의 장부금액} + \text{MVA} \quad (5.36)$$

단, 총자본의 장부금액 = 투하자본(IC) + 비영업자산

영구연금 현금흐름을 가정하면 투자안의 MVA는 투자안의 NPV와 동일한 의미가 된다.

예제 5-13

K기업은 다음과 같은 투자안의 경제성을 검토하고 있다.

- 기말 세전영업이익 : 1,500만원
- 법인세율 : 20%
- 가중평균자본비용 : 12%
- 기초 총자산(비영업자산 없음) : 6,600만원
- 기초 유동부채(비이자발생부채) : 600만원
- 주주의 요구수익률 : 15%

(1) 투하자본수익률(ROIC)는 얼마인가?
(2) 경제적부가가치(EVA)는 얼마인가?
(3) 투자안의 영업이익이 영구히 계속된다고 가정할 때 시장부가가치(MVA)와 투자안의 총자본 시장가치를 구하시오.
(4) 투자안의 영업이익이 영구히 계속된다고 가정할 때 순현가(NPV)를 구하시오.

풀이

(1) 투하자본수익률(ROIC)

세후영업이익 : NOPAT = EBIT(1−t) = 1,500 × (1−0.2) = 1,200만원

투하자본 : IC = 6,600 − 600 = 6,000만원

투하자본수익률 : ROIC = NOPAT ÷ IC = 1,200 ÷ 6,000 = 20%

(2) 경제적부가가치(EVA)

EVA = NOPAT − IC × WACC

= 1,200 − 6,000 × 0.12 = 480만원 또는

EVA = (ROIC − WACC) × IC

= (20% − 12%) × 6,000 = 480만원

☞ EVA는 기업관점의 경제적 이익이므로 자본비용은 자기자본비용이 아닌 가중평균자본비용을 사용한다.

(3) 시장부가가치(MVA)

영구연금현재가치를 이용하여 시장부가가치를 구한다.

$$MVA = \sum_{t=1}^{n} \frac{EVA_t}{(1+wacc)^t} \Rightarrow MVA = \frac{EVA}{wacc} = \frac{480}{0.12} = 4,000\text{만원}$$

투자안 총자본의 시장가치

V = 총자본 장부가치 + MVA = 6,000 + 4,000 = 10,000만원

(4) 순현가(NPV)

영구연금 기업잉여현금흐름은 세후영업이익과 같다.

FCFF = NOPAT = 1,200

영구연금현재가치를 이용하여 순현가를 구한다.

$$NPV = -6,000 + \frac{1,200}{0.12} = 4,000\text{만원}$$

☞ 영구연금현금흐름에서는 투자안의 MVA는 투자안의 NPV와 동일하다.

제 6 절 피셔의 분리정리

1. 시점 간 소비배분에 대한 선호

(1) 무차별곡선

현재소비를 C_0, 미래소비를 C_1이라고 하면 현재소비와 미래소비의 가능한 소비조합에 대하여 각 개인은 만족을 느끼게 되며, 이 만족의 크기를 효용(utility)이라고 한다. 이러한 소비조합으로부터 얼마만큼의 효용을 얻을 수 있느냐 하는 것은 '시점 간 소비배분의 선호'에 따라 달라진다.

[그림 5-5]는 무차별곡선(indifference curve)을 나타낸다. 무차별곡선이란 어떤 개인이 동일한 효용을 얻을 수 있는 현재소비와 미래소비의 조합을 나타내는 선이다. 소비조합의 효용이 동일한 점을 연결하여 도출되는 무차별곡선은 효용함수를 그림으로 나타낸 것으로 개인의 선호에 따라 무차별곡선의 형태는 다를 수 있다.

무차별곡선은 다음과 같은 성질을 갖는다.

① 우하향의 기울기를 갖는다.

현재소비(C_0)의 소비량이 증가할 때 효용수준이 동일하게 유지되려면 미래소비(C_1)의 소비량이 감소해야 하므로 무차별곡선은 우하향한다.

[그림 5-5] 무차별곡선

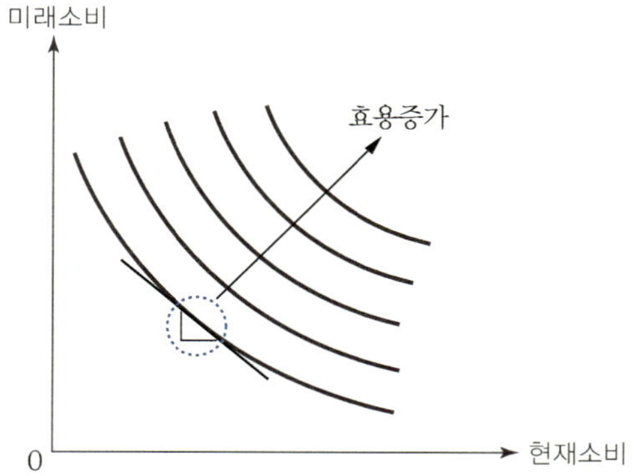

② 원점에서 멀어질수록 더 높은 효용수준을 나타낸다.

무차별곡선이 원점에서 멀어지면 현재소비(C_0)와 미래소비(C_1)의 소비량이 많아지므로 효용수준은 점점 높아진다.

③ 원점에 대해서 볼록하다.

무차별곡선이 원점에 대해서 볼록한 것은 한계대체율(MRS: marginal rate of substitution)이 체감함을 의미한다. 한계대체율이 감소한다는 것은 현재소비에 대한 한계효용이 체감하기 때문에 나타나는 현상이다.

(2) 한계대체율

한계대체율(MRS)이란 동일한 효용수준을 유지하면서 현재소비(C_0)를 1단위 증가시키기 위하여 감소시켜야 하는 미래소비(C_1)의 소비량을 의미한다. 한계대체율은 현재소비와 미래소비에 대한 소비자의 주관적인 교환비율로 무차별곡선의 접선의 기울기로 측정된다. 한계대체율은 다음과 같이 현재소비와 미래소비의 한계효용 비율로 나타낼 수 있다. MRS의 값은 음수이지만 분석을 위하여 절대값을 취한다.

$$MRS = -\frac{\triangle Y}{\triangle X} = -\frac{\triangle C_1}{\triangle C_0} = \frac{MU_0}{MU_1} \tag{5.37}$$

예를 들어 $\triangle C_0 = 2$, $\triangle C_1 = -6$이라면 동일한 효용을 유지하기 위하여 현재소비의 소비량을 2원 증가시킬 때 감소시켜야 하는 미래소비의 소비량은 6원이 되어 한계대체율은 3이 된다. ($MRS = -\frac{\triangle C_1}{\triangle C_0} = 3$)

소비자가 현재소비 1원과 미래소비 3원을 무차별하게 여긴다면 현재소비의 한계효용은 미래소비의 한계효용의 3배일 것이다. ($MRS = \frac{MU_0}{MU_1} = 3$)

동일한 효용수준을 유지하면서 현재소비의 소비량이 증가할수록 MRS가 지속적으로 감소하는 현상을 한계대체율 체감의 법칙이라고 한다.

2. 금융시장과 소비 및 투자결정

(1) 시장기회선

금융시장이 존재하는 경우 현재 개인이 가지고 있는 부를 금융시장을 통해 다른 사람에게 빌려주어 현재의 부를 미래로 이전시킬 수 있다. 또한 미래의 소득을 근거로 하여 현재의 소비에 필요한 자금을 빌려오는 것도 가능하다. 이러한 의미에서 금융시장은 미래의 부와 현재의 부가 교환되는 시장이라고 할 수 있다. 현재의 소비와 1년 후의 소비만을 고려하여 부를 배분하는 1기간모형을 가정하고, 현재소득이 Y_0, 미래소득이 Y_1으로 주어져 있으며 주어진 이자율(R)로 차입이나 대출이 가능하다고 가정할 때 예산제약은 다음의 식으로 표시된다.

금융시장이 존재하지 않는 경우의 소비가능금액

$$C_o \leq Y_0 \qquad C_1 \geq Y_1$$

금융시장이 존재하는 경우의 소비가능금액

$$Y_0 + \frac{Y_1}{1+R} = W_0 = C_0 + \frac{C_1}{1+R} \tag{5.38}$$

$$C_o \leq W_0 \qquad C_1 \leq W_0 \times (1+R)$$

위의 식을 미래소비(C_1)에 대해 정리하면 다음과 같은 예산선을 도출할 수 있다.

$$C_1 = -(1+R) \times C_0 + (1+R) \times W_0 \tag{5.39}$$

식 (5.38)의 예산선을 시장기회선(MOL: market opportunity line)이라고 하며 [그림 5-6]와 같이 나타낼 수 있다. 시장기회선은 기울기가 $-(1+R)$이고 Y절편이 총소득의 미래가치(PV)인 우하향의 직선이다.

예를 들어 현재의 소득이 2,000만원이고 1년 후의 소득이 1,500만원이며, 금융시장이 없는 경우 최대로 가능한 현재소비금액은 2,000만원이며, 최대로 가능한 미래소비금액은 1,500만원이다. 하지만 금융시장이 존재하며 이자율이 25%인 경우 최대로 가능한 현재소비금액과 최대로 가능한 미래소비금액은 다음과 같다.

[그림 5-6] 시장기회선

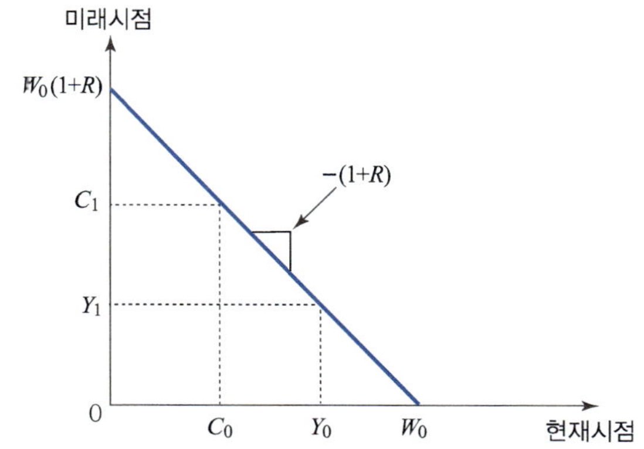

$$Y_0 + \frac{Y_1}{1+R} = PV = 2,000 + \frac{1,500}{1.25} = 3,200$$

$$C_1 = -(1.25) \times C_0 + (1.25) \times 3,200 = -1.25C_0 + 4,000$$

미래소비(C_1) = 0 ➠ 현재소비(C_0) = 3,200만원

현재소비(C_0) = 0 ➠ 미래소비(C_1) = 4,000만원

(2) 소비자균형

소비자가 소득 중 얼마를 소비하고 얼마만큼 저축할지는 현재와 미래의 소득 및 이자율을 고려하여 효용극대화의 관점에서 결정된다. 따라서 소비자균형은 시장기회선과 무차별곡선이 접하는 점에서 이루어지므로 다음과 조건이 성립한다.

$$MRS = (1+R) \tag{5.40}$$

[그림 5-7]와 같이 식 (5.38)과 식 (5.40)을 만족하는 점에서 금융시장에서의 대출 또는 차입 및 소비의사결정을 한다.

금융시장을 이용할 수 있는 경우 개인은 금융시장이 없는 경우에 비해 효용을 증가시킬 수 있다. 금융시장이 존재하는 경우 저축 또는 차입을 통하여 소비기회를 확대시킬 수 있고 소비자의 효용이 최대로 되는 현재소비와 미래소비의 조합을 선택할 수 있기 때문이다. 이는 [예제 5-14]를 통해서 살펴보자.

[그림 5-7] 금융시장과 소비 및 투자결정

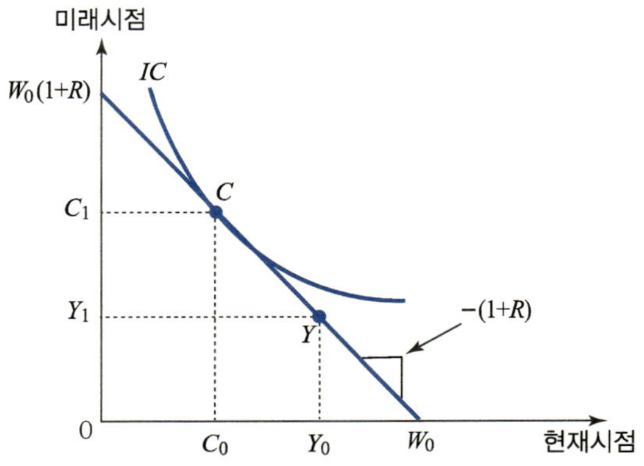

예제 5-14

어떤 소비자가 현재의 소득 120만원을 현재시점과 1년 후 시점의 소비로 배분하여 효용을 극대화하려고 한다. 현재소비는 C_0, 1년 후 소비는 C_1이며 효용함수는 $U(C_0,C_1)=C_0\times C_1$라고 하자.

(1) 금융시장이 없는 경우 소비자의 효용을 극대화하는 효용의 크기는 얼마인가?
(2) 금융시장이 존재하며, 1기간의 이자율이 20%인 경우 소비자의 효용을 극대화하는 효용의 크기는 얼마인가?

풀이

(1) 금융시장이 없는 경우 소비자의 의사결정

$$MU_0=\frac{\partial U}{\partial C_0}=C_1 \qquad MU_1=\frac{\partial U}{\partial C_1}=C_0$$

금융시장이 없으므로 $R=0$이 되므로 소비자의 균형은 다음과 같다.

$$MRS=(1+R) \Rightarrow MRS=\frac{MU_0}{MU_1}=\frac{C_1}{C_0}=1\Rightarrow C_1=C_0$$

$$120=C_0+\frac{C_0}{1.0} \Rightarrow C_0=60, C_1=60$$

최적 소비금액의 효용 = 60 × 60 = 3,600

(2) 금융시장이 있는 경우 소비자의 의사결정

$$MRS = (1+R) \Rightarrow MRS = \frac{MU_0}{MU_1} = \frac{C_1}{C_0} = 1.20 \Rightarrow C_1 = 1.2 \times C_0$$

$$W_0 = C_0 + \frac{C_1}{1+R} \Rightarrow 120 = C_0 + \frac{1.2 \times C_0}{1.2} \Rightarrow C_0 = 60, C_1 = 72$$

최적 소비금액의 효용 = 60 × 72 = 4,320

☞ 금융시장의 존재는 소비기회를 확대시키고 소비자의 최적 효용을 증가시킨다.

3. 생산기회와 소비 및 투자결정

(1) 투자기회선

실물자산에서 투자를 통해서 현재의 부를 미래로 이전시킬 수 있는 경우 개인은 자신에게 주어진 부를 현저와 미래의 소비를 배분한다. 현재 투자할 수 있는 실물투자기회를 투자수익률이 높은 것부터 나열하여 소비조합을 연결한 선을 투자기회선(IOL: investment opportunity line)또는 생산기회선(POL: production opportunity line)이라고 하며 [그림 5-8]와 같이 나타낼 수 있다.

투자기회선상의 소비조합은 생산기회를 통해서 얻을 수 있으며, 투자기회선이 원점에 대해서 오목한 것은 한계전환율(MRT: marginal rate of transformation)이 체감함을 의미한다. 한계전환율이 감소한다는 것은 자본의 한계생산성 또는 투자의 한계수익률이 체감하기 때문에 나타나는 현상이다.

[그림 5-8] 투자기회선

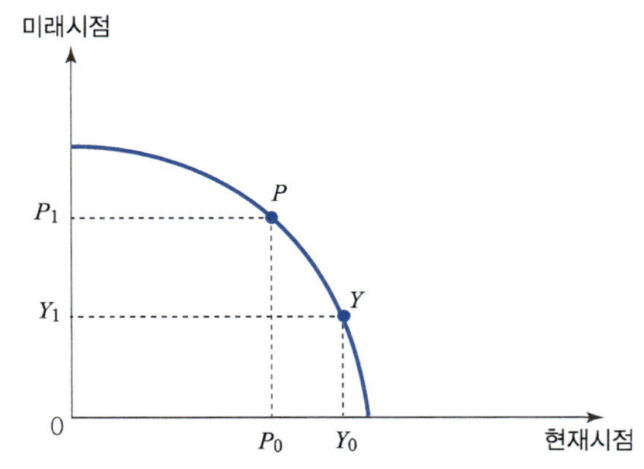

(2) 한계전환율

한계전환율(MRT)이란 투자후의 현재소득(P_0)을 1단위 감소하여 얻게 되는 미래 투자후의 소득(P_1)을 의미하며, 투자기회선(생산기회선)의 접선의 기울기로 측정된다. 한계전환율은 다음과 같이 현재투자금액과 미래소득의 증가의 한계생산성 비율로 나타낼 수 있다. MRT의 값은 음수이지만 분석을 위하여 절대값을 취한다.

$$MRT = -\frac{\Delta Y}{\Delta X} = -\frac{\Delta P_1}{\Delta P_0} = \frac{MP_0}{MP_1} \tag{5.41}$$

예를 들어 $\Delta P_0 = -2, \Delta P_1 = 6$이라면 현재 2원 투자하면 얻게 되는 미래소득의 증가량이 6원이 되어 한계전환율은 3이 된다. ($MRT = -\frac{\Delta P_1}{\Delta P_0} = 3$)

투자자가 현재투자금액 1원과 미래소득증가 3원을 무차별하게 여긴다면 현재투자금액의 한계생산성은 미래소득의 한계생산성의 3배일 것이다. ($MRT = \frac{MP_0}{MP_1} = 3$)

현재 투자금액이 증가할수록 MRT가 지속적으로 감소하는 현상을 한계전환율 체감의 법칙이라고 한다.

(3) 생산기회와 소비 및 투자결정

금융시장이 존재하지 않고 실물투자만 존재하는 경우 부의 변화는 다음과 같다.

실물투자 이전의 부 $= Y_0 + Y_1$
실물투자 이후의 부 $= P_0 + P_1$
현재시점의 투자금액 $= Y_0 - P_0$

따라서 실물투자의 수익률인 내부수익률(IRR)은 다음과 같이 계산한다.

$$(Y_0 - P_0) \times (1 + IRR) = (P_1 - Y_1) \;\Rightarrow\; IRR = \frac{P_1 - Y_1}{Y_0 - P_0} - 1 \tag{5.42}$$

소비자가 소득 중 얼마를 소비하고 얼마만큼 저축할지는 현재와 미래의 소득 및 이자율을 고려하여 효용극대화의 관점에서 결정된다. 따라서 소비자균형은 투자기회선과 무

[그림 5-9] 생산기회와 소비 및 투자결정

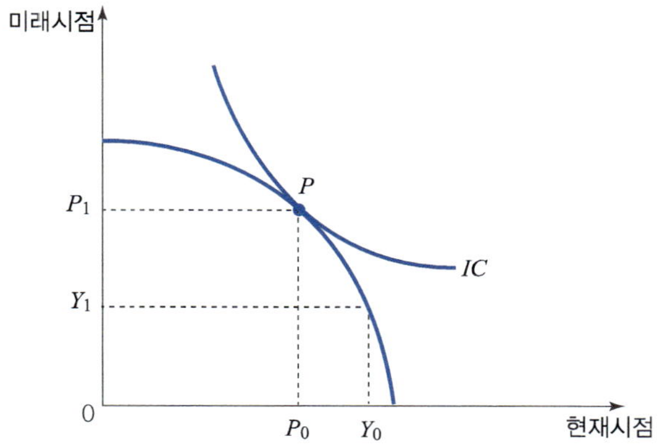

차별곡선이 접하는 점에서 이루어지므로 다음과 조건이 성립한다.

$$MRS = MRT \tag{5.43}$$

금융시장이 존재하지 않고 실물투자만 존재하는 경우 현재소비는 투자 후 현재소득이 되며. 미래소비는 투자 후 미래소득이 되므로 다음의 조건이 성립한다.

$$P_0 = C_0 \ , \ P_1 = C_1 \tag{5.44}$$

[그림 5-9]와 같이 식 (5.43)과 식 (5.44)를 만족하는 점에서 실물시장의 투자 및 소비 의사결정을 한다.

실물투자기회가 존재하는 경우 개인은 실물투자 기회가 없는 경우에 비해 효용을 증가시킬 수 있다. 실물투자기회가 존재하는 경우 투자기회선을 통하여 소비기회를 확대시킬 수 있고 소비자의 효용이 최대로 되는 현재소비와 미래소비의 조합을 선택할 수 있기 때문이다. 이는 [예제 5-15]를 통해서 살펴보자.

예제 5-15

어떤 소비자가 현재의 소득 120만원을 현재시점과 1년 후 시점의 소비로 배분하여 효용을 극대화하려고 한다. 현재소비는 C_0, 1년 후 소비는 C_1이며 효용함수는 $U(C_0,C_1)= C_0 \times C_1$이다.

또한 실물투자와 관련하여 실물투자 후 현재소비는 P_0, 실물투자 후 1년 후 소비는 P_1이며 투자기회선(생산기회선)은 $P_0^2 + 120 \times P_1 = 120^2$이다.

(1) 실물투자기회가 존재하는 경우, 최적 실물투자금액과 투자수익률(IRR)은 얼마인가?
(2) 실물투자기회가 존재하는 경우, 소비자의 효용을 극대화하는 효용의 크기는 얼마인가?

풀이

(1) 실물투자기회가 존재하는 경우 최적투자금액

$$MU_0 = \frac{\partial U}{\partial C_0} = C_1 \qquad MU_1 = \frac{\partial U}{\partial C_1} = C_0 \quad \Rightarrow \quad MRS = \frac{MU_0}{MU_1} = \frac{C_1}{C_0}$$

$$MP_0 = \frac{\partial IOL}{\partial P_0} = 2P_0 \qquad MP_1 = \frac{\partial IOL}{\partial P_1} = 120 \quad \Rightarrow \quad MRT = \frac{MP_0}{MP_1} = \frac{2P_0}{120} = \frac{1}{60} \times P_0$$

금융시장이 존재하지 않고 실물투자만 존재하는 경우 ➡ $P_0 = C_0$, $P_1 = C_1$

$$\text{MRS} = \text{MRT} \quad \Rightarrow \quad \frac{P_1}{P_0} = \frac{1}{60} \times P_0 \Rightarrow P_1 = \frac{1}{60} \times P_0^2$$

위의 식을 투자기회선에 대입하면 $P_0^2 + 120 \times \frac{1}{60} P_0^2 = 120^2$ ➡ $P_0 = 69.28, P_1 = 80$

투자 후 현재소비 = 69.28만원이므로 투자금액 = 120 − 69.28 = 50.72만원

현재 50.72만원 투자 후 1년 후 소비가 80만원이므로

50.72 × (1+IRR) = 80 ➡ IRR = 57.7%

(2) 실물투자기회가 존재하는 경우 소비자의 최적 효용

최적 소비금액의 효용 = 50.72 × 80 = 4,058

☞ 실물투자기회의 존재는 소비기회를 확대시키고 소비자의 최적 효용을 증가시킨다.

4. 금융시장과 생산기회를 이용한 소비 및 투자결정

(1) 최적투자결정

금융시장과 투자기회선이 같이 존재할 경우, 최적실물투자금액은 투자기회선의 접선의 기울기와 시장기회선의 기울기가 일치하는 다음의 수식으로 나타낸다.

$$MRT = (1+R) \tag{5.45}$$

금융시장과 투자기회선이 같이 존재할 경우 부의 변화는 다음과 같다.

실물투자 이전의 부 = $Y_0 + \dfrac{Y_1}{1+R}$

실물투자 이후의 부 = $P_0 + \dfrac{P_1}{1+R}$

현재시점의 투자금액 = $Y_0 - P_0$

실물투자결정의 경제적 성과인 NPV는 투자 후의 투자자의 부의 금액에서 투자전의 투자자의 부를 차감하여 다음과 같이 계산한다.

$$NPV = P_o + \frac{P_1}{1+R} - \left(Y_0 + \frac{Y_1}{1+R}\right) \tag{5.46}$$

IRR은 투자금액으로 얻는 1년 후의 부의 증가의 관계에서 다음과 같이 계산한다.

$$IRR = \frac{P_1 - Y_1}{Y_0 - P_0} - 1 \tag{5.47}$$

[그림 5-10]에서와 같이 식 (5.45)와 투자기회선을 만족하는 점에서 실물투자결정을 한다.

[그림 5-10] 최적투자결정

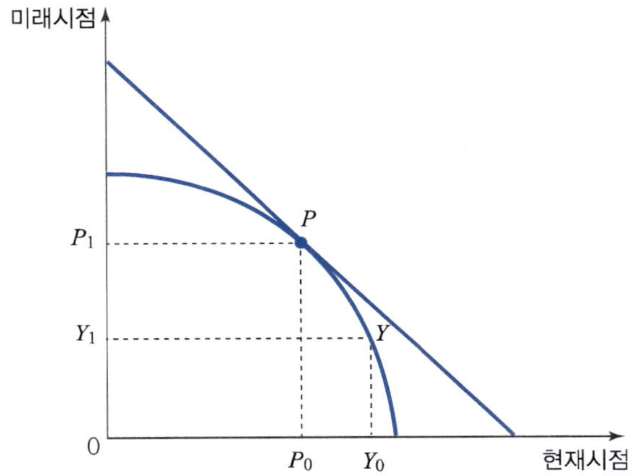

[그림 5-11] 최적소비결정

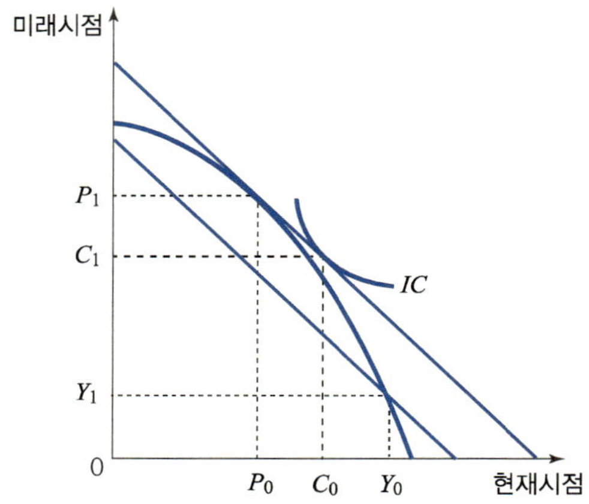

(2) 최적소비결정

금융시장과 투자기회선이 같이 존재할 경우, 최적소비금액은 무차별곡선의 접선의 기울기와 실물투자 후 시장기회선의 기울기가 일치하는 다음의 수식으로 나타낸다.

$$MRS = (1 + R) \tag{5.48}$$

금융시장과 투자기회선이 같이 존재할 경우 최대 가능한 현재소비와 미래소비는 다음과 같다.

$$P_o + \frac{P_1}{1+R} = C_0 + \frac{C_1}{1+R} \tag{5.49}$$

[그림 5-11]에서와 같이 식 (5.48)과 식 (5.49)를 만족하는 점에서 실물시장의 투자 및 소비의사결정을 한다.

금융시장과 투자기회선이 같이 존재할 경우, 금융시장만 존재하는 경우와 투자기회선만 존재하는 경우에 비해 효용을 증가시켜 최적효용수준을 달성할 수 있다. 이는 [예제 5-16]을 통해서 살펴보자.

예제 5-16

어떤 소비자가 현재의 소득 120만원을 현재시점과 1년 후 시점의 소비로 배분하여 효용을 극대화하려고 한다. 현재소비는 C_0, 1년 후 소비는 C_1이며 효용함수는 $U(C_0,C_1)= C_0 \times C_1$이다.

또한 실물투자와 관련하여 실물투자 후 현재소비는 P_0, 실물투자 후 1년 후 소비는 P_1이며 투자기회선(생산기회선)은 $P_0^2 + 120 \times P_1 = 120^2$이다. 또한 금융시장이 존재하며, 1기간의 이자율이 20%이다.

(1) 금융시장과 실물투자기회가 존재하는 경우, 실물투자의 최적금액, 투자수익률(IRR) 및 순현가(NPV)는 얼마인가?

(2) 금융시장과 실물투자기회가 존재하는 경우, 소비자의 효용을 극대화하는 효용의 크기는 얼마인가?

풀이

(1) 금융시장과 실물투자기회가 존재하는 경우 최적투자금액

실물투자 : $MP_0 = \dfrac{\partial IOL}{\partial P_0} = 2P_0 \quad MP_1 = \dfrac{\partial IOL}{\partial P_1} = 120 \;\Rightarrow\; MRT = \dfrac{MP_0}{MP_1} = \dfrac{2P_0}{120} = \dfrac{1}{60} \times P_0$

금융시장 : $(1+R) = 1.20$

$\mathrm{MRT} = (1+R) \;\Rightarrow\; \dfrac{1}{60} \times P_0 = 1.20 \Rightarrow P_0 = 72 \;\Rightarrow\; 72^2 + 120 \times P_2 = 120^2 \Rightarrow P_1 = 76.8$

현재 실물투자금액 = 120 − 72 = 48만원

현재 48만원 투자 후 1년 후 소비가능금액이 76.8만원이므로

48 × (1+IRR) = 76.8 ➡ IRR = 60%

NPV = −48 + 76.8 ÷ 1.20 = +16만원

(2) 금융시장과 실물투자기회가 존재하는 경우 최적소비금액

소비함수 : $MU_0 = \dfrac{\partial U}{\partial C_0} = C_1 \qquad MU_1 = \dfrac{\partial U}{\partial C_1} = C_0 \qquad \Rightarrow MRS = \dfrac{MU_0}{MU_1} = \dfrac{C_1}{C_0}$

금융시장 : (1+R) = 1.20

$MRS = (1+R) \;\Rightarrow\; MRS = \dfrac{MU_0}{MU_1} = \dfrac{C_1}{C_0} = 1.20 \Rightarrow C_1 = 1.2 \times C_0$

$P_o + \dfrac{P_1}{1+R} = C_0 + \dfrac{C_1}{1+R} \;\Rightarrow\; 72 + \dfrac{76.8}{1.2} = 136 = C_0 + \dfrac{1.2 \times C_0}{1.2} \;\Rightarrow\; C_0 = 68, C_1 = 81.6$

최적 소비금액의 효용 = 68 × 81.6 = 5,549

☞ 금융시장 및 실물투자의 존재는 소비기회를 확대시키고 소비자의 최적 효용을 증가시킨다.

(3) 피셔의 분리정리

금융시장과 투자기회선이 같이 존재할 경우, 소비투자결정은 분리되어 다음과 같이 2단계로 이루어진다.

① 1단계 : 최적투자결정

실물투자로부터 현금흐름의 현재가치가 가장 크도록 실물투자에 대한 결정을 한다.

② 2단계 : 최적소비결정

개인의 시점 간 소비배분의 대한 선호에 따라 최적의 소비조합을 결정한다.

이처럼 투자결정과 소비결정과정이 두 단계로 분리되어 이루어지는 것을 Fisher의 분리정리(Fisher's separation theorem)라고 한다. 즉, 피셔의 분리정리란 실물투자에 대한 결정은 개인의 주관적 선호(무차별곡선)에 관계없이 객관적인 시장기준(NPV 극대화)에 의해 결정된다는 것이다.

피셔의 분리정리는 기업의 목표로서 순현가법에 바탕을 둔 기업가치의 극대화가 타당함을 보여줄 뿐만 아니라 주식회사의 소유와 경영의 분리에 대한 이론적 근거가 된다. 즉, 경영자는 각 주주의 현재와 미래에 소비에 대한 선호가 어떠한가에 관계없이 기업의 가치를 극대화하는 투자결정을 함으로써 모든 주주의 효용을 극대화시킬 수 있는 것이다.

연습문제 5-1

M사는 임대건물의 신축과 주차장의 신축이라는 두 가지의 투자 안을 고려하고 있다. 임대건물의 신축안은 초기투자액이 18억원이며, 1년 후에 24억원으로 매각할 수 있다고 한다. 주차장의 신축안은 단위 당 1백만원을 초기투자하면 1년 후부터 매년 1백만원의 현금유입이 영구히 발생된다고 한다. 주차장의 신축 단위에는 제한이 없고, 신축규모에 대하여 수익률이 일정하다고 가정한다. 두 투자안의 자본비용은 동일하게 연 20%이다.

(1) 임대건물 신축안의 순현가(NPV), 내부수익률(IRR) 및 수익성지수(PI)는 얼마인가?
(2) 주차장 신축안의 순현가(NPV)와 내부수익률(IRR) 및 수익성지수(PI)는 얼마인가?
(3) 양 투자안의 순현가 (NPV)가 같아지기 위해서는 주차장을 몇 단위 신축해야 하는가?

해설

(1) 임대건물 신축안

$$NPV = -18 + \frac{24}{1.20} = +2\text{억원}$$

$$18 = \frac{24}{1+IRR} \Rightarrow IRR = 30\%$$

$$PI = 1 + \frac{2}{18} = 1.11$$

(2) 주차장 신축안

영구연금 공식을 이용하여 NPV와 IRR을 산출한다.

$$NPV = -100 + \frac{100}{0.20} = +400\text{만원}$$

$$100 = \frac{100}{IRR} \Rightarrow IRR = 100\%$$

$$PI = 1 + \frac{400}{100} = 5.0$$

(3) 양 투자안의 순현가가 동일하기 위한 주차당 단위

주차당 단위 = Q라고 하면

$$2\text{억원} = 400\text{만원} \times Q \Rightarrow Q = 50\text{단위}$$

연습문제 5-2

K기업은 새로운 투자안을 발굴하기 위해서 컨설팅비용으로 50만원을 지출하였다. 이 기업은 내용연수가 3년인 기계설비를 도입하는 투자안을 순현가(NPV)법으로 평가하고자 한다. 3,000만원인 기계설비의 구입비용은 투자시작 시점(t=0)에서 전액 지출되며, 이 기계설비는 내용연수 동안 정액법으로 전액 감가상각되고, 투자안의 종료시점(t=3)에서 500만원에 처분될 것으로 예상된다. 이 기계설비를 도입하면 매년(t=1～t=3) 매출과 영업비용(감가상각비 제외)이 각각 2,000만원과 500만원 발생한다. 순운전자본은 투자시작 시점에 300만원 투하되고, 투자안이 종료되는 시점에서 전액 회수된다. 법인세율은 30%이고 투자안의 할인율은 10%이다.

단, 연 1회 복리를 가정하고, PVIF(10%, 3)=0.7513, PVIFA(10%, 3)=2.4868이다.

(1) 매년 영업현금흐름은 얼마인가?
(2) 투자종료시점의 현금흐름은 얼마인가?
(3) 이 투자안의 순현가는 얼마인가?

해설

(1) 영업현금흐름(OCF)

감가상각비 = 3,000/3년 = 1,000만원

증분 영업이익(EBIT) = 2,000 − 500 − 1,000 = 500만원

영업현금흐름(OCF) = EBIT(1−t) + Dep = 500 × (1−0.3) + 1,000 = 1,350만원

(2) 투자종료시점의 현금흐름

① 고정자산 처분가액 = 500 − (500−0) × (1−0.3) = 350만원

② 순운전자본의 회수 = ＋300만원

③ 영업현금흐름(OCF) = 1,350만원

투자종료시점의 현금흐름 = ① + ② + ③ = 2,000만원

(3) 투자안의 순현가

현재시점의 투자금액 = 3,000 + 300 = 3,300만원

☞ 컨설팅비용은 매몰원가이므로 증분현금흐름에 포함하지 않는다.

NPV = −3,300 + 1,350 × 2.4868 + 650 × 0.7513 = 546만원

☞ NPV > 0 이므로 투자안 채택

연습문제 5-3

가나기업은 기존의 기계설비를 새로운 기계설비로 교체할 것을 고려하고 있다. 기존의 기계설비는 3년 전 3,000만원에 취득했으며 구입 시 내용연수는 5년이고, 내용연수 종료시점에서의 잔존가치와 매각가치는 없으며 현재 매각 시 1,000만원을 받을 수 있는 것으로 추정된다. 내용연수가 2년인 새 기계설비의 구입비용은 2,000만원이며 내용연수 종료시점에서의 잔존가치는 없는 것으로 가정하고 감가상각을 할 예정이나 실제로는 내용연수 종료시점에서 500만원의 매각가치를 가질 것으로 예상하고 있다. 기존의 기계설비를 사용하는 경우에 기계설비 관련 연간 매출액은 1,500만원, 현금영업비용은 700만원이고, 새로운 기계설비를 사용하는 경우 향후 2년간 기계설비 관련 연간 매출액은 1,900만원, 현금영업비용은 600만원일 것으로 추정된다. 새 기계설비를 사용하게 될 경우 교체시점에서 1,000만원의 순운전자본이 추가되며 내용연수 종료시점에서 전액 회수된다.

가나기업은 감가상각방법으로 정액법을 사용하고 있으며 가나기업의 법인세율은 30%이다. 기계설비 매각대금 및 이에 관련된 처분손익의 법인세 효과는 매각시점에서 즉시 실현된다고 가정한다. 새로운 기계설비를 도입할 경우 매년의 증분잉여현금흐름은 얼마인가?

해설

(1) 증분 영업현금흐름

증분 감가상각비 = 2,000/2년 − 3,000/5년 = 400만원

증분 영업이익 = (1,900 − 1,500) − (600 − 700) − 400 = 100만원

증분 영업현금흐름 = 100 × (1 − 0.3) + 400 = 470만원

(2) 고정자산 현금흐름

기존 기계설비 매각금액 = 1,000 + (1,200 − 1,000) × 0.3 = 1,060만원

새 기계설비 매각금액 = 500 + (500 − 0) × 0.3 = 350만원

(3) 투자안의 증분잉여현금흐름

$\Delta FCFF_0 = -2,000 + 1,060 - 1,000 = -1,940$만원

$\Delta FCFF_1 = +470$만원

$\Delta FCFF_2 = 350 + 1000 + 470 = +1,820$만원

연습문제 5-4

C기업은 기존의 기계설비를 새로운 기계설비로 교체할 것을 고려하고 있다. 기존의 기계설비는 3년 전 2,400만원에 취득했으며 구입 시 내용연수는 8년, 잔존가치는 없는 것으로 추정하였다. 기존의 기계는 현재 시장에서 1,000만원에 처분할 수 있다. 내용연수가 5년인 새로운 기계설비는 2,500만원이며 투자종료시점에서의 잔존가치 및 매각가치는 없다. 기존의 기계설비를 사용하는 경우에 매출액은 1,500만원, 현금영업비용은 700만원이고, 새로운 기계설비를 사용하는 경우 매출액은 1,800만원, 현금영업비용은 600만원이다. C기업의 감가상각방법은 정액법, 법인세율은 30%로 가정하였을 때, 새로운 기계설비를 도입할 경우 투자시점과 5년 후 시점에서 발생하는 증분현금흐름은 얼마인가?

해설

증분 EBITDA = (1,800 − 600) − (1,500 − 700) = 400만원
증분 감가상각비 = 2,500/5년 − 2,400/8년 = 200만원
증분 OCF = (400 − 200) × 0.7 + 200 = 340만원

투자시점의 현금흐름($t=0$)
기존설비 처분가액 = 1,000 − (1,000 − 2,400 × 5/8) × 0.3 = 1,150만원
새로운 설비 취득금액 = −2,500만원
투자시점의 현금흐름 = −2,500 + 1,150 = −1,350만원

5년 후 시점의 현금흐름($t=5$)
새로운 설비 처분가액 = 0
영업현금흐름 = 340만원
5년 후 시점이 현금흐름 = 340 + 0 = 340만원

연습문제 5-5

탄산음료를 생산하는 H사는 현재 신개념의 이온음료 사업을 고려하고 있다. 이 투자안의 사업연한은 5년이며, 이온음료 생산에 필요한 설비자산의 구입가격은 1,000만원이다. 설비자산은 잔존가치가 0원이며 5년에 걸쳐 정액법으로 상각된다. 5년 후 설비자산의 처분가치는 없을 것으로 예상된다. 이온음료는 매년 500개씩 판매되고, 이 제품의 단위당 판매가격은 5만원, 단위당 변동비용은 3만원이며, 감가상각비를 제외한 연간 총고정비용은 300만원으로 추정된다. 한편 이온음료가 판매될 경우 기존 탄산음료에 대한 수요가 위축되어 탄산음료의 판매량이 매년 100개씩 감소할 것으로 예상된다. 탄산음료의 단위당 판매가격은 2만원, 단위당 변동비는 1만원이다. H사의 법인세율은 40%이고 투자안의 자본비용은 10%이다. 설비자산의 투자는 현 시점($t=0$)에서 일시에 이뤄지고, 매출 및 제조비용과 관련된 현금흐름은 매년 말($t=1\sim5$)에 발생한다. 이 투자안의 순현재가치(NPV)와 수익성지수(PI)는 각각 얼마인가? 단, 연 10%의 할인율에서 5년 연금의 현가요소(present value interest factor for an annuity)는 3.7908이다.

해설

이온음료 판매로 인한 EBITDA 증가 = 500개 × (5 − 3) − 300 = 700만원

탄산음료 판매감소로 인한 EBITDA 감소 = 100개 × (2 − 1) = 100만원

증분 EBITDA = 700 − 100 = 600만원

증분 감가상각비 = 1,000/5년 = 200만원

증분 OCF = (600 − 200) × 0.6 + 200 = 440만원

$NPV = -1,000 + 440 \times 3.7908 = 668$만원

$$PI = 1 + \frac{668}{1,000} = 1.67$$

연습문제 5-6

㈜버젯은 내용연수가 3년인 기계를 구입하려고 한다. 이 기계는 정액법으로 상각되 며, 3년 후 잔존가치는 없지만 처분가치는 1,000만원으로 예상된다. 이 기계를 도입할 경우($t = 0$), 향후 3년 동안($t = 1 \sim 3$) 매년 6,000만원의 매출액과 3,000만원의 영업비용(감가상각비 제외)이 발생한다. 자본비용은 10%이고 법인세율은 30%이다. 순현가(NPV)법으로 투자안을 평가할 경우, ㈜버젯이 기계 구입비용으로 지불할 수 있는 최대금액은 얼마인가? (단, PVIFA(10%,3) = 2.4869, PVIF(10%,3) = 0.7513)

해설

기계 구입비용 $= C$

$$OCF = (6{,}000 - 3{,}000) \times (1 - 0.3) + \frac{C}{3} \times 0.3 = 2{,}100 + 0.1 \times C$$

$$NPV = -C + (2{,}100 + 0.1 \times C) \times 2.4869 + 1{,}000 \times (1 - 0.3) \times 0.7513 \geq 0$$

$\rightarrow\ C \leq 7{,}651$만원

연습문제 5-7

다음과 같은 투자계획이 주어졌다. 총투자액은 10,000으로 투자시작 시점에서 모두 투자되며, 10년에 걸쳐 사업이 진행된다. 투자액은 10년에 걸쳐 정액법으로 감가상각되며 투자종료 시점에서의 잔존가치 및 매각가치는 없다. 또한 매년 동일한 연간 판매 대수를 가정한다. 제품생산과 판매에 관하여 다음의 사항이 주어졌다.

대당 판매가격(sales price per unit)	70
대당 변동비(variable cost per unit)	30
연간 총 고정비(total fixed cost) (감가상각비 제외)	1,500
세 율	40%
자본비용	12%

1년 후부터 10년 동안 매년 1의 현금흐름을 제공하는 연금을 연 12%의 할인율로 할인했을 때의 현가는 5.65이다.

(1) 연간 예상판매대수가 120일 경우 이러한 투자계획의 순현가(NPV)는 얼마인가?

(2) 영업이익을 0으로 만드는 회계손익분기점의 연간판매대수는 몇 대인가?

(3) 순현가를 0으로 만드는 재무손익분기점의 연간판매대수는 몇 대인가?

해설

(1) 투자계획의 순현가(NPV)

증분 EBITDA = 120대 × (70 − 30) − 1,500 = 3,300

증분 감가상각비 = 10,000/10년 = 1,000

증분 OCF = (3,300 − 1,000) × 0.6 + 1,000 = 2,380

NPV = − 10,000 + 2,380 × 5.65 = 3,447

(2) 회계손익분기점

EBIT = Q × 40 − 1,500 − 1,000 = 0 ➡ Q = 62.5대

(3) 재무손익분기점

NPV = − 10,000 + OCF × 5.65 = 0 ➡ OCF = 1,770

OCF = (Q × 40 − 2,500) × 0.6 + 1,000 = 1,770 ➡ Q = 94.6대

연습문제 5-8

투자규모와 내용연수가 동일한 상호배타적인 투자안 A와 투자안 B를 대상으로 투자안의 경제성을 평가한다. 순현재가치(NPV)법에 의하면 투자안 A가 선택되나, 내부수익률(IRR)법에 의하면 투자안 B가 선택된다. 투자안 A에서 투자안 B를 차감한 현금흐름(투자안 간의 증분현금흐름)의 내부수익률은 10%이다. 투자안들의 내부수익률은 모두 자본비용보다 높고 두 투자안의 자본비용은 동일하다. 다음 물음의 문장에 대해서 '옳다' 혹은 '옳지 않다' 중 하나로 답하시오.

(1) 수정내부수익률(MIRR)법의 평가결과는 투자안 A가 선택된다.
(2) 수익성지수(PI)법의 평가결과는 투자안 B가 선택된다.
(3) 투자안 A의 순현재가치와 투자안 B의 순현재가치는 모두 0원보다 크다.
(4) 투자안 B를 선택하는 것이 합리적이다.
(5) 투자안의 자본비용은 10%보다 높고 투자안 A의 내부수익률보다 낮은 수준이다.
(6) 순현재가치(NPV)법은 재투자수익률로 자본비용을 가정하고, 가치의 가산원리가 성립하며, 투자액의 효율성을 고려한 방법이다.

해설

(1) 옳다.
두 투자안은 현금유입의 양상이 다르지만 투자규모가 동일하기 때문에 MIRR법의 평가결과는 NPV법의 평가결과와 같다.

(2) 옳지 않다.
두 투자안은 현금유입의 양상이 다르지만 투자규모가 동일하기 때문에 수익성지수(PI)법의 평가결과는 NPV법의 평가결과와 같다.

(3) 옳다.
투자안 A와 투자안 B 모두 선택이 가능하므로 순현재가치는 모두 0원보다 크다.

(4) 옳지 않다.
내부수익률법이 아닌 순현재가치법에 따라 투자안 A를 선택하는 것이 합리적이다.

(5) 옳지 않다.
자본비용이 피셔수익률보다 작은 경우 두 투자안의 의사결정이 상반된다. 피셔수익률이 10%이므로 자본비용은 10%보다 작아야 한다.

(6) 옳지 않다.
투자액의 효율성을 고려한 방법은 내부수익률(IRR)법과 수익성지수(PI)법이다.

연습문제 5-9

㈜감마는 네 개의 투자안을 검토하고 있다. 투자기간은 모두 1기간이며, 각 투자안에 적용되는 가중평균자본비용은 10%로 동일하다. 다음 각 물음에 답하시오.

투자안	투자액(t=0)	수익성지수(PI)
A	1억	1.2
B	1억	1.5
C	2억	1.5
D	3억	1.4

(1) 각 투자안의 순현재가치(NPV)를 구하시오,

(2) 각 투자안의 내부수익률(IRR)을 구하시오.

(3) 투자안이 모두 독립적이며 투자할 수 있는 총금액이 2억원으로 제약될 경우, 기업가치를 극대화시킬 수 있는 투자안의 집합은 무엇인가?

(4) 투자안이 모두 독립적이며 투자할 수 있는 총금액이 3억원으로 제약될 경우, 기업가치를 극대화시킬 수 있는 투자안의 집합의 가중평균수익성지수는 얼마인가?

해설

(1) $PI = 1 + \frac{NPV}{CF_0}$ ➡ $NPV = CF_0 \times (PI - 1)$

$NPV(A) = 1억 \times (1.2 - 1) = 0.2억$ $NPV(B) = 1억 \times (1.5 - 1) = 0.5억$

$NPV(C) = 2억 \times (1.5 - 1) = 1.0억$ $NPV(D) = 3억 \times (1.4 - 1) = 1.2억$

(2) $PI = \frac{\frac{CF_1}{1+k}}{CF_0}$, $CF_0 = \frac{CF_1}{1+IRR}$ ➡ $1 + IRR = PI \times (1+k)$

$IRR(A) = 1.2 \times 1.10 - 1 = 32\%$ $IRR(B) = 1.5 \times 1.10 - 1 = 65\%$

$IRR(C) = 1.5 \times 1.10 - 1 = 65\%$ $IRR(D) = 1.4 \times 1.10 - 1 = 54\%$

(3) 투자할 수 있는 총금액 2억원의 투자집합 : A+B, C

$NPV(A+B) = 0.2억 + 0.5억 = 0.7억$ $NPV(C) = 1.0억$

따라서 투자안 C를 투자하는 것이 기업가치를 극대화한다.

(4) 투자할 수 있는 총금액 3억원의 투자집합 : A+C, B+C, D

$NPV(A+C) = 0.2억 + 1억 = 1.2억$

$NPV(B+C) = 0.5억 + 1억 = 1.5억$ $NPV(D) = 1.2억$

따라서 투자안 B와 투자안 C에 투자하는 것이 기업가치를 극대화한다.

$WAPI(A+C) = 1/3 \times 1.2 + 2/3 \times 1.5 = 1.4$ $WAPI(B+C) = 1/3 \times 1.5 + 2/3 \times 1.5 = 1.5$

$WAPI(D) = 3/3 \times 1.4 = 1.4$

연습문제 5-10

AAA기업은 3,000만원이 소요되는 설비를 도입하는 프로젝트를 고려하고 있다. 다음 자료를 이용하여 각 물음에 답하시오. 계산결과는 만원 단위로 소수점 첫째 자리까지 계산하시오.

〈자료〉

① 설비의 수명은 3년이고 잔존가치는 300만원이며 정액법으로 상각한다.

② 설비를 도입한 후에 예상되는 매출증가는 다음과 같으며 모두 현금으로 발생한다.

	1차년도	2차년도	3차년도
매출증가	2,800만원	3,600만원	4,000만원

③ 매출증가에 필요한 변동비용은 매출액의 65%이며 모두 현금으로 지불된다.

④ 매출증가에 필요한 고정비용에는 설비의 감가상각비만 있다.

⑤ 법인세율은 25%이고 투하자본에 대한 기대수익률은 12%이다.

(1) 프로젝트의 증분현금흐름을 연도별로 계산하고 이를 이용해서 프로젝트의 순현재가치를 계산하시오.

(2) 프로젝트의 경제적 부가가치(economic value added)를 연도별로 계산하고 이를 이용해서 프로젝트의 순현재가치를 계산하시오.

해설

(1) 기업잉여현금흐름을 이용한 가치평가

$\Delta FCFF_0 = -3{,}000$만원

$\Delta FCFF_1 = (2{,}800 \times 0.35 - 900) \times 0.75 + 900 = 960$만원

$\Delta FCFF_2 = (3{,}600 \times 0.35 - 900) \times 0.75 + 900 = 1{,}170$만원

$\Delta FCFF_3 = (4{,}000 \times 0.35 - 900) \times 0.75 + 900 + 300 = 1{,}575$만원

$$NPV = -3{,}000 + \frac{960}{1.12^1} + \frac{1170}{1.12^2} + \frac{1575}{1.12^3} = -89.1\text{만원}$$

(2) 경제적 부가가치를 이용한 가치평가

$EVA_1 = (2{,}800 \times 0.35 - 900) \times 0.75 - (3{,}000 \times 12\%) = -300$만원

$EVA_2 = (3{,}600 \times 0.35 - 900) \times 0.75 - (2{,}100 \times 12\%) = 18$만원

$EVA_3 = (4{,}000 \times 0.35 - 900) \times 0.75 - (1{,}200 \times 12\%) = 231$만원

$$NPV = MVA = \frac{-300}{1.12^1} + \frac{18}{1.12^2} + \frac{231}{1.12^3} = -89.1\text{만원}$$

연습문제 5-11

순현가법(NPV)과 내부수익률법(IRR)에 관한 설명에 대해서 '옳다' 혹은 '옳지 않다' 중 하나로 답하시오.

(1) 두 투자기법 모두 화폐의 시간가치를 반영한다.
(2) 단일투자안일 경우 항상 동일한 결론을 가져다준다.
(3) 복수의 배타적 투자안일 경우 항상 상반된 결과를 가져다준다.
(4) IRR은 투자로부터 발생되는 현금흐름을 자본비용으로 재투자할 수 있다고 가정한다.
(5) 여러 개의 투자안을 결합하는 분석을 실시하는 경우, 순현가법은 개별투자안의 순현가를 독립적으로 구하여 합산하면 되지만, 내부수익률법은 개별투자안의 내부수익률을 독립적으로 구하여 합산하는 방법을 사용할 수 없다.
(6) 투자규모가 다른 투자안을 비교하는 경우, 순현가는 각 투자안의 투자규모에 대비한 상대적 성과에 대한 정보를 제공한다.

해설

(1) 옳다.
순현가법(NPV)과 내부수익률법(IRR) 모두 화폐의 시간가치를 반영한다.

(2) 옳다.
NPV > 0인 경우 IRR > 자본비용이므로 단일투자안일 경우 두 방법은 항상 동일한 결론을 가져다준다.

(3) 옳지 않다.
복수의 배타적 투자안의 투자규모, 투자수명, 현금흐름의 양상이 다른 경우 두 방법은 상반된 결론을 가져다 줄 수도 있다.

(4) 옳지 않다.
IRR은 투자로부터 발생되는 현금흐름을 내부수익률로 재투자할 수 있다고 가정한다.

(5) 옳다.
NPV는 가치의 가산원칙을 만족시키지만, IRR은 가산원칙이 성립하지 않는다.

(6) 옳지 않다.
NPV는 투자규모에 대한 절대적 정보를 제공하며 IRR은 상대적 정보를 제공한다.

연습문제 5-12

투자수명은 동일하지만 현금유입의 양상이 다른 상호배타적인 두 개의 투자안의 경제성 평가에 관한 설명에 대해서 '옳다' 혹은 '옳지 않다' 중 하나로 답하시오.

(1) 투자규모가 동일하다면, IRR법의 평가결과는 NPV법의 평가결과와 같다.
(2) 투자규모가 동일하다면, MIRR법의 평가결과는 NPV법의 평가결과와 같다.
(3) 수정내부수익률(MIRR)법에서는 2개 이상의 IRR이 나오지 않는다.
(4) IRR값은 항상 MIRR값보다 큰 값을 가진다.
(5) 순현가곡선의 기울기가 큰 투자안의 현금흐름에서 순현가곡선의 기울기가 작은 투자안의의 현금흐름을 차감한 현금흐름의 증분내부수익률(IIRR)이 영(zero)보다 크면 순현가곡선의 기울기가 큰 투자안을 선택한다.

해설

(1) 옳지 않다.
현금유입의 양상이 다른 경우 순현가법(NPV)과 내부수익률법(IRR)은 상반된 결론을 가져다 줄 수도 있다.

(2) 옳다.
투자규모가 동일하다면 MIRR법의 평가결과는 항상 NPV법의 평가결과와 같다.

(3) 옳다.
MIRR은 재투자수익률에 대한 가정을 자본비용으로 수정하였으며, 복수의 IRR 문제점도 발생하지 않는다.

(4) 옳지 않다.
IRR이 자본비용보다 큰 경우에만 IRR값은 MIRR값보다 큰 값을 가진다.

(5) 옳지 않다.
증분내부수익률(IIRR)이 자본비용보다 크면 순현가곡선의 기울기가 큰 투자안을 선택한다.

연습문제 5-13

㈜한국은 100억원을 투자하여 전자사업부를 신설하려고 하는데 향후 순현금흐름은 다음과 같이 예상된다.

t	1	2	3	4	5
순현금흐름(단위: 억원)	10	16	20	30	16

순현금흐름의 성장률은 $t=1 \sim 4$ 시점까지는 높게 형성되다가, $t=5$ 시점 이후부터는 4%로 일정할 것으로 예상된다. 할인율은 고성장기간 동안 20%, 일정성장기간 동안 10%라고 할 때, 이 투자안의 순현재가치(NPV)는 얼마인가?

해설

(1) 5년 후부터는 4%로 성장률이 일정하므로 고정성장영구연금공식을 이용하여 4년 후의 투자안의 가치를 구한다. 이때 할인율은 10%를 적용한다.

$$V_4 = \frac{FCFF_5}{wacc - g} = \frac{16}{0.10 - 0.04} = 266.67$$

(2) 초과성장의 기업현금흐름의 현재가치와 4년 후 투자안의 가치의 현재가치를 계산하여 더한다. 이때 할인율은 20%를 적용한다.

$$NPV = -100 + \frac{10}{1.20^1} + \frac{16}{1.20^2} + \frac{20}{1.20^3} + \frac{30 + 266.67}{1.20^4} = 74.09\text{억원}$$

연습문제 5-14

K기업은 매년 말 1억원씩 10년을 투자하면 11년도 말부터 매년 영구적으로 1억원의 순현금흐름이 발생하는 투자안을 개발하였다. 이 투자안을 위해 1억원의 개발비가 과거 3년간 지출되었는데 전액 회수 불가능하다. 매년의 투자금액 1억원에는 기회비용 2,000만원이 포함되어 있다. 투자안의 가중평균자본비용은 8%이다. 다음 물음에 답하시오.

단, $1.10^{10} = 2.5937$, $1.09^{10} = 2.3674$, $1.08^{10} = 2.1589$, $1.07^{10} = 1.9672$, $1.06^{10} = 1.7908$

(1) 투자안의 내부수익률을 계산하고, 그 결과에 근거해 이 투자안의 채택여부를 결정하시오.

(2) 투자안의 순현가를 계산하고, 그 결과에 근거해 투자안의 채택여부를 결정하시오.

해설

(1) 내부수익률법

① 영구연금현재가치를 이용하여 10년 말 시점의 현금유입액의 가치를 구한다.

$$t=10\text{시점의 현금유입의 현재가치} = \frac{1\text{억}}{R}$$

② 연금의 미래가치 공식 (식2.3)을 이용하여 10년 말 시점의 현금유출의 가치를 계산한다.

$$t=10\text{시점의 현금유출의 미래가치} = 1\text{억원} \times \left[\frac{(1+R)^{10}-1}{R}\right]$$

☞ 개발비는 매몰원가이므로 고려하지 않는다.

내부수익률은 현금유입액의 현재가치와 현금유출액의 현재가치를 동일하게 하는 할인율이므로

$$① = ② \rightarrow \frac{1\text{억}}{R} = 1\text{억원} \times \left[\frac{(1+R)^{10}-1}{R}\right] \rightarrow (1+R)^{10} = 2 \rightarrow R = IRR = 7\%$$

∴ IRR(7%) < k(8%) ➠ 투자안 기각

(2) 순현가법

영구연금현재가치를 이용하여 $t=10$시점의 투자안의 가치를 구한다.

$$V_{10} = \frac{1\text{억}}{0.08} = 12.5\text{억}$$

연금의 현재가치 공식 (식2.8)을 이용하여 현재시점의 투자비용을 계산한다.

$$C_0 = [\frac{1}{0.08} - \frac{1}{0.08 \times 1.08^{10}}] \times 1\text{억} = 6.71\text{억}$$

현재시점의 순현가를 구한다.

$$NPV = -6.71 + \frac{12.5}{1.08^{10}} = -6.71 + \frac{12.5}{2.1589} \ (-)0.92\text{억}$$

∴ NPV < 0 ➠ 투자안 기각

연습문제 5-15

신제품 생산라인을 도입할 예정인 P사는 동일한 성능을 지닌 두 기계 A와 B 중 하나를 선택하는 상호배타적 투자안을 평가 중이다. 기계 A는 내용연수가 2년이고 구입 및 설치비용이 100만원이며 매년 말 유지비용이 20만원 소요된다. 내용연수 만료 시 10만원에 매각이 가능할 것으로 예상된다. 한편 기계 B는 내용연수가 3년이고 구입 및 설치비용이 100만원이며 매년 말 유지비용이 30만원 소요된다. 기계 B는 잔존가치가 없다. 모든 투자안 가치평가에 10%의 할인율이 적용된다. 법인세는 없다.

연간할인율, 연수	10%, 2년	10%, 3년	10%, 4년
현가이자요소(PVIF)	0.8264	0.7513	0.6830
연금의 현가이자요소 (PVIFA)	1.7355	2.4868	3.1699

두 기계 A와 B 모두 내용연수 만기와 동시에 동일한 조건의 동종기계로 지속적으로 대체한다는 가정하에 최적 투자안을 선택하시오.

해설

(1) 기계A의 순비용의 현재가치를 구한다.

$$PV = 100 + \sum_{t=1}^{2} \frac{20}{1.10^t} - \frac{10}{1.10^2} = 100 + (20 \times 1.7355) - (10 \times 0.8254) = 126.45\text{만원}$$

(2) 기계B의 순비용의 현재가치를 구한다.

$$PV = 100 + \sum_{t=1}^{3} \frac{30}{1.10^t} = 100 + (30 \times 2.4868) = 174.60\text{만원}$$

(3) 투자안의 연간균등비용(EAC)을 계산한다.

$$\text{기계 A} : 126.45 = \sum_{t=1}^{2} \frac{EAC}{1.10^t} = \text{EAC} \times 1.7355 \Rightarrow \text{EAC} = 72.86\text{만원}$$

$$\text{기계 B} : 174.60 = \sum_{t=1}^{3} \frac{EAC}{1.10^t} = \text{EAC} \times 2.4868 \Rightarrow \text{EAC} = 70.21\text{만원}$$

(4) 의사결정

기계 B의 연간균등비용(EAC)이 기계A의 연간균등비용(EAC) 보다 2.65만원 작기 때문에 기계B를 선택한다.

연습문제 5-16

㈜창조의 기초 자본구조는 타인자본 1,200억원, 자기자본 800억원으로 구성되어 있었다. 기말 결산을 해보니 영업이익은 244억원이고 이자비용은 84억원이다. 주주의 기대수익률은 14%, 가중평균자본비용이 9%, 법인세율이 25%이다.

(1) 투하자본수익률(ROIC)은 얼마인가?
(2) 경제적 부가가치(EVA)는 얼마인가?
(3) 자기자본이익률(ROE)은 얼마인가?

해설

(1) 투하자본수익률(ROIC)

세후영업이익(NOPAT) = 244 × (1−0.25) = 183억
기초투하자본(IC) = 1,200 + 800 = 2,000억
투하자본수익률(ROIC) = 183 ÷ 2,000 = 9.15%

(2) 경제적 부가가치(EVA)

EVA = NOPAT − (IC × wacc) = 183 − (2,000 × 9%) = +3억 또는
EVA = (ROIC − wacc) × IC = (9.15% − 9%) × 2,000 = +3억

☞ 주주의 기대수익률은 자기자본비용이며, EVA는 가중평균자본비용을 기회비용으로 계산
☞ ROIC > wacc ➠ EVA > 0

(3) 자기자본이익률(ROE)

당기순이익(NI) = (244-84) × (1−0.25) = 120억
ROE = 120 ÷ 800 = 15%

연습문제 5-17

K기업은 100억원을 자기자본으로 조달해서 건물임대업을 시작하였다. 이를 위해 70억원의 건물을 구입하였으며 임대료수입은 연 21억원으로 예상된다. 임대료수입의 수익률분산은 종합주가지수 수익률분산의 4배이고 두 수익률 간의 상관계수는 0.5이다. 한편, 이 기업은 나머지 30억원을 다음과 같이 투자하였다.

① 10억원은 5년만기 국채에 투자하였다. 이 채권의 만기수익률은 10%이다.
② 20억원은 종합주가지수연동형펀드에 투자하였다. 이 펀드의 수익률은 향후 20%로 계속 유지될 것으로 예상된다.

세금은 없다고 가정하여 이 기업의 EVA, MVA, 기업가치를 구하라.

해설

☞ 이 문제는 7장을 학습한 후에 풀어야 한다.

(1) 건물임대업의 베타(β_i)를 구한다.

$$\sigma_i^2 = 4\sigma_m^2 \rightarrow \sigma_i = 2\sigma_m$$

$$\beta_i = \frac{\sigma_{im}}{\sigma_m^2} = \frac{\rho_{im}\sigma_i}{\sigma_m} = \frac{0.5 \times 2\sigma_m}{\sigma_m} = 1$$

(2) 건물임대업의 자본비용을 구한다.

① SML을 이용하여 자본비용을 계산한다.

$E(R_i) = R_f + (E(R_m) - R_f) \times \beta_i$ = 10 + (20-10)×1 = 20% ➡ wacc= 20% 또는

② 베타가 1이므로 $wacc = E(R_m)$=20%

(3) EVA의 산출

세후 영업이익 : NOPAT = 21억원

투자자본 : IC = 70억원 (30억원은 비영업자산)

경제적 부가가치 : EVA = NOPAT－IC×wacc = 21－70×20%＝7억원

(4) 시장부가가치 및 기업가치

영구연금현재가치를 이용하여 시장부가가치를 구한다.

$$MVA = \sum_{t=1}^{n} \frac{EVA_t}{(1+wacc)^t} \Rightarrow MVA = \frac{EVA}{wacc} = \frac{7}{0.20} = 35\text{억원}$$

(5) 기업가치

총자본 장부가치 = 투하자본 + 비영업자산 = 70 + 30 = 100억원

V = 총자본 장부가치 + MVA = 100 + 35 = 135억원

연습문제 5-18 (21년 기출)

투자규모와 내용연수가 동일한 상호배타적인 투자안 A와 투자안 B의 경제성을 평가하고자 한다. 투자안 A와 투자안 B의 자본비용은 동일하다. 두 투자안 간 증분현금흐름의 내부수익률은 15%이다. 현재시점에 현금유출이 발생하고, 이후 현금유입이 발생하는 투자형 현금흐름을 가정한다. NPV곡선(NPV profile)은 가로축이 할인율, 세로축이 NPV를 표시하는 평면에서 도출된다. 다음 표는 투자안 A와 투자안 B의 순현재가치(NPV) 및 내부수익률(IRR)을 요약한다. 다음 설명 중 가장 적절하지 않은 것은?

구분	투자안 A	투자안 B
NPV	4억원	3억원
IRR	20%	30%

① 투자안 A와 투자안 B의 NPV를 추정할 때의 자본비용은 15% 보다 작다.
② 투자안 A의 NPV곡선이 투자안 B의 NPV곡선보다 완만하다.
③ 피셔수익률은 20%보다 작다.
④ 순현재가치법과 내부수익률법의 결과가 상이하면 순현재가치법에 따라서 투자안 A를 선택하는 것이 합리적이다.
⑤ 독립적인 투자안이라면 투자안 A와 투자안 B를 모두 선택하는 것이 바람직하다.

해설

NPV로 의사결정을 하면 투자안 A가 선택
IRR로 의사결정을 하면 투자안 B가 선택
순현가곡선이 교차하는 피셔수익률 = 증분내부수익률 = 15%
자본비용 < 피셔수익률(15%)
투자안 A의 내부수익률이 더 작기 때문에 순현가곡선의 기울기가 더 가파르다.

정답: ②

연습문제 5-19 (23년 기출)

㈜종로는 현재 사용 중인 기계를 대체할 새로운 기계의 구입을 고려 중이다. 이 프로젝트와 관련된 자료는 다음과 같다.

- 사용 중인 기계의 현재 시장가격은 250만원임
- 사용 중인 기계는 5년 전 500만원에 구입하였으며 정액법으로 감가상각하고, 구입 당시 내용연수는 10년, 잔존가치는 없는 것으로 추정하였음
- 새로운 기계는 5년 동안 정액법으로 완전상각되며, 5년 후 처분가치는 500만원으로 추정함
- 새로운 기계를 사용할 경우 매출액은 변하지 않으나 5년 동안 매년 200만원의 영업비용(감가상각비 제외)을 절감할 수 있음

법인세율은 40%이고 자본비용은 10%일 때, 이 기업이 지불할 수 있는 새로운 기계의 최대가격은? (단, 인플레이션은 없다고 가정하며, PVIF (10%,5) = 0.6209이고 PVIFA (10%,5) = 3.7908이다.)

해설

새로운 기계의 가격 = C라고 하면

$$TRIANGLEOCF = TRIANGLEEBITDA(1-t) + \Delta Dep \times t$$

$$= 200 \times (1-0.4) + (C/5-50) \times 0.4$$

$$= 100+0.08C$$

$$NPV = -C+250+(100+0.08C) \times 3.7908+500 \times (1-0.4) \times 0.6209 \geq 0$$

$$C \leq 1170$$

정답 : 1,170만원

연습문제 5-20 (24년 기출)

㈜X부품은 최근 ㈜Y자동차로부터 자동차용 특수부품을 연간 50개씩 개당 10억원에 매입하겠다는 제안을 받았다. ㈜X부품은 특수부품 생산을 위해 250억원의 신규 설비 투자가 즉시 필요하다. 이 설비는 5년에 걸쳐 정액법으로 상각되며 잔존가치는 없다. 변동비용은 개당 5억원, 고정비용(감가상각비 제외)은 연간 150억원이 들 것으로 예상된다. 법인세율은 30%이고 투자안의 자본비용은 10%이다. 이 투자안의 연간등가가치(annual equivalent value: AEV)와 가장 가까운 것은? (단, PVIFA(10%, 5년)=3.7908이다.)

① 10.50억원 ② 19.05억원 ③ 22.07억원 ④ 25.88억원 ⑤ 29.13억원

해설

OCF = EBIT×(1－t) + D

= (50개×(10억－5억)－150억－50억)×0.7 + 50억 = 85억

NPV = －250억 + 85억×3.7908 = 72.22억

AEV = 72.22억 / 3.7908 = 19.05억

정답: ②

연습문제 5-21 (21년 기출)

경제적 부가가치(EVA)에 관한 설명으로 적절한 항목만을 모두 선택한 것은?

---

a. EVA는 투하자본의 효율적 운영 수준을 나타낸다.
b. EVA는 영업 및 영업외 활동에 투자된 자본의 양적, 질적 측면을 동시에 고려한다.
c. EVA는 자기자본이익률과 가중평균자본비용의 차이에 투하자본을 곱해서 산출한다.
d. EVA는 투하자본의 기회비용을 반영해 추정한 경제적 이익의 현재가치의 합이다.
e. EVA는 당기순이익에 반영되지 않는 자기자본비용을 고려하여 산출한다.

---

① a, b ② b, c ③ a, e ④ b, c, e ⑤ b, d, e

해설

b. EVA는 영업 활동에 투자된 자본의 양적 측면을 고려한다.
c. EVA는 투하자본이익률과 가중평균자본비용의 차이에 투하자본을 곱해서 산출한다.
d. MVA는 투하자본의 기회비용을 반영해 추정한 경제적 이익의 현재가치의 합이다.

정답: ③

연습문제 5-22 (22년 기출)

A기업은 신제품 K의 생산 및 출시를 계획하고 있으며, 자본예산기법을 사용하기 위해 증분현금흐름에 대한 분석을 진행하고 있다. 자본예산분석에 포함시켜야 할 증분현금흐름으로 가장 적절하지 않은 것은?

① 신제품 K 생산을 위해 필요한 공장 내 공간을 외부에 임대했을 경우의 기대수익(이 공간은 현재 사용하지 않고 있으며 신제품 K 생산에 사용되지 않는다면 외부에 임대할 수 있음)

② 신제품 K의 출시로 인해 고객들이 A기업의 기존 제품을 구매하지 않고 신제품 K의 구매로 이동함으로써 발생하는 기존 제품의 매출 감소분

③ 신제품 K를 생산하기 위해 사용될 신규 기계장치의 설치와 관련된 운송 및 설치비용

④ 신제품 K의 수요분석을 위해 작년에 지출된 시장조사비용(이 시장조사의 긍정적인 결과에 따라 신제품 K를 출시하기 위한 프로젝트가 착수됨)

⑤ 신제품 K의 출시로 인해 A기업의 다른 제품에 대한 수요가 증가해서 발생하는 기존 제품의 매출 증가분

해설

(1) 외부 임대 기대수익은 신제품 생산의 기회비용이므로 증분현금흐름에 포함한다.

(2) 기존제품의 매출 감소분은 부정적 외부효과(잠식효과)이므로 증분현금흐름에 포함한다.

(3) 기계장치의 설치와 관련된 운송 및 설치비용은 증분현금흐름에 포함한다.

(4) 시장조사비용은 매몰원가이므로 증분현금에 포함하지 않는다.

(5) 기존 제품의 매출 증가분은 긍정적 외부효과이므로 증분현금흐름에 포함한다.

정답 : ④

Financial Management

2

위험과 재무관리

제 6 장 포트폴리오 이론

제 1 절 포트폴리오 이론의 개요

1. 포트폴리오 이론의 개요

포트폴리오(Portfolio)란 여러 개의 자산이 결합된 자산집합을 의미하며 포트폴리오 이론은 위험을 줄일 수 있는 투자자산(주식)의 구성방법과 논리를 제공한다. 위험의 감소는 여러 자산에 분산투자를 함으로써 얻을 수 있기 때문에 분산투자에 의한 위험의 감소효과는 포트폴리오 이론의 핵심이 된다. 6장, 7장, 8장에서 다양한 포트폴리오 이론들을 순차적으로 설명한다.

① 마코위츠 포트폴리오 선택이론

H. Markowitz는 1952년에 "Portfolio Selection"이라는 논문에서 분산투자를 할 때에는 개별 자산들 간의 상관관계를 고려해야 한다는 포트폴리오 이론을 제시하였다. 이 이론의 기반이 되는 기대효용이론과 포트폴리오 선택이론은 6장에서 설명한다.

② 자본자산가격결정모형(CAPM)

마코위츠의 포트폴리오이론을 기반으로 Sharpe(1964), Lintner(1965), Mossin(1966)는 주식시장의 균형상태에서 기대수익률과 위험 사이에 관계를 보여주는 자본자산가격결정모형(CAPM : capital asset pricing model)을 제시하였다. 이 이론은 7장에서 자세히 설명한다.

③ 차익거래가격결정모형(APT)

Ross(1976)는 CAPM의 이론을 발전시켜 차익거래모형을 바탕으로 한 차익거래가격결정모형(APT : arbitrage pricing theory)을 제시하였다. 이는 8장에서 자세히 설명한다.

④ 파머-프렌치 모형

파머(Fama)와 프렌치(French)가 1993년에 발표한 3요인 모형은 CAPM을 뛰어 넘어 다양한 팩터 모델을 본격적으로 연구하는 계기가 되었으며, 현재의 자산운용업계가 과학적인 팩터투자방법론을 점차 확대하는 시금석이 되었다. 이 이론은 8장에서 자세히 설명한다.

⑤ 행동재무학

대니얼 카네만(Daniel Kahneman)은 1967년 전망이론(prospect theory)을 발표하여 인간의 선택이 효용 극대화를 바탕으로 이루어진다는 것이 아니라, 프레임 효과와 그 밖의 휴리스틱(Heuristics)에 따라 결정된다는 것을 밝혔다. 이처럼 인간의 비합리성을 바탕으로 현실의 자본시장이 비효율적이라고 주장하는 연구 분야를 행동재무학이라고 한다. 이 이론은 8장에서 자세히 설명한다.

2. 마코위츠 포트폴리오 선택이론의 가정

투자론의 근간이 되는 마코위츠의 포트폴리오 이론은 다음의 가정에 기초하고 있다.

① 투자자들은 자신의 기대효용을 극대화하고자 하는 위험회피적인 합리적 투자자로서 평균-분산 기준에 따라 투자 결정을 한다.

② 각 자산의 기대수익률과 분산, 공분산 등에 관한 자료는 모든 투자자들이 동일하게 알고 있다. 즉, 모든 투자자들의 위험자산에 대한 예측은 동일하다.

③ 투자자들의 투자기간은 현재와 미래만 존재하는 단일기간(single period)이다.

포트폴리오 선택이론을 이해하기 위해서는 위험회피형 투자자의 결정기준을 설명하는 기대효용이론과 평균-분산기준을 이해하여야 하므로 6장 2절과 3절에서 이들을 설명하고 6장 4절에서 포트폴리오 선택이론을 자세히 설명한다.

제 2 절 기대효용이론

1. 기대효용극대화

불확실성이란 발생할 사건에 대한 확실한 예측이 불가능한 상황을 의미한다. 불확실성은 위험을 수반하므로 투자자의 의사결정에 영향을 미친다. 불확실성하에서의 개인들의 행동을 설명하기 위하여 18세기 수학자 베르누이(Bernoulli)는 세인트 피터스버그의 역설에서 기대효용의 개념도입의 필요성을 제기하였다. 그 이후 경제이론으로 발전된 기대효용이론은 불확실성하에서의 투자자의 행동을 분석하는데 있어서 널리 이용되고 있다.

(1) 기대수익의 극대화

기대수익(expected value)이란 불확실한 상황에서 예상되는 수익의 크기이다. 기대수익은 각 상황이 발행하였을 때 얻는 금액을 그 상황이 발생할 확률로 가중 평균하여 계산된다. 기대수준의 극대화만을 목표로 한다면 투자자는 기대수익이 큰 값을 선택한다.

기대수익 = $\sum$ (각 상황이 발생할 확률) × (각 상황에서의 소득)

$$E(W) = \sum p_i W_i \tag{6.1}$$

복권 A는 100만원 상금이 당첨될 확률이 0.5, 400만원이 상금이 당첨될 확률이 0.5이다. 복권 A의 기대수익은 다음과 같이 계산된다.

$$E(W) = (0.5 \times 100) + (0.5 \times 400) = 250\text{만원}$$

복권 B는 0원 상금이 당첨될 확률이 0.5, 500만원이 상금이 당첨될 확률이 0.5이다. 복권 B의 기대수익은 다음과 같이 계산된다.

$$E(W) = (0.5 \times 0) + (0.5 \times 500) = 250\text{만원}$$

기대수익의 극대화 기준으로 평가하면 복권 A와 B는 무차별하다.

(2) 기대효용의 극대화

기대효용(expected utility)이란 불확실한 상황에서 예상되는 효용의 크기이다. 기대효용은 각 상황이 발행하였을 때 얻는 효용을 그 상황이 발생할 확률로 가중 평균하여 계산된다. 투자자의 효용수준을 결정하는 요인에는 기대수익뿐만 아니라 위험도 고려되기 때문에 기대효용의 극대화 기준은 기대수익과 위험을 고려하는 의사결정 기준이다.

$$기대수익 = \sum (각 상황이 발생할 확률) \times (각 상황에서의 효용)$$

$$E(U) = \sum p_i U(W_i) \tag{6.2}$$

효용함수가 $U = \sqrt{W}$인 투자자가 복권 A에서의 기대효용은 다음과 같이 계산된다.

$$E(U) = (0.5 \times \sqrt{100}) + (0.5 \times \sqrt{400}) = 15$$

효용함수가 $U = \sqrt{W}$인 투자자가 복권 B에서의 기대효용은 다음과 같이 계산된다.

$$E(U) = (0.5 \times \sqrt{0}) + (0.5 \times \sqrt{500}) = 11.2$$

기대효용의 극대화 기준으로 평가하면 복권 A와 B는 기대수익이 동일하지만 복권 A의 위험이 복권 B보다 작기 때문에 복권 A의 기대효용이 더 크다. 일반적으로 투자자들은 동일한 기대수익이라면 위험이 적은 투자 자산을 선호하므로 기대수익의 극대화 기준보다는 기대효용의 극대화 기준이 불확실성하에서는 합리적인 기준이다.

예제 6-1

동전을 던져서 앞면이 나오면 3,600만원을 지급하고 뒷면이 나오면 1,600만원을 지급하는 게임이 있다. 투자자의 부(W)에 대한 효용함수는 $U(W) = \sqrt{W}$이라고 한다.

(1) 이 게임의 기대수익은 얼마인가?
(2) 게임에 참가하는 경우 투자자의 기대효용은 얼마인가?
(3) 게임에 참가하는 경우 투자자의 기대수익의 효용은 얼마인가?

풀이

(1) 기대수익은 투자안으로부터 얻게 되는 수익의 확률분포 평균값이다.

$$E(W) = (0.5 \times 3{,}600) + (0.5 \times 1{,}600) = 2{,}600\text{만원}$$

(2) 기대효용은 투자안으로부터 얻게 되는 효용의 확률분포 평균값이다.

$$E(U(W)) = 0.5 \times \sqrt{1{,}600} + 0.5 \times \sqrt{3{,}600} = 50$$

(3) 기대수익의 효용은 투자안으로부터 얻게 되는 수익의 확률분포 평균값의 효용이다.

$$U[E(W)] = \sqrt{2{,}600} = 50.99$$

(3) 위험회피형 투자자의 효용함수

합리적 투자자, 이성적인 투자자 또는 일반적인 투자자는 동일한 기대수익이라면 위험이 적은 투자 자산을 선호하므로 이들의 효용함수는 위험회피형 투자자의 효용함수를 나타낸다. 위험회피형 효용함수는 원점에 대해 오목한 모형을 갖으며 이런 형태의 대표적인 효용함수는 log함수와 무리함수이다. 이러한 형태의 효용함수는 다음과 같은 특징을 가지고 있다.

① 효용함수의 1차 미분 값은 0보다 크다. 이것은 투자자들은 소득이 적은 것보다는 소득이 더 많은 것을 선호하는 불포화성(nonsatiation)을 의미한다.

$$U'(W) = \frac{\partial U}{\partial W} > 0 \tag{6.3}$$

② 효용함수의 2차 미분 값은 0보다 작다. 이는 소득이 증가할 때 효용은 체감적으로 증가하는 한계효용의 체감을 의미한다.

$$U''(W) = \frac{\partial^2 U}{\partial W^2} < 0 \tag{6.3}$$

2. 위험에 대한 태도

재화는 소비량이 증가할수록 총 효용이 증가하며, 비재화는 소비량이 증가할수록 총 효용이 감소한다. 중립재는 소비량이 증가하여도 총 효용은 변함이 없다. 투자자들은 소득(부)에 대해서는 재화로 인식하지만, 위험에 대해서는 서로 다른 인식을 갖는다. 이처럼 투자자들의 위험에 대한 태도(risk attitude)에 따라 투자자들을 위험회피형, 위험선호형(risk lover) 및 위험중립형(risk neutral)으로 구분한다. 이들의 효용함수와 무차별곡선에 대해서 살펴보자.

(1) 위험회피형

위험회피형(risk averse) 투자자란 불확실성이 내포된 자산보다 동일한 기대수익의 확실한 자산을 더 선호하는 투자자를 의미한다. 이들의 효용함수는 소득이 증가할 때 효용은 체감적으로 증가하는 함수이다. 이들의 효용함수와 무차별곡선을 그림으로 나타내면 [그림 6-1] 및 [그림 6-2]와 같다.

효용함수가 $U = \sqrt{W}$인 투자자가 100만원 상금이 당첨될 확률이 0.5, 400만원이 상금이 당첨될 확률이 0.5인 복권에 참가하는 경우 기대수익과 기대효용은 다음과 같다.

$$E(W) = (0.5 \times 100) + (0.5 \times 400) = 250\text{만원}$$
$$E(U) = (0.5 \times \sqrt{100}) + (0.5 \times \sqrt{400}) = 15$$

[그림 6-1] 위험에 대한 태도와 효용함수

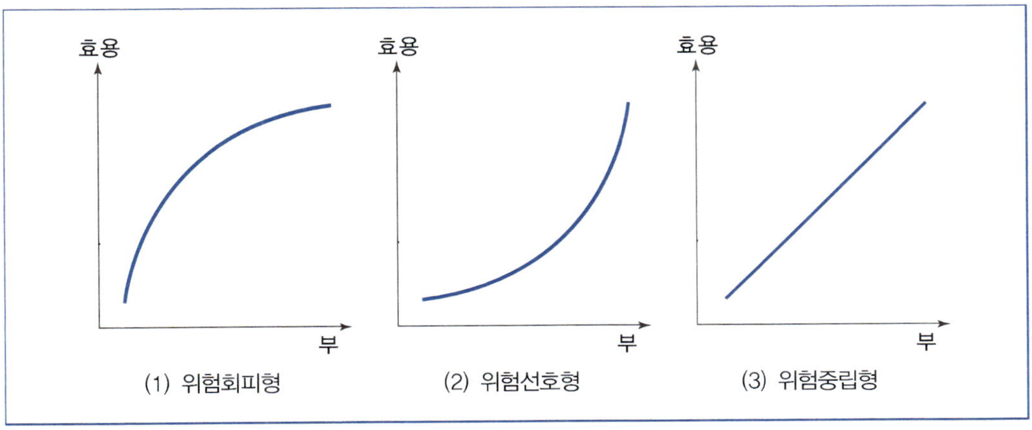

[그림 6-2] 위험에 대한 태도와 무차별곡선

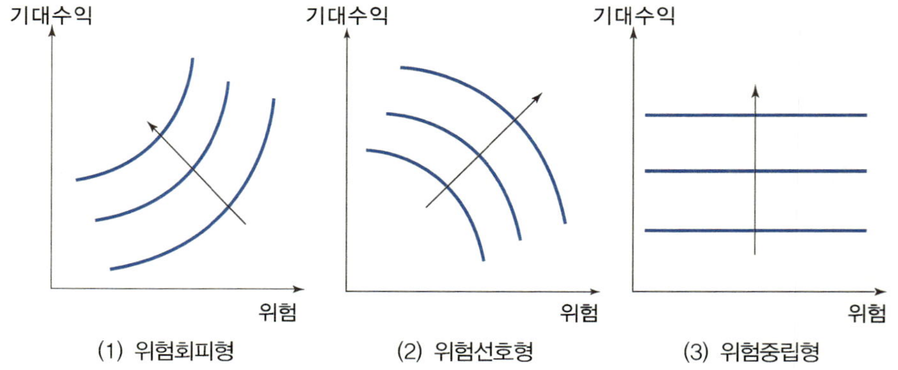

① 위험프리미엄

확실성등가부(CEW: certainty equivalent wealth)란 어떤 불확실한 상태에서 기대되는 효용의 크기인 기대효용과 동일한 수준의 효용을 주는 확실한 부의 크기를 말하며 다음과 같이 정의된다.

$$E(U) = U(CEW)$$

$U = \sqrt{W}$의 확실성등가부는 다음과 같이 계산된다.

$$15 = \sqrt{CEW} \Rightarrow CEW = 225 \text{ 만원}$$

위험프리미엄(risk premium)이란 불확실한 자산을 확실한 자산으로 교환하기 위하여 지불할 용의가 있는 금액으로 다음과 같이 정의된다.

$$risk\ premium = E(W) - CEW \tag{6.4}$$

$U = \sqrt{W}$의 위험프리미엄은 다음과 같이 계산된다.

$$\text{위험 프리미엄} = 250\text{만원} - 225\text{만원} = 25\text{만원}$$

위험회피형 효용함수의 확실성등가부는 기대수익보다 작기 때문에 위험프리미엄은 0보다 크다. 위험프리미엄은 화폐단위로 측정하며 이 값이 클수록 위험회피도가 크며, 이 값이 작을수록 위험회피도가 작다는 것을 의미한다.

투자자의 위험에 대한 태도를 정리하면 다음과 같다.

- 위험회피형 투자자 : $E(W) > CEW$ ➠ 위험 프리미엄 > 0
- 위험중립형 투자자 : $E(W) = CEW$ ➠ 위험 프리미엄 = 0
- 위험선호형 투자자 : $E(W) < CEW$ ➠ 위험 프리미엄 < 0

② 일반적 위험회피척도

일반적 위험회피척도(GRM: measure of general risk aversion)란 기대수익의 효용 에서 기대효용을 차감한 값으로 다음과 같이 정의한다.

$$GRM = U[E(W)] - E[U(W)] \qquad (6.5)$$

$U[E(W)] = \sqrt{250} = 15.81$ 이며 $U = \sqrt{W}$ 의 GRM은 다음과 같이 계산된다.

$$GRM = 15.81 - 15 = 0.81$$

위험회피형 효용함수의 기대효용은 기대수익의 효용보다 작기 때문에 GRM은 0보다 크다. GRM은 효용단위로 측정하며 이 값이 클수록 위험회피도가 크며, 이 값이 작을수록 위험회피도가 작다는 것을 의미한다.

투자자의 위험에 대한 태도를 정리하면 다음과 같다.

- 위험회피형 투자자 : $U[E(W)] > E[E(W)]$ ➠ $GRM > 0$
- 위험중립형 투자자 : $U[E(W)] = E[E(W)]$ ➠ $GRM = 0$
- 위험선호형 투자자 : $U[E(W)] < E[E(W)]$ ➠ $GRM < 0$

③ 최대한의 보험료(갬블코스트)

최대한의 보험료 또는 갬블코스트(gamble cost)는 손실 전액을 보상해주는 보험이 존재한다면 투자자들이 지불할 용의가 있는 최대한의 보험료이다. 갬블코스트는 게임(투자)에 참여하기 이전에 보유하고 있는 부에서 게임(투자)갬블에 참여함으로써 얻게 되는 확실성등가부를 차감하여 다음과 같이 측정한다.

$$\text{최대한의 보험료(gamble cost)} = \text{현재의 부} - CEW \qquad (6.6)$$

$U=\sqrt{W}$의 게임 참가전의 부가 0인 경우 최대한의 보험료는 다음과 같다.

$$\text{최대한의 보험료} = 0\text{원} - 225\text{만원} = -225\text{만원}$$

따라서 복권을 얻기 위하여 지불할 수 있는 최대금액은 225만원이다.
최대한의 보험료의 부호는 다음과 같은 의미가 있다.

- 최대한의 보험료(gamble cost) > 0 ➠ 게임에 참여하지 않는다.
- 최대한의 보험료(gamble cost) < 0 ➠ 게임에 참여한다.

④ 무차별곡선

무차별곡선은 기대수익을 Y축, 위험(σ)을 X축의 평면에 나타낸 것이다. 위험회피형 투자자는 기대수익은 재화, 위험은 비재화이기 때문에 무차별곡선은 우상향하는 형태를 보인다. 즉, 위험회피형 투자자는 위험이 추가될수록 단위당 위험에 대해서 더 높은 보상을 원하기 때문에 체증적으로 증가한다. 무차별곡선이 왼쪽으로 이동하면 효용수준이 증가하며, 오른쪽으로 이동하면 효용수준이 감소함을 의미한다.

(2) 위험선호형

위험선호형(risk lover)투자자란 불확실성이 내포된 자산을 동일한 기대수익의 확실한 자산보다 더 선호하는 투자자를 의미한다. 이들의 효용함수는 아래로 볼록한 형태이므로 소득이 증가할 때 효용은 체증적으로 증가한다. 이들의 효용함수와 무차별곡선을 그림으로 나타내면 [그림 6-1] 및 [그림 6-2]와 같다.

① 위험프리미엄

위험선호형 효용함수의 확실성등가부는 기대수익보다 크기 때문에 위험프리미엄은 0보다 작다.

- 위험선호형 투자자 : $E(W) < CEW$ ➠ 위험 프리미엄 < 0

② 일반적 위험회피척도

위험선호형 효용함수의 기대효용은 기대수익의 효용보다 크기 때문에 GRM은 0보다 작다.

• 위험선호형 투자자 : $U[E(W)] < E[U(W)]$ ➠ $GRM < 0$

③ **무차별곡선**

위험선호형 투자자는 기대수익은 재화, 위험은 재화이기 때문에 무차별곡선은 우하향하는 형태를 보인다. 위험선호형 투자자는 위험이 1단위 증가시키기 위하여 감소시켜야 하는 기대수익이 체감적으로 감소하기 때문에 원점에 대해 볼록하다. 무차별곡선이 원점에서 멀어지면 효용수준이 증가하는 것을 의미한다.

(3) 위험중립형

위험중립형(risk neutral)투자자란 불확실성이 내포된 자산과 동일한 기대수익의 확실한 자산을 무차별하게 평가하는 투자자를 의미한다. 이들의 효용함수는 직선의 형태로 소득이 증가할 때 효용은 비례적으로 증가한다. 이들의 효용함수와 무차별곡선을 그림으로 나타내면 [그림 6-1] 및 [그림 6-2]와 같다.

① **위험프리미엄**

위험중립형 효용함수의 확실성등가부와 기대수익은 동일하기 때문에 위험프리미엄은 0이다.

• 위험중립형 투자자 : $E(W) = CEW$ ➠ 위험 프리미엄 $= 0$

② **일반적 위험회피척도**

위험중립형 효용함수의 기대효용과 기대수익의 효용이 동일하기 때문에 GRM은 0이다.

• 위험중립형 투자자 : $U[E(W)] = E[U(W)]$ ➠ $GRM = 0$

③ **무차별곡선**

위험중립형 투자자는 기대수익은 재화, 위험은 중립재이기 때문에 무차별곡선은 수평의 형태를 보인다. 위험중립형 투자자는 위험이 추가되어도 단위당 위험에 요구하는 보상은 없다. 무차별곡선이 위쪽으로 이동할수록 효용수준이 증가하는 것을 의미한다.

예제 6-2

동전을 던져서 앞면이 나오면 3,600만원을 지급하고 뒷면이 나오면 1,600만원을 지급하는 게임이 있다.

(1) 투자자의 부(W)에 대한 효용함수가 $U(W)=\sqrt{W}$이라면 이 투자자의 위험프리미엄은 얼마인가?
(2) 투자자의 부(W)에 대한 효용함수가 $U(W)=2\times W$이라면 이 투자자의 위험프리미엄은 얼마인가?
(3) 투자자의 부(W)에 대한 효용함수가 $U(W)=W^2$이라면 이 투자자의 위험프리미엄은 얼마인가?

풀이

(1) 위험회피형 투자자의 위험프리미엄은 (+)이다.
확실성등가부는 기대효용과 동일한 수준의 효용을 주는 확실한 부(W)이다.

$$E(U(W))=0.5\times\sqrt{1,600}+0.5\times\sqrt{3,600}=50$$

$$50=\sqrt{CEW} \Rightarrow CEW=2,500\text{ 만원}$$

위험프리미엄은 기대수익에서 확실성등가부를 차감한 값이다.

$$E(W)=(0.5\times3,600)+(0.5\times1,600)=2,600\text{만원}$$

$$\text{위험프리미엄}=E(W)-CEW=2,600-2,500=+100\text{ 만원}$$

(2) 위험중립형 투자자의 위험프리미엄은 0이다.

$$E(U(W))=0.5\times2\times1,600+0.5\times2\times3,600=5,200$$

$$5,200=2\times CEW \Rightarrow CEW=2,600\text{ 만원}$$

$$\text{위험프리미엄}=E(W)-CEW=2,600-2,600=0$$

(3) 위험선호형 투자자의 위험프리미엄은 (−)이다.

$$E(U(W))=0.5\times1,600^2+0.5\times3,600^2=7,760,000$$

$$7,760,000=CEW^2 \Rightarrow CEW=2,786\text{ 만원}$$

$$\text{위험프리미엄}=E(W)-CEW=2,600-2,786=(-)186\text{ 만원}$$

예제 6-3

효용함수가 $U(W) = \sqrt{W}$이고 현재 100만원을 갖고 있는 투자자에게 100만원을 얻을 확률이 10%, 1,000만원을 얻을 확률이 90%인 게임에 참여할 기회가 주어졌다.

(1) 참여할 경우의 기대되는 부와 효용의 수준은 각각 얼마인가?
(2) 이 투자자의 GRM을 산출하여 위험에 대한 태도를 판단하라.
(3) 보험료 20만원을 지급하고 보험에 가입하면 위험이 완전히 제거된다고 한다. 이 보험에 가입할 것인가?
(4) 갬블코스트를 산출하고 그 의미를 설명하라.

풀이

(1) 기대되는 부 : $E(W) = \sum p_i \times W_i = 0.1 \times 200 + 0.9 \times 1100 = 1010$만원

기대되는 효용 : $E(U) = \sum p_i \times U_i = 0.1 \times \sqrt{200} + 0.9 \times \sqrt{1100} = 31.26$

(2) $GRM = U[E(W)] - E(U) = \sqrt{1010} - 31.26 = 0.52$

➠ $GRM > 0$이므로 위험회피적 투자자이다.

(3) 확실성등가부 : $CEW = 31.26^2 = 977.19$

위험프리미엄 : $RP = E(W) - CEW = 1{,}010 - 977.19 = 32.81$만원

➠ $RP > 0$이므로 위험회피적 투자자이다.

보험료(20만원)가 위험프리미엄보다 작으므로 보험에 가입한다.

(4) gamble cost = 현재의 부 $-$ CEW

$= 100$만원 $- 977.19$만원 $= -877.19$만원

➠ gamble cost < 0이므로 게임에 참가한다.

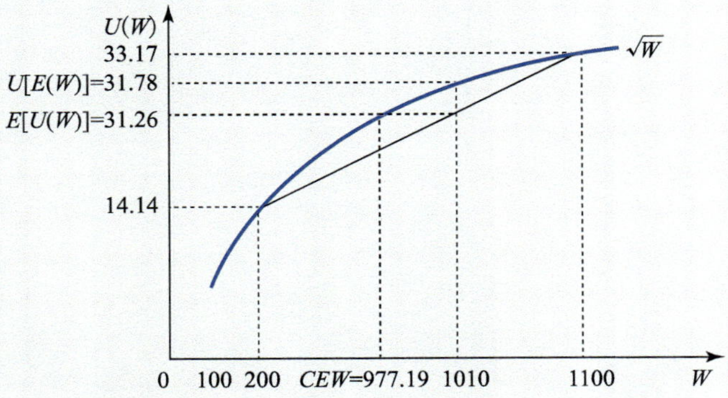

(4) 투자자의 자산 선택

다음 상황에서 투자자들의 위험에 대한 태도에 따라 어떤 기준으로 주식을 선택하는지 살펴보자.

	A	B	C	D
기대수익률	10%	10%	15%	15%
표준편차	10%	15%	10%	15%

① 위험회피형

위험회피형 투자자는 효용을 극대화하기 위하여 주식 C를 선택할 것이다. 위험회피형 투자자는 기대수익률이 같으면 위험이 작은 주식을 선택하기 때문에 주식 A와 주식 C를 선택하며, 위험이 같으면 기대수익률이 큰 주식을 선택하기 주식 C를 선택하게 된다.

② 위험중립형

위험중립형 투자자는 효용을 극대화하기 위하여 주식 C 또는 주식 D를 선택할 것이다. 위험중립형 투자자는 위험과 관계없이 기대수익률이 큰 주식을 선택하기 때문이다.

③ 위험선호형

위험선호형 투자자는 기대수익률이 같으면 위험이 큰 주식을 선택하기 때문에 주식 B와 주식 D를 선택하며, 위험이 같으면 기대수익률이 큰 주식을 선택하기 주식 D를 선택하게 된다.

제 3 절 위험의 측정

제3절에서는 개별주식의 기대수익률과 위험을 먼저 살펴보고 제4절에서 여러 개의 개별주식을 모아놓은 포트폴리오의 기대수익률과 위험의 관계를 살펴본다.

1. 기대수익률과 위험의 측정

(1) 수익률

대표적인 위험투자안인 주식에 한 기간 동안 투자하는 경우 수익률은 다음 식과 같이 나타낼 수 있다.

$$R_t = \frac{(P_t - P_{t-1}) + D_t}{P_{t-1}} \tag{6.7}$$

단, P_{t-1} : t 기 초의 주가
P_t : t 기 말의 주가
D_t : t 기의 배당
R_t : t 기의 수익률

예를 들어 투자자가 삼성전자 주식 1주를 기초에 50,000원에 매입하여, 그 가격이 기말에 53,000원이 되었으며, 배당으로 1,000원을 지급받았다면 1년 동안의 주식의 수익률은 8%가 된다.

$$R = \frac{1,000 + (53,000 - 50,000)}{50,000} = 8\%$$

(2) 기대수익률

기대수익률(expected return, $E(R_i)$은 미래 상황별 수익률 확률분포의 평균값으로 다음 식과 같이 나타낼 수 있다.

$$E(R_i) = \sum p_i \cdot R_i \tag{6.8}$$

예를 들어 경기가 호황인 경우 주식의 수익률이 8%이고, 경기가 불황인 경우 주식의 수익률이 4%이며, 호황과 불황의 발생확률은 각각 0.5인 경우 주식의 기대수익률은 6%가 된다.

$$E(R_i) = 0.5 \times 8\% + 0.5 \times 4\% = 6\%$$

(3) 위험의 측정

위험(risk)이란 미래현금흐름의 변동가능성(variability)으로 주식투자가 가지는 투자위험은 실제수익률과 기대수익률과 얼마나 많이 차이가 날 수 있는가를 의미한다. 통계학에서 위험을 측정하는 방법은 범위, 평균절대편차, 분산, 표준편차 등 여러 가지 방법이 있지만 마코위츠 포트폴리오 이론에서 사용하는 수익률 확률분포의 분산(variance), 또는 표준편차(standard deviation)를 위험을 측정하는 방법으로 이용한다.

미래 수익률의 확률분포가 주어져 있을 때 수익률과 기대수익률의 차이를 편차라고 하며 분산(variance)은 편차를 제곱하여 수익률 확률분포의 확률로 평균한 값이다. 분산은 다음 식과 같이 나타낼 수 있다.

$$\begin{aligned} Var(R_i) = \sigma_i^2 &= \sum p_i \cdot [R_i - E(R_i)]^2 \ : \ \text{편차제곱의 평균} \\ &= E(R_i^2) - [E(R_i)]^2 \ : \ \text{제곱의 평균} - \text{평균의 제곱} \end{aligned} \tag{6.9}$$

표준편차 σ는 분산의 양의 제곱근을 구한 것으로, 분산을 수익률과 단위가 같도록 표준화한 값이라고 할 수 있다.

$$\sigma_i = \sqrt{Var(R_i)} = \sqrt{\sigma_i^2}$$

예를 들어 경기가 호황인 경우 주식의 수익률이 8%이고, 경기가 불황인 경우 주식의 수익률이 4%이며, 호황과 불황의 발생확률은 각각 0.5인 경우 주식의 표준편차는 2%가 된다.

$$Var(R_i) = \sigma_i^2 = 0.5 \times (8-6)^2 + 0.5 \times (4-6)^2 = 4\%^2$$

$$\sigma_i = \sqrt{4} = 2\%$$

2. 평균-분산 모형

(1) 지배원리와 효율적 자산

어떤 투자대상이 정규분포를 이룬다면 투자대상 수익률의 전체 확률분포를 이용하지 않고 투자대상의 평균(기대수익률)과 분산의 두 요인에 의거하여 투자결정을 하는 모형을 평균-분산기준(mean-variance criterion)이라고 한다. 평균-분산기준에 따르면 위험회피형 투자자는 기대수익률이 같으면 위험이 작은 주식을 선택하고, 위험이 같으면 기대수익률이 높은 주식을 선택한다. 이러한 선택기준을 가리켜 지배원리(dominance prin- ciple)라고 하며, 지배원리에 의하여 선택된 주식을 효율적이라고 한다.

다음 상황에서 위험회피형의 투자자가 지배원리의 기준으로 어떤 주식을 선택하는지 살펴보자.

	A	B	C	D
기대수익률	15%	20%	10%	20%
표준편차	5%	10%	5%	15%

투자자는 위험이 같으면 기대수익률이 큰 주식을 선택하기 때문에 주식 C와 주식 A 중 주식 A를 선택할 것이다. 또한 투자자자는 기대수익률이 같으면 위험이 작은 주식을 선택하기 때문에 주식 B와 주식 D 중 주식 B를 선택할 것이다. 이 때 주식 A와 주식 B는 지배원리에 의한 선택된 효율적 주식이며, 주식 C와 주식 D는 지배원리에 의한 선택되지 못한 비효율적 주식이 된다.

(2) 무차별곡선과 최적 자산의 선택

A주식과 B주식은 지배원리에 의하여 선별된 효율적 주식이며 이 중에 투자자는 효용을 극대화할 수 있는 주식을 선택한다.

그리고 위험회피적인 투자자의 무차별곡선은 우상향하는 형태이며 기울기가 클수록 위험회피도가 큰 투자자이며, 기울기가 작을수록 위험회피도가 작은 투자자이다.

무차별곡선의 기울기가 큰 투자자는 주식A가 주식B보다 더 큰 효용을 주기 때문에 주식A를 선택한다. 또 무차별곡선의 기울기가 작은 투자자는 주식B가 주식A보다 더 큰 효용을 주기 때문에 주식B를 선택한다. 이처럼 투자대상과 무차별곡선이 만나는 점 중에서 가장 큰 효용을 주는 투자대상을 최적 투자대상이라고 한다.

(3) 분리정리

최적 투자안의 선택은 두 단계를 거쳐 이루어진다.

1단계 : 지배원리를 따라서 효율적 주식을 찾는 단계
2단계 : 효용을 극대화하도록 효율적 주식과 무차별곡선이 만나는 점을 찾는 단계

이렇게 두 단계로 분리된 최적투자안의 선택과정을 분리정리하고 한다. .

예제 6-4

다음과 같은 세 가지 주식의 수익률의 확률분포를 가정하자.

	확률	A	B	C
호황	0.5	6%	8%	9%
불황	0.5	6%	4%	5%

(1) 각 주식의 기대수익률을 구하시오.
(2) 각 주식의 위험을 수익률의 분산으로 측정하시오.
(3) 각 주식의 위험을 수익률의 표준편차로 측정하시오.
(4) 지배원리에 의하여 효율적 주식을 선택하시오.

풀이

(1) 기대수익률은 주식으로부터 얻게 되는 수익률의 확률분포 평균값이다.

$$E(R) = \sum p_i \times R_i$$

$$E(R_A) = 0.5 \times 6 + 0.5 \times 6 = 6\%$$

$$E(R_B) = 0.5 \times 8 + 0.5 \times 4 = 6\%$$

$$E(R_C) = 0.5 \times 9 + 0.5 \times 5 = 7\%$$

(2) 분산은 수익률 편차 제곱의 확률분포 평균값이다.

$$Var(R) = \sum p_i \times (R_i - E(R))^2$$

$$Var(R_A) = 0.5 \times (6-6)^2 + 0.5 \times (6-6)^2 = 0$$

$$Var(R_B) = 0.5 \times (8-6)^2 + 0.5 \times (4-6)^2 = 4$$

$$Var(R_C) = 0.5 \times (9-7)^2 + 0.5 \times (5-7)^2 = 4$$

(3) 표준편차는 분산의 양의 제곱근을 구한 것이다.

$$\sigma = \sqrt{Var(R)}$$

$$\sigma_A = \sqrt{0} = 0\%$$

$$\sigma_B = \sqrt{4} = 2\%$$

$$\sigma_C = \sqrt{4} = 2\%$$

(4) 지배원리

A는 B와 기대수익률이 동일하지만 위험이 더 적기 때문에 A는 효율적, B는 비효율적
C는 B와 위험이 동일하지만 기대수익률이 더 크기 때문에 C는 효율적, B는 비효율적
C는 A보다 위험이 더 크지만 기대수익률이 더 크기 때문에 두 주식 모두 효율적
➠ B는 비효율적 주식, A와 C는 효율적 주식

☞ 위험회피도가 높은 투자자는 A가 최적, 위험회피도가 낮은 투자자는 C가 최적

제 4 절 포트폴리오 선택이론

1. 통계적 연산법칙

포트폴리오의 기대수익률, 분산 및 공분산을 계산하기 위해서는 통계학에서 사용하는 다음의 연산법칙을 알아야 한다. 아래의 식에서 a, b, c, d는 상수이고 X, Y, Z는 확률변수라고 가정한다.

(1) 기대수익률의 연산법칙

① $E(a) = a$

상수의 기댓값은 상수이다.

② $E(aX) = aE(X)$

확률변수에 상수를 곱한 변수의 기댓값은 확률변수의 기댓값에 상수를 곱한 값이다.

③ $E(aX + bY) = aE(X) + bE(Y)$

확률변수의 합의 기댓값은 각 확률변수의 기댓값의 합과 같다.

➠ 이 연산법칙은 포트폴리오의 기대수익률 공식에 적용한다.

(2) 분산의 연산법칙

① $Var(a) = 0$

상수의 분산은 0이다. (상수는 편차가 없기 때문이다.)

➠ 이 연산법칙은 무위험자산의 분산=0에 적용한다.

② $Var(aX) = a^2 Var(X)$

확률변수에 상수를 곱한 변수의 분산은 변수의 분산에 상수의 제곱을 곱한 값이다.

③ $Var(aX + bY) = a^2 Var(X) + b^2 Var(Y) + 2ab\, Cov(X, Y)$

확률변수의 합의 분산은 공분산의 분배법칙을 적용한 값이다.

➠ 이 연산법칙은 포트폴리오의 분산 공식에 적용한다.

(3) 공분산의 연산법칙

① $Cov(a, X) = 0$

상수와 확률변수의 공분산은 0이다. (상수는 편차가 없기 때문이다.)

➠ 이 연산법칙은 무위험자산과 위험자산의 공분산=0에 적용한다.

② $Cov(aX,\ bY) = ab\ Cov(X,\ Y)$

확률변수에 상수를 곱한 두 확률변수의 공분산은 두 변수의 공분산에 상수를 곱한 값이다.

③ $Cov(aX,\ bY + cZ) = ab\ Cov(X,\ Y) + ac\ Cov(X, Z)$

확률변수와 확률변수간의 합의 공분산은 분배법칙이 적용된다.

➠ 이 연산법칙은 개별주식과 포트폴리오의 공분산 계산에 적용한다.

④ $Cov(aX + bY,\ cX + dY) = ac\ Var(X) + bd\ Var(Y) + (ad + bc)Cov(X,\ Y)$

확률변수간의 합과 확률변수간의 합의 공분산은 분배법칙이 적용된다.

➠ 이 연산법칙은 포트폴리오와 포트폴리오의 공분산 계산에 적용한다.

⑤ $Cov(X, X) = Var(X)$

같은 확률변수의 공분산은 분산이다. (같은 편차의 곱이 편차의 제곱이기 때문이다.)

(4) 공분산 행렬

공분산행렬은 여러 개의 변수를 동시에 고려할 때 변수 사이의 공분산을 요소로 구성된 행렬을 말하며 공븐산 연산법칙을 공분산행렬로 다음과 같이 산출한다.

① $Cov(aX,\ bY + cZ) = ab\ Cov(X,\ Y) + ac\ Cov(X, Z)$

	bY	cZ
aX	$ab\ Cov(X,\ Y)$	$ac\ Cov(X, Z)$

② $Cov(aX + bY,\ cX + dY) = ac\ Var(X) + bd\ Var(Y) + (ad + bc)Cov(X,\ Y)$

	cX	dY
aX	$ac\ Var(X)$	$ad\ Cov(X,\ Y)$
bY	$bc\ Cov(X,\ Y)$	$bd\ Var(Y)$

③ $Var(aX+bY)=a^2 Var(X)+b^2 Var(Y)+2ab\,Cov(X,Y)$

	aX	bY
aX	$a^2 Var(X)$	$ab\,Cov(X,Y)$
bY	$ab\,Cov(X,Y)$	$b^2 Var(Y)$

2. 2개의 주식으로 구성된 포트폴리오

(1) 기대수익률과 위험

주식1과 주식2에 각각 w_1과 w_2의 비율로 투자한 포트폴리오를 P라고 하자. 포트폴리오 P의 수익률을 R_p라고 하면 다음과 같이 정의한다.

$$R_p = w_1 R_1 + w_2 R_2 \quad (\text{단, } w_1 + w_2 = 1)$$

포트폴리오 P의 기대수익률은 개별주식 기대수익률에 투자비율을 곱하여 더한 가중평균값이 되며, 기대수익률 연산법칙을 적용하면 다음과 같이 계산된다.

$$E(aX+bY)=aE(X)+bE(Y)$$

$$E(R_p)= w_1 E(R_1)+ w_2 E(R_2) \tag{6.10}$$

포트폴리오 P의 위험(분산)은 분산의 연산법칙을 이용하면 다음과 같은 식으로 산출한다.

$$Var(aX+bY)=a^2 Var(X)+b^2 Var(Y)+2ab\,Cov(X,Y)$$

$$Var(R_p)=\sigma_p^2 = w_1^2\sigma_1^2 + w_2^2\sigma_2^2 + 2w_1 w_2 \sigma_{12} \tag{6.11}$$

포트폴리오 P의 기대수익률은 두 자산에 대한 투자비율을 조정함으로써 변한다. 즉, 포트폴리오의 기대수익률은 식 (6.10)에서 보듯이 투자비율에 따른 1차 함수의 형태가 된다. 하지만 포트폴리오의 분산은 식 (6.11)에서 보듯이 투자비율의 함수인 동시에 두 자산의 공분산의 크기에 의해 영향을 받는다.

[그림 6-3] 두 주식으로 구성된 포트폴리오의 위험과 공분산 행렬

	주식 1	주식 2
주식 1	$w_1 w_1 \sigma_{11}$ $= w_1^2 \sigma_1^2$	$w_1 w_2 \sigma_{12}$
주식 2	$w_2 w_1 \sigma_{21}$	$w_2 w_2 \sigma_{22}$ $= w_2^2 \sigma_2^2$

(2) 공분산

식 (6.11)에서 나타나는 σ_{12}는 주식1과 주식2의 공분산으로 $Cov(R_1, R_2)$로 표시하기도 한다. 공분산(covariance)은 두 주식의 수익률의 상관성 방향과 정도를 측정한 것으로 두 주식의 편차를 곱하여 수익률 확률분포의 확률로 평균한 값이다. 공분산은 다음 식으로 산출한다.

$$\sigma_{12} = Cov(R_1 \cdot R_2) = E[(R_1 - E(R_1)) \cdot (R_2 - E(R_2))] \tag{6.12}$$

두 주식의 수익률이 평균적으로 같은 방향으로 움직이면 공분산은 +값을 갖게 되며, 두 주식의 수익률이 평균적으로 반대방향으로 움직이면 공분산은 −값을 갖게 된다. 공분산은 편차의 절대적 크기에 따라 영향을 받기 때문에 단위조정이 안 되어 있는 문제점과 크기의 상호비교가 안 되는 문제점이 있다. 이러한 공분산의 문제점을 해결하기 위하여 두 변수의 상관성을 표준화한 상관계수를 이용한다.

(3) 상관계수

상관계수(correlation coefficient)는 공분산을 각 변수의 표준편차의 곱으로 나누어서 표준화시킨 값이다. 상관계수는 ρ(rho)로 나타내며 다음과 같이 정의된다.

$$\rho_{12} = \frac{\sigma_{12}}{\sigma_1 \sigma_2} \tag{6.13}$$

상관계수는 $-1 \leq \rho_{12} \leq +1$의 범위를 가지며, 공분산이 가지는 문제를 해결해 주며, 두 주식 수익률의 선형상관관계의 정도를 나타내 준다.

- 상관계수 = +1 : 완전한 정의 상관관계
- 상관계수 = −1 : 완전한 부의 상관관계
- 상관계수 = 0 : 상관되어 있지 않음

식 (6.13)을 식 (6.11)에 대입하면 포트폴리오의 분산은 다음과 같이 계산된다.

$$\rho_{12} = \frac{\sigma_{12}}{\sigma_1\sigma_2} \Rightarrow \sigma_{12} = \sigma_1\sigma_2\rho_{12}$$

$$Var(R_p) = \sigma_p^2 = w_1^2\sigma_1^2 + w_2^2\sigma_2^2 + 2w_1w_2\rho_{12}\sigma_1\sigma_2 \qquad (6.14)$$

예제 6-5

다음은 경기상황에 따른 1년 후에 예상되는 투자수익률이다.

상황	확률	S전자	H자동차	국채
호황	0.5	20%	15%	5%
불황	0.5	10%	11%	5%

(1) 각 금융자산의 기대수익률의 분산과 표준편차는 각각 얼마인가?
(2) S전자 주식과 H자동차 주식의 수익률의 공분산과 상관계수는 각각 얼마인가?
(3) 1,000만원을 보유한 투자자가 700만원을 S전자에 투자하고 나머지 300만원을 H자동차에 투자한 경우 투자자의 보유자금 1,000만원의 수익률의 분산과 표준편차는 얼마인가?

풀이

(1) 개별자산의 위험

S전자 주식 수익률의 위험

$$Var(R_S) = 0.5 \times [20-15]^2 + 0.5 \times [10-15]^2 = 25\%^2 \Rightarrow \sigma_S = \sqrt{25} = 5\%$$

H자동차 주식 수익률의 위험

$$Var(R_H) = 0.5 \times [15-13]^2 + 0.5 \times [11-13]^2 = 4\%^2 \Rightarrow \sigma_H = \sqrt{4} = 2\%$$

(2) 공분산과 상관계수

$$Cov(R_S, R_H) = \sigma_{SH}$$
$$= 0.5 \times [20-15] \times [15-13] + 0.5 \times [10-15] \times [11-13]$$
$$= 10\%^2 = 0.001$$

$$\rho_{SH} = \frac{Cov(R_S, R_H)}{\sigma_S \times \sigma_H} = \frac{10}{5 \times 2} = +1$$

(3) 포트폴리오의 위험

$$R_P = 0.7 \times R_S + 0.3 \times R_H$$

$$Var(R_p) = 0.7^2 \times 25 + 0.3^2 \times 4 + 2 \times 0.7 \times 0.3 \times 10 = 16.81\%^2 = 0.001681$$

➡ $\sigma_p = \sqrt{16.81} = 4.1\%$

예제 6-6

주식시장에 상장된 주식A와 주식B의 향후 예상되는 연도별 수익률은 다음과 같다.

	주식A	주식B
20×1년	45%	10%
20×2년	−10%	20%
20×3년	10%	0%

위 자료에 근거하여 다음 각 물음에 답하시오.

(1) 주식A와 주식B의 표준편차를 결정하시오.

(2) 주식A와 주식B의 공분산 및 상관계수를 결정하시오.

(3) 주식A에 30%투자하고 주식B에 70%투자한 포트폴리오의 기대수익률과 표준편차를 구하시오.

(4) 주식A에 80%투자하고 주식B에 20%투자한 포트폴리오의 기대수익률과 표준편차를 구하시오.

(5) 주식A를 120%매수하고 주식B를 20% 공매도한 포트폴리오의 기대수익률과 표준편차를 구하시오.

풀이

(1) 개별주식의 기대수익률

$$E(R_A) = \frac{45 - 10 + 10}{3} = 15\%$$

$$E(R_B) = \frac{10 + 20 + 0}{3} = 10\%$$

개별주식의 분산 및 표준편차

$$Var(R_A)=\frac{(45-15)^2+(-10-15)^2+(10-15)^2}{3}=516.7\rightarrow\sigma_A=\sqrt{516.7}=22.7\%$$

$$Var(R_B)=\frac{(10-10)^2+(20-10)^2+(0-10)^2}{3}=66.7\rightarrow\sigma_B=\sqrt{66.7}=8.16\%$$

(2) 공분산은 편차와 편차 곱의 평균이다.

$$Cov(R_A,R_B)=\sigma_{AB}=\frac{(30\times 0)+(-25\times 10)+(-5\times -10)}{3}=-66.7=-0.0067$$

상관계수는 공분산을 개별주식의 표준편차의 곱으로 나눈다.

$$\rho_{AB}=\frac{-66.7}{22.7\times 8.16}=-0.36$$

(3) 포트폴리오의 정의

$$R_p=0.3\times R_A+0.7\times R_B$$

포트폴리오의 기대수익률

$$E(R_p)=0.3\times 15\%+0.7\times 10\%=11.5\%$$

포트폴리오의 분산 및 표준편차

$$Var(R_p)=0.3^2\times 516.7+0.7^2\times 66.7+2\times 0.3\times 0.7\times -66.7=51.17\rightarrow\sigma_p=\sqrt{51.17}=7.15\%$$

(4) 포트폴리오의 정의

$$R_p=0.8\times R_A+0.2\times R_B$$

포트폴리오의 기대수익률

$$E(R_p)=0.8\times 15\%+0.2\times 10\%=14\%$$

포트폴리오의 분산 및 표준편차

$$Var(R_p)=0.8^2\times 516.7+0.2^2\times 66.7+2\times 0.8\times 0.2\times -66.7=312\rightarrow\sigma_p=\sqrt{312}=17.66\%$$

(5) 포트폴리오의 정의

$$R_p=1.2\times R_A+(-0.2)\times R_B$$

☞ 공매도를 하는 개별주식의 가중치는 (-)이다.

포트폴리오의 기대수익률

$$E(R_p)=1.2\times 15\%+(-0.2)\times 10\%=16\%$$

포트폴리오의 분산 및 표준편차

$$Var(R_p)=1.2^2\times 516.7+(-0.2)^2\times 66.7+2\times 1.2\times(-0.2)\times -66.7=778.7$$

$$\rightarrow\sigma_p=\sqrt{778.7}=27.9\%$$

예제 6-7

주식 1과 주식 2의 기대수익률과 표준편차는 다음과 같다.

	주식 1	주식 2
기대수익률	10%	20%
표준편차	10%	20%

투자자 K는 주식 1에 70%, 주식 2에 30%를 투자하여 포트폴리오를 구성하려고 한다.

(1) 포트폴리오의 기대수익률을 구하시오.
(2) 두 주식 수익률간의 상관계수가 0.8인 경우 포트폴리오의 위험을 구하시오.
(3) 두 주식 수익률간의 상관계수가 0인 경우 포트폴리오의 위험을 구하시오.
(4) 두 주식 수익률간의 상관계수가 −0.8인 경우 포트폴리오의 위험을 구하시오.

풀이

(1) 포트폴리오의 기대수익률은 개별주식의 기대수익률을 투자비율로 가중평균 한 값이다.

$$E(R_p) = w_1 \times E(R_1) + w_2 \times E(R_2)$$

$$E(R_p) = 0.7 \times 10 + 0.3 \times 20 = 13\%$$

(2) 상관계수가 0.8인 경우 포트폴리오의 분산 및 표준편차

$$\sigma_p^2 = w_1^2\sigma_1^2 + w_2^2\sigma_2^2 + 2w_1w_2\sigma_{12}$$

$$= (0.7 \times 10)^2 + (0.3 \times 20)^2 + 2 \times 0.7 \times 0.3 \times 10 \times 20 \times 0.8 = 152.2(\%^2)$$

$$\sigma = \sqrt{\sigma^2} = \sqrt{152.2} = 12.34(\%)$$

(3) 상관계수가 0인 경우 포트폴리오의 분산 및 표준편차

$$\sigma_p^2 = (0.7 \times 10)^2 + (0.3 \times 20)^2 + 2 \times 0.7 \times 0.3 \times 10 \times 20 \times 0 = 85(\%^2)$$

$$\sigma = \sqrt{\sigma^2} = \sqrt{85} = 9.22(\%)$$

☞ 두 주식의 상관계수가 0.8에서 0으로 감소하면 포트폴리오의 기대수익률은 동일하게(13%) 유지하면서 포트폴리오의 위험이 12.34%에서 9.22%로 감소하여 더 효율적인 포트폴리오가 되었다.

(4) 상관계수가 −0.8인 경우 포트폴리오의 분산 및 표준편차

$$\sigma_p^2 = (0.7 \times 10)^2 + (0.3 \times 20)^2 + 2 \times 0.7 \times 0.3 \times 10 \times 20 \times (-0.8) = 17.8(\%^2)$$

$$\sigma = \sqrt{\sigma^2} = \sqrt{17.8} = 4.22(\%)$$

☞ 두 주식의 상관계수가 0에서 −0.8로 감소하면 포트폴리오의 기대수익률은 동일하게(13%) 유지하면서 포트폴리오의 위험이 9.22%에서 4.22%로 감소하여 더 효율적인 포트폴리오가 되었다.

(4) 개별주식과 포트폴리오의 공분산

2개의 주식으로 구성된 포트폴리오와 개별주식과의 공분산은 공분산의 연산법칙을 이용하여 다음과 같이 구한다.

$$Cov(aX+bY, X) = a\,Var(X) + b\,Cov(X, Y)$$

주식1과 포트폴리오와 공분산

$$\sigma_{p1} = Cov(R_p, R_1) = Cov(w_1R_1 + w_2R_2, R_1) = w_1\sigma_1^2 + w_2\sigma_{12} \qquad (6.15)$$

2개의 주식으로 구성된 포트폴리오의 분산은 공분산의 연산법칙을 이용하여 다음과 같이 구한다.

$$\sigma_p^2 = Cov(R_p, R_p) = Cov(w_1R_1 + w_2R_2, R_p) = w_1\sigma_{p1} + w_2\sigma_{p2} \qquad (6.16)$$

(5) 상관계수와 포트폴리오 효과

두 주식으로 구성된 포트폴리오 기대수익률은 식 (6.10)에서 살펴본 것처럼 두 주식 수익률의 상관계수와는 관계가 없으며 투자비율의 함수이다. 하지만 두 주식으로 구성된 포트폴리오의 위험인 분산은 투자비율의 함수인 동시에 포트폴리오를 구성하는 두 주식의 상관계수에 의해 영향을 받는다. 즉, 두 주식 수익률의 상관계수가 값이 작으면 작을수록 포트폴리오의 위험인 분산의 크기는 감소한다. 따라서 두 주식의 수익률의 상관관계의 변화가 포트폴리오 분산에 어떤 영향을 주는지 살펴보자.

① $\rho_{12} = +1$

두 주식 수익률의 상관계수가 1인 경우 두 주식으로 구성된 포트폴리오의 분산 및 표준편차는 다음과 같다.

$$\sigma_p^2 = w_1^2\sigma_1^2 + w_2^2\sigma_2^2 + 2w_1w_2\rho_{12}\sigma_1\sigma_2 = w_1^2\sigma_1^2 + w_2^2\sigma_2^2 + 2w_1w_2\sigma_1\sigma_2$$

$$\sigma_p = \sqrt{(w_1\sigma_1 + w_2\sigma_2)^2} = w_1\sigma_1 + w_2\sigma_2 \qquad (6.17)$$

두 주식의 상관계수가 1이면 포트폴리오의 위험이 기대수익률의 경우와 같이 각 주식의 위험을 가중 평균한 값이 된다. 현실적으로 두 주식은 서로 완전상관관계가 아니기 때문에 포트폴리오의 위험은 식 (6.17)보다 작게 된다. 따라서 식 (6.17)과 포트폴리오 위험의 차이를 포트폴리오효과, 분산효과 또는 위험감소효과라라고 한다. 따라서 두 주식의 상관계수가 1이면 포트폴리오 효과 또는 분산효과는 없다.

② $\rho_{12}=0$

두 주식 수익률의 상관계수가 0인 경우 두 주식으로 구성된 포트폴리오의 분산 및 표준편차는 다음과 같다.

$$\sigma_P^2 = w_1^2\sigma_1^2 + w_2^2\sigma_2^2 + 2w_1w_2\rho_{12}\sigma_1\sigma_2 = w_1^2\sigma_1^2 + w_2^2\sigma_2^2$$

$$\sigma_P = \sqrt{w_1^2\sigma_1^2 + w_2^2\sigma_2^2} \tag{6.18}$$

식 (6.18)의 위험의 크기는 항상 0보다 크다. 따라서 두 주식 수익률의 상관계수가 0인 경우 포트폴리오의 위험은 항상 0보다 크다.

③ $\rho_{12}=-1$

두 주식 수익률의 상관계수가 −1인 경우 두 주식으로 구성된 포트폴리오의 분산 및 표준편차는 다음과 같다.

$$\sigma_p^2 = w_1^2\sigma_1^2 + w_2^2\sigma_2^2 + 2w_1w_2\rho_{12}\sigma_1\sigma_2 = w_1^2\sigma_1^2 + w_2^2\sigma_2^2 - 2w_1w_2\sigma_1\sigma_2$$

$$\sigma_p = \sqrt{(w_1\sigma_1 - w_2\sigma_2)^2} = |w_1\sigma_1 - w_2\sigma_2| \tag{6.19}$$

if $w_1\sigma_1 > w_2\sigma_2$ ➡ $\sigma_p = w_1\sigma_1 - w_2\sigma_2$

if $w_1\sigma_1 < w_2\sigma_2$ ➡ $\sigma_p = -w_1\sigma_1 + w_2\sigma_2$

if $w_1\sigma_1 = w_2\sigma_2$ ➡ $\sigma_p = 0$

식 (6.19)의 위험의 크기는 주식1의 투자비율과 표준편차의 곱이 주식2의 투자비율과 표준편차의 곱과 같은 경우 0이 된다. 따라서 두 주식 수익률의 상관계수가 −1인 경우 포트폴리오의 위험은 0이 될 수 있다. 즉 무위험자산이 가능하다.

투자비율의 변화에 따른 포트폴리오 기대수익률의 변화와 투자비율 및 상관계수 변화에 따른 포트폴리오 표준편차의 변화를 그림으로 나타내면 [그림 6-6]와 같이 표현된다. 대부분의 주식들은 완전한 정의 상관관계나 완전한 부의 상관관계가 있지는 않기 때문에 $-1< \rho_{12} <1$ 사이에 존재한다. 따라서 대부분의 주식들의 포트폴리오는 [그림 6-4]에서 색칠된 부분에 포함된다.

[그림 6-4] 상관계수에 따른 포트폴리오 투자집합

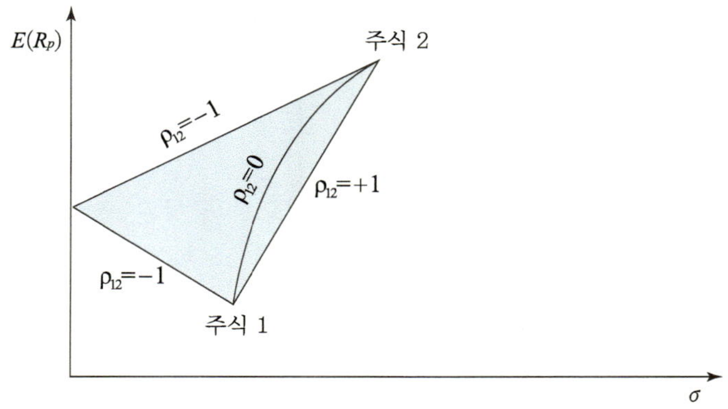

(6) 최소분산 포트폴리오

최소분산 포트폴리오(MVP: minimum variance portfolio)란 두 주식으로 구성된 포트폴리오 중에서 포트폴리오의 분산 값이 가장 작은 포트폴리오를 말한다. 상관계수가 주어진 상황에서 최소분산포트폴리오의 분산은 다음과 같이 투자비율의 함수가 된다.

$\sigma_{12} = \sigma_1 \sigma_2 \rho_{12}$ ➡ 상수 값

$w_1 + w_2 = 1$ ➡ $w_2 = 1 - w_1$

$\sigma_p^2 = w_1^2\sigma_1^2 + w_2^2\sigma_2^2 + 2w_1 w_2 \sigma_{12} = w_1^2\sigma_1^2 + (1-w_1)^2\sigma_2^2 + 2w_1(1-w_1)\sigma_{12}$

여기서 분산함수를 투자비율로 편미분하여 이를 0으로 만드는 투자비율을 구하면 이때의 분산이 최소분산이 된다.

$$\frac{\partial \sigma_p^2}{\partial w_1} = 2w_1\sigma_1^2 - 2(1-w_1)\sigma_2^2 + 2\sigma_{12} - 4w_1\sigma_{12} = 0$$

$$\Rightarrow 2w_1(\sigma_1^2 + \sigma_2^2 - 2\sigma_{12}) - 2\sigma_2^2 + 2\sigma_{12} = 0$$

$$\therefore \; w_1^{MVP} = \frac{\sigma_2^2 - \sigma_{12}}{\sigma_1^2 + \sigma_2^2 - 2\sigma_{12}} \tag{6.20}$$

주식 1의 기대수익률과 표준편차가 주식 2보다 작고, 두 주식의 상관관계가 $-1 < \rho_{12} < 1$ 사이에 존재하는 경우 투자비율 변화에 따른 포트폴리오의 기대수익률과 표준편차를 나타내면 [그림 6-5]과 같다.

[그림 6-5] 최소분산포트폴리오와 효율적 투자선

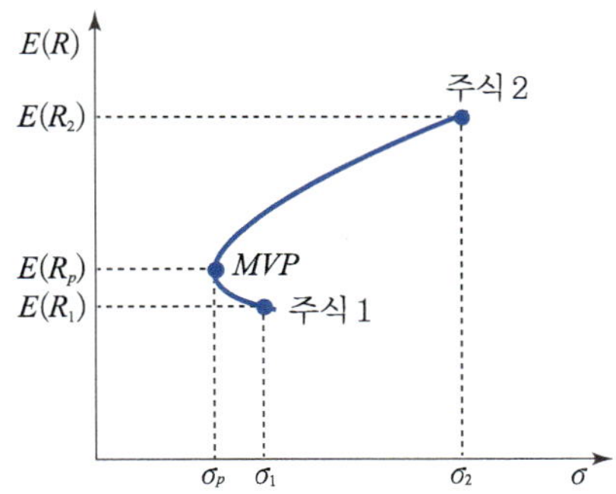

최소분산포트폴리오의 구성비율은 위의 그림에서 다음과 같은 포트폴리오 위험 분석에 큰 도움을 준다.

① 효율적 포트폴리오가 되기 위한 조건

[그림 6-5]에서 최소분산포트폴리오를 나타내는 MVP부터 주식 1 사이에 존재하는 포트폴리오는 지배원리에 따라 비효율적이며, MVP부터 주식 2 사이에 존재하는 포트폴리오는 지배원리에 따라 효율적인 것을 알 수 있다. 즉, 최소분산포트폴리오는 2개 주식으로 구성된 포트폴리오의 투자집합 중 효율적 투자집합의 왼쪽 경계를 나타낸다. 따라서 지배원리에 의한 효율적 포트폴리오의 투자비율은 최소분산포트폴리오보다 주식 1의 투자비율이 작거나 같아야 하고 주식 2의 투자비율이 크거나 같아야 한다.

$$w_1 \leq w_1^{MVP} \tag{6.21}$$

식 (6.20)을 분석히보면 최소분산포트폴리오의 주식 1의 투자비율은 0.5보다 크기 때문에 두 개 주식에 동일한 비율로 투자한 포트폴리오는 항상 효율적 포트폴리오이다.

$$w_1^{MVP} > 0.5 \tag{6.22}$$

② 포트폴리오 위험이 주식 1의 위험보다 작아지기 위한 조건

포트폴리오의 위험이 주식 1의 위험보다 작아지는 두 주식의 상관계수는 최소분산포트폴리오의 위험이 주식 1의 위험보다 작아야 하기 때문에 최소분산포트폴리오의 주식 1의 투자비율이 1보다 작아야 하는 관계를 만족하여야 한다.

$$w_1^{MVP} < 1 \tag{6.23}$$

③ 효율적 포트폴리오와 효율적 포트폴리오의 포트폴리오

MVP부터 주식 2 사이에 존재하는 한 포트폴리오와 MVP부터 주식 2 사이에 존재하는 다른 포트폴리오의 포트폴리오는 MVP부터 주식 2 사이에 존재하기 때문에 효율적인 것을 알 수 있다. 따라서 효율적 포트폴리오와 효율적 포트폴리오의 포트폴리오는 항상 효율적인 것을 알 수 있다.

예제 6-8

주식 1과 주식 2의 기대수익률과 표준편차는 다음과 같다.

	주식 1	주식 2
기대수익률	10%	20%
표준편차	10%	20%

각 물음에서 위험이 가장 작은 포트폴리오를 구성하고 그 포트폴리오의 기대수익률과 표준편차를 구하시오. 또한 효율적 포트폴리오가 되기 위한 주식1의 투자비율의 범위를 구하시오.

(1) 두 주식 수익률간의 상관계수가 0.2인 경우
(2) 두 주식 수익률간의 상관계수가 0인 경우
(3) 두 주식 수익률간의 상관계수가 −1인 경우

풀이

(1) 상관계수가 0.2인 경우 최소분산포트폴리오를 구한다.

$$R_p = w_1 \times R_1 + w_2 \times R_2$$

➡ 최소분산포트폴리오 주식 1의 투자비율 : $w_1 = \dfrac{\sigma_2^2 - \sigma_{12}}{\sigma_1^2 + \sigma_2^2 - 2\sigma_{12}}$

$$\rho_{12} = 0.5 \rightarrow \sigma_{12} = 0.2 \times 10 \times 20 = 40$$

$$w_1 = \frac{20^2 - 40}{10^2 + 20^2 - 2 \times 4} = 0.857$$

최소분산포트폴리오는 주식 1에 85.7% 투자하고 나머지 14.3%를 주식 2에 투자한다.
최소분산포트폴리오의 기대수익률과 표준편차는 다음과 같다.

$$E(R_p) = 0.857 \times 10 + 0.143 \times 20 = 11.43\%$$

$$Var(R_p) = (0.857 \times 10)^2 + (0.143 \times 20)^2 + 2 \times 0.857 \times 0.143 \times 40 = 91.4(\%^2)$$

$$\sigma = \sqrt{Var(R_p)} = 9.56(\%)$$

효율적 포트폴리오가 되기 위해서는 주식 1의 투자비율은 85.7% 이하이어야 한다.

☞ 주식 1의 투자비율이 85.7% 초과하는 포트폴리오는 비효율적 포트폴리오이다.

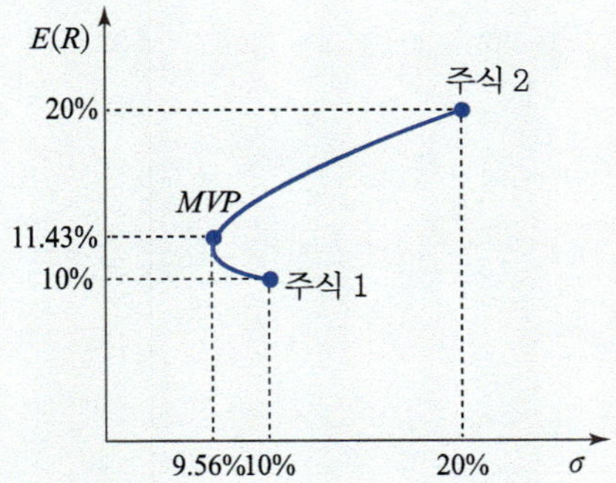

(2) 상관계수가 0인 경우 최소분산포트폴리오를 구한다.

$$\rho_{12} = 0 \rightarrow \sigma_{12} = 0 \times 10 \times 20 = 0$$

$$w_1 = \frac{20^2 - 0}{10^2 + 20^2 - 2 \times 0} = 0.8$$

최소분산포트폴리오는 주식1에 80% 투자하고 나머지 20%를 주식2에 투자한다.

최소분산포트폴리오의 기대수익률과 표준편차는 다음과 같다.

$$E(R_p) = 0.8 \times 10 + 0.2 \times 20 = 12\%$$

$$Var(R_p) = (0.8 \times 10)^2 + (0.2 \times 20)^2 + 2 \times 0.8 \times 0.2 \times 0 = 80(\%^2)$$

$$\sigma = \sqrt{Var(R_p)} = 8.94(\%)$$

효율적 포트폴리오가 되기 위해서는 주식 1의 투자비율은 80% 이하이어야 한다.

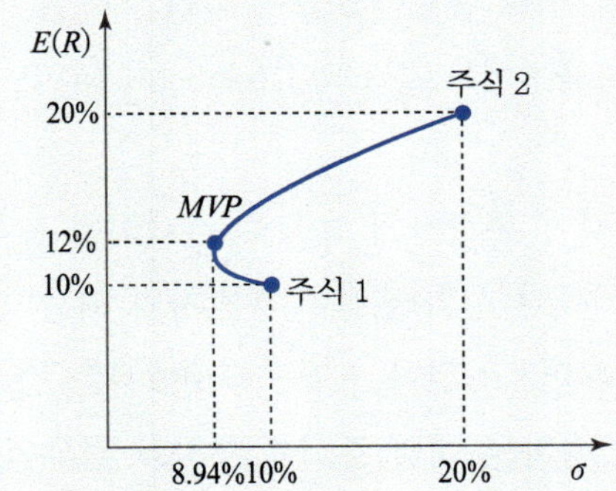

(3) 상관계수가 -1인 경우 최소분산포트폴리오를 구한다.

$$\rho_{12} = -1 \rightarrow \sigma_{12} = -1 \times 10 \times 20 = -200$$

$$w_1 = \frac{20^2 - (-200)}{10^2 + 20^2 - 2 \times (-200)} = 0.667$$

최소분산포트폴리오는 주식1에 66.7% 투자하고 나머지 33.3%를 주식2에 투자한다.

최소분산포트폴리오의 기대수익률과 표준편차는 다음과 같다.

$$E(R_p) = 0.667 \times 10 + 0.333 \times 20 = 13.33\%$$

$$Var(R_p) = (0.667 \times 10)^2 + (0.333 \times 20)^2 + 2 \times 0.667 \times 0.333 \times (-200) = 0(\%^2)$$

$$\sigma = \sqrt{Var(R_p)} = 0(\%)$$

효율적 포트폴리오가 되기 위해서는 주식 1의 투자비율은 66.7% 이하이어야 한다.

☞ 두 주식 수익률간의 상관계수가 -1인 경우 최소분산포트폴리오는 무위험포트폴리오이다.

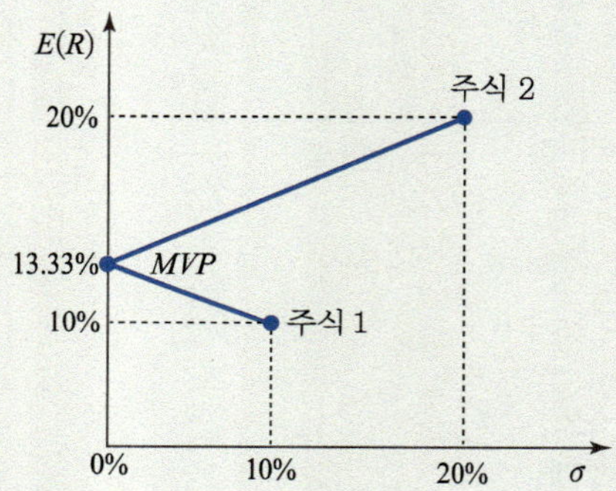

(7) 최적 포트폴리오

투자가능영역에서 지배원리를 충족하는 포트폴리오 집합을 마코위츠 효율적 투자선(efficient frontier)라고 한다. 이미 앞서 설명하였듯이 MVP부터 주식 2 사이에 존재하는 포트폴리오는 지배원리에 따라 효율적이므로 [그림 6-6]에서 MVP~주식 2의 선이 효율적 투자선이다.

효율적 투자선 중에서 어떤 것이 투자자의 효용을 극대화하는 최적포트폴리오인가?

투자자의 무차별곡선과 효율적 투자선의 접점이 투자자의 최선의 선택점이 되므로 이를 최적포트폴리오(optimal portfolio)라고 한다. [그림 6-6]에서는 점 O가 최적포트폴리오이다. 점 O에서 최적선택을 한 투자자는 개별 주식에 투자할 경우의 무차별곡선 보다 더 위에 있기 때문에 투자대상이 증가하면 투자자의 효용이 더 증가한다고 결론을 낼 수 있다.

[그림 6-6] 효율적 투자선과 최적 포트폴리오

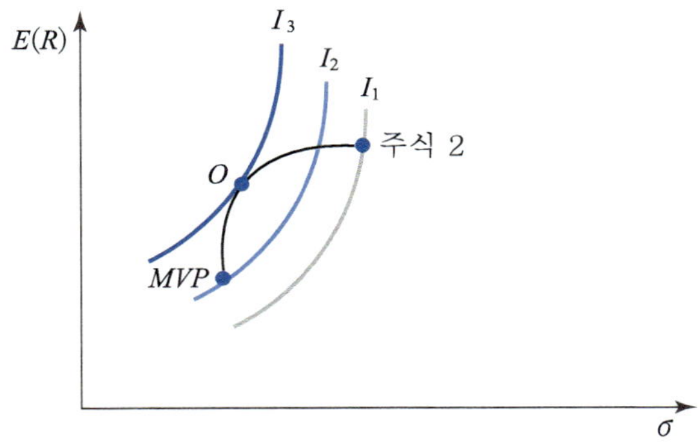

무차별곡선의 기울기가 클수록 위험회피도가 큰 투자자이므로 MVP근처에서 최적 포트폴리오가 만들어지며, 무차별곡선의 기울기가 작을수록 위험회피도가 작은 투자자이므로 주식 2 근처에서 최적 포트폴리오가 만들어진다.

이와 같이 지배원리에 의한 효율적 투자선의 선택 단계와 효용을 극대화하는 최적 포트폴리오의 선택단계는 분리되어 이루어진다. 이를 포트폴리오 분리정리라고 한다.

(8) 공매도가 허용되는 경우

공매도가 허용되지 않는 경우 주식의 투자비율은 0이거나 양(+)지만, 공매도가 허용되는 경우 공매도 주식의 투자비율은 음(−)이 된다.

공매도가 허용되지 않는 경우 포트폴리오의 기대수익률은 기대수익률이 가장 낮은 개별주식의 기대수익률보다 작거나, 기대수익률이 가장 큰 개별주식의 기대수익률보다 클 수 없다. 하지만 공매도가 허용되는 경우 포트폴리오의 기대수익률은 기대수익률이 작은 개별주식의 기대수익률보다 작거나, 기대수익률이 큰 개별주식의 기대수익률보다 클 수 있다.

공매도가 허용되지 않는 경우 두 주식의 상관관계가 −1인 경우에만 포트폴리오의 표준편차=0으로 할 수 있다. 하지만 공매도가 허용되는 경우 두 주식의 상관관계가 +1인 경우에도 포트폴리오의 표준편차=0으로 할 수 있다. 단, 두 주식의 상관관계가 0인 경우에는 공매도가 허용된다 하더라고 포트폴리오의 표준편차=0으로 할 수 없다.

3. 다수 주식으로 구성된 포트폴리오

(1) 기대수익률과 위험

n개의 주식에 각각 w_1, w_2, w_3, $\cdots$의 투자비율로 구성한 포트폴리오를 다음과 같이 P라고 하자.

$$R_P = w_1 R_1 + w_2 R_2 + .. + w_n r_n = \sum_{i=1}^{n} w_i R_i$$

① 기대수익률

포트폴리오 P의 기대수익률은 각 구성주식의 기대수익률을 투자비율로 가중 평균한 값이며, 다음과 같이 계산한다.

$$E(R_P) = \sum_{i=1}^{n} w_i E(R_i) \tag{6.24}$$

② 위험(분산)

포트폴리오 P의 분산은 다음과 같이 측정한다.

$$\sigma_p^2 = \sum_{i=1}^{n} \sum_{j=1}^{n} w_i w_j \sigma_{ij} \tag{6.25}$$

포트폴리오 P의 분산을 공분산행렬로 분석하면 [그림 6-7]와 같다. 이 행렬의 대각선 행렬 값은 개별 주식 수익률의 분산이고, 대각선 이외의 행렬 값들은 개별 주식 수익률의 사이의 공분산이다. 식 (6.25)의 포트폴리오 P의 분산을 개별 주식들의 분산과 서로 다른 주식들 사이의 공분산으로 분리하면 다음과 같다.

$$\sigma_p^2 = \sum_{i=1}^{n} w_i^2 \sigma_i^2 + \sum_{i=1}^{n} \sum_{j=1}^{n} w_i w_j \sigma_{ij} \quad (\text{단, } i \neq j) \tag{6.26}$$

[그림 6-7] n개 주식으로 구성된 포트폴리오의 위험

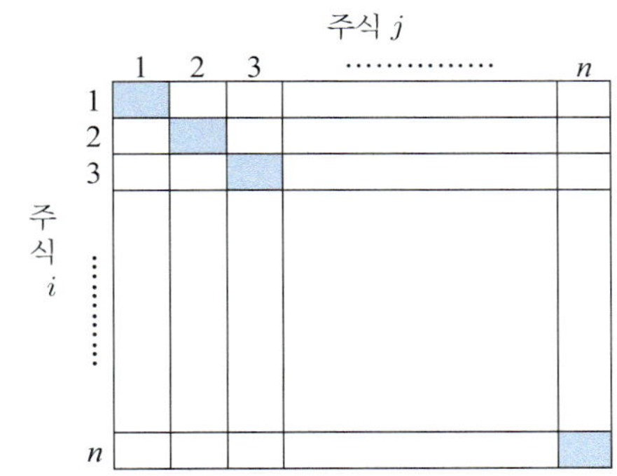

(2) 포트폴리오의 분산효과

n개 주식에 균등하게 투자한 포트폴리오의 분산은 식 (6.26)에 투자비율 $w = \frac{1}{n}$을 대입하면 다음과 같이 표현할 수 있다.

$$\sigma_p^2 = \frac{1}{n}\bar{\sigma}_i^2 + \frac{(n-1)}{n}\bar{\sigma}_{ij} \tag{6.27}$$

n이 커짐에 따라 포트폴리오의 분산은 개별 주식들의 공분산의 평균값인 $\bar{\sigma}_{ij}$에 수렴하게 된다. 이러한 관계를 그림으로 표현하면 [그림 6-8]과 같다.

이처럼 주식의 종목 수를 늘려서 제거할 수 있는 위험, 즉 분산투자를 통하여 제거할

[그림 6-8] 분산투자와 포트폴리오의 위험

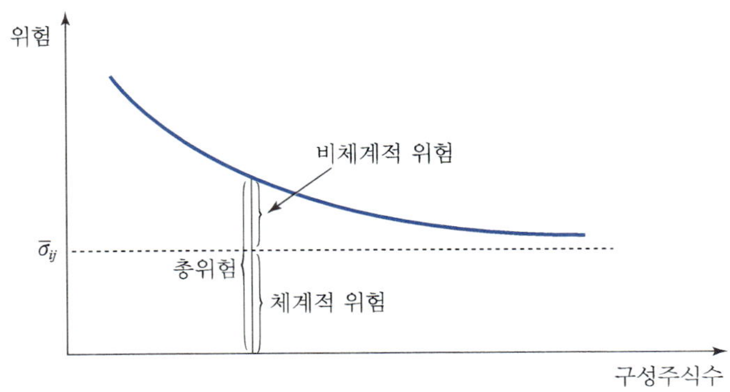

수 있은 위험을 비체계적 위험(non-systematic risk), 고유위험(firm-specific risk) 또는 분산가능위험(diversifiable risk)이라고 한다. 종목 수를 무한대로 늘려도 제거되지 않는 위험, 즉 분산투자를 통하여 제거할 수 없는 위험을 체계적 위험(systematic risk), 시장위험(market risk) 또는 분산불가능위험(non-diversifiable risk)이라고 한다.

(3) 효율적 투자선

시장에 존재하는 n개의 주식으로 구성된 포트폴리오를 구성하였을 때 구성이 가능한 포트폴리오의 기대수익률과 위험의 조합을 투자기회집합(investment opportunity set)이라 부른다. [그림 6-9]에서 투자기회집합은 ABCD로 연결된 선의 안쪽 영역이다.

투자가능한 모든 대상 중에서 가장 작은 위험을 갖는 포트폴리오를 최소분산포트폴리오(MVP)이라 부르며 [그림 6-9]에서는 B이다.

투자기회집합 중에서 지배원리를 충족하는 포트폴리오를 마코위츠의 효율적 투자선(efficient frontier)이라고 하며, [그림 6-9]에서는 BCD로 연결된 선이다.

(4) 최적 포트폴리오

투자자의 효용을 극대화하는 포트폴리오를 최적 포트폴리오(optimal portfolio)라고 하며 투자자들은 무차별곡선과 효율적 투자선이 접하는 점의 주식을 선택함으로써 효용을 가장 크게 할 수 있다. [그림 6-10]에서는 점 C가 바로 투자자의 효용을 최대화하는

[그림 6-9] 효율적 투자선

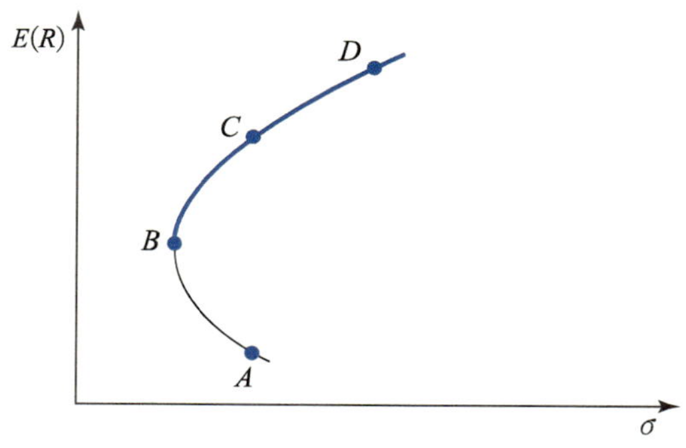

[그림 6-10] 무차별곡선과 최적 포트폴리오의 선택

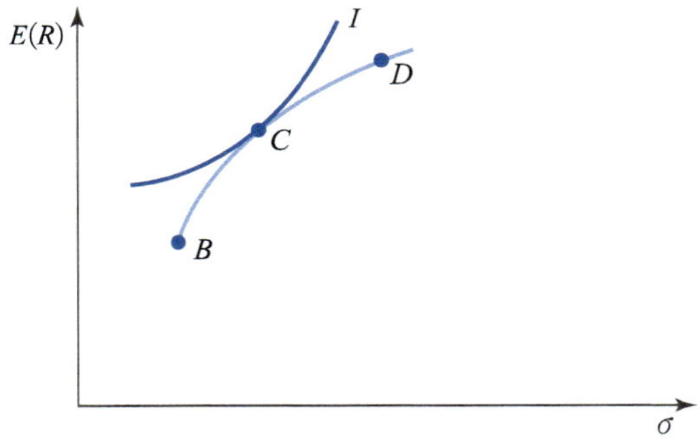

최적포트폴리오가 된다.

포트폴리오 분리정리(portfolio separation theorem)는 투자 선택과정이 두 절차로 분리되어 있다는 의미로 투자대상의 선택은 지배원리(dominance principle)에 의한 가능한 투자대상을 발견하는 단계와 투자자의 효용함수에 따라 적절한 자산조합집합을 찾는 단계로 분리되어 있다는 이론이다.

지배원리를 충족시키는 포트폴리오 집합이 효율적 투자선이며 이는 투자자의 효용함수와는 무관한 객관적인 포트폴리오이다. 최적포트폴리오는 무차별곡선과 효율적 투자선이 접하는 점의 포트폴리오로서 투자자의 효용을 가장 크게 하는 주관적인 포트폴리오이다.

따라서 최적포트폴리오는 항상 효율적 포트폴리오이지만 효율적 포트폴리오가 항상 최적포트폴리오는 아니다. 또한 효율적 포트폴리오가 아니면 최적포트폴리오가 될 수 없지만, 최적포트폴리오가 아니라 하더라도 효율적 포트폴리오는 가능하다.

효율적 투자선 상에 있는 포트폴리오에 분산투자한 포트폴리오는 항상 효율적 투자선 상에 있고, 효율적 투자선 상에 없는 포트폴리오에 분산투자한 포트폴리오는 항상 효율적 투자선 상에 없다. 하지만 효율적 투자선 상에 있는 포트폴리오와 효율적 투자선 상에 없는 포트폴리오에 분산투자한 포트폴리오는 효율적 투자선 상에 있는지는 알 수 없다.

연습문제 6-1

영화배우 A씨는 영화제작사와 새 영화에 출연하는 대가로 1,600만원의 기본급과 영화가 성공할 경우 추가로 2,000만원, 실패할 경우 0원을 받는 출연계약을 맺었다. 영화가 성공할 확률은 0.5라고 한다. A씨의 돈(W)에 대한 효용함수는 $U(W) = \sqrt{W}$이라고 한다. 만약 A씨가 동료 영화배우 B씨에게 이 출연계약을 이전할 수 있다면 최소한 얼마를 요구하겠는가?

해설

(1) 기대효용을 다음과 같이 산출한다.

$$E(U(W)) = 0.5 \times \sqrt{1600} + 0.5 \times \sqrt{3600} = 50$$

(2) 확실성등가부를 계산한다.

$$50 = \sqrt{CEW} \Rightarrow CEW = 2{,}500\text{만원}$$

연습문제 6-2

투자자 K의 현재 재산은 100억원이며, 75억원의 손해를 볼 확률이 1/5, 손해를 보지 않을 확률이 4/5이다. 보험회사는 일정금액을 지불하면 손실 발생 시 손실전액을 보전해주는 상품을 팔고 있다. 투자자 K의 효용함수는 $U(W) = \sqrt{W}$이라고 한다.

(1) K의 기대효용은 얼마인가?
(2) K의 확실성등가부는 얼마인가?
(3) K가 최대로 지불할 용의가 있는 보험료는 얼마인가?
(4) K의 일반적 위험회피척도(GRM)은 얼마인가?
(5) K의 위험프리미엄은 얼마인가?

해설

(1) 기대효용

$$E[U(W)] = 0.2 \times \sqrt{25} + 0.8 \times \sqrt{100} = 9$$

(2) 확실성등가부

$$9 = \sqrt{CEW} \Rightarrow CEW = 81\text{억원}$$

(3) 최대보험료

gamble cost $= 100 - 81 = 19$ 억원

(4) 일반적 위험회피척도

기대부 : $E(W) = (0.2 \times 25) + (0.8 \times 100) = 85$ 억

기대부의 효용 : $U[E(W)] = \sqrt{85} = 9.22$

$GRM =$ 기대부의 효용 − 기대효용 = 9.22 − 9 = 0.22

☞ $GRM > 0$ 이므로 위험회피적 투자자이다.

(5) 위험프리미엄

$RP = E(W) - CEW = 85 - 81 = +4$ 억원

☞ $RP > 0$ 이므로 위험회피적 투자자이다.

연습문제 6-3

위험자산 A, B, C의 기대수익률과 수익률의 표준편차는 다음과 같다. 지배원리를 이용하여 투자자 갑은 이들 세 가지 위험자산 가운데 두 가지 효율적 자산을 선택하고, 이 두 가지 효율적 자산에 각각 50%씩 투자하여 포트폴리오 K를 구성하고자 한다. 포트폴리오 K 수익률의 표준편차는 얼마인가?

단, 각 위험자산 사이의 상관계수는 모두 0이라고 가정한다.

	A	B	C
기대수익률	9%	12%	10%
표준편차	13%	15%	10%

해설

지배원리에 의하여 주식 A는 주식 C보다 비효율적이다.

따라서 포트폴리오 K는 주식 B와 주식 C에 각각 50%씩 투자한 것이다.

$$R_K = 0.5 \times R_B + 0.5 \times R_C$$

포트폴리오 K의 수익률의 분산

$$Var(R_K) = 0.5^2 \times 15^2 + 0.5^2 \times 10^2 + 2 \times 0.5 \times 0.5 \times 0 = 81.25\%^2$$

☞ 상관계수가 0이면 두 주식의 공분산도 0이다.

포트폴리오 K의 수익률의 분산

$$\sigma_K = \sqrt{81.25} = 9.01\%$$

연습문제 6-4

지배원리를 이용하여 두 위험자산 A, B에서만 자산을 선택하려고 한다. 두 자산 A와 B의 기대수익률과 표준편차가 다음 표와 같다. 두 자산 간의 상관계수가 0이라고 가정할 때, 다음 설명에 대해서 '옳다' 혹은 '옳지 않다' 중 하나로 답하시오.

주식	기대수익률	표준편차
A	9%	10%
B	13%	20%

(1) 상호배타적 투자의 경우, 모든 위험회피적 투자자는 자산 A를 선택한다.

(2) 상호배타적 투자의 경우, 모든 위험중립적 투자자는 자산 B를 선택한다.

(3) 상호배타적 투자의 경우, 자산 A를 선택하는 위험선호적 투자자가 존재할 수 있다.

(4) 두 자산으로 분산투자하는 경우, 자산 A와 B를 각각 70%와 30%의 비율로 보유하는 위험회피적 투자자가 존재할 수 있다.

해설

(1) 옳지 않다.
자산 B가 위험이 크고 기대수익률이 크기 때문에 위험회피적 투자자는 A 또는 B를 선택한다.

(2) 옳다.
자산 B가 기대수익률이 크기 때문에 위험중립적 투자자는 B를 선택한다.

(3) 옳지 않다.
자산 B가 위험이 크고 기대수익률이 크기 때문에 위험선호적 투자자는 B를 선택한다.

(4) 옳다.
최소분산포트폴리오의 자산 A 투자비율 : $w_A = \dfrac{20^2 - 0}{10^2 + 20^2 - 2 \times 0} = 0.8$
효율적 포트폴리오는 자산 A의 투자비율이 80% 이하이어야 한다.

연습문제 6-5

두 위험자산의 기대수익률과 수익률의 표준편차가 다음과 같이 표로 주어져 있다.

	기대수익률	표준편차
자산 A	20%	30%
자산 B	10%	10%

두 개의 자산 A와 B로 포트폴리오를 구성하려 한다. 이때 나타날 수 있는 투자기회집합의 경계선 세 개를 표준편차와 기대수익률의 함수식(예: $E(R)=2\sigma+3\%$)으로 나타내시오.

해설

(1) 포트폴리오의 기대수익률

$$R_p = w \times R_A + (1-w) \times R_B$$

$$E(R_p) = w \times 20 + (1-w) \times 10 = w \times 10 + 10$$

(2) 상관계수가 1인 경우 포트폴리오의 표준편차

$$\sigma_p = w \times \sigma_A + (1-w) \times \sigma_B$$

$$= w \times 30 + (1-w) \times 10 = w \times 20 + 10 \implies w = 0.05\sigma - 0.5$$

위의 식을 포트폴리오 기대수익률 식에 대입하면 다음과 같다.

$$E(R_p) = 5\% + 0.5 \times \sigma_p$$

(3) 상관계수가 −1인 경우 포트폴리오의 표준편차

$$\sigma_p = |w \times \sigma_A - (1-w) \times \sigma_B|$$

$$= |w \times 30 - (1-w) \times 10| = |w \times 40 - 10|$$

$w \geq 0.25$일 때 $w = 0.025\sigma + 0.25$

$w < 0.25$일 때 $w = -0.025\sigma + 0.25$

위의 식을 포트폴리오 기대수익률 식에 대입하면 다음과 같다.

$w \geq 0.25$일 때 $\implies E(R_p) = 12.5\% + 0.25 \times \sigma_p$

$w < 0.25$일 때 $\implies E(R_p) = 12.5\% - 0.25 \times \sigma_p$

∴ 투자기회집합의 경계선은 다음과 같다.

$$E(R_p) = 5\% + 0.5 \times \sigma_p$$

$$E(R_p) = 12.5\% + 0.25 \times \sigma_p$$

$$E(R_p) = 12.5\% - 0.25 \times \sigma_p$$

연습문제 6-6

주식 1과 주식 2에 자료가 다음과 같다. (단, 두 주식의 상관계수는 −0.1이다.)

	주식 1	주식 2
표준편차	10%	20%
기대수익률	10%	20%

(1) 최소분산 포트폴리오의 기대수익률과 표준편차는 얼마인가?

(2) 시장 포트폴리오가 각 주식에 균등 투자한 것이라면, 주식 1과 시장포트폴리오와의 공분산은 얼마인가?

해설

(1) 두 주식의 공분산 : $\sigma_{12} = (-0.1) \times 10 \times 20 = -20$

최소분산포트폴리오의 주식1의 투자비율

$$w_1 = \frac{\sigma_2^2 - \sigma_{12}}{\sigma_1^2 + \sigma_2^2 - 2\sigma_{12}} = \frac{20^2 - (-20)}{10^2 + 20^2 - 2 \times (-20)} = 0.777$$

최소분산포트폴리오의 기대수익률

$E(R_p) = 0.777 \times 10 + 0.223 \times 20 = 12.23 \rightarrow 12.23\%$

최소분산포트폴리오의 분산 및 표준편차

$Var(R_p) = 0.777^2 \times 10^2 + 0.223^2 \times 20^2 + 2 \times 0.777 \times 0.223 \times (-20) = 72.970$

$\rightarrow \sigma_p = 8.54\%$

(2) 시장포트폴리오 : $R_m = 0.5R_1 + 0.5R_2$

시장포트폴리오와 주식1의 공분산

$Cov(R_{m,} R_1) = Cov(0.5R_1 + 0.5R_2, R_1) = 0.5 \times 10^2 + 0.5 \times (-20) = 40\%^2 \rightarrow 0.004$

연습문제 6-7

자산 X와 자산 Y의 수익률의 기대값과 표준편차는 다음의 표와 같다.
다음 각 물음에 답하시오.

	자산 X	자산 Y
기대수익률	20%	10%
표준편차	15%	5%

(1) 자산 X와 자산 Y의 상관계수가 −1일 경우에 최소분산포트폴리오를 구성하기 위한 두 자산의 배합비율은 각각 얼마인가?

(2) 자산 X와 자산 Y의 상관계수가 −1이고 이들 두 자산만으로 구성된 포트폴리오의 표준편차가 13%일 경우에 허용 가능한 포트폴리오의 기대수익률을 모두 구하시오. 단, 공매도가 가능하다고 가정.

(3) 자본시장에 자산 X와 자산 Y만 존재한다고 가정하자. 두 자산의 상관계수는 0.2이고, 시장포트폴리오의 기대수익률이 12.5%이다. 시장포트폴리오의 표준편차를 구하시오.

(4) (3)에서 자산 X와 시장포트폴리오와의 공분산을 구하시오,

해설

(1) 최소분산포트폴리오

$\sigma_{XY} = 15 \times 5 \times (-1.0) = -75$

$$w_X = \frac{\sigma_Y^2 - \sigma_{XY}}{\sigma_X^2 + \sigma_Y^2 - 2\sigma_{XY}} = \frac{5^2 - (-75)}{15^2 + 5^2 - 2 \times (-75)} = 0.25 \Rightarrow w_Y = 1 - 0.25 = 0.75$$

(2) 상관계수가 −1인 경우 포트폴리오의 기대수익률

$\sigma_p = |w \times \sigma_X - (1-w) \times \sigma_Y|$

$= |\,15 \times w - 5 \times (1-w)\,| = 0.13 \Rightarrow \quad w = 0.9$ 또는 $w = -0.4$

$w = 0.9$인 경우 : $E(R_p) = 0.9 \times 20 + 0.1 \times 10 = 19\%$

$w = -0.4$인 경우 : $E(R_p) = (-0.4) \times 20 + 1.4 \times 10 = 6\%$

(3) 시장포트폴리오의 표준편차

$E(R_m) = 20 \times w + 10 \times (1-w) = 12.5 \Rightarrow w = 0.25$

시장포트폴리오의 구성은 자산 X에 25% 투자, 자산 Y에 75% 투자

자산 X와 자산 Y의 공분산 : $\sigma_{XY} = 15 \times 5 \times 0.2 = 15$

$Var(R_m) = 0.25^2 \times 15^2 + 0.75^2 \times 5^2 + 2 \times 0.25 \times 0.75 \times 15 = 33.75 \Rightarrow \sigma_m = 5.81\%$

(4) 자산 X와 시장포트폴리오의 공분산

$Cov(R_X, R_m) = Cov(R_X, 0.25R_X + 0.75R_Y) = 0.25 \times 152 + 0.75 \times 15 = 67.5 \Rightarrow 0.00675$

연습문제 6-8

다음은 세 가지 위험자산(A, B, C)의 기대수익률과 표준편차이다.

	A	B	C
기대수익률	10%	15%	20%
표준편차	5%	?	15%

가나지배원리를 적용하였을 때, 옳은 것만을 모두 고르면? 단, 투자자는 위험회피형 이고, 투자자의 효용함수는 2차함수의 형태를 가지며, 수익률은 정규분포를 따른다고 가정한다.

a. B의 표준편차가 3%이면, A가 B를 지배한다.
b. B의 표준편차가 18%이면, B가 C를 지배한다.
c. B의 표준편차가 13%이면, A, B, C 사이에는 지배관계가 성립하지 않는다.

① a ② b ③ c ④ a, b ⑤ b, c

해설

B의 표준편차가 3%이면, B가 A를 지배한다.
B의 표준편차가 18%이면, C가 B를 지배한다.
B의 표준편차가 13%이면, A, B, C 사이에는 지배관계가 성립하지 않는다.

정답: ③

연습문제 6-9

자산 세 개(A, B, C)의 1년 후 시장상황에 따른 예상수익(단위: 원)은 다음과 같다. 단, 1년 후 호황과 불황의 확률은 각각 50%이다.

	자산 A	자산 B	자산 C
1년 후 수익(호황)	110	120	160
1년 후 수익(불황)	110	100	80

자산 A의 현재가격은 100원이다. 다음 중 자산의 균형가격으로 성립될 수 없는 것은?

① 위험회피형 투자자만 있는 세계에서 자산 B의 현재가격이 97원이다.
② 위험회피형 투자자만 있는 세계에서 자산 C의 현재가격이 105원이다.
③ 위험선호형 투자자만 있는 세계에서 자산 C의 현재가격이 115원이다.
④ 위험중립형 투자자만 있는 세계에서 자산 B의 현재가격이 100원이다.
⑤ 위험중립형 투자자만 있는 세계에서 자산 C의 현재가격이 107원이다.

해설

(1) 위험중립형 투자자의 자산 평가

자산A는 미래현금흐름의 불확실성이 없기 때문에 무위험자산이다.

$$P_A = 100 = \frac{(110 \times 0.5) + (110 \times 0.5)}{1 + R_f} \quad \rightarrow \text{ 무위험이자율} = 10\%$$

위험중립형 투자자는 RP=0이기 때문에 자산B와 자산C의 현재가치도 무위험이자율로 할인한다.

$$P_B = \frac{(120 \times 0.5) + (100 \times 0.5)}{1.1} = 100$$

$$P_C = \frac{(160 \times 0.5) + (80 \times 0.5)}{1.1} = 109$$

(2) 위험회피형 투자자의 자산평가

자산A는 무위험자산이기 때문에 위험회피형 투자자도 무위험이자율 10%로 할인한다.

$$P_A = 100$$

위험회피형 투자자는 RP>0이기 때문에 자산B와 자산C의 현재가치는 무위험이자율 보다 더 큰 이자율로 할인한다.

$$P_B = \frac{(120 \times 0.5) + (100 \times 0.5)}{(1 + 0.1 + RP)^1} < 100$$

$$P_C = \frac{(160 \times 0.5) + (80 \times 0.5)}{(1 + 0.1 + RP)^1} < 109$$

(3) 위험선호형 투자자의 자산평가

자산A는 무위험자산이기 때문에 위험선호형 투자자도 무위험이자율 10%로 할인한다.

$$P_A = 100$$

위험선호형 투자자는 RP<0이기 때문에 자산B와 자산C의 현재가치는 무위험이자율 보다 더 작은 이자율로 할인한다.

$$P_B = \frac{(120 \times 0.5) + (100 \times 0.5)}{(1 + 0.1 + RP)^1} > 100$$

$$P_C = \frac{(160 \times 0.5) + (80 \times 0.5)}{(1 + 0.1 + RP)^1} > 109$$

정답: ⑤

연습문제 6-10

두 개의 자산으로 포트폴리오를 구성하고자 한다. 각 자산의 수익률의 표준편차와 구성비율은 다음과 같다. 단, $\sigma_1 < \sigma_2$, $w_1 + w_2 = 1$, $w_1 \geq 0$, $w_2 \geq 0$이다.

	표준편차	구성비율
자산 1	σ_1	w_1
자산 2	σ_2	w_2

아래에서 옳은 기술만을 모두 모은 것은?

a. 상관계수가 -1일 경우 무위험포트폴리오를 만들기 위한 구성비율은 $w_2 = \dfrac{\sigma_2}{\sigma_1 + \sigma_2}$ 이다.

b. 만약 $\sigma_1 = 0$이고, $w_1 = w_2 = 0.5$이면 포트폴리오의 표준편차는 $0.5 \times \sigma_2$이다.

c. 상관계수가 양수이면 포트폴리오의 표준편차는 항상 σ_1보다 크거나 같다.

① a ② b ③ a, b ④ b, c ⑤ a, b, c

해설

(1) 2개 주식으로 구성된 포트폴리오

$$R_p = w_1 R_1 + w_2 R_2$$

(2) 상관계수$= -1$

최소분산포트폴리오(MVP)=무위험포트폴리오, $\sigma_{12} = -\sigma_1 \times \sigma_2$

$$w_1 = \frac{\sigma_2^2 - \sigma_{12}}{\sigma_1^2 + \sigma_2^2 - 2\sigma_{12}} = \frac{\sigma_2^2 + \sigma_1 \times \sigma_2}{\sigma_1^2 + \sigma_2^2 + 2 \times \sigma_1 \times \sigma_2} \rightarrow w_1 = \frac{\sigma_2}{\sigma_1 + \sigma_2}$$

(3) $\sigma_1 = 0$이고, $w_1 = w_2 = 0.5$

$$\sigma_P^2 = 0.5^2 \times 0^2 + 0.5^2 \times \sigma_2^2 + 2 \times 0.5 \times 0.5 \times 0 \times \sigma_2 \times \rho_{12} = 0.5^2 \times \sigma_2^2$$

(4) 상관계수<1

두 주식의 포트폴리오의 위험은 개별주식의 위험보다 작을 수 있다.

정답: ②

연습문제 6-11

주식 A의 수익률의 평균(= 기대값)과 표준편차는 각각 9%와 20%이고, 주식 B의 수익률의 평균과 표준편차는 각각 5%와 10%이다. 이 두 주식에 분산투자하는 포트폴리오 C의 수익률의 평균과 분산에 관한 주장 중 맞는 것을 모두 골라라. 단, 주식의 공매도(short sale)가 가능하며, 두 주식의 수익률의 공분산은 0이다.

a. 포트폴리오 C의 수익률의 평균이 29%가 될 수 있다.
b. 포트폴리오 C의 수익률의 평균이 0%가 될 수 있다.
c. 포트폴리오 C의 수익률의 평균이 −5%가 될 수 있다.
d. 포트폴리오 C의 분산이 0이 될 수 있다.

① a, b, c, d ② a, b, c ③ b, c
④ a, c ⑤ b, c, d

해설

(1) 2개 주식으로 구성된 포트폴리오

$$R_p = w_1 R_1 + w_2 R_2$$

(2) 공분산=0이므로 상관계수도 0이다.

$$\rho = 0 \rightarrow \sigma_p = \sqrt{w_1^2 \times \sigma_1^2 + w_2^2 \times \sigma_2^2} > 0$$

두 주식의 상관계수=0이면 무위험포트폴리오의 구성은 불가능하다.

(3) 공매가능

포트폴리오의 수익률은 개별주식의 수익률보다 크거나 작을 수 있다.

정답: ②

연습문제 6-12

두 개의 주식(A와 B)으로 포트폴리오를 구성하고자 한다. 다음 각 물음에 답하시오. 단, 두 주식 수익률의 표준편차는 모두 0보다 크다고 가정한다.

a. 주식 A와 B 수익률의 상관계수가 −1인 경우 b. 주식 A와 B 수익률의 상관계수가 0인 경우 c. 주식 A와 B 수익률의 상관계수가 1인 경우

(1) 공매도(short sale)가 허용되지 않다고 가정할 때, 다음 중 수익률의 표준편차가 0인 포트폴리오를 구성할 수 있는 경우는?

(2) 공매도(short sale)가 허용된다고 가정할 때, 다음 중 수익률의 표준편차가 0인 포트폴리오를 구성할 수 있는 경우는?

해설

(1) 공매도가 허용되지 않은 경우 : a

(2) 공매도가 허용되지 않은 경우 : a, c

※ 주식 A와 B 수익률의 상관계수가 0인 경우에는 공매도가 허용되어도 두 개의 주식(A와 B)으로 구성된 포트폴리오는 무위험자산이 될 수 없다.

연습문제 6-13

주식 A의 수익률에 대한 확률분포는 아래와 같다.

상황	확률	수익률
I	0.5	20%
II	0.5	−10%

(1) 주식 A의 기대수익률과 표준편차를 계산하라.

(2) 주식 A와 주식 B의 수익률은 $R_B = 3\% - 0.2R_A$의 관계를 가지고 있다. 투자자 갑은 주식 A와 주식 B, 두 위험자산만으로 포트폴리오 K를 구성하고자 한다. 투자자 갑은 포트폴리오 K의 표준편차가 0이 되기를 원한다. 이 때 주식 A에 대한 투자비율은 얼마인가?

해설

(1) 주식 A의 기대수익률과 표준편차

기대수익률 : $E(R_A) = 20 \times 0.5 + (-10) \times 0.5 = 5\%$

표준편차 : $Var(R_A) = 15^2 \times 0.5 + (-15)^2 \times 0.5 = 225\%^2$ ➡ $\sigma_A = 15\%$

(2) 포트폴리오 K (무위험자산)

① 주식 B의 기대수익률과 표준편차

기대수익률 : $E(R_B) = 3\% - 0.2 \times E(R_A) = 3 - 0.2 \times 5 = 2\%$

표준편차 : $Var(R_B) = Var(3\% - 0.2 \times R_A) = 0.2^2 \times 15^2 = 9\%^2$ ➡ $\sigma_B = 3\%$

☞ 다음의 공분산 공식을 이용한다.

$$E(a + bX) = a + bE(X)$$

$$Var(a + bX) = b^2\,Var(X)$$

② 포트폴리오 K의 구성

$$R_K = w \times R_A + (1 - w) \times R_B$$

A와 B는 선형관계이므로 상관계수= −1이다.

상관계수가 −1일 때 포트폴리오의 표준편차가 0은 최소분산포트폴리오이다.

최소분산포트폴리오 A주식의 투자비율 : $w_A = \dfrac{3^2 + 3 \times 15}{15^2 + 3^2 + 2 \times 3 \times 15} = 0.167$

∴ 투자원금의 16.7%를 주식 A에 투자하고 나머지 83.3%는 주식 B에 투자한다.

연습문제 6-14

두 위험자산의 기대수익률과 수익률의 표준편차가 다음과 같이 표로 주어져 있다.

	기대수익률	표준편차
자산 A	20%	30%
자산 B	10%	10%

주어진 두 개의 자산 A와 B로 구성된 포트폴리오의 표준편차를 10%보다 작게 만들기 위해서는 두 자산 사이의 상관계수가 얼마보다 작아야 하는가?

해설

포트폴리오의 위험이 자산 B의 표준편차인 10% 보다 작기 위해서는 최소분산포트폴리오가 자산 B가 아니어야 하므로 주식B의 투자비율이 1보다 작아야 한다.

$$w_B = \frac{\sigma_A^2 - \sigma_{AB}}{\sigma_A^2 + \sigma_B^2 - 2\sigma_{AB}} < 1 \quad \Rightarrow \quad \frac{30^2 - 30 \times 10 \times \rho_{AB}}{30^2 + 10^2 - 2 \times 30 \times 10 \times \rho_{AB}} < 1$$

위의 식을 정리하면

$$\rho_{AB} < \frac{1}{3}(0.33)$$

∴ 포트폴리오의 표준편차를 10% 보다 작기 만들기 위해서는 두 주식의 상관계수가 0.33보다 작아야 한다.

연습문제 6-15

세 개의 위험자산 A, B, C만이 유통되는 자본시장에서 아래와 같은 두 개의 포트폴리오가 효율적 포트폴리오(efficient portfolio)임을 알게 되었다.

	자산의 구성비율(A : B : C)	기대수익률
효율적 포트폴리오 (X)	(50% : 30% : 20%)	30%
효율적 포트폴리오 (Y)	(10% : 50% : 40%)	18%

기대수익률이 22%가 되는 효율적 포트폴리오의 자산 A, B, C의 구성비를 나타내시오.

해설

효율적 포트폴리오 X의 구성

$$R_X = 0.5 \times R_A + 0.3 \times R_B + 0.2 \times R_C \Rightarrow E(R_X) = 30\%$$

효율적 포트폴리오 Y의 구성

$$R_Y = 0.1 \times R_A + 0.5 \times R_B + 0.4 \times R_C \Rightarrow E(R_Y) = 18\%$$

기대수익률 22%의 효율적 포트폴리오의 구성

$$R_P = w \times R_X + (1-w) \times R_Y$$

$$E(R_P) = w \times 30 + (1-w) \times 18 = 22 \Rightarrow w = 1/3$$

자산 A의 구성비 $= 0.5 \times 1/3 + 0.1 \times 2/3 = 0.2333\ (23.33\%)$
자산 B의 구성비 $= 0.3 \times 1/3 + 0.5 \times 2/3 = 0.4333\ (43.33\%)$
자산 C의 구성비 $= 0.2 \times 1/3 + 0.4 \times 2/3 = 0.3333\ (33.33\%)$

☞ 효율적 포트폴리오와 효율적 포트폴리오의 포트폴리오는 항상 효율적이다.

연습문제 6-16

위험회피적인 투자자 갑은 무위험자산과 위험자산 A를 이용하여 자신의 효용을 극대화하는 포트폴리오를 구성하고자 한다. 투자자 갑의 효용을 극대화하는 포트폴리오에서 위험자산 A가 차지하는 투자비중에 관한 다음 설명 중 옳은 것만을 모두 선택한 것은? 단, 위험자산 A의 기대수익률은 무위험수익률보다 높고, 투자자 갑의 효용함수는 $E(R_p)-\frac{1}{2}\times\gamma\times\sigma_p^2$과 같다고 가정한다. 여기서, $E(R_p)$와 σ_p는 각각 위험자산 A와 무위험자산이 결합한 포트폴리오의 기대수익률과 표준편차이다. 그리고 γ는 투자자 갑의 위험회피도(위험회피계수)이다.

a. 다른 조건은 일정할 때, 위험자산 A의 기대수익률이 높을수록 위험자산 A에 대한 투자비중도 높다.
b. 다른 조건은 일정할 때, 투자자 갑의 위험회피도가 클수록 위험자산 A에 대한 투자비중도 높다.
c. 다른 조건은 일정할 때, 위험자산 A의 표준편차가 클수록 위험자산 A에 대한 투자비중도 높다.

① a ② b ③ c ④ a, c ⑤ b, c

해설

$E(R_p)-\frac{1}{2}\times\gamma\times\sigma_p^2$

효용함수$=f$(기대수익률 +, 위험회피도 −, 표준편차 −)
위험자산 A의 기대수익률이 높을수록 위험자산 A에 대한 투자비중도 높다.
위험자산 A의 표준편차가 작을수록 위험자산 A에 대한 투자비중도 높다.
투자자 갑의 위험회피도가 작을수록 위험자산 A에 대한 투자비중도 높다.

정답: ①

연습문제 6-17 (23년 기출)

현재 3,000만원의 가치가 있는 차량을 보유하고 있는 K씨는 차량파손에 따른 손실에 대비하여 보험 가입을 고려하고 있다. 사고가 발생할 확률은 5%이며, 사고 발생 시 차량의 가치가 1,000만원이 될 가능성은 40%이고, 100만원이 될 가능성은 60%이다. 차량파손 시 그 손실액을 전액 보상하는 보험에 대하여 K씨가 지불할 수 있는 최대 보험료와 가장 가까운 금액은? (단, K씨의 효용함수는 $\sqrt{W}$ 이며, W의 단위는 만원이다.)

해설

$E(U) = \sqrt{3000} \times 0.95 + [\sqrt{1000} \times 0.4 + \sqrt{100} \times 0.6] \times 0.05 = 52.966$

$CEW = 52.966^2 = 2805$

최대보험료 = 3000-2805 = 195만원

정답: 195만원

연습문제 6-18 (23년 기출)

주식 A의 수익률 기댓값과 표준편차는 각각 12%와 4%이고, 주식 B의 수익률 기대값과 표준편차는 각각 15%와 8%이다. 이 두 주식에 분산투자하여 포트폴리오를 구성하는 경우 다음 물음에 대하여 '옳다' 또는 '옳지 않다'라고 답하시오. (단, 주식의 공매도가 가능하다.)

(1) 두 주식 수익률간의 상관계수가 (−)1인 경우 표준편차가 7%인 모든 포트폴리오의 기대수익률 평균은 13%이다.

(2) 두 주식 수익률의 공분산이 0인 경우 포트폴리오의 기대수익률은 0%가 될 수 있다.

(3) 포트폴리오의 기대수익률은 투자비율 뿐만 아니라 두 주식의 상관계수에도 영향을 받는다.

(4) 두 주식 수익률간의 상관계수가 1인 경우 최소분산 포트폴리오를 구성할 때 주식 A의 투자비율은 150%이다.

해설

(1) 옳다.

상관계수가 (−)1인 경우 : $\sigma_p = | w_A \times \sigma_A - w_B \times \sigma_B | = | w_A \times 4 - (1 - w_A) \times 8 | = 7$

$w_A = 1.25$ 또는 0.0833

$w_A = 1.25$: $E(R_p) = 1.2 \times 12 + (-0.25) \times 15 = 11.25\%$

$w_A = 0.083$: $E(R_p) = 0.083 \times 12 + 0.917 \times 15 = 14.75\%$

기대수익률의 평균 = $\dfrac{11.25 + 14.75}{2} = 13\%$

(2) 옳다.

공매도가 허용되는 경우

두 주식 수익률의 공분산이 0인 포트폴리오의 기대수익률은 모두 가능하다.

두 주식 수익률의 공분산이 0인 포트폴리오의 표준편차는 0이 될 수 없다.

(3) 옳지 않다.

포트폴리오의 기대수익률은 투자비율에 영향을 받지만 상관계수에는 영향을 받지 않고 포트폴리오의 위험은 투자비율 뿐만 아니라 상관계수에도 영향을 받는다.

(4) 옳지 않다.

$\sigma_{AB} = \rho_{AB} \times \sigma_A \times \sigma_B = 1 \times 4 \times 8 = 32$

최소분산포트폴리오 : $w_A = \dfrac{\sigma_B^2 - \sigma_{AB}}{\sigma_A^2 + \sigma_B^2 - 2\sigma_{AB}} = \dfrac{8^2 - 32}{4^2 + 8^2 - 2 \times 32} = 2(200\%)$

연습문제 6-19 (24년 기출)

주식 X와 주식 Y의 수익률은 정규분포를 따르며 수익률의 표준편차는 각각 10%로 동일하다. 주식 X와 주식 Y를 사용하여 포트폴리오를 구성할 때 이와 관련된 설명에 대하여 '옳다' 또는 '옳지 않다'라고 답하시오. (단, 공매가 허용되고 주식 X와 주식 Y의 기대수익률은 같지 않으며, %는 소수점 셋째 자리에서 반올림한다.)

(1) 두 주식 수익률 간의 상관계수가 0일 경우에 최소분산포트폴리오(minimum variance portfolio: MVP)를 구성하기 위해서는 주식 X에 50%의 자금을 투자하여야만 한다.
(2) 두 주식 수익률 간의 상관계수가 1일 경우에 최소분산포트폴리오를 구성하기 위해서는 주식 X에 50%의 자금을 투자하여야만 한다.
(3) 두 주식 수익률 간의 상관계수가 (−)1일 경우에 두 주식을 사용하여 수익률의 표준편차가 0이 되는 포트폴리오를 구성할 수 있으며 이 때의 주식 X에 대한 가중치는 50%이다.
(4) 주식 X와 주식 Y를 사용하여 수익률의 표준편차가 0이 되는 포트폴리오를 상관계수의 값과 상관없이 항상 구성할 수 있다.
(5) 두 주식 수익률 간의 상관계수가 0일 경우에 주식 X와 주식 Y에 각각 60%와 40%의 자금을 투자하여 구성한 포트폴리오 수익률의 표준편차는 7.21%이다.

해설

(1) 옳다.

최소분산포트폴리오 : $w_X = \dfrac{10^2 - 0}{10^2 + 10^2 - 2 \times 0} = 0.5$

(2) 옳지 않다.

공매가 허용되지 않으면 기대수익률이 낮은 주식에 100%의 자금을 투자
공매가 허용되면 최소분산포트폴리오는 존재하지 않는다.

(3) 옳다.

$\sigma_p = |\, w_X \times 10 - (1 - w_X) \times 10 \,| = 0 \rightarrow w_X = 0.5$

(4) 옳지 않다.

상관계수가 0인 경우 수익률의 표준편차가 0이 되는 포트폴리오를 구성할 수 없다.

(5) 옳다.

$\sigma_p = \sqrt{0.6^2 \times 10^2 + 0.4^2 \times 10^2} = 7.21\%$

제 7 장 자본자산가격결정모형

제 1 절 자본시장선(CML)

1. CAPM의 가정

마코위츠 포트폴리오 이론을 토대로 Sharpe(1964), Lintner(1965), Mossin(1966)는 주식시장의 균형상태에서 기대수익률과 위험 사이에 관계를 보여주는 자본자산가격결정모형(CAPM : capital asset pricing model)을 제시하였다.

CAPM(capital asset pricing model)은 Markowitz의 포트폴리오 이론에 필요한 가정뿐만 아니라 **세금과 거래비용 등이 없는 완전한 시장의 존재라는 가정과 무위험이자율로 무제한 차입과 대출이 가능하다는 가정**을 전제로 한다. 또한 정보는 모든 투자자에게 신속하고 정확하게 알려지며 정보획득에 따른 비용도 존재하지 않으며 모든 투자자는 가격수용자(price taker)이기 때문에 어떤 투자자의 거래도 시장가격에 영향을 미칠 만큼 크지 않는다고 가정한다.

2. 자본배분선(CAL)

마코위츠 포트폴리오 이론은 위험자산만을 투자의 대상으로 하고 있다. 하지만 단일기간을 가정한 경우 정기예금이나 국채와 같은 무위험자산이 존재할 수 있다. 이러한 상황에서 투자자는 무위험자산도 효율적 투자안이 되기 때문에 보유자금의 일부를 무위험자산에 투자하고 나머지를 마코위츠 효율적 투자선상의 위험자산에 투자하여 포트폴리오를 구성하게 될 것이다.

예를 들어 [그림 7-1]에서 마코위츠 효율적 투자선상상의 위험자산포트폴리오 A와 무위험자산에 각각 w와 $(1-w)$를 투자한 포트폴리오를 P라고 하자. 포트폴리오 P의 수익률을 R_p라고 하면 다음과 같다.

$$R_p = wR_A + (1-w)R_f \tag{7.1}$$

기대수익률의 연산법칙을 적용하면 포트폴리오 P의 기대수익률은 다음과 같다.

[그림 7-1] 자본배분선(CAL)과 자본시장선(CML)

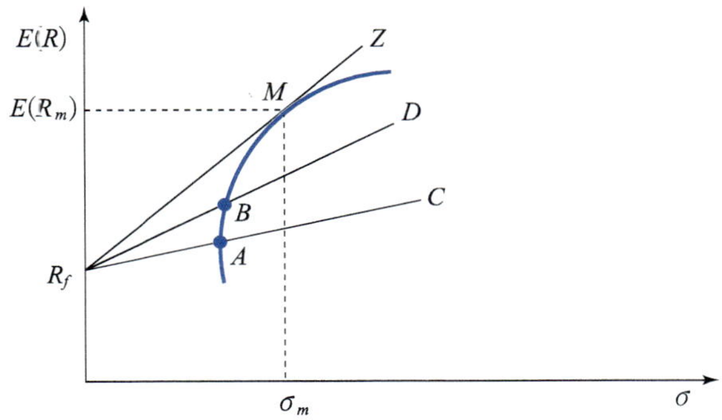

$$E(R_p) = wE(R_A) + (1-w)R_f \tag{7.2}$$

R_f는 무위험이자율로서 확률변수가 아닌 상수 값을 갖기 때문에 확률변수와 상수가 결합된 변수의 분산 연산법칙을 이용하여 포트폴리오 P의 분산 및 표준편차를 구하면 다음과 같다. (상수의 분산=0, 확률변수와 상수의 공분산=0)

$$Var(aX + bc) = a^2 Var(X)$$

$$\sigma_p^2 = w^2\sigma_A^2 \rightarrow \sigma_p = w\sigma_A \tag{7.3}$$

식 (7.3)에서 $w = \dfrac{\sigma_p}{\sigma_A}$이므로 이를 식 (7.2)에 대입하여 정리하면 다음과 같다.

$$E(R_p) = R_f + \frac{E(R_A) - R_f}{\sigma_A} \cdot \sigma_p \tag{7.4}$$

식 (7.4)는 [그림 7-1]에서 직선 R_fAC로 나타난다. 이 식은 포트폴리오 P의 기대수익률과 위험(표준편차)간의 선형관계를 보여준다. 이처럼 위험자산과 무위험자산으로 구성한 포트폴리오의 투자기회선을 자본할당선 또는 자본배분선(CAL: Capital Al- location Line)이라고 한다.

동일한 원리로 무위험자산과 마코위츠 효율적 투자선상상의 위험자산포트폴리오 B를 결합시킨 포트폴리오는 [그림 7-1]에서 R_fBD로 나타나며 자본배분선은 다음과 같다.

$$E(R_p) = R_f + \frac{E(R_B) - R_f}{\sigma_B} \cdot \sigma_p$$

3. 자본시장선(CML)

[그림 7-1]에서 자본배분선 R_fAC, R_fBD 및 R_fMZ 중에서 지배원리에 의하여 가장 효율적인 자본배분선이 R_fMZ임을 알 수 있다. 이처럼 무위험자산과 마코위츠 효율적 투자선상상의 위험자산을 결합한 자본배분선(CAL) 중에서 가장 효율적인 자본배분선을 자본시장선(CML: capital market line)이라고 하며 다음과 같은 식으로 표현된다.

$$E(R_p) = R_f + \frac{E(R_m) - R_f}{\sigma_m} \cdot \sigma_p \tag{7.5}$$

[그림 7-1]에서 투자기회집합은 자본시장선(CML)의 아래영역이다. 무위험자산이 존재하는 경우 투자기회집합 중에서 지배원리를 충족하는 포트폴리오가 자본시장선(CML)이다. 즉, 자본시장선은 가장 효율적은 투자선 이므로 동일한 위험수준에서 투자기회집합 중에서 가장 높은 기대수익률을 얻을 수 있으며, 동일한 기대수익률수준에서 투자기회집합 중에서 가장 낮은 위험을 부담하게 된다.

위험자산만을 고려한 마코위츠 포트폴리오 이론에서는 A, B, M 모두 효율적인 포트폴리오이지만, 무위험자산이 존재하는 경우 M에 투자하는 자본배분선이 가장 효율적 포트폴리오가 된다. 이처럼 무위험자산이 존재할 때에 마코위츠 효율적 투자선상에서 가장 우월한 포트폴리오를 M을 시장포트폴리오(market portfolio)라고 한다. 시장포트폴리오(M)는 무위험자산에서 마코위츠 효율적 투자선에 접선을 그렸을 때의 접점포트폴리오이며, 자본배분선의 기울기가 가장 큰 포트폴리오이다.

자본배분선의 기울기는 위험자산의 기대수익률의 위험프리미엄을 위험으로 나눈 값으로 부담하는 위험 1단위당 프리미엄을 의미하며 이를 변동보상율(위험보상비율) 또는 샤프비율(Sharpe ratio)라고 한다. [그림 7-1]에서 변동보상율(위험보상비율)의 크기는 다음과 같다.

$$\frac{E(R_m) - R_f}{\sigma_m} > \frac{E(R_B) - R_f}{\sigma_B} > \frac{E(R_A) - R_f}{\sigma_A}$$

따라서 시장포트폴리오 M은 변동보상율(위험보상비율)이 가장 큰 포트폴리오이다.

4. 시장포트폴리오 M의 구성

시장포트폴리오(M)에는 주식시장에 존재하는 모든 주식들이 포함된다. 왜냐하면 어떤 특정주식이 시장포트폴리오 M에 포함되어 있지 않은 경우 투자자들은 그 주식을 투자하지 않을 것이며, 그 주식은 주식시장에서 거래되지 않을 것이기 때문이다. 따라서 주식시장에 존재하며 거래가 되고 있다면 해당 주식은 반드시 시장포트폴리오(M)에 포함되어야 한다.

시장포트폴리오는 주식시장에 존재하는 모든 주식들을 각 주식의 시장가치 비율대로 포함하는 포트폴리오이다. 따라서 개별 주식 i가 시장포트폴리오에서 차지하는 구성 비율(w_i)은 다음과 같다.

$$w_i = \frac{\text{개별주식 } i\text{의 시장가치}}{\text{주식시장 전체의 총시장가치}} \tag{7.6}$$

따라서 한국의 종합주가지수(KOSPI 지수)나 미국의 S&P 500지수처럼 시가총액을 기준으로 주가지수를 산출하는 시가총액가중방식 주가지수가 시장포트폴리오에 해당이 된다. 주식수를 고려하지 않고 주가를 기준으로 산출하는 주가평균 주가지수인 미국의 다우존스산업평균지수(DJIA)는 시장포트폴리오에 해당되지 않는다. 즉, 식 (7.5)의 시장포트폴리오 기대수익률은 시가총액가중방식 주가지수의 기대수익률을 의미한다.

예제 7-1

현재 주식시장에는 A기업의 주식 50주와 B기업의 주식 20주가 유통되고 있다. 기준년도의 주가는 주식 A는 1주당 10만원, 주식 B는 1주당 20만원이었다. 기준년도로부터 1년이 지난 현재시점의 주가는 주식 A는 1주당 12만원, 주식 B는 1주당 26만원이다.

(1) 기준년도와 현재시점의 주식시장의 시가총액은 얼마인가?
(2) 기준년도를 100으로 할 때 현재시점의 시가총액가중방식 주가지수는 얼마인가?
(3) 기준년도를 100으로 할 때 현재시점의 주가평균 주가지수는 얼마인가?

(4) 현재 100만원을 보유하고 있는 투자자가 이 금액으로 시장포트폴리오를 구성하려고 하면 각 주식에 얼마씩 투자하여야 하는가?

풀이

(1) ① 기준년도의 주식시장의 시가총액

A주식 : 10만원 × 50주 = 500만원

B주식 : 20만원 × 20주 = 400만원

900만원

② 현재시점의 주식시장의 시가총액

A주식 : 12만원 × 50주 = 600만원

B주식 : 26만원 × 20주 = 520만원

1,120만원

(2) 시가총액가중방식은 주가지수 시가총액을 기준으로 산출하는 방법이다.

현재 주가지수 = 100 × 1120만원/900만원 = 124

☞ 코스피지수와 코스닥 지수는 시가총액가중방식지수이다.

☞ 시가총액가중방식 주가지수의 수익률은 24%이다.

(3) 주가평균 주가지수는 주식수를 고려하지 않고 주가를 기준으로 산출하는 방법이다.

현재 주가지수 = 100 × 38만원/30만원 = 127

☞ 미국의 다우존스지수는 주가평균 주가지수이다.

☞ 주가평균 주가지수의 수익률은 27%이다.

(4) 주식A의 시가총액 구성비율 = 600만원/1,120만원 = 53.6%

주식B의 시가총액 구성비율 = 520만원/1,120만원 = 46.4%

따라서 보유자금 100만원 중에 53.6만원을 A주식에 투자하고 나머지 46.4만원을 B주식에 투자하면 시장포트폴리오를 구성한 것이다.

☞ 시장포트폴리오는 시가총액을 기준으로 개별주식의 투자비율을 구성한다.

자본시장선(CML)상의 포트폴리오는 마코위츠 효율적 투자선상상의 시장포트폴리오(M)와 무위험자산에 각각 w와 $(1-w)$를 투자한 포트폴리오이며 다음과 같다.

$$R_p^{CML} = wR_m + (1-w)R_f$$

자본시장선(CML)상의 포트폴리오의 기대수익률과 위험은 다음과 같다.

$$E(R_p) = wE(R_m) + (1-w)R_f$$

$$\sigma_p^2 = w^2\sigma_m^2 \quad \rightarrow \quad \sigma_p = w\sigma_m$$

5. 대출포트폴리오와 차입포트폴리오

(1) 대출포트폴리오

보유자금의 일부를 무위험자산에 투자하고 나머지는 시장포트폴리오에 투자하는 포트폴리오를 자본시장선(CML)상의 대출포트폴리오(lending portfolio)라고 한다. 자본시장선(CML)상의 대출포트폴리오는 시장포트폴리오 M에 대한 투자비율(w)은 1보다 작고, 무위험자산의 투자비율은 (+)이다. [그림 7-1]에서 R_fM상에 있는 포트폴리오가 대출포트폴리오를 나타낸다.

(2) 차입포트폴리오

무위험자산을 차입하여 보유자금과 합친 총금액을 모두 시장포트폴리오에 투자하는 포트폴리오를 자본시장선(CML)상의 차입포트폴리오(borrowing portfolio)라고 한다. 자본시장선(CML)상의 차입포트폴리오는 시장포트폴리오 M에 대한 투자비율(w)이 1보다 크고, 무위험자산의 투자비율은 (−)이다. [그림 7-1]에서 MZ상에 있는 포트폴리오가 차입포트폴리오를 나타낸다.

예제 7-2

투자자 갑과 투자자 을은 자본시장선(CML)상에 있는 포트폴리오 중에서 자신의 기대효용을 극대화하기 위해 선택한 최적포트폴리오를 선택하려고 한다. 시장포트폴리오의 기대수익률과 표준편차는 각각 18% 및 12%이며, 무위험이자율은 6%이다.

(1) 투자원금 1,000만원을 보유하고 있는 투자자 갑은 750만원을 시장포트폴리오에 투자하고 나머지 금액을 무위험자산에 투자하려고 한다. 투자자 갑이 선택한 포트폴리오의 기대수익률과 표준편차는 각각 얼마인가?

(2) 투자원금 1,000만원을 보유하고 있는 투자자 을은 250만원을 차입하여 1,250만원을 모두 시장포트폴리오에 투자하려고 한다. 투자자 을이 선택한 포트폴리오의 기대수익률과 표준편차는 각각 얼마인가?

(3) (1)의 투자자 갑의 포트폴리오와 시장포트폴리오의 상관계수는 얼마인가?

(4) (1)의 투자자 갑의 포트폴리오와 (2)의 투자자 을의 포트폴리오 상관계수는 얼마인가?

풀이

(1) ① 투자자 갑의 자본시장선(CML)상의 포트폴리오 구성

$$R_p = w \times R_m + (1-w) \times R_f$$
$$= 0.75 \times R_m + 0.25 \times R_f$$

② CML상의 포트폴리오의 기대수익률

$$E(R_p) = w \times E(R_m) + (1-w) \times R_f$$
$$= 0.75 \times 18\% + 0.25 \times 6 = 15\%$$

③ CML상의 포트폴리오의 표준편차

$$\sigma_p = w \times \sigma_m = 0.75 \times 12 = 9\%$$

☞ 투자자 갑의 포트폴리오는 대출포트폴리오이다.

(2) ① 투자자 을의 자본시장선(CML)상의 포트폴리오 구성

$$R_p = 1.25 \times R_m + (-0.25) \times R_f$$

② CML상의 포트폴리오의 기대수익률

$$E(R_p) = 1.25 \times 18\% + (-0.25) \times 6\% = 21\%$$

③ CML상의 포트폴리오의 표준편차

$$\sigma_p = 1.25 \times 12 = 15\%$$

☞ 투자자 을의 포트폴리오는 차입포트폴리오이다.

☞ 투자자 을의 위험회피성향은 투자자 갑보다 낮다.

(3) $$Cov(R_p^{갑}, R_m) = Cov(0.75R_m + 0.25R_f, R_m)$$
$$= Cov(0.75R_m, R_m) + Cov(0.25R_f, R_m)$$
$$= 0.75 \times \sigma_m^2 + 0.25 \times 0 = 0.75 \times 12^2 = 108$$

☞ 시장포트폴리오와 무위험자산의 상관계수=0 ➡ 공분산=0

$$\rho_{갑,m} = \frac{Cov(R_p^{갑}, R_m)}{\sigma_{갑} \times \sigma_m} = \frac{108}{9 \times 12} = +1$$

☞ 시장포트폴리오와 자본시장선 포트폴리오 간의 상관계수=1

(4) $$Cov(R_p^{갑}, R_p^{을}) = Cov(0.75R_m + 0.25R_f, 1.25R_m - 0.25R_f)$$
$$= 0.75 \times 1.25 \times \sigma_m^2 + 0.75 \times (-0.25) \times 0 + 0.25 \times 1.25 \times 0 + 0.25 \times (-0.25) \times 0$$
$$= 0.75 \times 1.25 \times 12^2 = 135$$

$$\rho_{갑,을} = \frac{Cov(R_p^{갑}, R_p^{을})}{\sigma_{갑} \times \sigma_{을}} = \frac{135}{9 \times 15} = +1$$

☞ 자본시장선 상의 포트폴리오간의 상관계수=1

6. 자산배분과 최적포트폴리오

(1) 최적포트폴리오의 선택원리

[그림 7-2]에서는 [그림 7-1]의 효율적 투자선인 자본시장선(CML)과 투자자의 무차별곡선을 결합하였다. 투자자의 무차별곡선과 자본시장선(CML)이 접하는 점에 있는 포트폴리오를 투자자의 최적포트폴리오로 선택하고 있다.

갑은 위험회피성향이 보다 큰 방어적 투자자의 무차별곡선을, 을은 위험회피성향이 보다 작은 공격적 투자자의 무차별곡선을 나타낸다. 방어적 투자자는 보유자금의 일부를 무위험자산에 투자하고 나머지는 시장포트폴리오에 투자하는 포트폴리오 X를 최적포트폴리오로 선택하고 있으며, 공격적 투자자는 무위험자산을 차입하여 보유자금과 합친 총금액을 모두 시장포트폴리오에 투자하는 포트폴리오 Y를 최적포트폴리오로 선택하고 있다.

이처럼 최적포트폴리오의 선택은 무위험자산과 시장포트폴리오에 대한 투자비율을 선택하는 것으로 이는 투자자마다 다를 수 있다. 그러나 투자자의 위험회피성향과 관계없

[그림 7-2] 자산배분과 최적포트폴리오

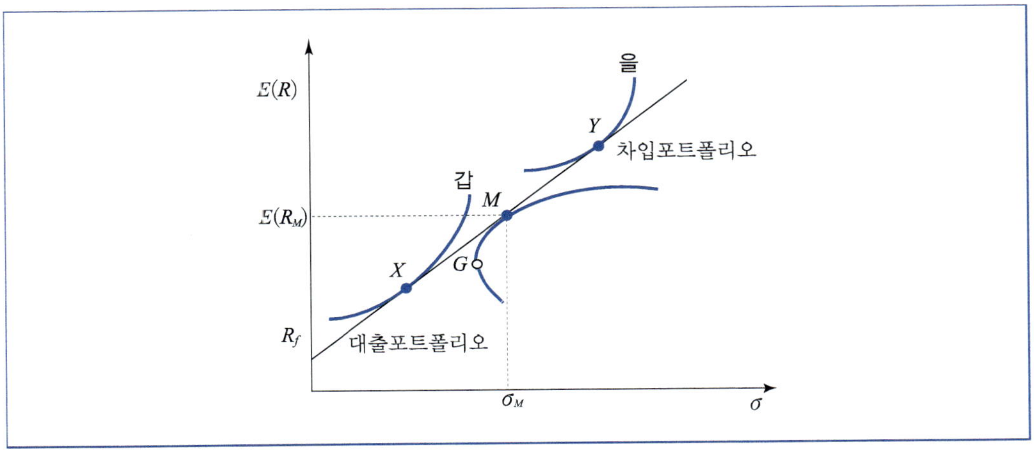

이 위험자산은 시장포트폴리오 *M*을 투자하게 된다. 따라서 개별주식에 투자하는 상대적인 구성 비율은 시장포트폴리오 *M*이 구성비율과 같으므로 누구나 동일하게 된다.

(2) 토빈의 분리정리(포트폴리오 분리정리)

무위험자산이 존재할 때 최적포트폴리오의 선택은 다음과 같이 두 단계를 거쳐 이루어지는 이를 포트폴리오분리정리(portfolio separation theorem) 또는 토빈의 분리정리(Tobin separation theorem)라고 한다.

① 효율적 투자선 (자본시장선)

지배원리에 따라서 무위험자산과 시장포트폴리오(*M*)로 구성한 포트폴리오의 집합인 자본시장선(CML)을 효율적 투자선으로 선택한다. 따라서 효율적 투자선은 투자자들의 무차별곡선과 관계없이 지배원리에 의하여 객관적으로 결정된다.

② 최적포트폴리오의 선택

투자자의 효용을 극대화하도록 효율적 투자선(CML)과 무차별곡선(*IC*)이 접하는 점의 포트폴리오를 최적포트폴리오로 선택한다. 따라서 최적포트폴리오는 투자자들의 무차별곡선에 의하여 주관적으로 결정된다.

7. 자본시장선의 의의

비체계적 위험(고유위험, 분산가능위험)은 분산투자를 통하여 제거할 수 있는 위험으로 개별회사의 소송사건이나 파업이 대표적인 예이다. 체계적 위험(시장위험, 분산불가능위험)은 분산투자를 통하여 제거할 수 없는 위험으로 GDP, 금리, 환율이 대표적인 예이다. 비체계적 위험이 완전히 제거된 포트폴리오를 완전분산 포트폴리오라고 하며, 시장포트폴리오는 완전분산 포트폴리오이다. 이러한 시장포트폴리오와 무위험자산의 투자기회선인 자본시장선은 다음과 같은 특징을 갖는다.

① 자본시장선의 포트폴리오는 무위험자산이 존재하는 경우 가장 효율적인 포트폴리오이다. 즉, 위험 1단위당 위험프리미엄(변동보상률, 위험보상비율)이 가장 큰 포트폴리오이다.

② 시장포트폴리오와 무위험자산은 비체계적 위험이 없기 때문에 자본시장선의 포트폴리오는 비체계적 위험이 제거된 완전분산 된 포트폴리오이다. 따라서 자본시장선의 포트폴리오와 시장포트폴리오와의 상관계수가 1이다.

③ 자본시장선의 포트폴리오는 적극적(active) 포트폴리오가 아닌 수동적(passive) 포트폴리오이다.

④ 개별주식의 기대수익률은 자본시장선보다 위에 존재할 수 없다. 단, 개별주식의 사후수익률은 자본시장선보다 위에 존재할 수 있다.

⑤ 자본시장선과 관련된 상관계수를 정리하면 다음과 같다.

- 시장포트폴리오와 무위험자산의 상관계수=0
- 시장포트폴리오와 자본시장선 포트폴리오 간의 상관계수=1
- 자본시장선 상의 포트폴리오간의 상관계수=1
- 자본시장선 상의 포트폴리오와 무위험자산의 상관계수=0

⑥ 자본시장선의 아래쪽에 위치하는 개별주식이나 포트폴리오는 비효율적이며 완전분산 되지 않아서 비체계적위험이 존재한다. 따라서 자본시장선의 아래쪽에 있는 개별주식이나 포트폴리오와 시장포트폴리오와의 상관계수는 1보다 작다.

제 2 절 베타

개별자산의 총위험은 비계계적 위험과 체계적 위험으로 구성되며, 비체계적 위험은 분산투자로 제거할 수 있기 때문에 체계적 위험만이 위험프리미엄의 대상이 되어야 한다. 따라서 균형상태의 개별주식의 기대수익률은 체계적 위험만을 반영하여야 한다. 이를 위해서는 체계적 위험을 측정할 수 있어야 한다. 체계적 위험의 지표인 베타(β)에 대해서 살펴본다.

1. 체계적 위험의 측정(베타)

시장포트폴리오란 주식시장에 존재하는 모든 주식들을 시장가치의 비율대로 구성한 것으로 완전분산 되어 비체계적 위험은 완전히 제거되었다. 모든 주식은 시장포트폴리오에 포함되기 때문에 특정 개별주식이 시장포트폴리오의 위험에 기여하는 부분이 특정 개별주식의 체계적 위험이라고 할 수 있으며, 이것을 측정한 것이 베타(β)이다.

[그림 7-3]은 n개의 주식으로 구성된 시장포트폴리오의 위험이다. [그림 7-3]에서 주식1이 시장포트폴리오 위험에 기여하부는 부분은 [그림 7-3]의 파란색 사각형을 모두 합친 것으로 다음과 같이 정리할 수 있다.

[그림 7-3] 시장포트폴리오 위험과 개별주식의 기여도

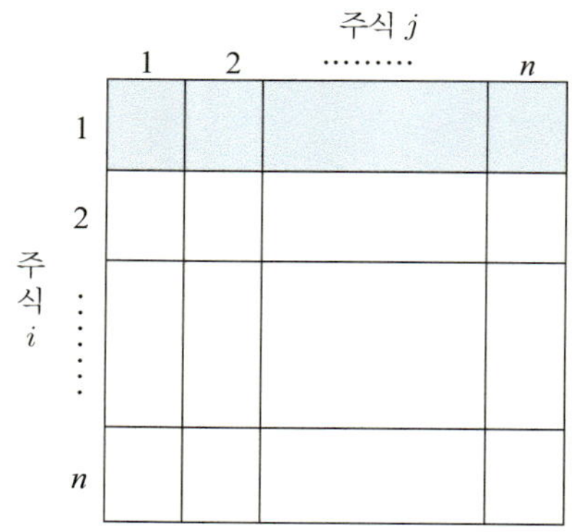

주식 1의 기여도= $\sum_{j=1}^{n} w_1 w_j \sigma_{1j} = w_1 \sigma_{1m}$

주식 2의 기여도 = $\sum_{j=1}^{n} w_2 w_j \sigma_{2j} = w_2 \sigma_{2m}$

주식 n의 기여도 = $\sum_{j=1}^{n} w_n w_j \sigma_{nj} = w_n \sigma_{nm}$

총위험= $\sum_{i=1}^{n} \sum_{j=1}^{n} w_i w_j \sigma_{ij} = \sigma_m^2$

$$\sum_{j=1}^{n} w_1 w_j \sigma_{1j} = w_1 \sum_{j=1}^{n} w_j \sigma_{1j} = w_1 \sigma_{1m}$$

위의 식에서 $\sum_{j=1}^{n} w_j \sigma_{1j} = w_1 \mathrm{Cov}(R_1, R_1) + w_2 \mathrm{Cov}(R_1, R_2) + \cdots + w_n \mathrm{Cov}(R_1, R_n)$이며, 공분산 연산법칙에 따라 $\sum_{j=1}^{n} w_j \sigma_{1j} = \mathrm{Cov}(R_1, w_1 R_1) + \mathrm{Cov}(R_1, w_2 R_2) + \cdots + \mathrm{Cov}(R_1, w_n R_n)$이 성립한다. 또한 공분산 분배법칙에 따라 $\mathrm{Cov}(R_1, w_1 R_1) + \mathrm{Cov}(R_1, w_2 R_2) + \cdots + \mathrm{Cov}(R_1, w_n R_n) = \sigma_{1m}$이 성립한다.

따라서 시장포트폴리오의 위험은 다음과 같이 정리할 수 있다.

$$\sigma_m^2 = w_1 \sigma_{1m} + w_2 \sigma_{2m} + \cdots + w_n \sigma_{nm}$$

주식1이 시장포트폴리오의 위험에 기여하는 부분은 주식1과 시장포트폴리오의 공분산(σ_{1m})과 주식1이 시장포트폴리오에서 차지하는 비율(w_1)에 의해서 결정된다. 따라서 σ_{1m}은 주식1이 시장포트폴리오의 위험에 절대적으로 기여도이며, $w_1 \times \sigma_{1m}$는 주식1이 시장포트폴리오의 위험의 상대적 기여도를 나타낸다.

따라서 주식1이 시장포트폴리오의 위험에서 차지하는 상대적 비율로 나타내면 다음과 같다.

$$\frac{w_1 \sigma_{1m}}{\sigma_m^2} = w_1 \frac{\sigma_{1m}}{\sigma_m^2}$$

여기서 주식1의 시장포트폴리오 위험에 대한 절대적 기여도를 표준화 한 값 $\frac{\sigma_{1m}}{\sigma_m^2}$를 개별 주식의 체계적 위험을 나타내는 지표로 정의하며 이를 베타(β)라고 부른다. 따라서 주식 i의 체계적 위험인 β_i는 다음과 같이 측정된다.

$$\beta_i = \frac{\sigma_{im}}{\sigma_m^2} \tag{7.7}$$

식 (7.7)에 $\sigma_{im} = \rho_{im} \sigma_i \sigma_m$을 대입하여 정리하면 다음과 같다.

$$\beta_i = \rho_{im} \times \frac{\sigma_i}{\sigma_m}$$

즉, 주식i의 베타는 주식i와 시장포트폴리오와의 상관계수와 주식i의 표준편차에 의하여 결정된다. 예를 들어 주식i의 수익률의 표준편차가 40%, 주식i와 시장포트폴리오와의 상관계수가 0.6, 시장포트폴리오의 수익률의 표준편차가 30%일 때 주식i의 베타는 다음과 같다.

$$\beta_i = \rho_{im} \times \frac{\sigma_i}{\sigma_m} = 0.6 \times \frac{40}{30} = 0.8$$

2. 베타의 의미

베타는 다음과 같은 의미가 있다.

① 개별주식의 베타는 시장포트폴리오 위험에 대한 절대적 기여도를 측정한 것으로 개별주식의 체계적 위험의 지표이다.

② 베타는 시장포트폴리오의 수익률의 변동에 대해 개별 주식의 수익률이 얼마나 변동하는가를 나타내는 민감도(sensitivity)이다. 예를 들어 베타가 2.5이면 시장포트폴리오의 수익률이 1% 증가할 때 개별주식은 2.5% 증가하고, 시장포트폴리오의 수익률이 1% 감소할 때 개별주식은 2.5% 감소하다는 의미이다. 민감도의 의미는 8장1절 시장모형(market model)에서 자세히 설명한다.

③ 시장에서 거래되는 모든 주식의 베타를 가중평균 한 시장포트폴리오의 베타는 1이다. 따라서 베타 > 1인 주식(공격적 주식)의 수익률은 시장의 평균보다 더 큰 폭으로 변동하는 주식을 의미하며, 베타 < 1인 주식(방어적 주식)의 수익률은 시장의 평균보다 더 작은 폭으로 변동하는 주식을 의미한다.

④ 개별주식 수익률과 시장포트폴리오 수익률과의 공분산이 0일 경우 베타는 0이 된다. 따라서 무위험자산의 베타는 0이 된다.

⑤ 개별주식 수익률과 시장포트폴리오 수익률과의 상관계수가 (−)인 경우 베타는 음의 값을 가질 수 있다. 따라서 음의 베타 값을 갖는 주식의 수익률은 시장포트폴리오 수익률의 움직임과 평균적으로 반대방향임을 의미한다.

3. 베타의 추정

(1) 이론적 베타

이론적으로 어떤 주식의 베타를 추정하기 위해서는 그 주식과 시장포트폴리오의 미래 수익률에 대한 확률분포를 알아야 한다. 이 방법은 미래에 예상되는 수익률 분포를 이용하여 측정하는 방법으로 CAPM 이론에는 적합하지만 미래수익률에 대한 정확한 확률분포를 얻는 것은 현실적으로 거의 불가능한 단점이 있다.

예제 7-3

다음은 내년도 경기상황에 따른 시장포트폴리오의 수익률과 주식 A와 B의 예상수익률이다. 경기상황은 호황과 불황만 존재하며 호황과 불황이 될 확률은 동일하다. 주식A와 주식 B의 체계적 위험(베타)을 구하고 두 주식의 특성을 밝히시오.

경기상황	수익률		
	시장포트폴리오	주식 A	주식 B
호황	13%	10%	20%
불황	7%	6%	10%

풀이

(1) 기대수익률을 계산한다.

시장포트폴리오 : $E(R_m) = 13 \times 0.5 + 7 \times 0.5 = 10\%$

주식A : $E(R_A) = 10 \times 0.5 + 6 \times 0.5 = 8\%$

주식B : $E(R_B) = 20 \times 0.5 + 10 \times 0.5 = 15\%$

(2) 시장포트폴리오의 분산과 개별주식과 시장포트폴리오의 공분산을 구한다.

$\sigma_m^2 = (13-10)^2 \times 0.5 + (7-10)^2 \times 0.5 = 9\%^2$

$\sigma_{Am} = (13-10)(10-8) \times 0.5 + (7-10)(6-8) \times 0.5 = 6\%^2$

$\sigma_{Bm} = (13-10)(20-15) \times 0.5 + (7-10)(10-15) \times 0.5 = 15\%^2$

(3) 베타공식 $\beta_i = \dfrac{\sigma_{im}}{\sigma_m^2}$ 를 이용하여 개별주식의 베타를 계산한다.

$$\beta_A = \frac{\sigma_{Am}}{\sigma_m^2} = \frac{6}{9} = 0.67$$

$$\beta_B = \frac{\sigma_{Bm}}{\sigma_m^2} = \frac{15}{9} = 1.67$$

(4) 주식의 특성

주식A

베타 $<$ 1 이므로 A주식의 수익률은 시장수익률의 변화보다 더 작은 폭으로 변화한다.

주식B

베타 $>$ 1 이므로 B주식의 수익률은 시장수익률의 변화보다 더 큰 폭으로 변화한다.

(2) 현실적 베타

미래수익률에 대한 정확한 확률분포를 얻는 것이 어렵기 때문에 실무적으로 베타의 추정은 과거수익률 자료를 이용한다. 개별주식과 시장포트폴리오의 대용치인 주가지수의 과거수익률 시계열자료로부터 산출되는 단순회귀분석에서 기울기를 구하면 이것이 베타의 추정치가 된다. 이처럼 과거 자료를 이용해서 구하는 베타는 8장 1절 시장모형(market model)에서 자세히 설명한다.

예제 7-4

주식A와 주가지수의 최근 3년 동안의 연간 수익률 R_A와 R_M은 다음과 같았다. 아래 표본자료를 이용하여 주식 A의 체계적 위험(베타)을 구하시오.

연도	R_A	R_M
20×1년	8%	2%
20×2년	−2%	0%
20×3년	3%	4%

풀이

(1) 평균수익률을 계산한다.

시장포트폴리오 : $\overline{R}_m = \dfrac{2+0+4}{3} = 2\%$

주식 A : $\overline{R}_A = \dfrac{8-2+3}{3} = 3\%$

(2) 주가지수수익률의 분산과 개별주식과 시장포트폴리오의 공분산을 구한다.

$$\sigma_m^2 = \frac{(2-2)^2+(0-2)^2+(4-2)^2}{3-1} = 4\%^2$$

$$\sigma_{Am} = \frac{(8-3)(2-2)+(-2-3)(0-2)+(3-3)(4-2)}{3-1} = 5\%^2$$

☞ 모집단의 전체자료가 아닌 표본(sample)을 이용하는 경우 분산과 공분산의 계산은 자유도를 조정하여 표본수에서 1을 빼서 계산한다. 즉, 3에서 1을 뺀 2로 나누어 계산한다.

☞ 자유도 조정은 분산과 공분산의 계산에만 적용되며 평균수익률은 조정하지 않는다.

(3) 베타공식을 이용하여 개별주식의 베타를 계산한다.

$$\beta_A = \frac{\sigma_{Am}}{\sigma_m^2} = \frac{5}{4} = 1.25$$

(4) 주식의 특성

베타 > 1 이므로 A주식의 수익률은 시장수익률의 변화보다 더 큰 폭으로 변화한다.

4. 포트폴리오의 베타

시장포트폴리오의 위험을 개별주식의 상대적인 기여도로 표시하면 다음과 같다.

$$\sigma_m^2 = w_1\sigma_{1m} + w_2\sigma_{2m} + \cdots + w_n\sigma_{nm}$$

위의 식의 양변을 σ_m^2로 나누면 다음과 같다.

$$1 = w_1\frac{\sigma_{1m}}{\sigma_m^2} + w_2\frac{\sigma_{2m}}{\sigma_m^2} + \cdots + w_n\frac{\sigma_{nm}}{\sigma_m^2}$$

$$1 = w_1\beta_1 + w_2\beta_2 + \cdots + w_n\beta_n$$

시장포트폴리오의 베타는 1이며 이는 시장포트폴리오를 구성하는 개별 주식들의 베타를 가중평균 한 것을 의미한다. 같은 논리로 n개 주식으로 구성된 포트폴리오의 베타(β_p)는 다음과 같이 포트폴리오를 구성하고 있는 개별주식의 베타를 구성비율로 가중평균 한 것이며, 이를 베타의 가산원리라고 한다.

$$\beta_p = w_1\beta_1 + w_2\beta_2 + \cdots w_n\beta_n \tag{7.10}$$

예들 들어 베타가 0.8인 주식1에 60%, 베타가 1.6인 주식2에 40%를 투자하여 구성한 포트폴리오의 베타는 다음과 같다.

$$\beta_p = 0.6 \times 0.8 + 0.4 \times 1.6 = 1.12$$

제 3 절 증권시장선(SML)

1. 증권시장선의 도출

CAPM을 가장 먼저 소개한 Sharpe는 균형에서의 기대수익률과 위험의 상충관계는 자본시장선(CML)의 기울기인 위험보상비율(변동보상율)과 같다는 사실을 이용하여 증권시장선(SML)을 도출하였다.

식 (7.5)에서 자본시장선(CML)의 기울기인 위험보상비율은 다음과 같다.

$$\frac{E(R_m)-R_f}{\sigma_m^2}$$

시장포트폴리오에서 개별 주식 i로 인해서 부담하게 되는 위험프리미엄은 $w_i[E(R_i)-R_f]$이며, 개별 주식 i로 인해서 부담하게 되는 위험은 $w_i\sigma_{im}$이다. 따라서 시장포트폴리오에서 개별 주식 i의 위험보상비율은 다음과 같다.

$$\frac{w_i[E(R_i)-R_f]}{w_i\sigma_{im}}=\frac{[E(R_i)-R_f]}{\sigma_{im}}$$

균형상태에서 시장포트폴리오에서 개별 주식 i의 위험보상비율과 자본시장선(CML)의 기울기는 같아야 한다. 그렇지 않으면 개별 주식 i의 초과수요나 초과공급이 발생하기 때문이다.

위의 식을 개별 주식 i의 기대수익률 $E(R_i)$에 대해서 정리하면 다음과 같다.

$$E(R_i)=R_f+\frac{[E(R_m)-R_f]}{\sigma_m^2}\cdot\sigma_{im}$$

위 식에서 $\frac{\sigma_{im}}{\sigma_m^2}=\beta_i$이므로 이를 정리하면 다음과 같은 관계식을 얻는다.

$$E(R_i)=R_f+[E(R_m)-R_f]\cdot\beta_i \tag{7.11}$$

식 (7.11)은 균형상태에서 개별 주식 i의 체계적 위험과 기대수익률 사이의 관계를 나

[그림 7-4] 증권시장선(SML)

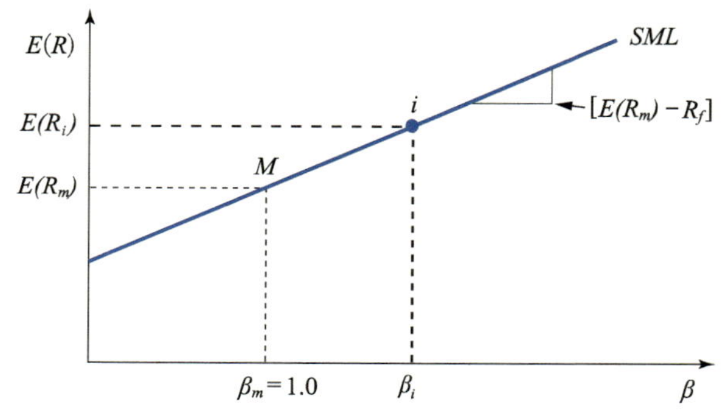

타내는데 이를 증권시장선(SML: security market line)이라고 하며, 이를 그림으로 나타내면 [그림 7-4]와 같다.

자본자산가격결정모형(CAPM : capital asset pricing model)은 주식시장의 균형상태에서 기대수익률과 위험 사이에 관계를 보여주는 모형이므로 증권시장선(SML)을 의미한다. CAPM이 성립한다는 의미는 주식시장이 초과수요나 초과공급이 없는 균형상태로 개별주식의 기대수익률이 증권시장선(SML)상의 수익률과 일치한다.

2. 증권시장선의 의미

(1) 위험과 기대수익률 간의 균형관계식

① 균형상태에서 기대수익률과 베타는 선형관계를 가진다.

균형상태에서 개별 주식 i의 기대수익률은 무위험이자율에 주식 i에 대한 위험프리미엄을 더한 값으로 결정된다. 주식 i에 대한 위험프리미엄은 시장위험프리미엄에 체계적 위험의 측정치인 베타를 곱하여 결정된다.

- 주식 i에 대한 위험프리미엄 : $[E(R_m) - R_f] \cdot \beta_i$
- 시장위험프리미엄 : $[E(R_m) - R_f]$

예를 들어 주식A의 베타는 1.4, 무위험이자율은 5%, 시장포트폴리오 기대수익률은

12%인 경우 시장위험프리미엄은 7%(=12%-5%)이며, 주식A의 위험프리미엄은 9.8%(=7%×1.4)이다. 따라서 주식A의 균형수익률은 14.8%(=5%+9.8%)이다.

② 증권시장선의 절편

명목무위험이자율을 나타내며 이는 실질이자율과 예상인플레이션에 의해 결정된다.

③ 증권시장선의 기울기

모든 투자자가 위험회피형이므로 시장위험프리미엄은 항상 (+)의 값을 갖는다.

④ 증권시장선의 X축

개별주식의 위험프리미엄을 결정하는 것은 오직 체계적 위험인 베타이며, 비체계적 위험은 위험프리미엄에 영향을 주지 않는다.

⑤ 베타 1단위당 위험프리미엄

식 (7.11)은 다음과 같이 정리할 수 있다.

$$[E(R_m) - R_f] = \frac{E(R_i) - R_f}{\beta_i}$$

따라서 베타 1단위에 대한 위험보상이 모든 주식에 대해서 일정하다.

(2) 주식의 균형가격

주식의 균형가격을 계산할 때 할인율이 균형수익률이며, 개별주식의 균형수익률은 SML에 의해서 결정된다. 따라서 주식의 균형가격은 다음의 순서로 계산한다.

개별 주식의 베타 결정 ➠ SML에 의한 균형수익률 결정 ➠ 개별 주식의 기대현금흐름을 할인 ➠ 개별주식의 균형가격(내재가치) 결정

(3) 주식의 가격조정

3장에서 이미 설명한 것처럼 개별 주식의 기대현금흐름과 시장가격에서 산출된 수익

[그림 7-5] 증권시장선(SML)과 주식의 평가

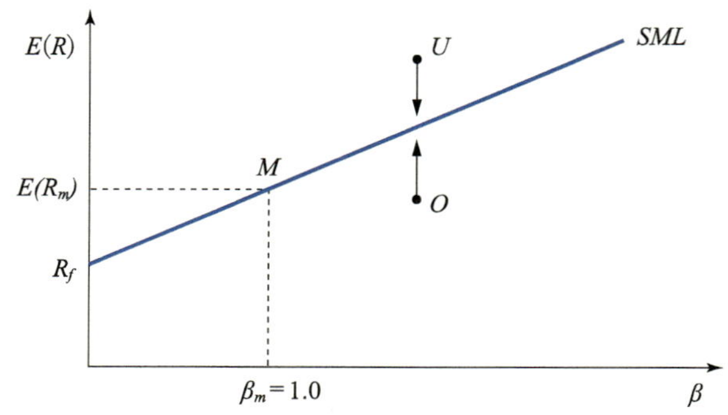

률이 기대수익률이다. 주식시장이 균형상태인 경우 시장가격과 균형가격이 일치하므로 기대수익률과 SML은 일치한다. 하지만 주식시장이 불균형상태인 경우 시장가격과 균형가격이 상이하므로 기대수익률과 SML은 다르다. 투자자들은 주식시장이 불균형상태이면 다음과 같은 주식거래를 하므로 시장은 다시 균형상태로 돌아간다.

① 기대수익률 > 균형수익률(SML)

[그림 7-5]에서 *U*로 표시된 주식은 기대수익률이 균형수익률보다 크기 때문에 주식의 시장가격이 과소평가되어 있는 자산이다. 따라서 다음과 같은 가격조정이 발생한다.

*U*주식 매수(long) ➠ 시장가격 상승 ➠ 기대수익률 하락 ➠ 균형

② 기대수익률 < 균형수익률(SML)

[그림 7-5]에서 *O*로 표시된 주식은 기대수익률이 균형수익률보다 작기 때문에 주식의 시장가격이 과대평가되어 있는 자산이다. 따라서 다음과 같은 가격조정이 발생한다.

*O*주식 공매(short) ➠ 시장가격 하락 ➠ 기대수익률 상승 ➠ 균형

예제 7-5

무위험이자율은 3%, 시장포트폴리오의 기대수익률은 13%이다. 아래 두 주식 가격의 균형/저평가/고평가 여부 및 주식의 향후 주가변화의 예상에 대해서 설명하시오.

주식	β 계수	기대수익률
A	0.5	9%
B	1.5	17%

풀이

(1) SML을 통해서 균형수익률을 계산한다.

주식 A : $k_e = R_j + (E(R_m) - R_f) \times \beta_i = 3 + (13-3) \times 0.5 = 8\%$

주식 B : $k_e = 3 - (13-3) \times 1.5 = 18\%$

(2) 주식 A

기대수익률(9%) > 균형수익률(8%)이므로 주가는 과소평가

향후 투자자들은 이 주식을 매입하려 할 것이며 시장가격이 상승하여 기대수익률이 8%가 되는 시점에서 균형을 이루게 된다.

☞ 시장가격이 상승하면 기대수익률은 하락한다.

(3) 주식B

기대수익률(17%) < 균형수익률(18%)이므로 주가는 과대평가

향후 투자자들은 이 주식을 매도하려 할 것이며 시장가격이 하락하여 기대수익률이 18%가 되는 시점에서 균형을 이루게 된다.

☞ 시장가격이 하락하면 기대수익률은 상승한다.

(4) 차익거래

주식시장이 불균형인 상태에서 투자자들은 시장포트폴리오와 무위험자산을 이용하여 개별주식의 베타와 동일한 균형점을 만들어 차익거래를 하므로 시장은 다시 균형상태로 돌아간다.

예를 들어 주식A의 베타는 1.4, 무위험이자율은 5%, 시장포트폴리오 기대수익률은 12%인데 주식A의 기대수익률이 13%인 경우 SML과 일치하지 않기 때문에 주식A는 불균형상태이다. (주식A의 균형수익률 = 5 + (12−5) × 1.4 = 14.8%)

시장포트폴리오와 무위험자산에 각각 w와 $(1-w)$를 투자한 CML 포트폴리오를 구성하고 베타의 가산원리를 이용하여 포트폴리오 베타를 1.4로 만든다.

$$R_p = wR_m + (1-w)R_f$$

$$\beta_p = w \times 1 + (1-w) \times 0 = w = 1.4$$

따라서 보유자금의 40%를 차입하여 보유자금의 140%를 시장포트폴리오에 투자한 포트폴리오의 베타는 주식A와 동일하지만 기대수익률은 다음과 같다.

$$E(R_p) = 1.4 \times 12 + (-0.4) \times 5 = 14.8\%$$

위의 CML포트폴리오와 주식A의 베타는 같지만 기대수익률이 다르기 때문에 일물일가의 법칙에 성립하지 않기 때문에 다음과 같은 차익거래를 한다.

CML 포트폴리오 매수, 주식A 공매도

주식 A의 시장가격 하락 ➠ 기대수익률 상승 ➠ 균형

3. 증권시장선과 자본시장선의 관계

CML과 SML은 모두 기대수익률과 위험의 선형적 관계를 보여주는 식이지만 다음과 같은 차이점이 있다.

	CML	SML
위험	총위험(표준편차)	체계적 위험(베타)
대상	효율적 포트폴리오	모든 주식

CML은 효율적 포트폴리오의 기대수익률과 위험의 관계식이며, 위험은 총위험인 표준편차로 측정한다. 이에 반해 SML은 개별 주식 또는 포트폴리오의 기대수익률과 위험의 관계식이며, 위험은 체계적 위험인 베타로 측정한다.

[그림 7-6]은 CAPM이 성립하여 주식시장이 균형상태인 상황에서 CML과 SML의 관계를 보여주고 있다.

[그림 7-6]에서 주식 A, B, C는 균형수익률이 동일한 주식이다.

$$E(R_A) = E(R_B) = E(R_c)$$

[그림 7-6] 자본시장선과 증권시장선의 비교

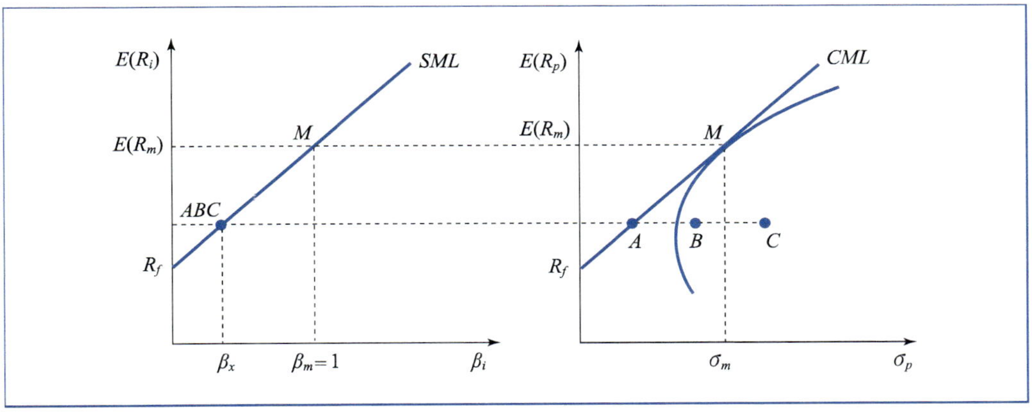

균형수익률이 동일하므로 SML상의 동일한 점에 있기 때문에 체계적 위험도 같다.

$$\beta_A = \beta_B = \beta_C$$

하지만 세 주식은 총위험이 다르기 때문에 CML 평면에서는 서로 다른 위치에 있다.

$$\sigma_A < \sigma_B < \sigma_c$$

주식 A는 CML상에 있으므로 완전분산 된 효율적 포트폴리오이며, B와 C는 CML 아래쪽 영역에 있기 때문에 완전분산 되지 않은 비효율적 포트폴리오이다.

자본시장선과 증권시장선의 관계를 정리하면 다음과 같다.

① 자본시장선(CML)은 효율적인 포트폴리오의 기대수익률과 총위험의 관계식이다.

② 증권시장선(SML)은 개별주식 또는 포트폴리오의 기대수익률과 체계적 위험의 관계식이다.

③ 자본시장선(CML)은 증권시장선(SML)의 부분집합이므로 다음의 관계가 성립한다.

- 자본시장선상의 포트폴리오는 항상 증권시장선상에 있다.
- 증권시장선상의 주식은 항상 자본시장선상에 있는 것은 아니다.
- 자본시장선상에 없는 주식이라도 증권시장선상에도 있을 수 있다.
- 증권시장선상에 없는 주식은 항상 자본시장선상에도 없다.

④ 증권시장선상에 존재하고 자본시장선상에도 존재하는 투자집합은 균형상태이며, 시장포트폴리오와의 상관계수가 1이고 비체계적 위험은 없다.

⑤ 증권시장선상에는 존재하지만 자본시장선상에는 존재하지 않는 투자집합은 균형상태이지만 시장포트폴리오와의 상관계수가 1보다 작고 비체계적 위험이 존재한다.

⑥ 증권시장선상에 존재하지 않는 투자집합은 불균형상태이며, 시장포트폴리오와의 상관계수가 1보다 작고 비체계적 위험이 존재한다.

4. 증권시장선의 이동

증권시장선상의 위치나 증권시장선의 이동에 영향을 주는 요인들은 다음과 같다.

① 인플레이션

물가가 상승하면 무위험이자율이 증가하며 증권시장선의 y축 절편이 위로 이동한다. 따라서 증권시장선은 위쪽으로 평행이동하며 모든 주식의 균형수익률은 상승한다.

② 투자자들의 위험회피도

투자자들의 위험회피도가 증가하면 주식시장의 위험프리미엄이 증가하게 된다. 따라서 증권시장선의 기울기가 증가하며 모든 주식의 균형수익률은 상승한다.

③ 개별주식의 체계적 위험

개별주식의 체계적 위험이 증가하면 체계적 위험의 지표인 베타가 증가하여 개별주식의 위험프리미엄이 증가한다. 따라서 증권시장선은 이동하지 않으며, 베타가 증가한 개별주식의 균형수익률은 상승한다.

④ 개별주식의 비체계적 위험

개별주식의 비체계적 위험이 증가하더라도 베타는 변동 없다. 따라서 증권시장선은 이동하지 않으며, 베타도 변동이 없기 때문에 개별주식의 균형수익률에는 영향을 주지 못한다.

⑤ 음(−)의 베타

개별주식과 시장포트폴리오와의 상관계수가 (−)이면 개별주식의 베타가 음(−)의 값을 가질 수는 있지만 이는 시가총액이 낮은 일부주식에서만 가능하다. 음의 베타가 성립하면 음의 베타를 갖는 위험자산의 수익률은 무위험 자산의 수익률보다 작다.

5. 증권시장선의 활용

(1) 자본비용의 결정 (기업재무)

SML에 의해 산출된 균형수익률은 주주(투자자) 입장에서는 주식에 투자할 때 요구해야 할 수익률이 되며, 기업의 입장에서는 주식을 발행해서 자금을 조달할 때 부담해야 할 자본비용(자기자본비용)이 된다.

기업재무에서는 SML에 의해서 결정된 자기자본비용과 채권의 수익률에서 산출된 타인자본비용을 가중평균 한 가중평균자본비용(WACC)을 계산하여 이 자본비용을 기업가치 평가의 할인율로 사용하거나 자본예산에서 투자안을 평가할 때 순현가의 할인율로 사용한다.

(2) 주식투자의 결정

① 주식 균형가격의 산출

주식의 균형가격은 SML에 의해서 결정된 균형수익률로 개별 주식의 기대현금흐름을 할인하여 계산한다. 예를 들어 배당평가모형을 적용하는 경우 주식의 내재가치는 다음과 같이 계산한다.

1단계 균형수익률의 결정 : $k_e = R_f + \left[E(R_m) - R_f\right] \cdot \beta_i$

2단계 균형가격의 결정 : $P_o = \dfrac{D_1}{k_e - g}$

② 투자매매의 지표

시장가격으로 개별주식의 기대수익률을 계산하여 SML 위쪽에 있는 주식은 매수하고, SML 아래쪽에 있는 주식은 매도하여 시장이 균형상태가 되면 이익을 얻을 수 있다. 따라서 증권시장선은 개별주식의 매매 포지션의 방향을 결정하는 역할을 한다.

예제 7-6

K기업의 배당성향은 20%이며 자기자본이익률은 10%이다. 한편 K기업 주식의 베타값은 1.2로 추정되었고 현재시점의 주당배당금은 4,000원이며 주가는 40,000원이다. 또한 무위험이자율이 4%, 시장포트폴리오의 기대수익률은 14%이다. 이러한 현상이 지속된다고 가정하고 배당평가모형을 적용한다.

(1) K기업 주식의 균형수익률은 각각 얼마인가?
(2) K기업 주식의 기대수익률은 각각 얼마인가?
(3) K기업 주식의 균형가격은 얼마인가?
(4) K기업 주식의 향후 주가변화의 예상에 대해서 기술하시오.

풀이

(1) SML을 통해서 균형수익률을 계산한다.

$$k_e = R_f + (E(R_m) - R_f) \times \beta_i = 4 + (14 - 4) \times 1.2 = 16\%$$

(2) 배당평가모형과 시장가격을 통해서 기대수익률을 산출한다.

$$g = ROE \times b = 10\% \times (1 - 0.2) = 8\%$$

$$E(R_K) = \frac{D_1}{P_0} + g = \frac{4{,}000 \times 1.08}{40{,}000} + 0.08 = 18.8\%$$

(3) 배당평가모형과 균형수익률을 통해서 균형가격을 산출한다.

$$P_0 = \frac{D_1}{k_e - g} = \frac{4{,}000 \times 1.08}{0.16 - 0.08} = 54{,}000\text{원}$$

(4) 시장가격(40,000원) < 균형가격(54,000원) 또는
기대수익률(18.8%) > 균형수익률(16%)이므로 주가는 과소평가
향후 투자자들은 이 주식을 매입하려 할 것이며 시장가격이 54,000원이 되어 기대수익률이 16%가 되는 시점에서 균형을 이루게 된다.
☞ 시장가격이 상승하면 기대수익률은 하락한다.

제4절 CAPM 가정의 현실화 및 실증분석

CAPM은 마코위츠의 4가지 가정과 무위험자산과 완전자본시장의 가정들이 전제되어야 성립한다. 하지만 이러한 가정들은 복잡한 현실을 너무나 단순하게 가정하고 있기 때문에 비판을 받고 있다. CAPM의 가정들을 현실화시킨다면 CAPM의 내용이 어떻게 변화되는지 살펴보자.

1. 제로베타 CAPM (무위험자산이 존재하지 않는 경우)

CAPM이 성립하기 위해서는 모든 투자자가 무위험이자율로 자유롭게 대출과 차입을 할 수 있어야 한다. 하지만 현실세계에서는 무위험자산인 정기예금이나 국채도 미래 인플레이션의 불확실성이나 파산 및 전쟁의 불확실성 때문에 무위험자산이 존재하지 않을 수 있다.

Black(1972)은 무위험자산이 없는 경우에도 기대수익률과 베타가 선형관계식이 성립함을 보였다. Black이 제시한 모형을 제로-베타 CAPM이라고 한다.

Black은 위험자산 중에서 시장포트폴리오와 상관계수가 0인 포트폴리오를 제로-베타 포트폴리오(Z)라고 하였다. 시장의 균형상태에서 개별자산의 수익률은 시장포트폴리와 제로-베타 포트폴리오의 기대수익률의 선형함수로 다음과 같이 나타낸다.

$$E(R_i) = E(R_z) + [E(R_m) - E(R_z)] \cdot \beta_i \tag{7.12}$$

식 (7.12)를 그림으로 나타낸 것이 [그림 7-7]이다. [그림 7-7]에서 제로-베타 포트폴리오는 마코위츠 효율적 투자선의 최소분산포트폴리오보다 아래쪽에 위치하고 있기 때문에 비효율적인 포트폴리오임을 알 수 있다.

[그림 7-7] 제로베타 포트폴리오와 제로베타 CAPM

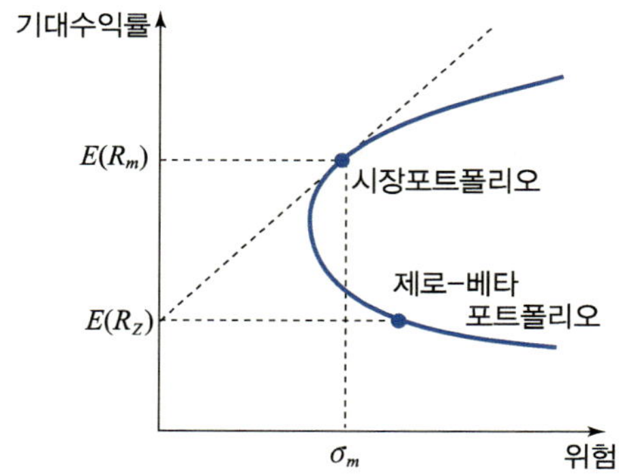

예제 7-7

CAPM이 성립하며 시장에는 다음 두 위험자산만이 존재한다고 하자.

	기대수익률	표준편차
주식 A	18%	35%
주식 B	8%	22%

두 주식 수익률간의 공분산은 0이다. 시장포트폴리오를 구성하는 주식 A와 B의 구성비는 각각 68%와 32%이며, 무위험 자산은 존재하지 않고, 공매에는 제한이 없다고 가정한다.

(1) 제로베타 포트폴리오를 구성하시오.
(2) 제로베타 포트폴리오의 기대수익률은 얼마인가?
(3) 제로베타 포트폴리오의 표준편차는 얼마인가?
(4) 제로베타 포트폴리오의 효율성 여부에 대해서 설명하시오.

풀이

(1) ① 2개 주식으로 시장포트폴리오 구성

$R_m = 0.68R_A + 0.32R_B$

② 2개 주식으로 제로베타포트폴리오 구성

$R_Z = wR_A + (1-w)R_B$

③ 시장포트폴리오와 제로베타포트폴리오의 공분산이 0이 되는 투자비율을 산출한다.

$Cov(R_m, R_Z) = 0$

➠ $0.68w \times 35^2 + 0.32w \times 0 + 0.68(1-w) \times 0 + 0.32(1-w) \times 22^2 = 0$

➠ $w = -0.2284$

☞ 공분산 연산법칙 $\text{Cov}(aX+bY,\ cX+dY)$를 이용한다.

④ 제로베타포트폴리오 구성

주식A의 투자비율은 −0.2284이며, 주식B의 투자비율은 1.2284이다. 즉, 보유자금의 22.84%만큼 A주식을 공매하고 공매도자금과 보유자금을 합하여 보유자금의 122.84%만큼 주식B를 매입한다.

(2) 제로베타포트폴리오 기대수익률

$E(R_Z) = -0.2284 \times 18 + 1.2284 \times 8 = 5.716\%$

(3) 분산 연산법칙을 이용하여 제로베타포트폴리오 분산을 구한다.

$Var(R_Z) = (-0.2284)^2 \times 35^2 + (1.2284)^2 \times 22^2 + 2 \times (-0.2284)(1.2284) \times 0 = 794\%^2$

분산의 제곱근으로 표준편차를 구한다.

$\sigma_Z = \sqrt{Var(R_Z)} = \sqrt{794} = 28.2\%$

☞ 베타가 0이므로 제로베타포트폴리오의 체계적 위험은 0이다. 따라서 28.2%는 모두 비체계적위험이다.

(4) 제로베타포트폴리오의 기대수익률은 주식B보다 작고 표준편차는 주식B보다 크기 때문에 제로베타 포트폴리오는 지배원리에 의하여 비효율적 포트폴리오이다.

☞ 총위험에서 비체계적 위험의 비중이 클수록 비효율적 포트폴리오이다.

2. 차입이자율과 대출이자율이 다른 경우의 CAPM

현실에서는 투자자가 차입을 할 때 지급하는 차입이자율이 대출을 할 때 받는 대출이자율보다 더 크다. 이런 경우 자본시장선의 절편인 무위험이자율이 2개가 존재하므로 마코위츠 효율적 투자선과의 접점도 2개가 존재하게 된다. 이렇게 되면 동일한 주식에 대해서 서로 다른 2개의 베타가 존재하게 되므로 일물일가의 법칙이 성립하지 않는다. 따라서 차입이자율과 대출이자율이 다른 경우 CAPM은 성립하지 않는다.

3. 동질적 기대를 하지 않는 경우의 CAPM

CAPM에서는 동질적 기대를 가정함으로써 마코위츠 지배원리에 의해 도출되는 효율적 투자선이 하나로 결정되었다. 하지만 투자자들이 서로 다른 이질적 예측(heterogeneous expectation)을 하게 된다면 마코위츠 효율적 투자선도 투자자마다 서로 다르게 형성될 것이고, 시장포트폴리오도 저마다 다르게 형성되므로 일물일가의 법칙이 성립하지 않아 CAPM은 성립하지 않는다.

4. 개인소득세가 존재하는 경우의 CAPM

개인소득세가 존재하는 경우 각 투자자들의 소득의 차이에 따라 부담하는 세율이 서로 다르게 되므로 개인소득세를 차감한 후의 수익률은 투자자마다 다르게 된다. 따라서 투자자마다 서로 다른 CML과 SML을 가지게 되므로 CAPM은 성립하지 않는다.

5. 거래비용이 존재하는 경우의 CAPM

주식을 매수하거나 매도하면서 발생하는 거래비용이 존재하는 경우 과소평가되거나 과대평가되어 있는 주식이 존재하여도 거래이익이 거래비용을 초과하지 않는 한 매매를 하지 않게 된다. 이 경우 차익거래가 발생할 수 없는 수익률의 범위가 생기며 이 범위가 개별주식의 균형수익률이 된다.

6. CAPM의 검증가능성에 대한 비판(롤의 비판)

많은 학자들에 의해서 CAPM의 현실적 타당성에 대한 많은 연구가 진행되었고, 그 중 많은 연구결과가 그 타당성을 제시해 주고 있다. 그러나 Roll(1978)은 이러한 검증은 진정한 시장포트폴리오를 구성할 수 없기 때문에 CAPM은 검증할 수 없는 모형이라고 주장하였고 Roll의 비판(Roll's critique)이라고 한다.

Roll은 진정한 시장포트폴리오가 아닌 임의의 효율적 포트폴리오를 시장포트폴리오로 정하게 되면 기대수익률과 베타가 선형관계에 있다는 것을 증명하였다. 이는 CAPM의 실증연구가 현실의 진정한 시장포트폴리오가 효율적 포트폴리오임을 밝혀야 한다는 것을 의미한다. 그러나 현실의 진정한 시장포트폴리오는 비장상주식이나 인적자본 등 모든 위험자산을 포함한 포트폴리오이므로 진정한 시장포트폴리오는 구성할 수 없기 때문에 CAPM의 실증은 현실적으로 불가능하다고 비판한다.

제 5 절 펀드성과지표

펀드의 성과를 평가하기 위하여 펀드의 초과수익률(=펀드 수익률-무위험이자율)을 부담한 위험을 기준으로 평가하는 펀드평가지표에서는 샤프지수, 트레이너지수 및 젠센지수가 있다. 이러한 평가지표는 기대수익률이 하닌 실제수익률을 기준으로 계산되며 이 지표가 높을수록 성과가 좋다고 평가된다.

(1) 샤프지수(Sharp)

샤프지수는 위험보상비율 또는 변동보상율이라고 하며 총위험 한 단위를 부담하는 대가로 얼마의 초과수익률을 얻는가를 나타내는 지표로서 다음과 같이 측정한다.

$$Sharp = \frac{R_p - R_f}{\sigma_p} \tag{7.15}$$

샤프지수는 CML의 기울기와 같은 개념으로 총위험을 고려한 평가지표이다.

(2) 트레이너지수(Treynor)

트레이너지수는 수익률-체계적 위험비율이라고도 하며 체계적 위험(베타) 한 단위를 부담하는 대가로 얼마의 초과수익률을 얻는가를 나타내는 지표로서 다음과 같이 측정한다.

$$Treynor = \frac{R_p - R_f}{\beta_p} \tag{7.16}$$

트레이너지수는 SML의 기울기와 같은 개념으로 체계적 위험만을 고려한 평가지표이다.

(3) 젠센지수(Jensen)

젠센지수는 비정상수익률(AR: abnormal return)이라고도 하며 펀드의 실제수익률이 균형수익률보다 얼마나 높은 수익률을 올렸는지 나타내는 지표로서 다음과 같이 측정한다.

$$Jensen = R_p - (R_f + (R_m - R_f) \times \beta_p) \tag{7.17}$$

젠센지수는 체계적 위험만을 고려한 절대평가지표이다. 반면에 트레이너 지수는 체계적 위험만을 고려한 상대평가지표이다.

예제 7-8

다음은 1호 펀드와 시장포트폴리오의 수익률 자료이다. 단, 무위험이자율은 8%이다.

	실제수익률	표준편차	베타
1호 펀드	18%	24%	1.4
KOSPI	14%	16%	1.0

(1) 샤프지수를 이용하여 펀드의 성과를 평가하시오.
(2) 트레이너지수를 이용하여 펀드의 성과를 평가하시오.
(3) 젠센지수를 이용하여 펀드의 성과를 평가하시오.

풀이

(1) $Sharp = \dfrac{R_p - R_f}{\sigma_p}$

펀드1호 샤프지수 $= \dfrac{18-8}{24} = 0.4167$ KOSPI 샤프지수 $= \dfrac{14-8}{16} = 0.375$

∴ 총위험 한 단위를 부담하는 대가로 얻는 초과수익률은 펀드1호가 시장포트폴리오보다 더 크다.

(2) $Treynor = \dfrac{R_p - R_f}{\beta_p}$

펀드1호 트레이너지수 $= \dfrac{18-8}{1.4} = 0.0714$ KOSPI 트레이너지수 $= \dfrac{14-8}{1} = 0.06$

∴ 체계적 위험 한 단위를 부담하는 대가로 얻는 초과수익률은 펀드1호가 시장포트폴리오보다 더 크다.

(3) $Jensen = R_p - (R_f + (R_m - R_f) \times \beta_p)$

펀드1호 젠센지수 $= 18 - (8 + (14-8) \times 1.4) = 1.6\%$

∴ 펀드1호의 비정상수익률이 0보다 크기 때문에 펀드1호의 성과가 시장포트폴리오보다 더 크다.

연습문제 7-1

투자자 갑은 다음 표와 같이 포트폴리오 A와 B, 시장포트폴리오의 자료를 수집하였다. 무위험자산수익률은 5%이고, 이 수익률로 무한정 차입과 대출이 가능하며, CAPM이 성립한다고 가정한다.

	기대수익률	표준편차	시장포트폴리오와의 상관계수
포트폴리오 A	?	15.0%	0.6
포트폴리오 B	?	25.2%	0.5
시장포트폴리오	15%	18.0%	1.0

(1) 포트폴리오 A와 B의 기대수익률을 구하시오.
(2) 시장포트폴리오와 무위험자산이 결합한 포트폴리오 X의 표준편차는 포트폴리오 A의 표준편차와 동일하다. 포트폴리오 X의 기대수익률은 얼마인가?
(3) 시장포트폴리오와 무위험자산이 결합한 포트폴리오 Y는 기대수익률이 포트폴리오 B의 기대수익률과 동일하다. 포트폴리오 Y의 표준편차는 얼마인가?

해설

(1) 포트폴리오의 베타를 산출하여 SML에 대입한다.

$$\beta_i = \rho_{im} \times \frac{\sigma_i}{\sigma_m}$$

$$\beta_A = 0.6 \times \frac{15}{18} = 0.5 \Rightarrow E(R_A) = 5 + (15-5) \times 0.5 = 10\%$$

$$\beta_B = 0.5 \times \frac{25.2}{18} = 0.7 \Rightarrow E(R_B) = 5 + (15-5) \times 0.7 = 12\%$$

(2) 포트폴리오 X는 시장포트폴리오와 무위험자산으로 구성되어 있으므로 CML선상에 있다.

$$R_p^{CML} = w \times R_m + (1-w) \times R_f \Rightarrow \sigma_p = w \times \sigma_m$$

$$R_X = w \times R_m + (1-w) \times R_f \Rightarrow \sigma_X = w \times 18 = 15 \Rightarrow w = \frac{15}{18} = 0.833$$

$$E(R_X) = 0.833 \times 15 + 0.167 \times 5 = 13.33\%$$

(3) 포트폴리오 Y는 시장포트폴리오와 무위험자산으로 구성되어 있으므로 CML선상에 있다.

$$R_Y = w \times R_m + (1-w) \times R_f \Rightarrow E(R_Y) = w \times 15 + (1-w) \times 5 = 12 \Rightarrow w = 0.7$$

$$\sigma_Y = 0.7 \times 18 = 12.6\%$$

연습문제 7-2

다음 그림에 대한 설명에 대하여 '옳다' 또는 '옳지 않다'라도 답하시오.

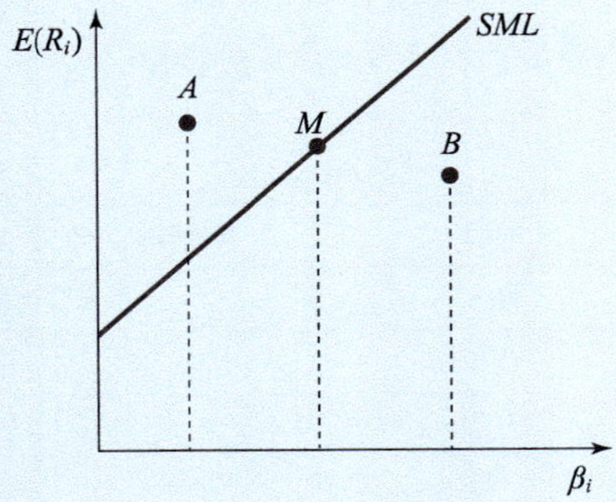

(1) A의 주가는 과대평가되어 있고 B의 주가는 과소평가되어 있다.

(2) 주식 A의 수요는 증가하고 주식B의 수요는 감소한다.

(3) 주식A의 기대수익률은 상승하고 주식B의 기대수익률은 하락한다.

(4) 주식A의 베타계수는 1보다 작다.

(5) 주식B는 자본시장선 아래쪽에 있다.

해설

(1) 옳지 않다

SML 위에 있는 주식의 시장가격은 과소평가, SML 아래에 있는 주식의 시장가격은 과대평가되어 있다.

(2) 옳다.

투자자들은 SML 위에 있는 주식을 매입하여 수요가 증가하며, SML 아래에 있는 주식은 매도하므로 수요가 감소한다.

(3) 옳지 않다

투자자들은 SML 위에 있는 주식을 매입하므로 시장가격이 상승하여 기대수익률이 하락하며, SML 아래에 있는 주식을 매도하므로 시장가격이 하락하여 기대수익률이 상승한다.

(4) 옳다.

주식A는 시장포트폴리오 왼쪽에 위치하므로 베타가 1보다 작고, 주식B는 시장포트폴리오 오른쪽에 위치하므로 베타가 1보다 크다.

(5) 옳다.

증권시장선(SML)상에 없는 주식은 자본시장선(CML)선상에도 없다.

연습문제 7-3

CAPM을 이용하여 주식 A, B, C의 과대/과소/적정 평가 여부를 판단하고자 한다. 주식 A, B, C의 베타와 현재 가격에 내재된 기대수익률은 다음과 같다. 단, 시장포트폴리오의 기대수익률과 무위험수익률(R_f)은 각각 10%와 5%이다. 다음 설명에 대하여 '옳다' 또는 '옳지 않다'라도 답하시오.

주식	베타	현재 가격에 내재된 기대수익률
A	0.5	8.5%
B	0.8	7.0%
C	1.2	11.0%

(1) 주식 A는 과대평가되어 있다.
(2) 주식 A의 베타 단위당 위험보상비율은 시장위험프리미엄과 같다.
(3) 주식 B는 증권시장선(SML)보다 아래에 위치한다.
(4) 주식 B의 베타 단위당 위험보상비율은 시장위험프리미엄보다 크다.
(5) 주식 C의 비정상수익률은 0이다.

해설

(1) 옳지 않다

주식 A의 균형수익률 : $k_e = R_f + (E(R_m) - R_f) \times \beta_i = 5 + (10 - 5) \times 0.5 = 7.5\%$

A의 기대수익률(8.5%) > 균형수익률(7.5%)

A는 SML 위에 있으므로 A주식의 시장가격은 과소평가 되어 있다.

(2) 옳지 않다.

주식 A의 베타 단위당 위험보상비율 $= \dfrac{8.5 - 5}{0.5} = 7\%$

시장위험프리미엄 : 10% − 5% = 5%

주식 A의 베타 단위당 위험보상비율은 시장위험프리미엄보다 더 크다.

☞ SML 위에 있는 주식의 베타 단위당 위험보상비율은 시장위험프리미엄보다 더 크다.

(3) 옳다.

주식 B의 균형수익률 : $k_e = R_f + (E(R_m) - R_f) \times \beta_i = 5 + (10 - 5) \times 0.8 = 9\%$

B의 기대수익률(7%) < 균형수익률(9%)

B는 SML 아래에 있으므로 B주식의 시장가격은 과대평가 되어 있다.

(4) 옳지 않다.

주식 B의 베타 단위당 위험보상비율 $= \frac{7-5}{0.8} = 2.5\%$

주식 B의 베타 단위당 위험보상비율은 시장위험프리미엄(5%)보다 더 작다.

☞ SML 아래에 있는 주식의 베타 단위당 위험보상비율은 시장위험프리미엄보다 더 작다.

(5) 옳다.

주식 C의 균형수익률 : $k_e = R_f + (E(R_m) - R_f) \times \beta_i = 5 + (10-5) \times 1.2 = 11\%$

C의 기대수익률(11%) = 균형수익률(11%)

C는 SML상에 있으므로 C주식의 시장가격은 균형상태이며, 기대수익률은 균형수익률과 동일하므로 정상수익률은 11%이며, 비정상수익률(초과수익률)은 0%이다.

연습문제 7-4

K기업은 세 가지 주식 A, B, C를 놓고 투자 여부를 알고자 하고 있다. 다음 K기업과 세 주식 및 자본시장에 대하여 아래와 같은 자료가 주어져 있다.

	K기업	A	B	C
기대수익률	0.20	0.20	0.30	0.24
수익률의 표준편차	0.20	0.40	0.60	0.60
시장포트폴리와의 상관계수	0.50	0.75	0.20	0.50

무위험이자율은 12%, 시장포트폴리오의 기대수익률은 20%이며 시장포트폴리오의 표준편차는 20%이다.

(1) 주식 A,B,C의 균형수익률을 계산하고 세 가지 주식의 투자여부를 결정하시오.

(2) K기업의 전기말 주당배당은 500원이었다. 주당배당성장률이 처음 2년간은 20%, 그 이후에는 영속적으로 6%일 것으로 예상된다면 현재주가의 과소평가 또는 과대평가 여부를 계산하시오.

해설

(1) ① 상관계수와 표준편차를 베타공식에 대입하여 각 주식의 베타를 산출한다.

$$\beta_i = \frac{\sigma_i \times \rho_{im}}{\sigma_m}$$

주식 A : $\beta_A = \frac{0.40 \times 0.75}{0.20} = 1.5$

주식 B : $\beta_B = \frac{0.60 \times 0.20}{0.20} = 0.6$

주식 C : $\beta_C = \frac{0.60 \times 0.50}{0.20} = 1.5$

② 베타를 SML에 대입하여 각 주식의 균형수익률을 계산한다.

$$k_e = R_f + (E(R_m) - R_f) \times \beta_i$$

주식 A의 균형수익률 $= 12 + 8 \times 1.5 = 24\%$

주식 B의 균형수익률 $= 12 + 8 \times 0.6 = 16.8\%$

주식 C의 균형수익률 $= 12 + 8 \times 1.5 = 24\%$

③ 기대수익률과 균형수익률을 비교하여 투자결정을 한다.

주식 A : 기대수익률(20%) < 균형수익률 (24%) ➡ 주가 고평가, 매도

주식 B : 기대수익률(30%) > 균형수익률 (16.8%) ➡ 주가 저평가, 매수

주식 C : 기대수익률(24%) = 균형수익률 (24%) ➠ 주가 균형상태

(2) ① 상관계수와 표준편차를 베타공식에 대입하여 베타 산출

$$\beta_k = \frac{0.20 \times 0.50}{0.20} = 0.5$$

② 베타를 SML에 대입하여 균형수익률 계산

주식 K의 균형수익률 $= 12 + 8 \times 0.5 = 16\%$

③ 초과성장배당평가모형을 이용하여 주식의 가치평가

매년 주당 배당금을 결정한다.

$D_1 = 500 \times 1.20 = 600$ $\qquad D_2 = 600 \times 1.20 = 720$ $\qquad D_3 = 720 \times 1.06 = 763.2$

기대수익률 20%를 대입하여 현재가격 산출

$$P_2 = \frac{763.2}{0.20 - 0.06} = 5,451 \quad ➠ \quad P_0 = \frac{600}{(1+0.20)^1} + \frac{720 + 5,451}{(1+0.20)^2} = 4,785$$

균형수익률 16%를 대입하여 균형가격 산출

$$P_2 = \frac{763.2}{0.16 - 0.06} = 7,632 \quad ➠ \quad P_0 = \frac{600}{(1+0.16)^1} + \frac{720 + 7,632}{(1+0.16)^2} = 6,724$$

∴ 현재주가 4,785원은 내재가치 6,724원보다 1,939원 과소평가되어 있다.

연습문제 7-5

투자자 갑과 투자자 을이 자본시장선(CML)상에 있는 포트폴리오 중에서 자신의 기대효용을 극대화하기 위해 선택한 최적포트폴리오의 기대수익률과 표준편차는 다음과 같다. 단, 시장포트폴리오의 기대수익률은 18%이며, 무위험이자율은 6%이다.

투자자	기대수익률	표준편차
갑	21%	15%
을	15%	9%

위험회피 성향이 갑보다는 높지만 을보다 낮은 투자자가 투자원금 1,000만원을 보유하고 있다면 자신의 기대효용을 극대화하기 위한 다음 포트폴리오 중 가장 적절한 것은?

① 300만원을 무위험자산에 투자하고 나머지 금액을 시장포트폴리오에 투자한다.
② 500만원을 무위험자산에 투자하고 나머지 금액을 시장포트폴리오에 투자한다.
③ 670만원을 무위험자산에 투자하고 나머지 금액을 시장포트폴리오에 투자한다.
④ 80만원을 무위험이자율로 차입해서 1,080만원을 모두 시장포트폴리오에 투자한다.
⑤ 500만원을 무위험이자율로 차입해서 1,500만원을 모두 시장포트폴리오에 투자한다.

해설

(1) CML 포트폴리오 구성

$E(R_p) = w \times E(R_m) + (1-w) \times R_f = w \times 18 + (1-w) \times 6$

(2) 투자자의 구성 비율

투자자 갑 : $21 = w \times 18 + (1-w) \times 6$, w(갑)$=1.25$

투자자 을 : $15 = w \times 18 + (1-w) \times 6$, w(을)$=0.75$

(3) 위험회피 성향이 갑보다는 높지만 을보다 낮은 투자자

시장포트폴리오에 750만원~1,250만원 범위에서 투자

정답: ④

연습문제 7-6

(1) 투자자 갑이 구성한 최적포트폴리오(optimal portfolio)의 기대수익률과 표준편차는 각각 10%와 12%이다. 시장포트폴리오의 표준편차는 15%이고 무위험수익률은 5%라면, 시장포트폴리오의 기대수익률은? 단, CAPM이 성립한다고 가정한다.

(2) 시장포트폴리오와 무위험자산에 대한 투자비율이 각각 80%와 20%인 최적포트폴리오 A가 있다. CAPM이 성립한다고 가정할 때, 시장포트폴리오의 샤프비율과 최적포트폴리오 A의 샤프비율 사이의 차이는 얼마인가? 단, 시장포트폴리오의 기대수익률($E(R_m)$)과 무위험수익률(R_f)은 각각 20%와 5%이며, 시장포트폴리오 수익률의 표준편차(σ_m)는 15%이다. $E(R_A)$와 σ_A는 각각 최적포트폴리오 A의 기대수익률과 수익률의 표준편차를 나타낸다.

(3) 시장포트폴리오의 기대수익률과 표준편차는 각각 15%와 20%이다. 그리고 무위험자산의 수익률은 5%이다. 효율적 포트폴리오 A의 기대수익률이 10%라고 하면, 포트폴리오 A의 베타는 얼마인가? 그리고 포트폴리오 A와 시장포트폴리오와의 상관계수는 얼마인가? 단, CAPM이 성립한다고 가정한다.

해설

(1) 최적포트폴리오는 자본시장선에 있다.

$$R_p^{CML} = R_f + \frac{R_m - R_f}{\sigma_m} \times \sigma_p \quad \rightarrow \quad 10 = 5 + \frac{R_m - 5}{15} \times 12 \rightarrow R_m = 11.25\%$$

(2) 최적포트폴리오는 자본시장선에 있기 때문에 최적포트폴리오의 샤프비율과 시장포트폴리오의 샤프비율은 같다. 따라서 샤프비율의 차이는 0이다.

샤프비율$=(20\% - 5\%) \div 15\% = 1$

(3) $10\% = 5\% + (15\% - 5\%) \times \beta_i$ ➡ $\beta_i = 0.5$

효율적 포트폴리오는 자본시장선에 있기 때문에 시장포트폴리오와의 상관계수는 1이다.

연습문제 7-7

(1) 증권시장선(SML)에 관한 설명으로 가장 적절하지 않은 것은?

① 위험자산의 기대수익률은 베타와 선형관계이다.
② 개별 위험자산의 베타는 0보다 작을 수 없다.
③ 개별 위험자산의 위험프리미엄은 시장위험프리미엄에 개별 위험자산의 베타를 곱한 것이다.
④ 균형상태에서 모든 위험자산의 $\frac{E(R_j)-R_f}{\beta_j}$는 동일하다. 단, $E(R_j)$와 β_j는 각각 위험자산 j의 기대수익률과 베타이며, R_f는 무위험수익률이다.
⑤ 어떤 위험자산의 베타가 1% 변화하면, 그 자산의 위험프리미엄도 1% 변화한다.

(2) 자본시장선(CML)과 증권시장선(SML)에 관한 설명으로 가장 적절하지 않은 것은?

① 자본시장선에 위치한 위험자산과 시장포트폴리오 간의 상관계수는 항상 1이다.
② 증권시장선은 모든 자산의 체계적 위험(베타)과 기대수익률 간의 선형적인 관계를 설명한다.
③ 자본시장선은 자본배분선(capital allocation line)들 중에서 기울기가 가장 큰 직선을 의미한다.
④ 자본시장선의 기울기는 '시장포트폴리오의 기대수익률에서 무위험자산수익률(무위험이자율)을 차감한 값'으로 표현된다.
⑤ 증권시장선의 균형 기대수익률보다 높은 수익률이 기대되는 주식은 과소평가된 자산에 속한다.

해설

(1) $\beta_i = \frac{\sigma_{im}}{\sigma_m^2} = \frac{\sigma_{im} \times \rho_{im}}{\sigma_m}$ 에서 $\rho_{im} < 0 \;\; \beta_i < 0$

개별 위험자산과 시장포트폴리오의 상관계수 또는 공분산이 음수이면 그 자산의 베타는 음수가 될 수도 있다.

정답: ②

(2) 자본시장선의 기울기$=\frac{R_m - R_f}{\sigma_m}$

정답: ④

연습문제 7-8

자본시장에서 CAPM이 성립한다고 가정한다. 무위험자산의 수익률은 연 5.0%, 시장포트폴리오의 기대수익률은 연 15.0%, 시장포트폴리오 연 수익률의 표준편차는 5.0%, 주식 A의 베타계수는 2.0, 주식A 연 수익률의 표준편차는 12.5%이다. 이들 자료에 근거하여 CML과 SML을 도출할 때 다음 설명 중 적절하지 않은 항목만으로 구성된 것은?

a. CML과 SML은 기대수익률과 총위험의 상충관계를 공통적으로 설명한다.
b. 주식 A의 베타계수가 2.0으로 일정할 때 잔차의 분산이 감소하면 균형하에서 주식 A의 기대수익률은 감소한다.
c. 주식 A 수익률과 시장포트폴리오의 수익률간의 상관계수가 1.0이므로 SML은 CML과 일치한다.
d. CML상의 시장포트폴리오는 어떤 비효율적 포트폴리오보다 위험보상비율이 크다.
e. SML을 이용하여 비효율적 개별자산의 균형수익률을 구할 수 있다.

① a, b, c ② a, b, d ③ a, c, e ④ b, c, e ⑤ b, d, e

해설

a. CML은 기대수익률과 총위험의 상충관계를 설명하지만 SML은 기대수익률과 체계적위험의 상충관계만을 설명한다.

b. SML에서는 체계적 위험만을 고려하여 균형수익률을 결정하므로 개별주식의 비체계적 위험의 변동은 개별주식의 균형수익률에는 영향을 주지 않는다.

c. $\beta_i = \dfrac{\sigma_{im}}{\sigma_m^2} = \dfrac{\sigma_i \times \rho_{im}}{\sigma_m} \rightarrow 2.0 = \rho_{AM} \times \dfrac{12.5}{5} \rightarrow \rho_{AM} = 0.8$

d. CML상의 포트폴리오는 효율적 포트폴리오이므로 어떤 비효율적 포트폴리오보다 위험보상비율이 크다.

e. CML은 효율적 포트폴리오의 균형수익률만 설명하지만 SML은 모든 개별자산의 균형수익률을 설명할 수 있다.

정답: ①

연습문제 7-9

증권시장선과 자본시장선에 대한 설명 중 옳은 항목만을 모두 모은 것은?

a. SML은 초과이익이 발생한다는 가격결정모형으로부터 도출된다.
b. 인플레이션율이 상승하는 경우 SML의 절편이 상승한다.
c. 개별증권과 시장수익률간의 상관계수가 1인 경우 SML은 CML과 일치하게 된다.
d. CML을 이용하여 비효율적 개별자산의 균형수익률을 구할 수 있다.
e. 수동적(passive) 투자포트폴리오를 구성하기 위해서는 CML을 이용할 수 있다.

① a, d ② b, e ③ a, b, c ④ a, c, e ⑤ b, c, e

해설

a. SML은 균형상태의 정상이익이 발생한다는 가격결정모형이다.
b. 물가상승 무위험이자율 상승 SML의 기울기는 변하지 않고 위로 평행 이동
c. CML의 포트폴리오는 시장수익률과 상관계수가 1이며 SML에도 위치한다.
d. CML는 효율적 자산의 균형수익률만을 구할 수 있으며 SML이 모든 자산의 균형수익률을 구할 수 있다.
e. 수동적 포트폴리오는 지수펀드를 이용하는 것으로 CML의 포트폴리오를 의미한다.

정답: ⑤

연습문제 7-10

(1) 최근 주식시장에 상장된 주식 A의 최초의 3거래일 동안 주식 A와 시장포트폴리오의 일별 수익률은 다음과 같다. 문제 풀이의 편의를 위해 아래 자료가 주식 A의 수익률 자료의 전체 모집단이라 가정한다.

	주식 A의 수익률	시장포트폴리오의 수익률
거래일 1	0.1	0.1
거래일 2	0.3	0.2
거래일 3	−0.1	0.0

위 자료에 근거하여 CAPM에 의한 주식 A의 베타 값을 구하시오.

(2) 10개의 주식에 1천만원씩 1억원을 투자한 포트폴리오가 있다. 현재 이 포트폴리오의 베타계수는 1.64이다. 베타계수가 2.0인 주식을 매각하고 새로운 주식을 매입하였더니 포트폴리오의 베타계수는 1.5가 되었다. 새로 매입한 주식의 베타계수는 얼마인가?

해설

(1) ① 기대수익률의 결정

$E(R_A)=E(R_m)=10\%$

② 시장포트폴리오의 분산과 개별주식과의 공분산 결정

$$\sigma_m^2=\frac{(0.1-0.1)^2+(0.2-0.1)^2+(0-0.1)^2}{3}=0.0067$$

$$\sigma_{Am}=\frac{(0.1-0.1)\times(0.1-0.1)+(0.3-0.1)\times(0.2-0.1)+(-0.1-0.1)\times(0-0.1)}{3}=0.0133$$

③ 마코위츠모형을 이용한 베타의 결정

$$\beta_i=\frac{\sigma_{im}}{\sigma_m^2}=\frac{\sigma_{im}\times\rho_{im}}{\sigma_m} \quad ➠ \quad \beta_A=\frac{0.0133}{0.0067}=1.985$$

(2) 베타의 가법성

$$\beta_p=w\times\beta_1+(1-w)\times\beta_2$$

$$\beta_p^{before}=1.64=0.1\times2.0+0.9\times\beta_2 \quad ➠ \quad \beta_9=1.60$$

$$\beta_p^{after}=1.50=0.1\times\beta_n+0.9\times1.60 \quad ➠ \quad \beta_n=0.60$$

<별해> $1.64-1.50=0.1\times2-0.1\times\beta_n$ ➠ $\beta_n=0.60$

연습문제 7-11

(1) 다음과 같이 시장에 두 개의 위험자산과 무위험자산이 존재하는 자본시장을 가정한다. 무위험이자율은 10%다.

위험자산	개별 자산의 시장가치
주식 A	200억원
주식 B	300억원

투자자 갑은 총 투자금액 1,000원을 시장포트폴리오와 무위험자산에 70%와 30%씩 나누어 투자하고 있다. 투자자 갑은 현재 주식 A와 주식 B에 투자한 금액이 향후 경기 상황에 따른 주가 변화로 인해 다음과 같이 바뀔 것으로 예상하고 있다. 이 때 시장포트폴리오의 위험프리미엄은 몇 %인가?

경기상황	확률	주식 A	주식 B
호황	50%	350원	462원
불황	50%	315원	441원

(2) 주식 A의 기대수익률은 15%, 수익률의 표준편차는 22%이고, 주식 B의 기대수익률은 10%, 수익률의 표준편차는 10%이다. 자본시장에 주식 A와 주식 B만 존재한다고 가정하자. 두 주식의 상관계수는 0.2이고, 시장포트폴리오의 기대수익률은 12.5%이다. CAPM이 성립한다고 가정하고 적정 무위험이자율을 계산하시오.

해설

(1) $R_m = 0.4 \times R_A + 0.6 \times R_B$

$R_p^{갑} = 0.7 \times R_m + 0.3 \times R_f = 0.28 \times R_A + 0.42 \times R_B + 0.3 \times R_f$

$$E(R_m) = 0.4 \times \frac{350 \times 0.5 + 315 \times 0.5 - 280}{280} + 0.6 \times \frac{462 \times 0.5 + 441 \times 0.5 - 420}{420} = 12\%$$

시장포트폴리오의 위험프리미엄 $= 12\% - 10\% = 2\%$

(2) $E(R_m) = 12.5\% = w \times 15\% + (1 - w) \times 10\%$ ➡ $w = 0.5$

$\sigma_{AB} = 0.2 \times 22 \times 10 = 44$

$\sigma_{Am} = 0.5 \times 22^2 + 0.5 \times 44 = 264$

$\sigma_{Bm} = 0.5 \times 10^2 + 0.5 \times 44 = 72$

$$\frac{R_A - R_f}{\sigma_{Am}} = \frac{R_B - R_f}{\sigma_{Bm}} \Rightarrow \frac{15 - R_f}{264} = \frac{10 - R_f}{72} \Rightarrow R_f = 8.125\%$$

연습문제 7-12

CAPM이 성립하는 세계에서 두 주식 A와 B의 수익률을 분석한 결과는 다음 표와 같다고 하자, 법인세율은 40%이다.

주식	기대수익률	베타
A	0.10	0.8
B	0.12	1.2

(1) 투자자 '종국'은 10억원의 투자자금으로 시장포트폴리오를 따라가는 지수펀 드와 주식 B에 5 : 5르 투자하였다. '종국'이 이투자로부터 얻기로 기대하는 수익률은 얼마인가?

(2) A주식의 현재 주가가 10,000원이고, 직전 배당금이 주당 500원이었다. A기업은 순이익의 25%를 내부 유보화하여 재투자하고, 재투자로부터 얻어지는 투자수익률(ROE)이 20%이며, A기업의 배당성향과 ROE가 앞으로도 일정하게 유지된다고 가정하자. 투자대상으로 이 주식을 어떻게 평가할 수 있는가?

해설

(1) ① A주식 : $0.1 = R_f + [E(R_m) - R_f] \times 0.8$

② B주식 : $0.12 = R_f + [E(R_m) - R_f] \times 1.2$

①, ②를 연립하여 풀면 $E(R_m) = 0.11$, $R_f = 0.06$

$\therefore\ E(R_p) = w_m E(R_m) + w_B E(R_B) = (0.5 \times 0.11) + (0.5 \times 0.12) = 0.115 \Rightarrow 11.5\%$

(2) $g = b \times ROE = 0.25 \times 0.2 = 0.05(5\%)$

$P_0 = \dfrac{D_1}{k_e - g} = \dfrac{500 \times 1.05}{0.1 - 0.05} = 10{,}500$(원)이므로 현재주가는 10,000원은 과소평가.

연습문제 7-13

자본자산가격결정모형(CAPM)이 성립하는 세계에서 완전히 분산된 포트폴리오 A와 B가 증권시장에서 거래되고 있다. 각 포트폴리오의 현재 시가총액과 시장포트폴리오 대비 시가총액 비중, 1기간 후 기대 시가총액과 시장포트폴리오 대비 기대시가총액비중은 다음과 같다.

포트폴리오	현재		1기간 후	
	시가총액	시가총액 비중	기대시가 총액	기대시가 총액비중
A	20,000원	1%	25,300원	1.1%
B	80,000원	4%	96,600원	4.2%

시장포트폴리오(market portfolio) 수익률의 표준편차는 15%이며, 위험프리미엄은 10%이다. 포트폴리오 A와 포트폴리오 B의 베타를 각각 구하시오.

해설

(1) 시장포트폴리오의 현재금액$=\dfrac{20,000}{0.01}=\dfrac{80,000}{0.04}=2,000,000$

시장포트폴리오의 1기간 후의 금액$=\dfrac{25,300}{0.011}=\dfrac{96,600}{0.042}=2,300,000$

$E(R_m)=\dfrac{2,300,000-2,000,000}{2,000,000}=15\%,\ \ R_f=15\%-10\%=5\%$

(2) $E(R_A)=\dfrac{25,300-20,000}{20,000}=26.5\%=5\%+10\%\times\beta_A$에서 $\beta_A=2.15$

(3) $E(R_B)=\dfrac{96,600-80,000}{80,000}=20.75\%=5\%+10\%\times\beta_B$에서 $\beta_B=1.575$

연습문제 7-14

아래의 환경 변화가 동시에 발생한다면 SML은 어떠한 변화를 보이겠는가?

a. 물가가 하락한다. b. 투자자들이 더 위험회피적이 된다.

① SML의 기울기는 커지고 위로 이동한다.
② SML의 기울기는 작아지고 아래로 이동한다.
③ SML의 기울기는 커지고 아래로 이동한다.
④ SML의 기울기는 작아지고 위로 이동한다.
⑤ SML의 기울기는 달라지지 않고 아래로 이동한다.

해설

물가 하락 ➠ 무위험이자율 하락 ➠ SML의 기울기는 변하지 않고 아래로 평행 이동
투자자 위험 회피적 증가 ➠ SML의 기울기는 증가하고 평행 이동은 하지 않는다.

정답: ③

연습문제 7-15

두 투자자 각각의 최적 포트폴리오 A와 B의 베타는 0.8과 0.4이다. 다음 각 물음에 답하시오. 단, CAPM이 성립하고, 모든 투자자들은 CAPM에 따라 최적 포트폴리오를 구성하고 있다.

(1) 포트폴리오 B의 위험프리미엄이 4%이면, 포트폴리오 A의 위험프리미엄은 얼마인가?

(2) 포트폴리오 A 수익률의 표준편차는 포트폴리오 B 수익률의 표준편차의 몇 배인가?

(3) 포트폴리오 A와 B의 기대수익률이 각각 6%와 4%가 되기 위한 무위험수익률은 얼마인가?

해설

(1) i 주식의 위험프리미엄$=(E(R_m)-R_f)\times\beta_i$

포트폴리오 B: $4\%=(E(R_m)-R_f)\times 0.4 \rightarrow (E(R_m)-R_f)=10\%$

포트폴리오 A: $(E(R_m)-R_f)\times 0.8=8\%$

(2) 최적 포트폴리오: $\beta_p=w\times 1+(1-w)\times 0=w,\ \sigma_p=w\times\sigma_m$

포트폴리오 A: $\sigma_A=0.8\times\sigma_m$

포트폴리오 B: $\sigma_A=0.4\times\sigma_m$

포트폴리오 A 표준편차는 포트폴리오 B 표준편차의 2배이다.

(3) $R_m-R_f=\dfrac{6\%-4\%}{0.8-0.4}=5\%$

$6\%=R_f+5\%\times 0.8 \rightarrow R_f=2\%$

연습문제 7-16

CAPM이 성립한다고 가정하며, 주식 A와 B의 표준편차와 시장포트폴리오와의 상관계수는 다음과 같다.

주식	표준편차	시장포트폴리오와의 상관계수
A	20%	0.9
B	15%	0.4

시장포트폴리오의 보상변동성비율($\frac{E(R_m)-R_f}{\sigma_m}$)은 0.5이고, 무위험수익률($R_f$)은 5%이다. 단, $E(R_m)$과 σ_m은 각각 시장포트폴리오의 기대수익률과 표준편차를 나타낸다.

(1) 주식 A와 주식 B의 기대수익률을 구하라.

(2) 주식 A와 주식 B에 각각 50%씩 투자하여 구성한 포트폴리오의 위험프리미엄은 시장포트폴리오 위험프리미엄의 1.5배이다. 주식 A와 B의 베타를 각각 계산하라.

해설

(1) 기대수익률

$E(R_A)=5+0.5\times20\times0.9=14\%$

$E(R_B)=5+0.5\times15\times0.4=8\%$

(2) 베타

$RP_A=14-5=9$, $RP_B=8-5=3$ ➡ $\beta_A=3\times\beta_B$

$\beta_p=0.5\times\beta_A+0.5\times\beta_B=1.5$ ➡ $0.5\times3\times\beta_B+0.5\times\beta_B=1.5$ ➡ $\beta_B=0.75$, $\beta_A=2.25$

연습문제 7-17

지난 24개월 동안 펀드 A와 펀드 B 및 한국종합주가지수(KOSPI)의 평균수익률, 표준편차, 그리고 베타는 다음과 같다.

구 분	평균수익률	표준편차	베 타
펀드 A	12%	10%	0.5
펀드 B	20%	25%	1.5
KOSPI	15%	12%	1.0

이 기간 동안 무위험수익률이 4%로 변동이 없었다고 가정할 때 가장 적절하지 않은 것은?

① 펀드 A의 트레이너지수(Treynor measure)는 KOSPI의 트레이너지수보다 높다.
② 펀드 A의 샤프지수(Sharpe measure)는 KOSPI의 샤프지수보다 높다.
③ 젠센의 알파(Jensen's alpha) 기준으로 펀드 A의 성과가 펀드 B의 성과보다 우월하다.
④ 샤프지수 기준으로 펀드 A의 성과가 펀드 B의 성과보다 우월하다.
⑤ 젠센의 알파 기준으로 KOSPI의 성과가 펀드 B의 성과보다 우월하다.

해설

$$Sharp = \frac{R_p - R_f}{\sigma_p}$$

펀드 A $= \frac{12-4}{10} = 0.8$　　펀드 B $= \frac{20-4}{25} = 0.64$　　KOSPI $= \frac{15-4}{1} = 0.92$

$$Treynor = \frac{R_p - R_f}{\beta_p}$$

펀드 A $= \frac{12-4}{0.5} = 0.16$　　펀드 B $= \frac{20-4}{1.5} = 0.1067$　　KOSPI $= \frac{15-4}{1} = 0.11$

$$Jensen = R_p - (R_f + (R_m - R_f) \times \beta_p)$$

펀드 A $= 12 - (4 + (15-4) \times 0.5) = 2.5\%$

펀드 B $= 20 - (4 + (15-4) \times 1.5) = -0.5\%$

KOSPI $= 0\%$

정답: ②

연습문제 7-18

(1) 주가지수를 복제한 포트폴리오의 기대수익률은 12%, 표준편차는 25%이며, 무위험이자율은 2%이다. 펀드매니저 김이 관리하고 있는 펀드 K는 위험자산만으로 구성되었으며, 기대수익률은 16%이고, 표준편차는 15%이다. 현재 펀드매니저 김은 펀드 K에 수수료를 부과하지 않고 있다. 투자자 갑은 소극적 투자자로 주가지수를 복제한 포트폴리오와 무위험자산을 보유하고, 투자자 을은 펀드 K와 무위험자산을 보유하고 있다. 단, 무위험이자율로 무한정 차입과 대출이 가능하다고 가정한다.

① 투자자 갑은 주가지수를 복제한 포트폴리오와 무위험이자율에 각각 70%와 30%를 투자하고 있다. 투자자 갑이 보유한 포트폴리오의 기대수익률과 표준편차를 계산하라.

② 투자자 을이 투자자 갑과 동일한 기대수익률을 얻기 위해서 펀드 K에 투자해야 하는 비율은 얼마이며, 이 때 투자자 을이 부담하는 위험(표준편차)은 얼마인가?

(2) 주식 A의 기대수익률은 15%, 수익률의 표준편차는 22%이고, 무위험이자율은 7%이다. 투자자의 효용함수는 $U = E(r_p) - 0.005 \times \gamma \times \sigma_p^2$이다. 위험회피계수가 4인 투자자가 무위험자산과 주식 A를 이용해 최적포트폴리오를 구성하려고 한다. 이 최적포트폴리오의 기대수익률과 표준편차를 계산하시오. 단, $E(r_p)$와 σ_p는 각각 포트폴리오의 기대수익률과 표준편차이고, γ는 위험회피계수이다. 효용함수를 이용하여 계산할 때는 수익률과 표준편차를 %단위로 적용하시오.

해설

(1) 자본시장선상의 포트폴리오

$R_p = w \times R_m + (1-w) \times R_f \qquad \sigma_p = w \times \sigma_m$

① 투자자 갑: $R_p = 0.7 \times 12 + 0.3 \times 2 = 9\%$ $\quad \sigma_p = 0.7 \times 25 = 17.5\%$

② 투자자 을: $R_p = w \times 16 + (1-w) \times 2 = 9\% \Rightarrow w = 0.5$ $\quad \sigma_p = 0.5 \times 15 = 7.5\%$

(2) $MRS = \dfrac{E(R_A) - R_f}{\sigma_A} : 2 \times 0.005 \times 4 \times \sigma_p = \dfrac{15-7}{22}$ ➡ $\sigma_p = 9.09\%$

$E(R_A) = 7 + \dfrac{15-7}{22} \times 9.09 = 10.31\%$

연습문제 7-19

(1) CAPM이 성립한다는 가정 하에 다음 문장의 (a)와 (b)에 들어갈 값은 얼마인가?

"주식 A 수익률과 주식 B 수익률의 표준편차는 각각 10%와 20%이며, 시장포트폴리오 수익률의 표준편차는 10%이다. 시장포트폴리오 수익률은 주식 A 수익률과 상관계수가 0.4이고, 주식 B 수익률과는 상관계수가 0.8이다. 주식 A와 주식 B의 베타는 각각 0.4와 (a)이며, 주식 A와 주식 B로 구성된 포트폴리오의 베타가 0.76이기 위해서는 주식 B에 대한 투자비율이 (b)이어야 한다."

(2) 차익거래의 기회가 존재하지 않는다고 할 때, 포트폴리오 B의 기대수익률은 얼마인가? 단, 무위험수익률은 5%이다.

포트폴리오	기대수익률	베타
A	15%	0.8
B	( )	1.2

해설

(1) $\beta_i = \rho_{im} \times \dfrac{\sigma_i}{\sigma_m}$ ➡ 주식 B의 베타 $= 0.8 \times 20\%/10\% = 1.6$

$\beta_p = 0.4 \times (1-w) + 1.6 \times w = 0.76$ ➡ $w = 0.3$

(2) $15\% = 5\% + (E(R_m) - 5\%) \times 0.8$ ➡ $E(R_m) = 17.5\%$

$E(R_B) = 5 + (17.5 - 5) \times 1.2 = 20\%$

연습문제 7-21

자산 A와 자산 B의 수익률의 기대값과 표준편차는 다음의 표와 같다. 다음 질문에 답하시오.

	자산 A	자산 B
기대수익률	20%	10%
표준편차	15%	5%

자본시장에 자산 A와 자산 B만 존재한다고 가정하자. 두 자산의 상관계수는 0.2이고, 시장포트폴리오의 기대수익률과 표준편차는 각각 12.5%와 5.81%이다. 자본자산가격결정모형(CAPM)이 성립한다고 가정하여 적정 무위험수익률을 계산하시오.

해설

(1) 시장포트폴리오의 구성비율을 구하고 시장포트폴리오의 분산을 계산한다.

$R_m = w \times R_A + (1-w) \times R_B$

$E(R_m) = 20 \times w + 10 \times (1-w) = 12.5$ ➠ $w = 0.25,\ 1-w = 0.75$

A와 B의 공분산 : $\sigma_{AB} = 15 \times 5 \times 2 = 15$

$Var(R_m) = 0.25^2 \times 15^2 + 0.75^2 \times 5^2 + 2 \times 0.25 \times 0.75 \times 15 = 33.75$

(2) 공분산 연산법칙을 이용하여 시장포트폴리오와 주식A의 공분산을 계산한다.

$$Cov(R_A, R_m) = Cov(R_A, 0.25R_A + 0.75R_B)$$
$$= 0.25 \times 15^2 + 0.75 \times 15 = 67.5$$

(3) 공분산과 시장포트폴리오의 분산을 베타공식에 대입하여 베타를 산출한다.

$$\beta_A = \frac{\sigma_{Am}}{\sigma_m^2} = \frac{67.5}{33.75} = 2$$

(4) A의 균형수익률 및 베타를 SML에 대입하여 무위험수익률을 계산한다.

$k_e = R_f + (E(R_m) - R_f) \times \beta_i$

$20 = R_f + (12.5 - R_f) \times 2 \rightarrow R_f = 5\%$

연습문제 7-22

두 주식 A와 B에 대한 자료가 다음과 같다.

	A	B
표준편차	10%	20%
기대수익률	10%	20%

두 주식의 상관계수는 −0.1이다.

(1) 시장 포트폴리오가 각 주식에 균등 투자한 것이라면, 제로베타 포트폴리오의 기대수익률은 얼마인가?

(2) 제로-베타 CAPM을 이용하여 주식A의 베타를 구하시오,

해설

(1) ① 상관계수와 표준편차를 이용하여 A와 B의 공분산을 계산한다.

$\sigma_{AB} = -0.1 \times 10 \times 20 = -20\%^2$

② 제로베타 포트폴리오의 구성을 산출한다.

시장포트폴리오 : $R_m = 0.5 \times R_A + 0.5 \times R_B$

제로베타포트폴리오 : $R_Z = z \times R_A + (1-z) \times R_B$

시장포트폴리와 제로베타포트폴리오는 공분산이 0이다.

$Cov(R_{m,} R_Z) = 0$

$0 = 0.5 \times z \times 10^2 + 0.5 \times (1-z) \times (-20) + 0.5 \times z \times (-20) + 0.5 \times (1-z) \times 20^2$

$\therefore \ z = 1.2667, \ 1-z = -0.2667$

③ 제로베타 포트폴리오의 기대수익률 계산

$E(R_Z) = 1.2667 \times 10 + (-0.2667) \times 20 = 7.33\%$

(2) 제로-베타 CAPM식에 주식A의 기대수익률을 대입하여 베타를 계산한다.

제로-베타 CAPM : $E(R_A) = E(R_Z) + [E(R_m) - E(R_Z)]\beta_A$

$E(R_A) = 10 = 7.33 + (15 - 7.33) \times \beta_A$ ➡ $\beta_A = 0.3481$

연습문제 7-23 (21년 기출수정)

자본자산가격결정모형(CAPM)이 성립할 때, 이와 관련된 설명에 대하여 '옳다' 또는 '옳지 않다'라고 답하시오.

(1) 공매도가 허용될 때, 기대수익률이 서로 다른 두 개의 효율적 포트폴리오를 조합하여 시장포트폴리오를 복제할 수 있다.
(2) 시장포트폴리오의 위험프리미엄이 음(−)의 값을 가지는 경우가 발생할 수 있다.
(3) 수익률의 표준편차가 서로 다른 두 포트폴리오 중에서 더 높은 표준편차를 가진 포트폴리오는 더 높은 기대수익률을 갖는다.
(4) 비체계적 위험을 가진 자산이 자본시장선 상에 존재할 수 없다.
(5) 베타가 0인 위험자산 Z와 시장포트폴리오를 조합하여 위험자산 Z보다 기대수익률이 높고 수익률의 표준편차가 작은 포트폴리오를 구성할 수 없다.

해설

(1) 옳다.
CAPM이 성립할 때 서로 다른 두 개의 효율적 포트폴리오를 조합하여 효율적 포트폴리오를 복제할 수 있으며 시장포트폴리오는 효율적 포트폴리오이므로 옳다.

(2) 옳지 않다.
시장포트폴리오의 위험프리미엄은 항상 양수이며 개별주식의 위험프리미엄이 음(-)의 값을 가지는 경우는 발생할 수 있다.

(3) 옳지 않다.
더 높은 표준편차를 가진 포트폴리오가 더 낮은 베타를 가진다면 더 낮은 기대수익률을 갖는다.

(4) 옳다.
비체계적 위험을 가진 자산이 증권시장선 상에 존재할 수 있지만 자본시장선 상에 존재할 수는 없다.

(5) 옳지 않다.
위험자산 Z는 시장포트폴리오와의 공분산이 0이므로 위험자산 Z와 시장포트폴리오를 조합하여 기대수익률이 높고 수익률의 표준편차가 작은 포트폴리오를 구성할 수 있다.

연습문제 7-24 (23년 기출수정)

시장에 위험자산 A, B 그리고 무위험자산만이 존재하며 각 자산의 수익률 분포는 다음과 같다.

구분	기대수익률	수익률의 표준편차(위험수준)
자산 A	30%	40%
자산 B	15%	20%
무위험자산	10%	0%

모든 투자자는 이자율 10%로 대출과 차입을 할 수 있으며 시장포트폴리오의 위험수준은 27%이다. 17%의 수익을 기대하는 투자자 갑은 총 투자금액 1억원을 자산 A에 3,000만원, 자산 B에 2,000만원, 그리고 무위험자산에 5,000만원씩 투자하는 최적포트폴리오를 구성하고 있다. 다음 설명에 각각 답하시오. (단, 소수점 셋째자리에서 반올림한다.)

(1) 시장포트폴리오의 3기대수익률은 얼마인가?

(2) 투자자 갑의 투자 위험수준은 15.5%이다.

(3) 시장포트폴리오과 투자자 갑의 최적포트폴리오 변동보상율은 각각 얼마인가?

(4) 5,000만원의 투자금을 가지고 있는 투자자 을이 수익률 38%를 목표로 하는 최적포트폴리오를 구성하는 경우, 자산 B에 얼마가 배분되어야 하는가?

(5) 총 투자금액 1억원을 가지고 있는 투자자 병이 위험수준 21.6%를 목표로 하는 최적포트폴리오를 구성하는 경우, 자산 A에 얼마가 배분되어야 하는가?

해설

(1) 24%

$$E(R_M) = \frac{3}{5} \times E(R_A) + \frac{2}{5} \times E(R_B) = 0.6 \times 30 + 0.4 \times 15 = 24\%$$

(2) 13.5%

최적포트폴리오의 위험 : $\sigma_p^{CML} = w \times \sigma_M = 0.5 \times 27 = 13.5\%$

(3) 0.52

CML상의 모든 포트폴리오는 샤프비율은 동일하다.

$$\frac{E(R_M) - R_f}{\sigma_M} = \frac{24 - 10}{27} = 0.52$$

(4) 4,000만원

$E(R_p^{CML}) = w \times E(R_M) + (1-w) \times R_f$ = $w \times 24$ + $(1-w) \times 10$ = 38 → w=2

$w_B = 2 \times 5000$만원 $\times \dfrac{2}{5}$ = 4,000만원

(5) 4,800만원

$\sigma_p^{CML} = w \times \sigma_M$

21.6 = $w \times 27$ → w=0.8

$w_A = 0.8 \times 10000$만원 $\times \dfrac{3}{5}$ = 4,800만원

연습문제 7-25 (23년 기출수정)

펀드매니저 A는 베타가 1.1인 300억원 규모의 포트폴리오를 운영하고 있으며 추가로 450억원 규모의 자금 운용을 맡아 신규 자산에 투자하려고 한다. 추가 자금의 투자로 재구성된 수정 포트폴리오의 기대수익률은 14%를 목표로 하고 있으며, 무위험이자율은 4.6%, 시장위험프리미엄은 5%이다. 수정 포트폴리오의 목표 기대수익률을 달성하기 위해 추가로 투자되는 새로운 자산들의 평균 베타는 얼마인가? (단, CAPM이 성립한다.)

해설

(1) 수정포트폴리오의 베타

$14 = 4.6 + 5 \times \beta_p \rightarrow \beta_p = 1.88$

(2) 베타 가산의 원리

$$1.88 = 1.1 \times \frac{300}{750} + \beta \times \frac{450}{750} \rightarrow \beta = 2.4$$

정답 : 2.4

연습문제 7-25 (23년 기출수정)

다음 조건을 만족하는 경우에 관한 설명에 대하여 '옳다' 또는 '옳지 않다'라고 답하시오.

< 조 건 >

· CAPM이 성립하며, 포트폴리오 A와 포트폴리오 B는 최적포트폴리오이다.
· 무위험이자율은 4%이며, 시장포트폴리오의 기대수익률 및 수익률 표준편차는 각각 15% 및 10%이다.
· 포트폴리오 A의 베타는 0.6이고, 포트폴리오 B의 베타는 0.4이다.

(1) 포트폴리오 A와 포트폴리오 B의 사전적(ex-ante) 수익률은 항상 같은 방향으로 움직인다.
(2) 포트폴리오 B의 샤프비율은 1.5이다.
(3) 포트폴리오 A의 수익률 표준편차는 포트폴리오 B의 수익률 표준편차보다 1.5배 크다.
(4) 시장포트폴리오에 대한 포트폴리오 A의 투자비중은 40%이다.

해설

(1) 옳다.
최적포트폴리오는 CML상에 있으며 CML상의 포트폴리오간의 상관계수는 1이므로 최적포트폴리오의 사전적(ex-ante) 수익률은 항상 같은 방향으로 움직인다

(2) 옳지 않다.
최적포트폴리오의 샤프비율은 CML기울기와 같다.

$$\frac{E(R_B)-R_f}{\sigma_B}=\frac{E(R_m)-R_f}{\sigma_m}=\frac{15-4}{10}=1.1$$

(3) 옳다.
최적포트폴리오는 비체계적 위험으로 없으므로 표준편차의 크기는 베타의 크기에 비례한다.

$\beta_A(0.6)=\beta_B(0.4)\times 1.5 \rightarrow \sigma_A=\sigma_B\times 1.5$

(4) 옳지 않다.
최적포트폴리오의 베타는 시장포트폴리오에 대한 투자비중이다.

$\beta_A=0.6=w$

제 8 장 최신 포트폴리오 이론

제 1 절 요인모형

1. 회귀분석

(1) 회귀분석의 기본개념

회귀분석(regression analysis)은 독립변수(independent variable)가 종속변수(dependent variable)에 미치는 영향을 확인하고자 사용하는 분석방법이다. 회귀분석은 다른 독립변수들을 고정시키고 한 가지 독립변수만을 변화시킬 때 종속변수가 어떻게 변화하는지를 확인한다. 종속변수와 관련이 있는 독립변수를 찾을 때, 또 독립변수들 간의 관계를 이해하고자 할 때 사용한다.

하나의 종속변수와 하나의 독립변수 사이의 관계를 분석할 때 단순회귀분석(simple regression analysis)이라 하고, 하나의 종속변수와 여러 독립변수 사이의 관계를 규명하고자 할 때 다중회귀분석(multiple regression analysis)이라 한다.

(2) 단순회귀분석

단순회귀분석이란 하나의 독립변수로 종속변수와의 관계를 분석하는 것이다. 단순회귀분석의 모형은 독립변수와 종속변수의 관계를 선형으로 가정하여 다음과 같이 나타낸다.

- $\hat{Y}$: 회귀모형으로 추정된 종속변수의 값 ➡ $\hat{Y} = a + bX$
- Y : 실제 관찰된 종속변수 값 ➡ $Y = a + bX + e$
- 잔차(residual, e) : 회귀모형에 의하여 추정된 종속변수의 값과 실제 관찰된 종속변수 값과의 차이 ➡ $e = Y - \hat{Y}$

통계적 추론을 위해서는 단순회귀분석은 다음과 같은 가정 하에 이루어진다.

① $E(e) = 0$: 잔차(오차)는 평균이 0인 무작위변수이다.

② $Cov(X, e) = 0$: 잔차(오차)는 독립변수와 상관관계가 없다.

최소자승법(least squares method)은 회귀분석을 시행함에 있어 그 방정식의 계수를 구하기 위해 가장 흔히 사용하는 방법으로 수집된 통계자료에 대해 오차 제곱의 합이 최소가 되는 회귀계수 *a*(상수계수)와 *b*(변동계수)를 찾는다.

$$\sum_{i=1}^{n}(Y_i - \widehat{Y}_i)^2 \text{을 최소화하는 } b = \frac{Cov(X, Y)}{Var(X)}, \quad a = \overline{Y} - b \times \overline{X}$$

결정계수(coefficient of determination)는 회귀분석에서 추정한 회귀선이 실제 표본을 어느 정도 설명해 주고 있는지를 측정하는 계수를 말한다. 이 값이 1인 경우에는 회귀선이 자료와 완벽한 일치를 보임을 의미한다. 반대로 결정계수 값이 0인 경우에는 회귀선이 자료의 분포를 전혀 설명하지 못함을 의미한다. 통계학에서 결정계수는 *r*로 표현되는 상관계수(coefficient of correlation)를 제곱한 것과 같기 때문에 R^2으로 표현된다.

(3) 다중회귀분석

다중회귀분석은 변수 간의 인과관계를 통계적 방법에 의해 추정하는 회귀분석의 일종이다. 회귀분석에는 원인이 되는 독립변수와 결과가 되는 종속변수가 존재하는데, 이때 종속변수는 하나이고 독립변수가 2개 이상인 회귀 모델에 대한 분석을 수행하는 방법이 다중회귀분석이다. 예를 들어, 사람들의 뇌의 크기, 키, 몸무게 값(다중독립변수)으로 그 사람의 지능(종속변수)을 예측하고자 한다면, 이 경우 다중회귀분석을 적용할 수 있다.

다중회귀분석의 기본적인 목표는 다중회귀식에서 상수 및 계수를 구하는 것이다. 독립변수가 *k*개인 다중회귀식은 다음과 같이 구한다.

$$Y = a + b_1X_1 + b_2X_2 + \cdots + b_kX_k + e$$

Y: 실제 관찰된 종속변수 값

통계적 추론을 위해서는 다중회귀분석은 다음과 같은 가정 하에 이루어진다.

① $E(e) = 0$: 잔차(오차)는 평균이 0인 무작위변수이다.

② $Cov(X, e) = 0$: 잔차(오차)는 독립변수와 상관관계가 없다.

③ $Cov(X_i, X_j) = 0$: 하나의 독립변수는 다른 독립변수와 상관관계가 없다. 회귀분석에서 독립변수들 간에 강한 상관관계가 나타나는 문제를 다중공선성(Multi-collinearity)이라고 한다.

2. 시장모형(단일요인모형)

(1) 시장모형

시장포트폴리오(주가지수)의 수익률이 모든 주식들에 영향을 주는 유일한 공통요인이라는 가정 하에 시장포트폴리오(주가지수)의 수익률을 독립변수로 하고, 개별주식의 수익률을 종속변수로 한 단순회귀선을 시장모형(market model) 또는 단일지수모형이라고 한다. 시장모형의 기울기가 시장포트폴리오에 대한 개별주식의 민감도를 나타내는 베타이다. 이를 단순회귀분석의 식으로 표현하면 다음과 같다.

$$Y = a + bX + e \tag{8.1}$$

X : 시장포트폴리오(주가지수)의 수익률
Y : 개별주식의 수익률
b : 개별주식의 베타 (체계적 위험)
e : 개별주식의 고유의 위험(비체계적 위험)

시장모형을 CAPM의 기호로 표현하면 다음과 같다.

$$R_i = \alpha_i + \beta_i \times R_m + e_i \tag{8.2}$$

R_m: 시장포트폴리오(주가지수)의 수익률
R_i : 개별주식의 수익률
β_i : 개별주식의 베타 (체계적 위험)
e_i : 개별주식의 고유의 위험(비체계적 위험)

통계적 추론을 위해서 시장모형은 다음과 같은 가정 하에 이루어진다.

① $E(e_i) = 0$

잔차(오차)는 평균이 0인 무작위변수이다.

② $Cov(R_m, e_i) = 0$

개별주식의 고유의 위험과 시장포트폴리오의 수익률은 독립적이다.

③ $Cov(e_i, e_j) = 0$

서로 다른 개별주식의 고유의 위험은 서로 독립적이다. 이는 모든 주식에 공통적으로 영향을 주는 요인은 시장포트폴리오의 수익률이라는 의미이다.

식 (8.2)의 직선을 증권특성선(SCL: security characteristics line)이라고 하며, 최소자승

법을 통하여 β_i는 다음과 같이 구할 수 있다.

$$\beta_i = \frac{Cov(R_m, R_i)}{Var(R_m)} \tag{8.3}$$

(2) 시장모형의 배경

마코위츠 포트폴리오 선택이론은 이론적으로는 가장 완벽한 효율적 투자선을 도출 할 수 있게 된다. 그러나 마코위츠 모형은 확률분포추정의 문제와 계산되어져야 하는 정보량이 너무 많다는 문제젇이 있다. 이러한 문제점을 해결하기 위하여 샤프(Sharpe)는 식 (8.2)로 표현되는 시장모형(market model)을 도입하였다. 시장모형은 마코위츠 모형에서와 같이 개별주식들간의 모든 공분산을 고려하는 것이 아니라 개별주식과 시장의 공통요인과 공분산만을 고려함으로써 필요한 계산량을 크게 줄인다.

(3) 시장모형의 위험공식

① 개별주식의 기대수익률

시장모형에 따른 개별 주식의 기대수익률은 식 (8.2)에 기대값을 취하여 시장모형의 가정 $E(e_i)=0$을 적용하여 정리하면 다음과 같다.

$$\begin{aligned} E(R_i) &= E(\alpha_i + \beta_i R_m + e_i) \\ &= \alpha_i + \beta_i E(R_m) \end{aligned} \tag{8.4}$$

② 개별주식의 위험

시장모형에 따른 개별 주식의 분산은 식 (8.2)에 분산을 취하여 정리하면 다음과 같은 관계식이 성립한다. 이때 시장모형의 가정인 $Cov(R_m, e_i) = 0$ 과 공분산의 연산법칙 $Cov(a, X) = 0$ 을 사용하여 식을 정리한다.

$$\begin{aligned} Var(R_i) &= Var(\alpha_i + \beta_i R_m + e_i) \\ &= \beta_i^2 \; Var(R_m) + \mathrm{Var}(e_i) \end{aligned}$$

$$Var(R_i) = \sigma_i^2 = \beta_i^2 \sigma_m^2 + \sigma^2(e_i) \tag{8.5}$$

식 (8.5)에서의 총위험은 다음과 같이 구분이 된다.

$\beta_i^2\sigma_m^2$: 시장요인과 관련된 체계적 위험의 크기

$\sigma^2(e_i)$: 기업특성요인과 관련된 비체계적 위험의 크기(잔차분산)

③ 개별주식간의 공분산

시장모형에 따른 개별 주식간의 공분산은 서로 다른 두 주식 *i*, *j*의 식 (8.2)에 공분산을 취하여 정리하면 다음과 같은 관계식이 성립한다. 이때 시장모형의 가정인 $Cov(R_m, e_i) = 0$ 및 $Cov(e_i, e_j) = 0$과 공분산의 연산법칙 $Cov(a, X) = 0$을 사용하여 식을 정리한다.

$$Cov(R_i, R_j) = Cov[(\alpha_i + \beta_i R_m + e_i), (\alpha_j + \beta_j R_m + e_j)]$$

$$= \beta_i\beta_j\sigma_m^2 + \beta_i Cov(R_m, e_j) + \beta_j Cov(R_m, e_i) + Cov(e_i, e_j)$$

$$\sigma_{ij} = Cov(R_i, R_j) = \beta_i\beta_j\sigma_m^2 \quad (8.6)$$

④ 개별주식간의 상관계수

식 (8.6)에 $\sigma_{ij} = \sigma_i\sigma_i\rho_{ij}$, $\beta_i = \dfrac{\rho_{im}\sigma_i\sigma_m}{\sigma_m^2}$, $\beta_j = \dfrac{\rho_{jm}\sigma_j\sigma_m}{\sigma_m^2}$ 대입해서 정리하면 다음과 같은 관계식이 성립한다.

$$\rho_{ij} = \rho_{im} \cdot \rho_{jm} \quad (8.7)$$

⑤ 결정계수

증권특성선의 결정계수는 증권특성선을 이용하였을 때 시장포트폴리오의 수익률을 가지고 개별주식의 수익률의 변화를 얼마나 설명할 수 있는지를 측정한 것이다. 결정계수는 상관계수의 제곱이므로 다음의 관계가 성립한다.

$$R^2 = \rho_{im}^2 = \frac{\beta_i^2 \times Var(R_m)}{Var(R_i)} \Rightarrow 1 - R^2 = \frac{Var(e_i)}{Var(R_i)} \quad (8.8)$$

따라서 결정계수는 개별주식 수익률의 총위험에서 체계적 위험이 차지하는 비율이며, '1－결정계수'는 개별주식 수익률의 총위험에서 비체계적 위험이 차지하는 비율이다. 증

권특성선의 결정계수가 100%이면 비체계적위험이 없는 완전분산된 포트폴리오가 된다.

예제 8-1

펀드K를 운용하고 있는 펀드매니저는 펀드의 위험을 표준편차로 추정하고 월간 수익률 자료를 분석한다. 과거 5년간 펀드K와 KOSPI의 평균수익률은 각각 3.0%, 2.0%이다. 또한 KOSPI 수익률의 표준편차는 3.0%, 펀드K 수익률과 KOSPI 수익률의 상관계수는 0.8이다. 펀드K 수익률을 종속변수로, KOSPI 수익률을 독립변수로 한 단순회귀분석의 결과는 다음과 같다.

변수	추정계수	표준오차	t-통계량	p-값
상수	0.15	0.50	0.26	0.75
KOSPI 수익률	1.60	0.08	15.4	0.0001

(1) 펀드K의 표준편차는 얼마인가?
(2) 펀드K의 잔차분산은 얼마인가?
(3) 펀드K의 체계적 위험이 총위험에서 차지하는 비율을 구하시오.

풀이

(1) 펀드K의 베타계수는 단순회귀분석의 KOSPI 수익률의 추정계수 1.60이다.

$$\beta_i = \frac{\sigma_i \times \rho_{im}}{\sigma_m} \rightarrow 1.60 = \frac{0.8 \times \sigma_K}{3} \Rightarrow \sigma_K = 6\%$$

(2) 시장모형 위험공식에 베타와 표준편차를 대입하여 잔차분산을 산출한다.

$$\sigma_i^2 = \beta_i^2 \times \sigma_m^2 + Var(e_i)$$

$$6^2 = 1.60^2 \times 3^2 + Var(e_i) \Rightarrow Var(e_i) = 12.96\%^2 = 0.001296$$

(3) 시장모형이 결정계수를 산출한다.

$$R^2 = \rho_{im}^2 = 0.8^2 = 0.64$$

예제 8-2

시장모형이 성립한다고 가정할 때, 두 주식 A와 B에 대한 자료가 다음과 같다. (단, 시장수익률의 분산은 0.02이다.)

주 식	A	B
표준편차	0.15	0.50
베 타	0.8	1.5

(1) 주식 A와 B의 비체계적 위험을 구하라.
(2) 시장모형을 이용하여 주식 A와 B의 공분산을 구하라.
(3) 시장모형을 이용하여 주식 A와 B의 상관계수를 구하라.

풀이

(1) 시장모형 위험공식에 베타와 표준편차를 대입하여 잔차분산을 산출한다.

$$\sigma_i^2 = \beta_i^2 \times \sigma_m^2 + Var(e_i)$$

주식 A의 비체계적 위험: $\sigma_A^2 = (0.15)^2 = (0.8)^2 \times (0.02) + Var(e_A) \Rightarrow Var(e_A) = 0.0097$

주식 B의 비체계적 위험: $\sigma_B^2 = (0.5)^2 = (1.5)^2 \times (0.02) + Var(e_B) \Rightarrow Var(e_B) = 0.2050$

(2) 시장모형 공분산 공식을 통하여 개별주식 간의 공분산을 산출한다.

$$cov(R_i, R_j) = \beta_i \times \beta_j \times \sigma_m^2$$

$$Cov(R_A, R_B) = 0.8 \times 1.5 \times 0.02 = 0.024$$

(3) 베타 공식에 표준편차와 베타를 대입하여 시장모형의 상관계수를 산출한다.

$$\beta_i = \frac{\sigma_i \times \rho_{im}}{\sigma_m}$$

시장수익률의 표준편차: $\sigma_m = \sqrt{0.02} = 0.1414 = 14.14\%^2$

주식 A와 시장수익률과의 상관계수: $0.8 = \rho_{Am} \times \frac{15}{14.14}$ ➡ $\rho_{Am} = 0.7541$

주식 B와 시장수익률과의 상관계수: $1.5 = \rho_{Bm} \times \frac{50}{14.14}$ ➡ $\rho_{Bm} = 0.4242$

시장모형 상관계수 공식을 통하여 개별주식 간의 상관계수를 산출한다.

$\rho_{ij} = \rho_{im} \times \rho_{jm}$ ➡ $\rho_{AB} = 0.7541 \times 0.4242 = 0.3199$

(4) 시장모형에 의한 포트폴리오의 위험측정

시장모형을 이용하여 n개 주식으로 구성된 포트폴리오의 수익률은 다음과 같다.

$$\begin{aligned} R_p &= \sum_{i=1}^{n} w_i \times R_i = \sum_{i=1}^{n} w_i \times (\alpha_i + \beta_i \times R_m + e_i) \\ &= \sum_{i=1}^{n} w_i \times \alpha_i + \sum_{i=1}^{n} w_i \times \beta_i \times R_m + \sum_{i=1}^{n} w_i \times e_i \\ &= \alpha_p + \beta_p \times R_m + e_p \end{aligned}$$

단, $\alpha_p = \sum_{i=1}^{n} w_i \times \alpha_i \qquad \beta_p = \sum_{i=1}^{n} w_i \times \beta_i \qquad e_p = \sum_{i=1}^{n} w_i \times e_i$

시장모형을 이용하여 n개 주식으로 구성된 포트폴리오의 분산은 다음과 같다.

$$\begin{aligned} Var(R_p) &= Var(\alpha_p + \beta_p \times R_m + e_p) \\ &= \beta_p^2 \times Var(R_m) + Var(e_p) \end{aligned} \tag{8.9}$$

포트폴리오의 시장요인과 관련된 체계적 위험은 $\beta_p^2 \times Var(R_m)$이고, 비체계적 위험은 $Var(e_p)$이다. 포트폴리오의 비체계적 위험은 다음과 같이 계산한다.

$$Var(e_p) = \sum_{i=1}^{n} w_i^2 \times Var(e_i) \tag{8.10}$$

시장모형을 이용하여 2개 주식으로 구성된 포트폴리오의 분산은 다음과 같다.

2개 주식으로 구성된 포트폴리오: $R_p = w_1 \times R_1 + w_2 \times R_2$

$$\begin{gathered} Var(R_p) = \beta_p^2 \times Var(R_m) + Var(e_p) \\ \beta_p = w_1 \times \beta_1 + w_2 \times \beta_2 \\ Var(e_p) = w_1^2 \times Var(e_1) + w_2^2 \times Var(e_2) \end{gathered}$$

예제 8-3

<예제 8-2>에서 주식 A와 주식 B에 균등하게 투자할 때, 시장모형을 이용하여 포트폴리오의 총위험을 구하라.

풀이

(1) 베타의 가산원리로 포트폴리오의 베타 계산

$$\beta_p = w_A \times \beta_A + w_B \times \beta_B = 0.5 \times 0.8 + 0.5 \times 1.5 = 1.15$$

(2) 개별주식의 잔차분산을 투자비율의 제곱으로 포트폴리오의 잔차분산 계산

$$Var(e_p) = 0.5^2 \times 0.0097 + 0.5^2 \times 0.205 = 0.053675$$

(3) 시장모형 위험공식으로 포트폴리오 분산 계산

$$\sigma_p^2 = \beta_p^2 \times \sigma_m^2 + Var(e_p) = 1.15^2 \times 0.02 + 0.053675 = 0.080125$$

(5) 초과수익률 시장모형

시장모형의 설명력을 높이기 위하여 수익률이 아닌 초과수익률로 증권특성선을 나타낼 수도 있다. 여기서 초과수익률이란 위험자산의 수익률에서 무위험자산의 수익률을 차감한 값이다. 즉, 시장포트폴리오의 초과수익률이 모든 주식들에 영향을 주는 유일한 공통요인이라는 가정 하에 시장포트폴리오의 초과수익률을 독립변수로 하고, 개별주식의 초과수익률을 종속변수로 하여 단순회귀선을 표현하면 다음과 같다.

$$R_i - R_f = \alpha_i + \beta_i \times (R_m - R_f) + e_i \tag{8.11}$$

$R_m - R_f$: 시장포트폴리오의 수익률에서 무위험수익률을 차감한 시장초과수익률

$R_i - R_f$: 개별주식의 수익률에서 무위험수익률을 차감한 개별주식초과수익률

β_i : 개별주식의 베타(체계적 위험)

e_i : 개별주식의 고유의 위험(비체계적 위험)

식 (8.11)의 직선에서 최소자승법을 통하여 α_i와 β_i는 다음과 같이 구할 수 있다.

$$\alpha_i = E(R_i) - R_f - \beta_i \times (E(R_m) - R_f)$$

$$\beta_i = \frac{Cov(R_m - R_f, R_i - R_f)}{Var(R_m - R_f)}$$

이때 β_i는 공분산 연산공식을 적용하면 다음과 같이 표현할 수 있다.

$$\beta_i = \frac{Cov(R_m, R_i)}{Var(R_m)}$$

수익률의 표시된 증권특성선의 기울기인 β_i와 초과수익률로 표시된 증권특성선의 기울기인 β_i는 같다는 것을 알 수 있다. 하지만 수익률의 표시된 증권특성선의 α_i와 초과수익률로 표시된 증권특성선의 α_i는 다르다. 초과수익률로 표시된 증권특성선의 α_i는 제7장에서 설명한 젠센지수와 같으며 이를 '젠센의 알파'라고 한다.

식 (8.11)에 분산을 취하면 다음과 같이 개별주식의 위험을 측정할 수 있다.

$$\begin{aligned} Var(R_i - R_f) &= Var(\alpha_i + \beta_i \times (R_m - R_f) + e_i) \\ &= \beta_i^2 \times Var(R_m) + Var(e_i) \end{aligned}$$

수익률의 표시된 증권특성선의 개별주식 분산과 초과수익률로 표시된 증권특성선의 개별주식의 분산이 같다는 것을 알 수 있다.

(6) 시장모형의 유용성과 문제점

시장모형의 유용성은 마코위츠의 이론을 이용하는 것보다 포트폴리오의 구성을 위해 필요한 계산량을 크게 줄일 수 있다는 것이다.

n개의 주식이 존재하는 시장을 가정할 때 마코위츠 모형의 추정의 수는 다음과 같다.

개별 주식의 기대수익률 : n개, 개별 주식의 분산 : n개,

개별 주식들 사이의 공분산 : $nC_2 = \frac{n(n-1)}{2}$개 ➠ 총 추정의 수 : $\frac{n(n+3)}{2}$개

n개의 주식이 존재하는 시장을 가정할 때 시장모형의 추정의 수는 다음과 같다.

α_i :n개, β_i :n개, $\sigma^2(e_i)$:n개, 시장포트폴리오의 기대수익률과 분산 : 2개

➠ 총 추정의 수 : $3n+2$개

마코위츠 모형은 개별주식 수익률간의 공분산에 아무런 가정을 하지 않았으나 시장모형은 몇 가지 가정이 성립하여야 하는 전제를 가지고 있다. 따라서 시장모형은 몇 가지

추가적인 가정들이 현실적으로 얼마나 타당하냐에 따라 시장모형의 성립여부가 달려있는 문제점이 있다.

3. 다요인모형

(1) 다요인모형

개별 주식들의 체계적 위험에 영향을 주는 공통요인 중에서는 시장포트폴리오가 가장 중요한 요인이기는 하지만 이외에도 여러 가지 거시적 경제요인들을 생각해 볼 수 있다. 인플레이션, GDP, 이자율, 환율 등도 모든 개별주식들의 수익률에 영향을 줄 수 있는 요인들이다. 따라서 이러한 여러 가지 공통요인들을 고려해서 개별주식의 수익률을 나타내는 모형을 나타낼 수 있다.

여러 가지 공통요인들을 독립변수로 하고, 개별주식의 수익률을 종속변수로 한 다중회귀선을 다요인 모형(multi-factor model)이라고 한다. 2개의 공통요인을 독립변수로 하는 다요인 모형은 다음과 같다.

$$R_i = \alpha_i + \beta_{i1} \times F_1 + \beta_{i2} \times F_2 + e_i \tag{8.12}$$

R_i : 개별주식의 수익률

β_{i1} : 개별주식의 요인 1에 대한 민감도

β_{i2} : 개별주식의 요인 2에 대한 민감도

e_i : 개별주식의 고유의 위험(비체계적 위험)

통계적 추론을 위해서 다요인 모형은 다음과 같은 가정 하에 이루어진다.

① $E(e_i) = 0$: 잔차(오차)는 평균이 0인 무작위변수이다.

② $Cov(F_1, e_i) = 0$: 개별주식의 고유의 위험과 요인 1은 독립적이다.

③ $Cov(F_2, e_i) = 0$: 개별주식의 고유의 위험과 요인 2는 독립적이다.

④ $Cov(e_i, e_j) = 0$: 서로 다른 개별주식의 고유의 위험은 서로 독립적이다.

식 (8.12)에서, β_{i1}과 β_{i2}는 다음과 같이 구할 수 있다.

$$\beta_{i1} = \frac{Cov(F_1, R_i)}{Var(F_1)} \qquad \beta_{i2} = \frac{Cov(F_2, R_i)}{Var(F_2)} \tag{8.13}$$

(2) 다요인 모형에 의한 개별주식의 위험측정

다요인 모형을 이용해서 개별주식의 분산을 구하면 다음과 같다. 식 (8.12)에 분산을 취하면 다음과 같이 개별주식의 위험을 측정할 수 있다.

$$\begin{aligned} Var(R_i) &= Var(\alpha_i + \beta_{i1} \times F_1 + \beta_{i2} \times F_2 + e_i) \\ &= \beta_{i1}^2 \times Var(F_1) + \beta_{i2}^2 \times Var(F_2) + Var(e_i) \end{aligned} \quad (8.14)$$

다요인 모형을 이용하여 서로 다른 주식들 간의 공분산을 구하면 다음과 같다.

$$\begin{aligned} Cov(R_i, R_j) &= Cov(\alpha_i + \beta_{i1} \times F_1 + \beta_{i2} \times F_2 + e_i, \alpha_j + \beta_{j1} \times F_1 + \beta_{j2} \times F_2 + e_j) \\ &= \beta_{i1} \times \beta_{j1} \times Var(F_1) + \beta_{i2} \times \beta_{j2} \times Var(F_2) \end{aligned} \quad (8.15)$$

(3) 다요인 모형에 의한 포트폴리오의 위험측정

다요인 모형을 이용하여 2개 주식으로 구성된 포트폴리오의 분산은 다음과 같다.

2개 주식으로 구성된 포트폴리오 : $R_p = w_1 \times R_1 + w_2 \times R_2$

$$Var(R_p) = \beta_{p1}^2 \times Var(F_1) + \beta_{p2}^2 \times Var(F_2) + Var(e_p)$$
$$\beta_{p1} = w_1 \times \beta_{11} + w_2 \times \beta_{21}$$
$$\beta_{p2} = w_1 \times \beta_{12} + w_2 \times \beta_{22}$$
$$Var(e_p) = w_1^2 \times Var(e_1) + w_2^2 \times Var(e_2)$$

예제 8-4

주식수익률이 다음 2개의 공통요인에 의해 결정된다고 가정한다.

$$R_i = \alpha_i + \beta_{i1} \times F_1 + \beta_{i2} \times F_2 + e_i$$

이때, F_1의 표준편차는 5.4%, F_2의 표준편차는 2.6%이며, 주식 A와 B에 관련된 정보는 다음과 같다.

주식	β_{i1}	β_{i2}	표준편차
A	1.3	-0.2	8.5%
B	1.1	0.1	7.8%

(1) 주식 A와 주식 B의 비체계적 위험을 산출하라.
(2) A와 B에 50%씩 투자하여 구성한 포트폴리오의 체계적 위험을 산출하라.
(3) A와 B에 50%씩 투자하여 구성한 포트폴리오의 비체계적 위험을 산출하라.
(4) A와 B에 50%씩 투자하여 구성한 포트폴리오의 표준편차를 산출하라.

풀이

(1) 다중회귀선의 위험공식을 이용하여 개별주식의 잔차분산을 산출

$$Var(R_i) = \beta_{i1}^2 \times Var(F_1) + \beta_{i2}^2 \times Var(F_2) + Var(e_i)$$

주식 A : $8.5^2 = 1.3^2 \times 5.4^2 + (-0.2)^2 \times 2.6^2 + Var(e_A)$

➡ $Var(e_A) = 22.7\%^2 = 0.00227$

주식 B : $7.8^2 = 1.1^2 \times 5.4^2 + 0.1^2 \times 2.6^2 + Var(e_B)$

➡ $Var(e_B) = 25.49\%^2 = 0.00255$

(2) 베타의 가산원리를 이용하여 포트폴리오 요인별 베타를 계산

$$\beta_{p1} = 0.5 \times 1.3 + 0.5 \times 1.1 = 1.2$$

$$\beta_{p2} = 0.5 \times (-0.2) + 0.5 \times 0.1 = -0.05$$

다중회귀선의 위험공식을 이용하여 포트폴리오의 체계적 위험을 산출

$$\beta_{p1}^2 \times Var(F_1) + \beta_{p2}^2 \times Var(F_2)$$

$$= 1.2^2 \times 5.4^2 + (-0.05)^2 \times 2.6^2 = 42.01\%^2 = 0.004201$$

(3) 개별주식의 잔차분산을 투자비율의 제곱으로 가중평균

$$Var(e_p) = w_A^2 \times Var(e_A) + w_B^2 \times Var(e_B)$$

$$Var(e_p) = 0.5^2 \times 0.00227 + 0.5^2 \times 0.00255 = 0.001205$$

(4) 다중회귀선의 위험공식을 이용하여 포트폴리오의 분산을 산출

$$Var(R_p) = \beta_{p1}^2 \times Var(F_1) + \beta_{p2}^2 \times Var(F_2) + Var(e_p)$$

$$Var(R_p) = 0.003737 + 0.001205 = 0.004942$$

분산의 제곱근으로 포트폴리오 표준편차 계산

$$\sigma_p = \sqrt{0.004942} = 0.0703\ (7.03\%)$$

제 2 절 차익거래가격결정모형

1. 의의 및 가정

CAPM은 균형상태에서의 주식의 기대수익률이 단일의 공통요인인 시장포트폴리오 수익률과의 민감도인 베타의 크기에 선형으로 비례함을 보여주는 균형모형으로 자본자산 가격결정에 매우 중요한 이론이다. 하지만 Roll의 비판에서 나타나듯이 CAPM은 시장포트폴리오의 검증 자체가 불가능하다는 점과 가정의 비현실성 때문에 비판을 받게 되었다. 이러한 배경에서 Ross(1976)은 시장포트폴리오의 검증 없이 균형수익률을 설명하는 차익가격결정모형(APT: arbitrage pricing theory)을 소개하였다.

요인모형에서 도출한 가격결정모형인 APT는 다음과 같은 가정을 전제로 한다.

① 합리적 투자자는 위험회피적이다.

② 투자자들은 차익거래이익의 극대화를 추구한다.

③ 자본시장은 거래비용, 세금 등이 전혀 없는 완전한 시장(perfect market)이다.

④ 개별주식의 수익률은 여러 가지 공통요인에 의해 결정된다.

2. 차익거래가격결정이론(APT)

(1) 다요인 모형

차익거래가격결정모형은 다요인 모형에 그 논리적 기반을 두고 있다. 즉, 자산수익률은 여러 가지의 공통요인에 의해 영향을 받는다고 가정하며, 시장에는 충분히 많은 수의 자산이 거래되고 있어 분산투자를 통해 비체계적 위험을 제거할 수 있다고 가정한다. APT모형은 다음과 같이 주식수익률은 k개의 공통요인의 선형으로 표시된다고 가정한다.

$$R_i = \alpha_i + \beta_{i1} \times F_1 + \beta_{i2} \times F_2 + \cdots + \beta_{ik} \times F_k + e_i$$

(2) 차익포트폴리오

차익포트폴리오(arbitrage portfolio)란 차익거래에서 만들어지는 포트폴리오이다. 차익거래는 추가적인 자금을 부담하지 않으며 추가적인 위험을 부담하지 않는 거래이다. 따라서 차익포트폴리오는 다음의 조건을 만족하여야 한다.

① No cost

추가적인 자금부담이 없어야 한다. 따라서 차익포트폴리오에 포함된 개별주식의 투자비율의 합은 0이다.

$$\sum_{i=1}^{n} w_i = 0 \tag{8.16}$$

② No risk

추가적인 위험을 부담하지 않아야 한다. 차익포트폴리오는 다음과 같은 방법으로 총위험을 제거한다.

• 비체계적 위험의 제거

차익포트폴리오의 구성주식수를 많게 하여 분산효과를 통하여 제거한다.

• 체계적 위험의 제거

차익포트폴리오의 각 요인에 대한 민감도가 0이 되도록 구성한다. 베타의 가산원리를 적용하여 다음과 같이 각 요인별로 차익포트폴리오의 베타가 0이 되도록 한다.

1요인에 대한 민감도 : $\sum_{i=1}^{n} w_i b_{i1} = 0$

2요인에 대한 민감도 : $\sum_{i=1}^{n} w_i b_{i2} = 0 \cdots$

k요인에 대한 민감도 : $\sum_{i=1}^{n} w_i b_{ik} = 0$

이를 정리하면 다음과 같다.

$$\sum_{i=1}^{n} w_i b_{ik} = 0 \qquad k=1,\ 2,\ \cdots,\ k \tag{8.17}$$

(3) 차익거래가격결정이론(APT)

주식시장이 균형상태에서는 차익거래조건을 만족하는 차익포트폴리오의 기대수익률은 0이 되어야 한다. 만일 차익포트폴리오의 기대수익률이 0이 아닌 경우 주식시장의 투자자들을 차익을 도모하기 위하여 차익거래를 하게 된다. 이러한 차익거래로 인하여 주식시장은 차익포트폴리오의 기대수익률이 0이 되는 시점에서 균형상태가 된다. 균형상태에서 차익포트폴리오 기대수익률을 식으로 나타내면 다음과 같다.

$$R_p = \sum_{i=1}^{n} w_i E(R_i) = 0 \tag{8.18}$$

식 (8.18)과 식 (8.16), (8.17)을 연립방정식으로 정리하여 다음과 같은 APT모형이 도출된다.

$$E(R_i) = \lambda_0 + \lambda_1 \times b_{i1} + \lambda_2 \times b_{i2} \cdots \lambda_k \times b_{ik} \tag{8.19}$$

APT 모형의 구성요소 및 경제적 의미는 다음과 같다.

① 균형수익률

APT모형은 CAPM과 마찬가지로 시장이 균형상태일 때의 기대수익률(균형수익률)이 각 요인에 대한 민감도(체계적 위험)와 선형관계를 갖고 결정된다는 모형이다. 모든 요인에 대한 민감도가 0인 상태에서 $E(R_i) = \lambda_0 = R_f$가 된다. 따라서 λ_0는 무위험자산을 의미하며, 균형상태에서의 개별 주식의 기대수익률은 무위험이자율과 체계적 위험에 대한 위험프리미엄의 합으로 구성된다. 즉, 개별 주식의 기대수익률은 각 요인의 민감도와 개별주식의 기대수익률은 선형관계가 있음을 알 수 있다.

시장가격으로 산출된 개별주식의 기대수익률이 APT의 기대수익률과 다른 경우 다음과 같은 상황을 의미한다.

- 시장가격을 산출된 기대수익률 > APT 기대수익률
  ➡ 주식의 시장가격 저평가 ➡ 매수
- 시장가격을 산출된 기대수익률 < APT 기대수익률
  ➡ 주식의 시장가격 고평가 ➡ 매도

② 요인 민감도

b_{ik}는 k요인에 대한 주식 i의 민감도로 식 (8.12)의 다중회귀선을 통해 계산된다.

③ 요인 위험프리미엄

특정 요인에 대한 민감도만 1이고 나머지 요인에 대한 민감도는 모두 0인 포트폴리오를 요인포트폴리오(factor portfolio)라고 한다. 예를 들어 요인 k 포트폴리오의 기대수익률은 식 (8.19)을 통해서 다음과 같이 나타낼 수 있다.

$$E(R_k) = \lambda_0 + \lambda_1 \times 0 + \lambda_2 \times 0 \cdots \lambda_k \times 1$$

$$\Rightarrow E(R_k) = R_f + \lambda_k$$

$$\Rightarrow \lambda_k = E(R_k) - R_f$$

위의 식에서 λ_k는 요인 k에 대한 위험프리미엄을 의미한다는 것을 알 수 있다. λ_k는 경제적 의미는 다음과 같다.

- λ_k : k요인 포트폴리오의 위험프리미엄
- λ_k : k요인에 대한 민감도 1단위 당 위험프리미엄

따라서 $\lambda_k \times b_{ik}$는 k요인에 대한 개별주식의 위험프리미엄을 의미한다.

예제 8-5

자산의 수익률은 다음과 같이 두 가지 요인에 의해 설명될 수 있다.

$$R_i = a_i + b_{i1}F_1 + b_{i2}F_2 + e_i$$

균형상태의 주식 A, B, C에 대하여 다음과 같은 결과를 얻었다. 단, 무위험이자율은 5%이다.

포트폴리오	기대수익률	b_{i1}	b_{i2}
A	9.25	1.0	0.5
B	8.75	0.5	0.9
C	6.70	0.4	0.2

(1) 위험보상요인 λ_1, λ_2를 구하시오

(2) D 포트폴리오의 기대수익률이 8.7%이고 b_{i1}이 0.725, b_{i2}가 0.525라고 가정하자. 차익거래 과정을 설명하고 무위험 이익(%)을 계산하라. (이를 위해 새로 구성한 포트폴리오를 E로 명명할 것)

풀이

(1) 균형상태의 주식 A, B ,C를 APT에 대입하여 APT를 도출한다.

$E(R_i) = \lambda_0 + \lambda_1 \times b_{i1} + \lambda_2 \times b_{i2}$

A의 기대수익률 = 9.25 = $\lambda_0 + \lambda_1 \times 1 + \lambda_2 \times 0.5$

B의 기대수익률 = 8.75 = $\lambda_0 + \lambda_1 \times 0.5 + \lambda_2 \times 0.9$

C의 기대수익률 = 6.70 = $\lambda_0 + \lambda_1 \times 0.4 + \lambda_2 \times 0.2$

이를 연립방정식으로 풀면 $\lambda_0 = 5, \lambda_1 = 3, \lambda_2 = 2.5$

$\therefore\ E(R_i) = 0.05 + 0.03 \times b_{i1} + 0.025 \times b_{i2}$

(2) APT를 이용한 차익거래

1) 포트폴리오 D의 균형수익률

$E(R_D) = 5 + 3 \times 0.725 + 2.5 \times 0.525 = 8.4875\%$

기대수익률 8.7%는 균형수익률 8.4875% 보다 크기 때문에 현재주가는 과소평가

2) 포트폴리오 D의 복제포트폴리오 구성

$R_p = w_A R_A + w_B R_B + w_C R_C$

① $w_A + w_B + w_C = 1$

② $1.0 \times w_A + 0.5 \times w_B + 0.4 \times w_C = 0.725$

③ $0.5 \times w_A + 0.9 \times w_B + 0.2 \times w_C = 0.525$

이를 연립으로 풀면 $w_A = 0.5, w_B = 0.25, w_C = 0.25$

포트폴리오 E는 A주식에 50%, B주식을 25%, C주식을 25%로 구성된다.

$E(R_p) = 0.5 \times 9.25 + 0.25 \times 8.75 + 0.25 \times 6.70 = 8.4875\%$

3) 차익거래의 구성

차익포트폴리오의 구성은 다음과 같다.

포트폴리오 D 매수, 복제포트폴리오 매도

→ 투자원금의 100% D 매수, 50% A매도, 25% B매도, 25% C매도

4) 차익포트폴리오의 기대수익률

$E(R_p) = 1 \times 8.7 + (-0.50) \times 9.25 + (-0.25) \times 8.75 + (-0.25) \times 6.79$

$= 0.2125\%$

3. CAPM과 APT의 비교

(1) APT과 CAPM의 관계

CAPM은 시장포트폴리오라는 단일요인으로 균형수익률을 설명하는 모형이라면, APT는 다요인으로 균형수익률을 설명하는 모형이다. 도출과정이 크게 다름에도 불구하고 APT모형에 단일의 공통요인을 시장포트폴리오의 수익률로 놓으면 식 (8.19)는 SML과 동일한 의미를 갖는 모형이 된다. 즉, APT는 CAPM에 비해 보다 일반적인 시장균형모형이며, CAPM은 APT의 특수한 형태라고 할 수 있다.

(2) APT과 CAPM의 비교

① 투자자의 행동에 대한 가정

CAPM은 투자자들이 평균-분산기준에 따라서 행동한다고 가정한다. 따라서 CAPM은 개별주식 수익률에 대한 확률분포를 정규분포로 가정하거나 투자자의 효용함수형태를 2차 효용함수로 가정한다. 하지만 APT에서는 이러한 가정이 필요 없으며 차익거래이익을 극대화 한다는 가정만 있다.

② 균형수익률 결정요인

CAPM에서는 개별 주식의 균형수익률은 시장포트폴리오라는 단일요인에 의해 영향을 받는다. 그러나 APT에서는 개별 주식의 균형수익률은 여러 개의 공통요인에 의해서 영향을 받는다.

③ 무위험자산

CAPM의 성립을 위해서는 무위험자산의 존재가 필수적이다. 하지만 APT에서는 무위험자산이 존재하지 않아도 공통요인의 민감도가 모두 0인 기대수익률을 구할 수 있다.

④ 시장포트폴리오

CAPM에서는 시장포트폴리오의 존재가 필요하며 진정한 시장포트폴리오의 실증검증이 어려워 논란의 대상이다. 하지만 APT에서는 시장포트폴리오에 대해서 특별한 가정을 하지 않기 때문에 실증검증 논란이 없다.

(3) APT의 문제점

APT를 이용하기 위해서는 요인분석이라는 통계적 기법을 이용하여 공통요인들을 파악하여야 한다. 그러나 요인분석은 요인들 간의 상관관계가 없어야 한다는 가정이 성립하지 않는 다중공선성(multicollinearity)과 증권의 수에 따라 요인의 수가 달라지는 문제점이 있다.

예제 8-6

증권 수익률은 다음의 3요인모형으로 설명된다고 가정하자.

$$R_i = \alpha_i + \beta_{i1} \times F_1 + \beta_{i2} \times F_2 + \beta_{i3} \times F_3 + e_i$$

여기서, R_i: 증권 i의 수익률

F_j: 공통요인 j (j=1,2,3)

β_{ij}: 증권 i의 공통요인 j에 대한 체계적 위험(민감도)

e_i: 잔차항

3-요인 차익거래가격결정모형(arbitrage pricing theory; APT)이 성립하며 각 요인들의 위험프리미엄(risk premium)은 아래와 같다.

요인	요인 1	요인 2	요인 3
위험프리미엄	6%	4%	5%

무위험자산수익률은 3%이다.

(1) 요인 1, 요인 2, 요인 3의 체계적 위험이 각각 1.2, 0.2, 0.8인 증권의 균형 기대수익률은 얼마인가?

(2) 1요인 포트폴리오의 기대수익률과 위험프리미엄은 얼마인가?

(3) 2요인 포트폴리오의 기대수익률과 위험프리미엄은 얼마인가?

풀이

(1) APT에 요인프리미엄과 개별주식의 베타를 대입하여 균형수익률 산출

$$E(R_i) = \lambda_0 + \lambda_1 \times b_{i1} + \lambda_2 \times b_{i2} \cdots \lambda_k b_{ik}$$

$$E(R_i) = 3 + 6 \times 1.2 + 4 \times 0.2 + 5 \times 0.8 = 15\%$$

(2) 1요인 포트폴리오는 요인 1의 민감도는 1이고 나머지 요인에 대한 민감도는 0이다.

$$E(R_i)=3+6\times1+4\times0+5\times0=9\%$$

위험프리미엄은 균형수익률에서 무위험이자율을 차감한다.

$$RP=9\%-3\%=6\%$$

☞ 1요인 포트폴리오의 위험프리미엄은 결국 요인 1의 프리미엄(λ_1) 6%이다.

(3) 2요인 포트폴리오는 요인 2의 민감도는 1이고 나머지 요인에 대한 민감도는 0이다.

$$E(R_i)=3+6\times0+4\times1+5\times0=7\%$$

위험프리미엄은 균형수익률에서 무위험이자율을 차감한다.

$$RP=7\%-3\%=4\%$$

☞ 2요인 포트폴리오의 위험프리미엄은 결국 요인 2의 프리미엄(λ_2) 4%이다.

제 3 절 시장의 효율성

1. 자본시장의 효율성

자본시장이 효율적이라고 할 때 '효율'이란 말은 여러 가지 의미로 사용할 수 있다. 이 장에서 다루고자 하는 효율성이라는 개념은 정보의 효율성(information efficiency)에 관한 것이다. 주식이나 채권과 같은 증권의 가격이 새로운 정보를 신속하고(또는 즉각적으로) 정확하게 (또는 완전하게) 반영할 때 시장이 효율적이라고 하며, 이때 효율성은 정보의 효율성을 의미한다.

예를 들어 삼성전자 주식의 주당 1년 후 가치가 5.5만원으로 예상되고 균형수익률이 10%인 경우 삼성전자의 현재가격은 5만원(=5.5만원/1.1)이라고 하자. 이 상황에서 삼성전자가 새로 개발한 반도체 칩이 우수하여 글로벌 수요가 급증할 것이라는 뉴스가 주식시장에 공시되어 삼성전자 주식의 주당 1년 후 가치가 5.75만원으로 상향되었다고 하자.

주식시장이 효율적이어서 주가가 이 정보를 신속하고 정확하게 반영한다면, 뉴스 공시시점에 삼성전자 주가는 5.22만원(=5.75만원/1.1)으로 상승하게 될 것이다. 따라서 투자자가 5.22만원에 주식을 매입하면 정상적인 수익률인 10%(=5.75만원/5.22만원－1)밖에 기대할 수 없다.

만일 시장이 비효율적이어서 삼성전자의 주가가 새로운 정보에 시차를 두고 지연반응하거나 적정한 가치이상으로 과잉반응하면 투자자들은 이를 이용하여 비정상수익을 얻을 수 있다. [그림 8-1]은 주가가 새로운 정보에 대해서 과잉반응을 보이거나 지연반응을 보이는 모습을 나타낸다.

특정 투자기간동안 투자자가 실제로 실현한 수익률과 정상적인 수익률의 차이를 비정상수익률(AR: abnormal return)이라고 한다. 비정상수익률의 크기를 가지고 시장의 효율성을 판단할 수 있다.

[그림 8-1] 새로운 정보에 대한 시장가격의 반응

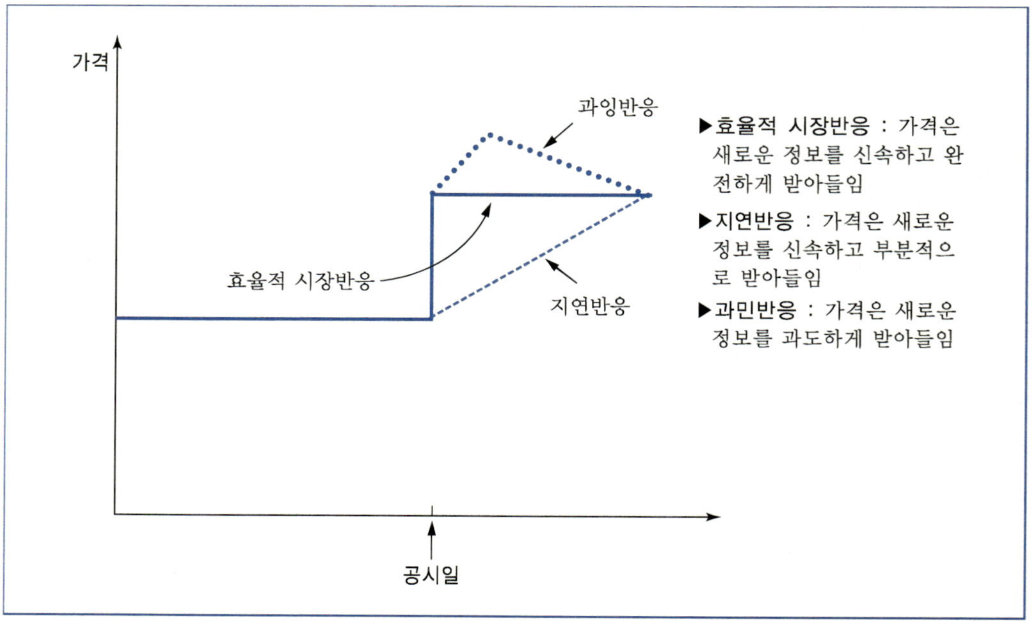

2. 효율적 시장가설

효율적 시장가설(EMH : efficient market hypothesis)이란 자본시장의 시장가격이 이용가능한 정보를 충분히 즉각적으로 반영하고 있다는 가설이다. 즉 어떤 투자자라도 이용가능한 정보를 기초로 한 거래에 의해 초과 수익을 얻을 수 없다는 것이다. 이는 시장이 효율적이므로 자신이 가진 정보는 이미 주가에 반영되었기 때문이다.

Fama(1970)는 현재의 주식가격이 어떤 범위의 정보까지를 반영하고 있느냐에 따라 자본시장의 효율성을 약형, 준강형, 강형 3가지로 구분하였다. 약형 EMH는 증권가격에 이미 과거정보(과거의 주가 및 거래량)가 반영되어 있는 것을 의미하며, 준강형 EMH는 증권가격에 공개된 정보가 반영되어 있는 것을 의미한다. 강형 EMH는 증권가격에 공개된 정보 뿐 아니라 비공개된 정보까지 모든 정보가 반영되어 있는 것을 의미한다. 효율적 시장가설의 3가지 구분은 [그림 8-2]와 같이 나타낼 수 있다.

[그림 8-2] 증권가격이 반영하는 정보와 효율적 시장가설

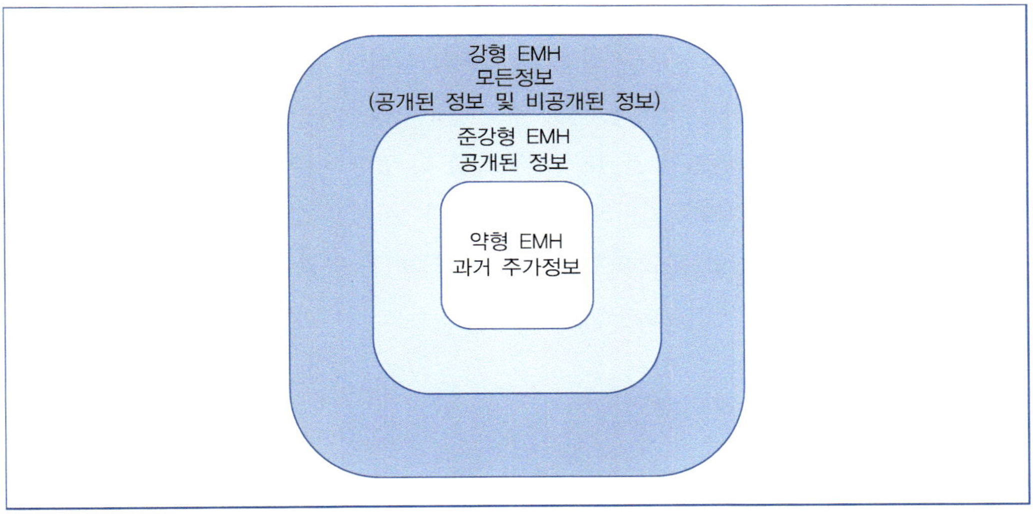

(1) 약형 효율적 시장가설

① 정의 및 의의

약형 효율적 시장가설(weak form EMH)이란 현재의 증권가격에는 과거의 정보(주가, 수익률, 거래량 등)가 반영되어 있다는 것이다. 따라서 약형 효율성이 성립하는 시장에서는 단순이 과거의 주가정보를 이용한 투자로는 비정상수익을 얻을 수 없다.

약형 효율성이 성립하는 시장에서는 증권의 가격변동은 시계열적으로 서로 독립적인 움직임, 즉 무작위의 행태(random walk)를 따른다. 무작위의 행태란 각 시점에서 일어나는 가격변화가 그 이전의 변화양상과는 독립적이라는 것을 의미한다.

② 기술적 분석

증권가격의 움직임에서 미래 증권가격을 예측할 수 있는 패턴을 찾아내고자 하는 분석방법을 기술적 분석(technical analysis)이라고 한다. 기술적 분석에서는 과거의 증권가격이나 거래량의 움직임 같은 과거자료를 이용하여 미래가격을 예측하고자 한다. 따라서 약형 효율성이 성립하는 시장에서는 이러한 과거자료로부터 얻을 수 있는 정보는 이미 현재의 가격에 반영되어 있기 때문에 기술적 분석을 이용한 투자로부터 비정상적인 수익을 얻을 수 없다.

③ 검증방법

약형 효율성을 검증하는 연구는 주식가격변동의 시계열 사이에는 특정한 상관관계가 존재하지 않는지를 확인하는 것이다. 어제 주식가격이 상승하였는데 오늘 주식가격이 상승한다면 두 기간의 가격변화는 관계가 있다고 할 수 있다. 이러한 상관관계가 0에 가깝다면 주식가격변화는 시계열독립이라고 할 수 있다. 시계열 상관성의 테스트 이외에도 부호검정(run test), 필터기법 등도 약형 효율성을 검증하는 방법이다. 약형 효율성검증 연구의 실증결과는 대부분 약형 효율성을 지지하는 것으로 나타났다.

(2) 준강형 효율적 시장가설

① 정의 및 의의

준강형 효율적 시장가설(semi-strong form EMH)이란 현재의 증권가격에는 과거의 가격변동에 대한 정보를 반영할 뿐만 아니라 대중에게 공개되는 모든 정보가 반영되어 있다는 것이다. 공개된 정보란 공개된 재무제표나 경제기사 등을 말한다. 따라서 준강형 효율성이 성립하는 시장에서는 공개된 정보를 분석하여 투자결정을 하는 것으로는 비정상수익을 얻을 수 없다. 과거 정보도 공개된 정보에 포함되므로 [그림 8-2]에 알 수 있듯이 준강형 효율성이 성립하면 약형 효율성도 성립한다.

② 기본적 분석

기본적 분석(fundamental analysis) 또는 재무분석(financial analysis)은 증권가격을 결정하는 기본요인에 대한 분석을 통하여 증권의 내재가치를 평가하고자 하는 분석방법이다. 증권가격을 결정하는 기본요인들은 기업의 이익에 대한 전망, 기업의 위험수준, 미래이자율에 대한 전망, 그리고 기업이 속한 산업에 대한 전망 등을 들 수 있다. 투자자들은 이러한 기본요인들을 반영하여 미래현금흐름을 추정하고 이를 적절한 할인율로 할인하여 주식의 내재가치를 추정한다. 추정된 내재가치를 시장가격과 비교함으로써 투자결정을 한다. 따라서 준강형 효율성이 성립하는 시장에서는 이미 공개된 정보들은 주식가격에 반영되어 있기 때문에 기본적 분석을 이용한 투자로부터 비정상적인 수익을 얻을 수 없다.

③ 검증방법

준강형 효율성을 검증하는 연구는 주식분할이 주식가격에 미치는 영향을 분석한 FFJR(Fama, Fisher, Jensen, Roll)에 의해 이루어졌다. 이 방법을 사건연구(event study) 또는 잔차분석(residual analysis)이라고 한다. 사건연구는 새로운 정보에 증권의 가격이 얼마나 정확하고 신속하게 반응하는가에 관한 연구이다. 이 방법은 어떤 사건의 발생으로 인하여 나타나는 누적비정상수익률(cumulative abnormal return)의 크기를 비교해서 시장의 효율성을 검증하였다. 시장이 효율적이면 공시시점 이후에는 CAR이 수평선을 따라 움직이게 되며 이는 공개된 정보를 이용하여도 비정상수익을 올릴 수 없음을 나타낸다. 사건연구는 정상수익률을 측정하기 위하여 CAPM과 같은 균형모형을 이용하게 된다.

(3) 강형 효율적 시장가설

① 정의 및 의의

강형 효율적 시장가설(strong form EMH)이란 시장효율성의 가장 극단적인 형태로 현재의 증권가격이 공개된 정보뿐만 아니라 비공개 정보까지도 완전히 반영하고 있는 시장을 말한다. 그러므로 강형 효율성은 약형 효율성 및 준강형 효율을 모두 포괄한다. 따라서 강형 효율성이 성립하는 시장에서는 내부정보와 같은 비공개된 정보를 이용하더라도 비정상수익을 얻을 수 없다. 즉, 내부자거래도 별 효과를 거두지 못한다는 것이다.

② 검증방법

강형 효율성의 검증방법은 사적 정보(private information)의 수익률 예측능력에 대한 연구이다. 이는 공표되지 않은 비공개정보를 가지고 있는 투자자가 비공개정보를 이용하여 비정상적인 초과수익률을 얻을 수 있는 가를 검증하는 것이다. 예를 들어 펀드매니저 또는 기업내부자들이 시장평균에 비해 더 우월한 투자성과를 얻고 있는지를 검증하는 것이다. 만약 이들이 비정상적인 초과수익률을 올린다면 강형 효율성의 가설은 기각된다.

3. 시장이례현상(시장이상현상)

시장이례현상 또는 시장이상현상(market anomaly)이란 어떤 특정한 특성을 갖는 증권들이나 투자전략이 정상수익률보다 더 높은 수익률을 계속적으로 얻고 있는 현상을 말한다. 이러한 현상은 정상수익률을 산출할 때 이용한 자산가격결정모형이 어떤 결점이 있는 것이 아닌가 하는 의문의 근거가 되거나, 사용한 모형이 타당하더라도 시장은 효율적이지 않을 수 있다는 주장의 근거가 된다.

① PER효과

같은 위험을 갖는 주식들 중에서 PER가 낮은 주식의 수익률이 PER가 높은 주식의 수익률보다 높게 나타나는 현상을 PER효과라고 한다. PER효과는 시장의 효율성을 부인하는 한 증거로 제시되었으나 1990년대 이후에는 그 효과가 뚜렷하지 않은 것으로 보고된다.

② 규모효과(size effect)

같은 위험을 갖는 주식들 중에서 규모가 작은 기업이 규모가 큰 기업에 비해 비정상수익을 얻는 현상을 말한다.

③ 1월 효과

뉴욕거래소 상장 주식들의 월별수익률을 비교한 결과 1월의 수익률이 다른 달의 수익률에 비해 평균적으로 높은 것을 보여주었다.

④ 장부가치 대 시장가치 비율효과

Fama and French(1992)는 주식의 장부가치를 시장가치로 나눈 비율(BV/MV)이 가장 큰 주식의 수익률이 가장 작은 비율을 갖는 주식의 수익률보다 6배나 더 큰 성과를 얻고 있음을 보여주었다.

⑤ 모멘텀 효과

모멘텀 효과는 투자자가 단기적으로 과거 일정기간 동안 상승한 종목을 매입하고 하락한 종목을 파는 모멘텀 전략(momentum investment strategy)으로 비정상수익을 얻을 수 있는 것으로 시장의 비효율성을 제시하는 하나의 증거가 된다. 이는 주식시장이 단기적으로는 새로운 뉴스에 과잉반응을 보이는 현상을 지속한다는 것을 보여준다.

⑥ 반대매매전략(역발상 투자전략)

반대매매전략 또는 역발상 투자전략(contrarian investment strategy)은 투자자가 장기적으로 과거기간에 하락한 종목을 하고 상승한 종목을 파는 전략이다. 이러한 전략으로 비정상수익을 얻을 수 있는 것으로 시장의 비효율성을 제시하는 하나의 증거가 된다.

제 4 절 파머-프렌치 모형

파머(Fama)와 프렌치(French)가 1992년과 1993년 논문을 통해 발표한 3요인(factor)모형은 그 동안 CAPM 이론에만 머물러 있던 학계가 다양한 팩터 모델을 본격적으로 연구하게 되는 계기가 되었다 그리고 이 이론은 현재의 자산 운용업계가 과학적인 팩터 투자 방법론을 점차 확대하는 것의 시금석이 되었다. 3요인 모형은 과거기간 동안에 높은 수익률을 보여준 기업들의 특성을 기초로 하여 위험프리미엄을 설명하는 공통요인으로 시장 포트폴리오, 기업규모(size), 그리고 장부가치 대 시장가치 비율 등 3요인을 선정하고 다음과 같은 가격결정모형을 제시하였다.

$$E(R_i) = R_f + (E(R_m) - R_f) \times \beta_{im} + E(SMB) \times \beta_{iSMB} + E(HML) \times \beta_{iHML} \quad (8.21)$$

여기서 *SMB*는 소형포트폴리오 수익률과 대형포트폴리오 수익률의 차이이며, *E*(*SMB*)는 소형주기업이 대형주기업에 대해 갖는 시장의 평균적인 위험프리미엄을 의미한다. *HML*은 장부가치-시장가치 비율이 높은 포트폴리오의 수익률과 낮은 포트폴리오의 수익률의 차이로, 이 비율이 높은 주식은 가치주이며, 이 비율이 낮은 주식은 성장주이다. 따라서 *E*(*HML*)은 가치주 기업이 성장주 기업에 대해 갖는 시장의 평균적인 위험프리미엄을 의미한다.

3요인 모형은 다음의 초과수익률 다중회귀분석을 통하여 도출된다.

$$R_i = \alpha_i + \beta_{im} \times R_m + \beta_{iSMB} \times SMB + \beta_{iHML} \times HML + \epsilon_i \quad (8.22)$$

R_i : 펀드 '*i*'의 수익률 − 무위험수익률

R_m : 시장포트폴리오 수익률 − 무위험수익률(시장요인)

SMB : 소형포트폴리오 수익률 − 대형포트폴리오 수익률(기업규모요인)

HML : 장부가치/시장가치 비율이 높은 포트폴리오의 수익률 − 낮은 포트폴리오의 수익률(가치주요인)

식 (8.22)에서 β_{iSMB}가 양(+)이면 펀드 *i*는 소형주를 추정하고, 음(−)이면 펀드 *i*는 대형주를 추정한다. 또 β_{iHML}가 양(+)이면 펀드 *i*는 가치주를 추정하고, 음(−)이면 펀드 *i*는 성장주를 추정한다.

제 5 절 행동재무학

행동재무학(behavioral finance)은 인지심리학에의 인간의 비합리성을 바탕으로 현실의 자본시장이 비효율적이라고 주장하는 연구 분야이다. 행동재무학은 시장 참여자들의 비합리성과 차익거래의 제약으로 인하여 금융시장은 비효율적일 수 있기 때문에 투자자의 비이성적 행태를 잘 파악하면 소위 알파(alpha)라 불리는 초과수익을 얻을 수 있다고 설명한다.

① 보수주의(conservative bias)

보수주의란 투자자가 새로운 증거가 주어져도 자신의 신념을 새롭게 바꾸는 데 상당한 시간을 필요로 하는 현상을 의미한다. 주식시장 수익률이 지속적으로 상승하거나 하락하는 관성현상은 보수주의에 기인한다.

② 과신(over-confidence)

과신은 자신의 믿음이나 예측의 부정확성을 과소평가하고 자신의 능력을 과대평가하는 경향을 말한다. 매매회전율이 높은 계좌가 낮은 계좌에 비해 수익률이 낮은 현상이 대표적인 예이다.

③ 대표성(representativeness) 오류

대표성 오류는 적은 표본으로부터 발생한 패턴을 너무 빨리 추론해 내고, 이렇게 도출된 추세를 장기로 확대 적용하는 경향을 말한다. 성과가 좋을 것으로 예측된 주식의 가격이 급등하다가 해당 주식의 이익발표 기점을 기준으로 주가가 하락하는 현상이 대표적인 예이다.

④ 전망이론(prospect theory)

행동재무학에서 가장 중요한 위치를 차지하는 전망이론은 합리적인 투자자를 가정하는 전통적인 기대효용이론과는 달리 투자의사결정에 투자자 개개인의 주관적인 전망이 개입된다고 주장한다. 전망이론에 의하면 투자자는 부의 수준보다 부의 변화에 더 많은 관심을 갖는다. 즉 현재 부의 수준에서 부의 증가(이익)나 감소(손실)에 따라 위험에 대한 태도가 달라진다는 것이다. 전통적인 기대효용이론에서는 부가 많을수록 위험회피도가 감소한다고 보는 반면 전망이론에서는 이익을 볼수록 위험회피적 성향, 손실을 볼수록 위험선호적 성향을 보인다고 파악한다.

예를 들어 투자안 A는 300만원의 이익을 볼 확률이 80%이고 0원의 이익을 볼 확률이 20%이며, 투자안 B는 200만원의 이익을 볼 확률이 100%이라면 대부분의 사람들의 선택은 투자안 B를 선택한다. 이 경우 투자자들은 이익이 예상되는 경우 위험회피적 성향을 가진다. 하지만 투자안 C는 300만원의 손실을 볼 확률이 80%이고 0원일 확률이 20%이며, 투자안 D는 200만원의 손실을 볼 확률이 100%인 경우 대부분의 사람들의 선택은 투자안 C를 선택한다. 이 경우 투자자들은 손실이 예상되는 경우 위험선호적 성향을 가진다.

전망이론은 동일한 크기의 이익으로 인한 만족보다 손실로 인한 고통이 훨씬 크다는 손실회피(loss aversion) 현상과 투자자들이 이익을 시현한 투자자산은 매도하고 손실을 시현한 투자자산은 보유하려 한다는 처분효과(disposition effect)를 설명한다.

⑤ 군중심리(herd behavior)

군중심리는 다수의 의견이 맞을 것이라는 믿음 하에 대중적인 정보를 신뢰하고 개별적으로 수집한 정보는 무시하는 행동을 의미한다. 특히 동질의식이 강한 국내 투자자들 사이에서 군중심리로 인한 쏠림 현상은 자주 발생한다.

⑥ 심리회계(mental accounting)

심리회계는 투자자들이 의사결정을 할 때 건별로 분리하여 의사결정을 하는 것을 말한다. 즉, 동일한 투자자가 높은 위험을 감수하는 계좌와 보수적으로 운용하는 계좌로 분리하여 계좌를 운용할 수 있다는 것이다. 카지노에서 자신이 돈을 따고 있는 경우 더 위험한 내기를 하는 것이 대표적인 예이다.

⑦ 프레임(frame)

액자편향(프레임)은 동일한 투자안에 대해 이익을 얻을 가능성을 강조하는 경우와 손실을 볼 가능성을 강조하는 경우 의사결정이 상이해지는 것을 말한다.

⑧ 후회기피(regret avoidance)

후회기피는 좋지 않은 결과가 발생했을 때 그 결정이 관행을 벗어나지 않은 것일수록 덜 후회하는 현상을 말한다.

연습문제 8-1

아래의 표는 위험요인이 1개이고 잘 분산된 두 개의 포트폴리오 백두산펀드와 한라산펀드의 기대수익률과 베타계수를 나타낸 것이다.

포트폴리오	기대수익률	베타계수
백두산펀드	16%	0.8
한라산펀드	20%	1.6

(1) 시장에서 차익거래가 존재하지 않기 위한 무위험이자율을 구하시오.

(2) 시장에 CAPM모형이 성립한다고 가정하자. 또한 백두산펀드와 한라산펀드의 수익률의 표준편차가 각각 18%, 25%이고 시장수익률의 표준편차가 14%라고 하자. 두 포트폴리오의 체계적위험이 총위험 중에서 차지하는 비율을 구하시오.

해설

(1) SML에 균형상태의 2개 주식을 대입

백두산 펀드의 균형수익률: $16 = R_f + (R_m - R_f) \times 0.8$

한라산 펀드의 균형수익률: $20 = R_f + (R_m - R_f) \times 1.6$

위의 두 식을 연립으로 풀면 $R_f = 12$, $R_m - R_f = 5$

따라서 무위험이자율은 12%이다.

(2) 시장모형 위험공식에 베타와 총위험을 대입하여 결정계수 계산

$$\sigma_i^2 = \beta_i^2 \times \sigma_m^2 + Var(e_i) \;\; \Rightarrow \;\; \beta_i^2 \times \frac{\sigma_m^2}{\sigma_i^2} = \rho_{im}^2$$

백두산 : $0.18^2 = 0.8^2 \times 0.14^2 + 0.0199 \Rightarrow \dfrac{0.8^2 \times 0.14^2}{0.18^2} = 38.72\%$

한라산 : $0.25^2 = 1.6^2 \times 0.14^2 + 0.0123 \Rightarrow \dfrac{1.6^2 \times 0.14^2}{0.25^2} = 80.28\%$

연습문제 8-2

다음 표는 시장모형을 만족시키는 두 주식 A와 B에 대한 정보를 보여준다. 시장포트폴리오의 표준편차는 20%이다. 다음 각 물음에 답하시오.

주식	베타	표준편차
A	0.4	30%
B	1.2	40%

(1) 주식 A와 주식 B 간의 공분산은 얼마인가?
(2) 주식 B와 시장포트폴리오 간의 공분산은 얼마인가?
(3) 분산으로 표시된 주식 B의 비체계적 위험은 얼마인가?

해설

(1) 시장모형의 공분산 공식으로 계산

$$\sigma_{AB} = \beta_A \times \beta_B \times \sigma_m^2 = 0.4 \times 1.2 \times 0.2^2 = 0.0192$$

(2) 베타계산공식에 시장포트폴리오 분산을 대입하여 공분산 산출

$$\beta_B = \frac{\sigma_{Bm}}{\sigma_m^2} \rightarrow \sigma_{Bm} = 1.2 \times 0.2^2 = 0.048$$

(3) 시장모형 위험공식에 총위험과 베타를 대입하여 잔차분산 산출

$$\sigma_B^2 = \beta_B^2 \times \sigma_m^2 + \mathrm{Var}(e_B)$$

$$40^2 = 1.2^2 \times 20^2 + \mathrm{Var}(e_B) \rightarrow Var(e_B) = 1024\%^2 = 0.1024$$

연습문제 8-3

(1) 몇 개의 주식으로 이루어진 어느 포트폴리오는 시장 포트폴리오와 0.8의 상관계수를 갖는다. 포트폴리오의 수익률과 위험이 시장모형에 의해 설명된다고 가정하고 이 포트폴리오의 총위험 중 비체계적 위험의 비율을 구하시오.

① 80% ② 64% ③ 36% ④ 20% ⑤ 16%

(2) 시장모형이 성립한다고 가정하자. 주식A($\beta_A = 1.4$)와 B($\beta_B = 0.6$)에 투자액의 3/4과 1/4을 각각 투자한 포트폴리오 수익률의 표준편차가 0.04이다. 시장포트폴리오 수익률의 표준편차는 0.02로 알려져 있다. 이 포트폴리오의 총 위험에 대한 체계적 위험의 비율은?

① 32% ② 34% ③ 36% ④ 38% ⑤ 40%

해설

(1) 시장모형이 성립하면

체계적 위험의 비율$= \rho_{im}^2 = 0.8^2 = 0.64$

비체계적 위험의 비율$= 1 - 0.64 = 0.36$

정답: ③

(2) 단일지수모형에서 포트폴리오의 위험의 크기는 다음과 같다.

$$\sigma_P^2 = \beta_P^2 \times \sigma_m^2 + \mathrm{Var}(\varepsilon_P) = (0.04)^2$$

$$\beta_P = w_A\beta_A + w_B\beta_B = \frac{3}{4} \times 1.4 + \frac{1}{4} \times 0.6 = 1.2$$

$$\therefore \text{ 체계적 위험의 비율} = \frac{1.2^2 \times (0.02)^2}{0.04^2} = 0.36$$

정답: ③

연습문제 8-4

다음은 특정한 기간 동안 주식 A와 주식 B의 초과수익률을 시장포트폴리오의 초과수익률에 대해 회귀분석한 결과이다. 이 기간 동안의 무위험이자율은 6%로 일정하며, 시장포트폴리오 수익률의 평균과 표준편차는 각각 14%와 15%이다. 아래 표의 결과를 이용하여 주식 A와 주식 B의 운용성과를 측정하고자 한다. 단, 각 주식의 초과수익률은 각 주식의 수익률에서 무위험이자율을 차감한 것이고, 시장포트폴리오의 초과수익률과 잔차의 공분산은 0이다.

	주식 A		주식 B	
	계수	표준오차	계수	표준오차
상수	2%	0.0086	4%	0.0163
시장포트폴리오 초과수익률	1.3	0.5078	0.6	0.1869
R^2	0.782		0.181	
잔차 표준편차 $\sigma(e_i)$	10.30%		19.10%	

(1) 주식 A와 주식 B에 대하여 평균 초과수익률과 표준편차를 각각 계산하라.

(2) 주식 A, 주식 B 그리고 시장포트폴리오에 대하여 샤프지수와 트레이너지수를 각각 계산하라.

(3) 주식 A와 무위험자산이 결합된 새로운 포트폴리오 X를 구성하고자 한다. 이 포트폴리오 X의 표준편차를 시장포트폴리오의 표준편차와 일치시키고자 할 때, 포트폴리오 X를 구성하는데 필요한 주식 A의 투자비율은 얼마인가?

해설

(1) 주식 A와 주식 B에 대하여 평균 초과수익률과 표준편차

① 주식 A의 평균 초과수익률과 표준편차

$$R_A - R_f = 2 + 1.3 \times (14 - 6) = 12.4\%$$

$$\sigma_A = (1.3^2 \times 15^2 + 10.30^2)^{1/2} = 22.05\%$$

② 주식 B의 평균 초과수익률과 표준편차

$$R_B - R_f = 4 + 0.6 \times (14 - 6) = 8.8\%$$

$$\sigma_B = (0.6^2 \times 15^2 + 19.10^2)^{1/2} = 21.11\%$$

(2) 샤프지수와 트레이너지수

	샤프지수	트레이너지수
주식 A	$\frac{12.4}{22.05}=0.5624$	$\frac{0.124}{1.3}=0.0954$
주식 B	$\frac{8.8}{21.11}=0.4169$	$\frac{0.088}{0.6}=0.1467$
시장포트폴리오	$\frac{8}{15}=0.53333$	$\frac{0.08}{1}=0.08$

(3) 포트폴리오 X를 구성하는데 필요한 주식 A의 투자비율

$R_X = w \times R_A + (1-w) \times R_f$

$\sigma_X = w \times 22.05 = 15 \Rightarrow w = 0.6803$

∴ 주식 A의 투자비율=68.03%

연습문제 8-5

지난 5년 동안 시장포트폴리오의 평균초과수익률은 17%이고, 표준편차는 20%이다. 무위험수익률은 4%로 일정하다. 지난 5년 동안 주식 A의 초과수익률($R_{A,t}-R_f$)과 시장포트폴리오의 초과수익률($R_{M,t}-R_f$)을 이용하여 다음과 같은 회귀식을 추정하였다.

$$(R_{A,t}-R_f)=\alpha_A+\beta_B(R_{M,t}-R_f)+\varepsilon_{A,t}$$

회귀분석의 결과를 이용하여 추정한 주식 A에 대한 성과지표들은 다음과 같다. 단, 정보비율은 '젠센의 알파/잔차의 표준편차'로 계산된다.

샤프지수	트레이너지수	젠센의 알파	정보비율
(　　　)	0.2	2.7%	0.2

(1) 주식 A의 베타는 얼마인가?

(2) 주식 A의 샤프지수는 얼마인가?

해설

(1) 트레이너지수, 젠센의 알파 및 초과수익률 회귀식을 이용하여 베타를 산출

$$\frac{R_A-R_f}{\beta_A}=20\% \rightarrow R_A-R_f=\beta_A\times 20$$

$$R_A-R_f=2.7+\beta_A\times 17=20\times\beta_A \rightarrow \beta_A=0.9$$

☞ 초과수익률 모형의 절편은 젠센의 알파 2.7%이다.

(2) 정보비율을 이용하여 잔차의 표준편차 계산

정보비율 $0.2=\frac{2.7}{\sigma_{\varepsilon A}} \rightarrow \sigma_{\varepsilon A}=\frac{2.7}{0.2}=13.5$

시장모형 위험공식에 네타 및 잔차분산을 대입하여 총위험 산출

$$\sigma_A^2=0.9^2\times 20^2+13.5^2=506.25 \rightarrow \sigma_A=22.5$$

트레이너지수, 베타 및 총위험을 대입하여 샤프지수 산출

$$\frac{R_A-R_f}{\sigma_A}=\frac{20\times 0.9}{22.5}=0.80$$

연습문제 8-6

다음 두 주식 및 자본시장에 대하여 아래와 같은 자료가 주어져 있다.

	A	B
수익률의 표준편차	0.40	0.60
시장포트폴리오와의 상관계수	0.75	0.50

무위험이자율 : 12%
시장포트폴리오의 기대수익률 : 20%
시장포트폴리오의 표준편차 : 20%
CAPM과 시장모형이 성립한다고 가정한다.

(1) 주식 A와 B의 비체계적 위험이 총위험에서 차지하는 비율을 계산하시오.
(2) 주식 A와 B의 균형수익률을 구하시오.
(3) 주식 A가 주식 B보다 총위험이 작지만 두 투자안의 균형수익률이 같아야 하는 이유를 설명하시오.

해설

(1) 상관계수와 표준편차를 이용하여 베타 산출

$\beta_i = \dfrac{\sigma_i \times \rho_{im}}{\sigma_m}$ ➡ $\beta_A = \dfrac{0.40 \times 0.75}{0.20} = 1.5$ $\beta_B = \dfrac{0.60 \times 0.50}{0.20} = 1.5$

결정계수를 산출하여 비체계적 위험의 구성비율을 계산한다.

A주식 결정계수 : $\rho_{Am}^2 = 0.75^2 = 0.5625$

➡ 비체계적 위험의 구성비율 $= 1 -$ 결정계수 $= 1 - 0.5625 = 0.4375$

B주식 결정계수 : $\rho_{Bm}^2 = 0.50^2 = 0.25$

➡ 비체계적 위험의 구성비율 $= 1 -$ 결정계수 $= 1 - 0.25 = 0.75$

(2) 베타를 SML에 대입하여 균형수익률 도출

$E(R_i) = R_f + ((E(R_m) - R_f) \times \beta_i$

$E(R_A) = 12 + (20 - 12) \times 1.5 = 24\%$

$E(R_B) = 12 + (20 - 12) \times 1.5 = 24\%$

(3) 주식 A는 주식 B보다 총위험은 작지만 시장포트폴리오와의 상관계수가 더 커서 체계적 위험의 지표인 베타가 동일하기 때에 동일한 균형수익률이 요구된다.

연습문제 8-7

자산의 수익률은 다음과 같이 두 가지 요인에 의해 설명될 수 있다.

$$R_i = a_i + b_{i1}F_1 + b_{i2}F_2 + e_i$$

균형상태의 주식 A, B, C에 대하여 다음과 같은 결과를 얻었다. 단, 무위험이자율은 8%이다.

주식	기대수익률	b_{i1}	b_{i2}	$Var(e_i)$
A	10%	1	0.5	12%
B	13%	1	2.0	16%
C	7%	1	−1.0	14%

(1) 위험보상요인 λ_1, λ_2를 구하시오

(2) 주식 A는 1년 후 1주당 가격은 11,500원으로 예측된다. 주식A의 시장가격이 변하여 10,000원이 된 경우 차익거래 과정을 설명하시오.

(3) 시장포트폴리오의 수익률이 10%라고 가정하자. APT의 결과는 CAPM에 그대로 이용할 수 있다. APT와 CAPM이 관련 있을 경우 각 자산의 베타값을 구하시오.

(4) 20억원으로 자산 A와 B로 이루어진 포트폴리오를 구성하려고 한다. 자산 A와 B에 각각 10억원씩 투자할 때 이 포트폴리오 표준편차를 시장모형을 이용하여 구하시오. F_1의 분산은 1.2%이고 F_2의 분산은 1%이다.

해설

(1) APT에 균형상태의 주식 A,B,C를 대입하여 요인 프리미엄 산출

$E(R_i) = \lambda_0 + \lambda_1 \times b_{i1} + \lambda_2 \times b_{i2} \cdots \lambda_k b_{ik}$

$E(R_A) = 10 = \lambda_0 + \lambda_1 \times 1 + \lambda_2 \times 0.5$

$E(R_B) = 13 = \lambda_0 + \lambda_1 \times 1 + \lambda_2 \times 2$

$E(R_C) = 7 = \lambda_0 + \lambda_1 \times 1 + \lambda_2 \times (-1.0)$

이를 연립으로 풀면 $\lambda_0 = 8\%,\ \lambda_1 = 1\%,\ \lambda_2 = 2\%$

(2) 기대수익률이 균형수익률 보다 크기 때문에 A주식 매입의 차익거래

A주식의 기대수익률 $= \dfrac{11,500 - 10,000}{10,000} = 15\%$

균형수익률(10%) < 기대수익률(15%) ➡ A주식 매수, A주식 복제포트폴리오 매도

1) 복제 포트폴리오의 구성

B주식에 w, C주식에 $1-w$를 투자하여 A주식의 복제포트폴리오 구성

$R_p = w \times R_B + (1-w) \times R_C$

복제포트폴리오의 1요인 민감도를 주식A와 동일하게 구성

$\beta_{p1} = 1 \times w + 1 \times (1-w) = \beta_{A1} = 1$

복제포트폴리오의 2요인 민감도를 주식A와 동일하게 구성

$\beta_{p2} = 2 \times w + (-1) \times (1-w) = \beta_{A2} = 0.5$

위의 식을 연립방정식으로 풀면 $w = 0.5,\ 1-w = 0.5$

복제포트폴리오의 기대수익률 $= 0.5 \times 13\% + 0.5 \times 7\% = 10\%$

2) 차익포트폴리오

A주식 : 투자금액의 100% 매수

B주식 : 투자금액의 50% 매도

C주식 : 투자금액의 50% 매도

No cost : $w_p = w_A + w_B + w_C = 1 + (-0.5) + (-0.5) = 0$

No risk 1요인 : $\beta_{p1} = 1 \times 1 + 1 \times (-0.5) + 1 \times (-0.5) = 0$

No risk 2요인 : $\beta_{p2} = 0.5 \times 1 + 2 \times (-0.5) + (-1) \times (-0.5) = 0$

차익포트폴리오의 기대수익률 $= 15 \times 1 + 13 \times (-0.5) + 7 \times (-0.5) = 5\%$

(3) SML에 균형상태의 주식 A,B,C를 대입하여 베타 산출

$E(R_i) = R_f + (E(R_m) - R_f) \times \beta_i$

$E(R_A) = 10 = 8 + (10-8) \times \beta_A$ ➡ $\beta_A = 1.0$

$E(R_B) = 13 = 8 + (10-8) \times \beta_B$ ➡ $\beta_B = 2.5$

$E(R_{C)} = 7 = 8 + (10-8) \times \beta_C$ ➡ $\beta_C = -0.5$

(4) 다중회귀선의 위험공식을 이용하여 포트폴리오의 분산을 산출

1) 베타의 가산원리를 이용하여 포트폴리오 요인별 베타를 계산

$\beta_{p1} = 0.5 \times 1 + 0.5 \times 1 = 1$

$\beta_{p2} = 0.5 \times 0.5 + 0.5 \times 2 = 1.25$

2) 개별주식의 잔차분산을 투자비율의 제곱으로 가중평균

$Var(e_p) = w_A^2 \times Var(e_A) + w_B^2 \times Var(e_B)$

$Var(e_p) = 0.5^2 \times 0.12 + 0.5^2 \times 0.16 = 0.07$

3) 다중회귀선 포트폴리오 총위험

$Var(R_p) = \beta_{p1}^2 \times Var(F_1) + \beta_{p2}^2 \times Var(F_2) + Var(e_p)$

$Var(R_p) = 1.0^2 \times 0.012 + 1.25^2 \times 0.01 + 0.07 = 0.09725$

분산의 제곱근으로 포트폴리오 표준편차 계산

$\sigma_p = \sqrt{0.09725} = 0.3118$ (31.18%)

연습문제 8-8

두 개의 주식만 존재하는 자본시장에서 주식 A의 시가총액은 주식 B의 시가총액 세 배이다. A 주식 수익률의 표준편차는 0.2이고 B 주식 수익률의 표준편차는 0.4이다. A와 B 주식 수익률 간 상관계수는 0.6이다. 단, 시장모형이 성립한다.

(1) 시가총액가중 주가지수의 수익률의 표준편차를 구하시오.
(2) A 주식의 베타를 구하시오.
(3) A주식의 잔차분산을 구하시오.

해설

(1) 시장포트폴리오는 주식시장의 총시장가치의 가중치로 모든 주식을 구성한다.

주식 A의 시가총액 = 3 × 주식 B의 시가총액 ➡ $w_A = 0.75$

시장포트폴리오의 구성 : $R_m = 0.75 \times R_A + 0.25 \times R_B$

$\sigma_{AB} = \sigma_A \times \sigma_B \times \rho_{AB} = 20 \times 40 \times 0.6 = 480$

$$\sigma_m^2 = w_A^2 \sigma_A^2 + w_B^2 \sigma_B^2 + 2 w_A w_B \sigma_{AB}$$
$$= (0.75)^2 \times 20^2 + (0.25)^2 \times 40^2 + 2 \times 0.75 \times 0.25 \times 480 = 505$$

➡ $\sigma_m = \sqrt{505} = 22.47\%$

(2) 공분산 연산법칙을 이용하여 개별주식과 시장포트폴리오의 공분산 산출

$$Cov(R_A, R_m) = Cov(R_A, 0.75R_A + 0.25R_B)$$
$$= 0.75 \times \sigma_A^2 + 0.25 \times \sigma_{AB}$$
$$= 0.75 \times (20)^2 + 0.25 \times 480 = 420$$

공분산과 시장포트폴리오 분산을 이용하여 베타 산출

$$\beta_A = \frac{\sigma_{Am}}{\sigma_m^2} = \frac{420}{505} = 0.8317$$

(3) 시장모형의 위험공식을 이용하여 잔차분산 계산

$$\sigma_i^2 = \beta_i^2 \times \sigma_m^2 + Var(e_i)$$

$20^2 = 0.8317^2 \times 505 + Var(e_A)$ ➡ $Var(e_A) = 50.68\%^2 = 0.005068$

연습문제 8-9

증권 또는 포트폴리오의 수익률이 다음 2요인모형에 의하여 설명된다고 가정하자.

$R_i = E(R_i) + \beta_{i1}F_1 + \beta_{i2}F_2 + e_i$　　e_i = 잔차항(비체계적 위험)

R_i = 포트폴리오i의 수익률　　$E(R_i)$ = 포트폴리오i의 기대수익률

F_1 = 공통요인 1　　β_{i1} = 포트폴리오i의 공통요인 1에 대한 체계적 위험

F_2 = 공통요인 2　　β_{i2} = 포트폴리오i의 공통요인 2에 대한 체계적 위험

2요인 차익거래가격결정모형이 성립하는 자본시장에서 다음과 같은 3가지 충분히 분산된 포트폴리오가 존재한다. 요인1 포트폴리오와 요인2 포트폴리오 위험프리미엄의 조합으로 가장 적절한 것은?

포트폴리오	기대수익률	베타1	베타2
A	16%	1.0	1.0
B	17%	0.5	1.5
C	18%	−1.5	3.0

	요인1 포트폴리오	요인2 포트폴리오
①	4%	4%
②	4%	6%
③	6%	4%
④	6%	6%
⑤	8%	8%

해설

APT에 균형상태의 주식 A,B,C를 대입하여 요인 프리미엄 산출

$E(R_i) = \lambda_0 + \lambda_1 \times b_{i1} + \lambda_2 \times b_{i2} \cdots \lambda_k b_{ik}$

$E(R_A) = 16 = \lambda_0 + \lambda_1 \times 1 + \lambda_2 \times 1$

$E(R_B) = 17 = \lambda_0 + \lambda_1 \times 0.5 + \lambda_2 \times 1.5$

$E(R_C) = 18 = \lambda_0 + \lambda_1 \times (-1.5) + \lambda_2 \times 3$

이를 연립으로 풀면　$\lambda_0 = 6\%, \lambda_1 = 4\%,\ \lambda_2 = 6\%$

정답: ②

연습문제 8-10

다음 중 가장 옳지 않은 것은?

① 날씨가 맑은 날에는 주가지수가 상승하고, 그렇지 않은 날에는 주가지수가 하락하는 경향이 전 세계적으로 관찰되고 있음을 보인 연구결과가 있다. 만일 이 연구결과가 사실이라면 이는 시장이 약형으로 효율적이지 않다는 증거이다. (매일 다음 날의 일기예보가 발표되며 일기예보는 50%보다 높은 정확도를 갖는다고 가정하시오)

② 시장이 약형으로 효율적이라면 기술적 분석을 이용해서 초과수익률을 얻을 수 없다.

③ 국내 주식시장에서 개인투자자들의 투자성과가 외국인투자자들이나 국내 기관투자자들에 비해 지속적으로 나쁘다는 연구결과가 있다. 모든 투자자들이 공개된 정보만을 이용하여 투자한다는 가정하에, 이는 시장이 준강형으로 효율적이지 않다는 증거로 볼 수 있다.

④ 시장이 효율적이고 CAPM이 맞다고 해도 베타가 같은 두 주식의 실현수익률이 다를 수 있다.

⑤ 시장이 약형으로 효율적일 때, 과거 6개월간 매달 주가가 오른 주식이 다음 달에도 주가가 또 오를 수 있다.

해설

(1) 날씨 정보는 공개적인 정보이므로 연구결과가 사실이면 공개정보를 이용하여 초과이익이 발생하므로 시장은 준강형으로 효율적이지 않다.
➠ 준강형으로 효율적이지는 않지만 약형 효율적 여부는 알 수 없다.

(2) 약형 EMH에서는 기술적 분석으로는 초과수익을 얻을 수 없다.

(3) 공개정보를 이용하여 외국인투자자들이나 국내 기관투자자들이 초과수익을 얻는다면 시장은 준강형으로 효율적이지 않다.

(4) CAPM이 성립하면 베타가 같은 두 주식의 기대수익률은 같지만. 사후적인 실현수익률은 다를 수 있다.

(5) 약형 EMH에서는 과거주가와 현재주가는 상관관계가 없다.

정답: ①

연습문제 8-11

최소한 준강형의 효율적 시장이 성립할 때 다음 중 가장 적절하지 못한 주장은?

① 내부정보가 없는 상태에서 증권에 투자해 몇 년 사이 1000%의 수익을 올린 투자자가 있을 수 있다.

② 최근 몇 년간 경영상의 어려움을 겪어 적자누적으로 주당 장부가치가 액면가를 밑도는데도 불구하고 주가는 액면가보다 높게 형성될 수 있다.

③ 펀드매니저가 증권분석을 통해 구성한 포트폴리오가 침팬지가 무작위로 구성한 포트폴리오보다 위험 대비 수익률이 더 높을 것으로 예상된다.

④ A 회사는 환경단체와의 재판에서 패소해 추가로 부담해야 할 비용이 확정되었으므로 A 회사의 주식은 당분간 매입하지 말아야 한다.

⑤ 은행장이 그 동안 불법대출을 주선하여 은행에 막대한 손실을 입혀왔다는 사실이 일주일 전 밝혀져 해당 은행의 주가가 급락했다. 그리고 오늘 아침 그 은행장이 사표를 제출했다는 사실이 알려지면서 해당 은행의 주가는 상승했다.

해설

(1) 내부정보를 이용한 수익률의 분석은 강형 효율적 가설 검증방법이므로, 가설 검증여부와 관계없이 준강형 효율적 가설은 성립할 수 있다.

(2) 시장이 준강형으로 효율적이라면 적자누적이라는 공개적인 정보는 과거에 적자를 발표하는 시점에 이미 주가에 반영이 되어있다.

(3) 전문투자집단이 초과수익은 강형 효율적 가설 검증방법이므로, 가설 검증여부와 관계없이 준강형 효율적 가설은 성립할 수 있다.

(4) 시장이 준강형으로 효율적이라면 패소라는 공개적인 정보는 이미 주가에 반영되어 있기 때문에 패소라는 정보는 주식 매입 의사결정에 영향을 주지 않는다.

(5) 시장이 준강형으로 효율적이라면 은행장 사표라는 공개적인 정보는 즉시 주가에 반영된다.

정답: ④

연습문제 8-12

A기업은 자산규모가 동일한 B기업의 주식 전부를 현재 시장가격을 적용한 주식교환방식으로 흡수합병하는 것을 검토하고 있다. 무위험 이자율은 5%이고, 두 기업과 시장포트폴리오의 기대수익률, 표준편차, 시장과의 상관계수는 아래의 표와 같다.

	기대수익률	표준편차	시장과의 상관계수
A 기업	0.13	0.4	0.4
B 기업	0.10	0.2	0.4
시장포트폴리오	0.10	0.1	1.0

시장모형을 이용하여 합병 후 A기업의 기대수익률과 표준편차를 계산하시오.

해설

(1) 합병 후 기업의 기대수익률

두 기업의 자산규모가 동일하기 때문에 합병 후 기업은 두 기업에 균등하게 투자한 포트폴리오와 같다.

합병 후 기업의 수익률 : $R_p = 0.5 \times R_A + 0.5 \times R_B$

합병 후 기업의 기대수익률 : $E(R_p) = 0.5 \times 13\% + 0.5 \times 10\% = 11.5\%$

(2) 합병 후 기업의 베타

표준편차와 시장과의 상관계수로 개별주식의 베타 산출

$$\beta_i = \frac{\sigma_i \times \rho_{im}}{\sigma_m}$$

$$\beta_A = \frac{0.4 \times 0.4}{0.1} = 1.6 \qquad \beta_B = \frac{0.4 \times 0.2}{0.1} = 0.8$$

베타의 가산원리로 합병 후 기업의 베타 산출

$$\beta_p = w_A \times \beta_A + w_B \times \beta_B$$

$$\beta_p = 0.5 \times 1.6 + 0.5 \times 0.8 = 1.2$$

(3) 합병 후 기업의 잔차분산

시장모형의 위험공식을 이용하여 개별주식의 잔차분산 계산

$$\sigma_i^2 = \beta_i^2 \times \sigma_m^2 + Var(e_i)$$

$$Var(e_A) = 0.4^2 - 1.6^2 \times 0.1^2 = 0.1344$$

$$Var(e_B) = 0.2^2 - 0.8^2 \times 0.1^2 = 0.0366$$

잔차분산을 투자비율의 제곱으로 가중평균하여 포트폴리오의 잔차분산 계산

$$Var(e_p) = w_A^2 \times Var(e_A) + w_B^2 \times Var(e_B)$$

$Var(e_p) = 0.5^2 \times 0.1344 + 0.5^2 \times 0.0336 = 0.042$

(4) 합병 후 기업의 총위험

시장모형 포트폴리오 위험공식을 이용하여 포트폴리오 분산 산출

$\sigma_p^2 = \beta_p^2 \times \sigma_m^2 + Var(e_p)$

$Var(R_p) = 1.2^2 \times 0.1^2 + 0.042 = 0.0564$

분산의 제곱근으로 포트폴리오 표준편차 계산

$\sigma_p = \sqrt{0.0564} = 0.2375$ (23.75%)

연습문제 8-13

(1) 행동재무학과 투자자의 비합리성에 관한 설명으로 가장 적절하지 않은 것은?

① 투자자의 비합리성과 차익거래의 제약으로 인하여 금융시장은 비효율적일 수 있다.

② 보수주의의 예로 어떤 기업의 수익성이 악화될 것이라는 뉴스에 대해 투자자가 초기에는 과소반응을 보여 이 정보가 주가에 부분적으로만 반영되는 현상을 들 수 있다.

③ 동일한 투자안이더라도 정보가 제시되는 방법(예 이익을 얻을 가능성만 강조되는 경우, 반대로 손실을 입을 가능성만 강조되는 경우)에 따라 투자의사결정이 달라지는 현상은 액자(framing)편향으로 설명될 수 있다.

④ 투자자가 이익(gain)의 영역에서는 위험회피적 성향을, 손실(loss)의 영역에서는 위험선호적 성향을 보이는 것은 전망이론(prospect theory)과 관련이 있다.

⑤ 다수의 의견이 틀리지 않을 것이라는 믿음 하에 개별적으로 수집·분석한 정보를 무시한 채 대중이 움직이는 대로 따라가는 현상을 과신(overconfidence)이라고 한다.

(2) 위험프리미엄의 가격모형에 관한 다음 설명 중 적절하지 않은 것은? (단, CAPM에서 시장이 균형상태라고 가정한다.)

① 자본시장선에 존재하는 두 위험포트폴리오 간의 상관계수는 1이다.

② CAPM에서 시장포트폴리오는 효율적 포트폴리오이다.

③ APT모형은 차익거래의 기회가 지속되지 않는다는 조건 등을 이용하여 적정 위험프리미엄을 도출한다.

④ 파마-프렌치의 3요인모형은 시장포트폴리오의 수익률, 기업규모, 주가순자산비율(PBR)을 반영한 세 가지 공통요인으로 주식의 수익률을 설명한다.

⑤ 자본시장선보다 아래에 존재하는 자산은 증권시장선에 놓이지 않을 수 있다.

해설

(1) 다수의 의견이 틀리지 않을 것이라는 믿음 하에 개별적으로 수집 · 분석한 정보를 무시한 채 대중이 움직이는 대로 따라가는 현상을 군중심리(herd behavior)라고 한다.

정답 : ⑤

(2) 자본시장선보다 아래에 존재하는 자산은 비효율적 자산이지만 균형상태이므로 증권시장선에 있어야 한다.

정답 : ⑤

연습문제 8-14

무위험이자율 대비 A 주식 및 B 주식의 초과수익률(종속변수 Y)과 시장초과수익률(독립변수 X) 간의 선형회귀분석 결과는 아래와 같다. A 주식 및 B 주식 수익률의 표준편차는 시장수익률 표준편차의 각각 3배, 2배이다. 분석기간 중 무위험이자율은 일정하다고 가정한다.

	Y절편	결정계수
A	0.4%	0.49
B	0.3%	0.36

(1) 주식A와 주식B의 상관계수를 구하시오.

(2) A 주식의 베타계수를 구하시오.

해설

(1) 초과수익률 시장모형의 결정계수를 이용하여 개별주식과 시장수익률의 상관계수 산출

주식 A : $\rho_{Am}^2 = 0.49$ ➡ $\rho_{Am} = 0.7$

주식 B : $\rho_{Bm}^2 = 0.36$ ➡ $\rho_{Bm} = 0.6$

시장모형 상관계수 공식을 이용하여 개별주식 간의 상관계수 산출

$\rho_{AB} = \rho_{Am} \times \rho_{Bm} = 0.7 \times 0.6 = 0.42$

(2) 개별주식의 표준편차와 시장수익률의 상관계수를 대입하여 베타 산출

$\sigma_A = 3\sigma_m$

$\beta_i = \dfrac{\sigma_i \times \rho_{im}}{\sigma_m}$ ➡ $\beta_A = \dfrac{3\sigma_m \times 0.7}{\sigma_m} = 2.1$

연습문제 8-15

사회적 책임활동이 활발한 기업에 주로 투자하는 주식형 펀드 '케이'의 운용성과를 사후적으로 측정하기 위하여 다음과 같은 회귀모형을 추정하였다.

$$R_k = 0.09 + 0.92R_m - 0.16SMB + 0.08HML + \epsilon_k$$

(0.03) (0.25) (0.05) (0.12) $\overline{R^2} = 0.21$

표본으로 2010년 1월부터 2021년 12월까지 월별 자료를 이용하였다. R_k는 펀드 '케이'의 수익률에서 무위험이자율을 차감한 펀드 '케이'의 초과수익률, R_m은 시장포트폴리오 수익률에서 무위험이자율을 차감한 시장초과수익률, SMB는 Fama와 French의 기업규모요인, HML은 Fama와 French의 가치요인, ϵ_k는 펀드 '케이'의 잔차, $\overline{R^2}$는 조정 R^2를 의미한다. 추정 회귀계수 아래 괄호안의 숫자는 표준오차를 나타낸다.

회귀모형 추정결과를 이용하여 기업규모요인과 가치요인의 유의성을 판별한 다음 그 의미를 설명하시오.

해설

회귀모형 추정결과를 이용하여

① 기업규모요인 $t = \dfrac{-0.16 - 0}{0.05} = -3.2$

➡ 절대값이 2 이상이므로 펀드K의 수익률은 기업규모요인과 관련이 있으며, 펀드K는 대형주 펀드이다.

② 가치요인 $t = \dfrac{0.08 - 0}{0.12} = 0.67$

➡ 절대값이 2보다 작기 때문에 펀드 K의 수익률은 가치요인과는 관계가 없다.

☞ 회귀분석의 t-value가 2이상이면 독립변수와 종속변수의 관계는 통계적으로 유의적으로 평가하며, 2보다 작으면 통계적 유의성이 낮다고 본다.

연습문제 8-16 (21년 기출)

다음 표는 자산 A, B, C, D의 젠센(Jensen)지수를 나타낸다. 공매도가 허용된다고 가정할 때, 다음 중 가능한 경우만을 모두 선택한 것은?

자산	A	B	C	D
젠센지수(%)	−2	−1	1	2

a. 자산 A와 자산 B로만 구성된 포트폴리오의 젠센지수가 1%인 경우
b. 자산 C의 샤프(Sharpe)지수가 자산 D의 샤프지수보다 큰 경우
c. 자산 C의 트레이너(Treynor)지수가 자산 D의 트레이너지수보다 큰 경우

① a ② c ③ a, b ④ a, c ⑤ a, b, c

해설

a. A 공매도, B매수 포트폴리오의 젠센지수 = +1%

b. 표준편차의 크기를 알 수 없기 때문에 가능

c. 베타의 크기를 알 수 없기 때문에 가능

정답 : ⑤

연습문제 8-17 (21년 기출)

다음 표는 2개의 공통요인만이 존재하는 시장에서, 비체계적위험이 모두 제거된 포트폴리오 A, B, C, D의 기대수익률과 각 요인에 대한 민감도를 나타낸다. 차익거래가격결정이론(APT)이 성립할 때, 포트폴리오 D의 요인 1에 대한 민감도에 가장 가까운 것은?

포트폴리오	요인 1에 대한 민감도	요인 2에 대한 민감도	기대수익률
A	1	1	7%
B	2	1	10%
C	2	2	12%
D	(　　)	3	20%

① 2　② 3　③ 4　④ 5　⑤ 6

해설

APT 균형수익률 : $E(R_i) = \lambda_0 + \lambda_1 \times \beta_{i1} + \lambda_2 \times \beta_{i2}$

포트폴리오 A의 균형수익률 : 7% = $\lambda_0 + \lambda_1 \times 1 + \lambda_2 \times 1$

포트폴리오 B의 균형수익률: 10% = $\lambda_0 + \lambda_1 \times 2 + \lambda_2 \times 1$

포트폴리오 C의 균형수익률 : 12% = $\lambda_0 + \lambda_1 \times 2 + \lambda_2 \times 2$

이를 연립방정식으로 풀면 $\lambda_0 = 2\%, \lambda_1 = 3\%, \lambda_2 = 2\%$

포트폴리오 D의 균형수익률 : 20% = $2 + 3 \times \beta_{D1} + 2 \times 3$ ➡ $\beta_{D1} = 4$

정답 : ③

연습문제 8-18 (23년 기출수정)

주식 A와 B의 베타와 수익률의 표준편차는 다음과 같다.

주식	베타	수익률의 표준편차
A	1.8	0.3
B	0.8	0.2

두 주식 수익률의 공분산(σ_{AB})은 0.0324이다. 포트폴리오 X는 주식 A와 B로 구성된 포트폴리오이며 베타가 1.3이다. 시장모형이 성립한다고 가정할 때 다음 각 물음을 계산하여 답하시오. 설명 중 가장 적절하지 않은 것은? (단, 소수점 다섯째자리에서 반올림한다.)

(1) 주식 A의 체계적 위험
(2) 주식 B의 결정계수(R^2)
(3) 주식 A와 주식 B의 상관계수
(4) 포트폴리오 X의 비체계적 위험

해설

(1) 0.0729

$\sigma_{AB} = \beta_A \times \beta_B \times \sigma_M^2$ $\quad$ $324 = 1.8 \times 0.8 \times \sigma_M^2 \rightarrow \sigma_M^2 = 225$

$\beta_A^2 \times \sigma_M^2 = 1.8^2 \times 225 = 729\%^2 = 0.0729$

(2) 0.36

$$\rho_{BM}^2 = \frac{\beta_B^2 \times \sigma_M^2}{\sigma_B^2} = \frac{0.8^2 \times 225}{20^2} = 0.36$$

(3) 0.54

$\sigma_{AB} = \rho_{AB} \times \sigma_A \times \sigma_B$ $\quad$ $324 = \rho_{AB} \times 30 \times 20 \rightarrow \rho_{AB} = 0.54$

(4) 0.0107

$\beta_X = w \times \beta_A + (1-w) \times \beta_B$

$1.3 = w \times 1.8 + (1-w) \times 0.8 \rightarrow w = 0.5$

$\sigma_X^2 = 0.5^2 \times 30^2 + 0.5^2 \times 20^2 + 2 \times 0.5 \times 0.5 \times 324 = 487\%^2 = 0.0487$

$Var(e_X) = \sigma_X^2 - \beta_X^2 \times \sigma_M^2 = 487 - 1.3^2 \times 225 = 106.75\%^2 = 0.0107$

연습문제 8-19 (24년 기출)

효율적 시장가설(efficient market hypothesis: EMH)에 관한 설명으로 가장 적절하지 않은 것은?

① 효율적 시장은 증권의 현재 가격이 해당 증권의 가치에 대한 이용 가능한 정보를 완전히 반영하는 시장을 의미한다.

② 시장의 효율성은 가격이 반영하는 이용 가능한 정보의 범위에 따라 약형(weak form)과 강형(strong form) 효율성의 두 가지 유형으로 구분된다.

③ 시장이 효율적이 될 수 있는 근본적인 원인은 시장에 참가하여 본인의 투자수익을 극대화하려는 투자자 간의 경쟁이라고 할 수 있다.

④ 강형 효율적 시장에서는 현재의 증권 가격이 내부자 정보를 포함하여 해당 증권과 관련된 모든 정보를 완전히 반영한다.

⑤ 약형 효율적 시장에서는 현재의 증권 가격이 해당 증권과 관련된 과거의 역사적 정보를 완전히 반영한다.

해설

시장의 효율성은 가격이 반영하는 이용 가능한 정보의 범위에 따라 약형(weak form), 준강형(semi-strong) 및 강형(strong form) 효율성의 세 가지 유형으로 구분된다.

정답 : ②

>> Financial Management

위험조정할인율법과 자본예산 제 9 장

제1절 위험을 고려한 자본예산

1. 투자안의 위험을 반영하는 방법

제5장에서 자본예산의 투자의사결정 방법 중 순현가법(NPV)이 가장 우수한 방법임을 설명하였다. 미래의 현금흐름이 불확실한 경우 순현가법(NPV)으로 투자안의 가치평가를 위해서는 이러한 불확실성을 반영하여야 한다. 불확실성을 반영하는 방법은 다음과 같은 2가지 방법이 있다.

① 위험조정할인율법(risk adjusted discount rate method)

투자안의 미래현금흐름의 기댓값을 구하여 이를 위험이 조정된 할인율로 할인하여 투자안의 가치평가를 하는 방법이다. 이 방법을 적용하면 미래현금흐름의 위험이 클수록 위험프리미엄이 증가하여 더 높은 할인율로 조정한다.

② 확실성등가법(certainty equivalent method)

확실성등가법은 투자안의 미래현금흐름을 위험이 없는 확실한 현금흐름으로 조정하고 할인율을 무위험이자율로 사용하여 투자안의 가치를 산출하는 방법이다. 이 방법을 적용하면 미래현금흐름의 위험이 클수록 확실한 현금흐름은 더 작게 조정한다.

위험조정할인율법은 가장 보편적으로 사용되는 방법이므로 9장에서 설명하며 확실성등가법은 12장에서 설명한다.

2. 위험조정할인율법

투자위험을 반영한 위험조정할인율을 이용하여 순현가(NPV)를 구하면 다음과 같다.

$$NPV = \sum_{t=1}^{n} \frac{E(C_t)}{(1+k)^t} - C_0$$

여기서 $E(C_t)$는 t기의 기대현금흐름, k는 투자위험을 반영한 위험조정할인율을 나타낸다.

① 기대현금흐름

$E(C_t)$는 기업잉여현금흐름(FCFF)의 기댓값으로 투자안으로부터 유입되는 영업현금흐름(OCF)에서 자본적지출과 순운전자본지출을 차감한 증분현금흐름으로 측정한다. 따라서 $E(C_t)$는 투자안의 성격에 따라 그 크기가 달라지지만, 투자안의 자금자본조달방법에 따라 그 크기가 달라지지는 않는다. 투자안의 자금조달방법으로 부채를 얼마만큼 사용하는지 여부는 분자의 기대현금흐름에는 영향을 주지 않는다.

② 위험조정할인율

위험조정할인율 k는 무위험이자율에 위험프리미엄을 더해서 결정되며, 투자위험을 부담한 대가로 기업이 요구하는 요구수익률이므로 가중평균자본비용(WACC)을 의미한다. 위험프리미엄에는 투자안의 영업위험뿐만 아니라 부채사용여부도 영향을 주기 때문에 자본조달방법에 따라 그 크기가 달라진다.

3. 자기자본비용과 베타

위험조정할인율인 가중평균자본비용(WACC)은 자기자본비용과 타인자본비용을 가중평균한 자본비용이다. 이때 자기자본비용의 계산과정에서 투자안의 위험을 반영하여야 한다.

제7장 CAPM에서 보았듯이 주식시장의 투자자들은 개별 주식의 총위험 중에서 비체계적위험은 분산투자로 제거할 수 있기 때문에 체계적 위험(베타)에 대하여 위험프리미엄을 요구한다. 따라서 기업입장에서도 자기자본을 조달할 때 투자안의 체계적 위험에 대한 위험프리미엄을 순현가의 할인율에 반영하여야 한다.

제 2 절 베타와 하마다모형

증권시장선(SML)에서 개별 주식의 균형수익률을 결정하는 가중 중요한 변수는 체계적 위험을 나타내는 베타(β)이다. 주식시장에서 개별주식의 베타가 기업별로 큰 차이가 나는 이유는 기업별로 경영위험(영업위험)과 재무위험이 서로 달라서 주주가 부담하는 위험이 다르기 때문이다.

1. 경영위험

경영위험(business risk) 또는 영업위험(operating risk)은 기업이 영위하는 사업의 특징과 보유자산의 성격에 따라 발생하는 위험으로 부채의 사용여부와는 무관하게 결정되는 기업의 위험으로 미래 영업이익의 변동가능성으로 정의된다. 경영위험은 자본조달결정과는 무관한 위험으로 부채의 사용이 증가하여도 그 크기는 변함이 없다. 경영위험은 미래 매출액의 변동성과 영업레버리지에 따라 달라진다.

(1) 매출액의 변동성

철강업이나 조선업은 경기변동에 대해서 민감하게 수요가 변화하며, 통신업이나 전력산업은 경기변동에 대해서 덜 민감하게 수요가 변화한다. 이처럼 기업의 매출액이 경기변동에 대해서 얼마나 민감하게 변화하는지에 따라 경영위험이 달라진다. 미래 매출액의 불확실성이 증가하면 미래 주주현금흐름의 불확실성이 커지게 되므로 이는 베타에 경영위험으로 반영된다. 따라서 철강업이나 조선업의 베타는 높게 나타나고, 통신업의 베타는 낮게 나타난다.

(2) 영업레버리지

레버리지 효과(leverage effect)란 고정원가의 존재로 인하여 순이익의 확대효과를 의미하여 '지렛대 효과'라고도 한다. 영업레버리지효과란 기업의 영업비용 중 고정원가를 지렛대로 삼아 매출액 변화에 비해서 영업이익 변화의 폭을 확대시키는 효과를 의미한다.

영업레버리지는 총 영업비용 중 고정원가가 차지하는 정도를 의미한다. 따라서 기업이 제품을 생산할 때 변동원가 대신 고정원가가 많이 발생하는 경우 높은 레버리지를 갖는다. 영업레버리지가 높은 경우 매출액이 변할 때 영업이익은 매출액이 변하는 비율보다 더 큰 비율로 변하게 되는데 이를 영업레버리지효과라고 한다.

따라서 동일한 미래 매출액의 불확실성일지라도 영업레버리지가 클수록 미래 주주현금흐름의 불확실성이 커지게 되므로 이는 베타에 경영위험으로 반영된다. 따라서 영업레버리지가 클수록 베타는 높게 나타난다.

2. 재무위험

재무위험(financial risk)은 기업의 부채사용으로 인해 주주가 부담하게 되는 위험이다. 주주의 관점에서 부채의 사용은 미래 주주현금흐름의 불확실성을 크게 하기 때문에 주주가 부담하는 위험은 증가하게 된다. 재무위험은 자본조달결정과 관련된 위험으로 부채의 사용이 증가할수록 그 크기는 커진다. 재무위험은 재무레버리지에 따라 달라진다.

재무레버리지는 총 비용 중 이자비용이 차지하는 정도를 의미한다. 따라서 기업이 자금을 조달할 때 자기자본이 대신 부채를 사용하는 경우 높은 레버리지를 갖는다. 재무레버리지가 높은 경우 영업이익이 변할 때 순이익은 영업이익이 변하는 비율보다 더 큰 비율로 변하게 되는데 이를 재무레버리지효과라고 한다.

동일한 경영위험일지라도 부채를 많이 사용할수록 재무레버리지가 커져 미래 주주현금흐름의 불확실성이 커지게 되므로 이는 베타에 재무위험으로 반영된다. 따라서 부채를 많이 사용할수록 베타는 높게 나타난다. 동일한 철강업일지라도 부채를 많이 사용하는 기업의 주식베타는 부채를 적게 사용하는 기업의 주식베타보다 더 크다.

3. 재무레버리지와 주식베타

부채를 사용하는 경우 주식베타는 부채를 사용하지 않는 경우보다 재무레버리지 효과에 의하여 더 큰 값을 갖게 된다. 그렇다면 부채의 사용에 따른 적절한 베타의 측정은 어떻게 할 수 있을까? 이를 살펴보자.

(1) 법인세가 없는 경우

부채의 사용에 따른 베타의 측정을 위해서 다음과 같이 기호를 정의한다.

β_A : 자산베타

β_B : 부채베타

β_S^U 또는 β^U : 무부채기업(unlevered firm)의 주식베타

β_S^L 또는 β^L : 부채기업(levered firm)의 주식베타

B : 타인자본의 시장가치

S : 자기자본의 시장가치

자산베타는 기업의 경영위험을 반영하는 위험으로 베타의 가산원리에 따라 다음과 같이 부채베타와 주식베타의 가중평균으로 구할 수 있다.

$$\beta_A = \frac{B}{V}\cdot\beta_B + \frac{S}{V}\cdot\beta_S^L \tag{9.1}$$

식 (9.1)에서 무부채기업인 경우 $\frac{B}{V}=0$, $\frac{S}{V}=1$이므로 자산베타는 기업이 자금조달 결정방법으로 부채를 사용하지 않고 자기자본만으로 자산을 취득하였을 경우의 주식베타임을 알 수 있다. 따라서 $\beta_A = \beta_S^U$로 표현할 수 있다.

식 (9.1)에서 부채기업의 주식베타는 다음과 같이 표현할 수 있다.

$$\beta_S^L = \beta_A + (\beta_A - \beta_B)\frac{B}{S}$$

여기에 $\beta_A = \beta_S^U$을 대입하면 다음과 같다.

$$\beta_S^L = \beta_S^U + (\beta_S^U - \beta_B)\frac{B}{S} \tag{9.2}$$

식 (9.2)에서 기업이 무위험부채를 사용하게 되면 부채베타(β_B)는 0이 되기 때문에 이를 정리하면 다음과 같다.

$$\beta_S^L = \beta_S^U \times (1 + \frac{B}{S}) \tag{9.3}$$

식 (9.3)은 부채기업의 주식베타와 무부채기업의 주식베타의 관계를 나타낸 것이다. 즉, 부채비율이 증가할수록 부채기업의 주식베타는 비례하여 커진다는 것을 보여준다.

예제 9-1

부채를 사용하지 않고 자기자본만 사용하고 있는 기업인 K기업은 베타계수가 1.4이다. 현재 무위험이자율은 4%이고 시장포트폴리오의 기대수익률은 12%이다. 단, 법인세는 없다고 가정한다.

(1) K기업의 현재 자기자본비용은 얼마인가?

(2) K기업이 무위험이자율로 차입하여 자본구조를 변경하려 한다. 자본구조 변경 후 재무레버리지가 B/S = 2가 되었다면 K기업의 베타와 자기자본비용은 각각 얼마가 되는가?

(3) (2)에서 자본구조 변경 후 자산베타는 얼마인가?

풀이

(1) 주식베타를 SML에 대입하여 자기자본비용을 산출한다.

$$k_e = R_f + (E(R_m) - R_f) \times \beta_i = 4 + (12 - 4) \times 1.4 = 15.2\%$$

(2) 하마다 모형을 이용하여 자본구조 변경 후의 베타를 계산한다.

$$\beta^L = \beta^U \times [1 + \frac{B}{S}] = 1.4 \times (1 + 2) = 4.2$$

☞ 재무레버리지 효과로 베타가 증가한다.

변경 후 주식베타를 SML에 대입하여 변경 후 자기자본비용을 산출한다.

$$k_e = R_f + (E(R_m) - R_f) \times \beta_i = 4 + (12 - 4) \times 4.2 = 37.6\%$$

(3) 베타의 가산원리에 따라 자산베타는 부채베타와 주식베타의 가중평균으로 구한다.

$$\beta_A = \frac{B}{V} \cdot \beta_B + \frac{S}{V} \cdot \beta_S^L = \frac{2}{3} \times 0 + \frac{1}{3} \times 4.2 = 1.4$$

☞ 법인세가 없는 경우 무부채기업의 자산베타와 부채기업의 자산베타는 같다.

(2) 법인세가 있는 경우

법인세가 있는 현실을 고려하면 식 (9.2)는 다음과 같이 수정된다. 이에 대한 자세한 증명과 설명은 제11장에서 하기로 하고 여기서는 결과만 이용하기로 한다.

$$\beta_S^L = \beta_S^U + (\beta_S^U - \beta_B)(1-t)\frac{B}{S} \tag{9.4}$$

식 (9.4)에서 기업이 무위험부채를 사용하게 되면 부채베타(β_B)는 0이 되기 때문에 이를 정리하면 다음과 같다.

$$\beta_S^L = \beta_S^U\left[1 + (1-t)\frac{B}{S}\right] \tag{9.5}$$

식 (9.5)는 법인세가 존재하는 경우 부채기업의 주식베타와 무부채기업의 주식베타의 관계를 나타낸 것이다. 즉, 부채비율이 증가할수록 부채기업의 주식베타는 비례하여 커지며 그 증가폭은 법인세가 없는 경우에 비해서 작다는 것을 보여준다.

4. 하마다 모형

식 (9.2), (9.3), (9.4), (9.5)처럼 무부채기업의 주식베타로부터 부채기업의 주식베타를 구하는 식을 Robert Hamada의 이름을 따서 하마다(Hamada)모형이라고 한다. 하마다 모형은 무부채기업의 베타와 부채기업의 베타와의 관계를 이용하여 주식의 균형수익률 및 투자안의 자본비용 산출 등 재무관리에서 다양하게 사용하는 공식이다.

하마다 모형은 법인세가 존재하며 무위험부채를 가정한 식 (9.5)을 가장 보편적으로 사용한다. 그러나 기업이 사용하는 부채가 위험부채인 경우에는 부채베타를 계산하여 식 (9.4)을 사용하여야 한다.

하마다 모형은 다음의 상황에 매우 유용한 공식이다.

① 투자론

기업의 자본구조를 변경하는 경우 주식베타를 산출하여 이를 SML에 대입하여 자본구조 변경 후의 주식의 균형수익률을 산출한다.

② 기업재무

자본예산에서 투자안의 영업위험과 유사한 대용기업의 베타를 이용하여 투자안의 주식베타를 산출하고, 이를 SML에 대입하여 투자안의 자기자본비용을 산출한다.

예제 9-2

부채를 사용하지 않고 자기자본만 사용하고 있는 기업인 K기업은 베타계수가 1.4이며 법인세율은 30%이다. 현재 무위험이자율은 4%이고 시장포트폴리오의 기대수익률은 12%이다.

(1) K기업의 현재 자기자본비용은 얼마인가?

(2) K기업이 무위험이자율로 차입하여 자본구조를 변경하려 한다. 자본구조 변경 후재무레버리지가 B/S = 2가 되었다면 K기업의 베타와 자기자본비용은 각각 얼마가 되는가?

(3) (2)에서 자본구조 변경 후 자산베타는 얼마인가?

풀이

(1) 주식베타를 SML에 대입하여 자기자본비용을 산출한다.

$$k_e = R_f + (E(R_m) - R_f) \times \beta_i = 4 + (12-4) \times 1.4 = 15.2\%$$

☞ 위험프리미엄 = 15.2 − 4 = 11.2 %

위험프리미엄 11.2%는 영업위험에 대한 보상이다.

(2) 하마다 모형을 이용하여 자본구조 변경 후의 베타를 계산한다.

$$\beta^L = \beta^U \times [1 + (1-t)\frac{B}{S}] = 1.4 \times (1 + (1-0.3) \times 2) = 3.36$$

☞ 재무레버리지 효과로 베타가 증가한다.

변경 후 주식베타를 SML에 대입하여 변경 후 자기자본비용을 산출한다.

$$k_e = R_f + (E(R_m) - R_f) \times \beta_i = 4 + (12-4) \times 3.36 = 30.88\%$$

☞ 위험프리미엄 = 30.88 − 4 = 26.88 %

위험프리미엄 26.88%는 영업위험 및 재무위험에 대한 보상이다.

(3) 베타의 가산원리에 따라 자산베타는 부채베타와 주식베타의 가중평균으로 구한다.

$$\beta_A = \frac{B}{V} \cdot \beta_B + \frac{S}{V} \cdot \beta_S^L = \frac{2}{3} \times 0 + \frac{1}{3} \times 3.36 = 1.12$$

☞ 법인세가 있는 경우 무부채기업의 자산베타와 부채기업의 자산베타는 다르다.

제 3 절 자본비용의 측정

1. 타인자본비용

(1) 세전타인자본비용(k_d)

타인자본비용(cost of debt : k_d)은 부채를 사용하는 대가로 기업이 부담하는 비용으로 채권시장이 균형상태인 경우 채권투자자의 균형수익률을 의미한다. 타인자본비용은 채권자에게 지급해야 하는 이자(I) 및 원금(F)의 현재가치와 부채의 시장가치(B)를 같게 해주는 할인율로 아래의 식에서 k_d을 구함으로써 계산된다.

$$B = \sum_{t=1}^{n} \frac{I}{(1+k_d)^t} + \frac{F}{(1+k_d)^n} \tag{9.7}$$

식 (9.7)에서 k_d은 시행착오 법으로 계산하기 때문에 계산에 어려움이 있다. 계산의 단순화를 위해서 부채가 영구채권인 경우를 가정하면 세전 타인자본비용(k_d)은 다음과 같이 측정된다.

$$B = \frac{I}{k_d} \quad \Rightarrow \quad k_d = \frac{I}{B} \tag{9.8}$$

(2) 세후타인자본비용(k_i)

이자비용의 감세효과를 고려 할 경우 기업이 실제로 부담하는 이자비용은 $I \cdot (1-t)$가 된다. 따라서 법인세 차감 후 타인자본비용(k_i)은 다음과 같이 측정된다.

$$k_i = \frac{I \cdot (1-t)}{B} = k_d \cdot (1-t) \tag{9.8}$$

(3) 우선주 자본비용(k_p)

우선주는 회계기준에서는 자본으로 처리하지만 재무관리에서는 배당이 일정액으로 지급되기 때문에 부채와 같이 타인자본으로 간주한다. 하지만 우선주에 대한 배당금도 이자비용처럼 세전이익에서 비용처리가 되지 않고 세후이익에서 지급되기 때문에 법인세 감세효과가 없다. 우선주 자본비용(cost of preferred stock, k_p)은 배당평가모형 중 제로성장모형을 적용하여 다음과 같이 산출한다.

$$k_p = \frac{D}{P_0} \tag{9.12}$$

2. 자기자본비용(k_e)

자기자본비용(cost of equity: k_e)은 보통주를 발행하여 자금을 조달하는 대가로 기업이 부담하는 비용으로 주식시장이 균형상태인 경우 주식투자자의 균형수익률을 의미한다. 즉, 투자론의 균형수익률이 기업재무에서의 자본비용이 되는 것이다. 자기자본비용의 계산은 CAPM을 사용하거나 배당평가모형을 사용하지만, 대부분의 기업들은 CAPM을 이용하여 자기자본비용을 산출한다.

타인자본비용과는 달리 자기자본비용은 법인세 감세효과가 없다, 배당은 이자비용처럼 세전이익에서 비용처리가 되지 않고 세후이익에서 지급되기 때문이다.

(1) CAPM

CAPM에 의하면 균형상태에서 개별주식의 기대수익률은 다음과 같다.

$$E(R_i) = k_e = R_f + [E(R_m) - R_f] \cdot \beta_i \tag{9.9}$$

개별주식의 기업입장에서는 식 (9.9)의 기대수익률을 자기자본비용으로 계산한다. 식 (9.9)에서 베타는 주식가치평가나 기업 가치평가의 목적인 경우 시장모형으로 주식베타를 구해야 하며, 투자안의 가치평가의 목적인 경우에는 하마다 모형을 이용하여 투자안의 베타를 구해야 한다.

(2) 배당평가모형

배당이 매년 일정한 비율 g로 성장하는 것을 가정한 항상 성장모형에서 자기자본비용은 다음과 같이 산출된다.

$$P_0 = \frac{D_1}{k_e - g} \quad \Rightarrow \quad k_e = \frac{D_1}{P_0} + g \tag{9.10}$$

식 (9.10)에서 자기자본비용은 배당수익률에 성장률(g)을 더한 것이다. 이때 주의할 점은 자기자본비용은 주식시장의 균형상태를 가정한 것이므로 현재주가는 균형상태의 주가를 기준으로 계산하여야 한다.

(3) 유보이익의 자본비용

유보이익은 주주에게 배당을 지급하는 대신 재투자를 위해 유보시킨 것이므로 주주들은 이로부터 기존의 보통주 자본비용과 동일한 수익률을 요구한다. 기업이 만일 유보를 하지 않고 배당을 지급하였다면 주주는 수령한 배당금으로 그 회사의 주식을 매입할 수 있었기 때문이다. 따라서 유보이익의 자본비용은 식 (9.9) 또는 식 (9.10)을 이용하여 계산한다.

(4) 신주발행의 자본비용

신주를 발행하여 자기자본을 조달하는 과정에서 주식발행비가 발생하는 경우, 주식발행비의 처리하는 방법은 다음 2가지 방법이 있다.

① 자기자본비용에 반영하는 방법

주식발행비용을 자기자본비용에 반영하는 방법은 배당평가모형을 이용하여야 한다. 주식발행비용을 F (flotation costs)라 할 때 기업이 주식발행비용을 차감한 후 조달금액은 $P_0 - F$가 되므로 이를 정리하면 다음과 같다.

$$k_e = \frac{D_1}{P_0 - F} + g \tag{9.11}$$

식 (9.11)에서 주식발행비용 F가 증가하면 자기자본비용이 더 커지는 것을 알 수 있다. 불완전자본시장에서는 주식발행비용이 존재하므로 다음과 같다.

신주발행에 의한 자기자본비용 > 유보이익의 자기자본비용

② 현금흐름에 반영하는 방법

순현가(NPV)의 계산과정에서 주식발행비용을 현금유출액(C_0)에 반영하고 할인율의 계산에 포함되는 자기자본비용은 식 (9.9) 또는 식 (9.10)을 이용하여 계산한다.

3. 가중평균자본비용(WACC)

가중평균자본비용(WACC: weighted average cost of capital)이란 원천별 자본비용을 각 자본의 총자본구성비율로 가중평균 한 자본비용이다. 법인세가 존재하는 경우 가중평균자본비용(k_0)은 다음의 식으로 측정된다.

$$k_0 = k_i \times \frac{B}{V} + k_e \times \frac{S}{V} \tag{9.12}$$

각 자본비용에 대한 가중치의 기준은 다음과 같다.

① 목표자본구조

가중평균자본비용을 최소화 하는 최적자본구조 또는 기업이 최적자본구조를 달성하기 위하야 사전에 미리 설정한 목표자본구조를 가중치로 사용하는 것이 가장 바람직하다.

② 시장가치

목표자본구조가 존재하지 않은 경우에는 시장가치로 평가한 타인자본의 시장가치와 자기자본의 시장가치로 가중치를 부여한다. 재무제표상의 자료를 그대로 이용하는 장부가치는 과거 자료이기 때문에 가중치로서는 부적절하다.

예제 9-3

K기업의 자본구조는 액면가가 5,000원, 시장가격이 10,000원인 보통주 30,000주와 액면가가 1억원, 액면이자율이 6%, 시장가격이 8천만원인 회사채(영구채)로 구성되어 있다. K기업은 베타계수가 1.5이며 법인세율은 30%이다. 현재 무위험이자율은 4%이고 시장포트폴리오의 기대수익률은 14%이다.

(1) K기업의 이자비용감세효과를 반영한 타인자본비용은 얼마인가?
(2) K기업의 자기자본비용은 얼마인가?
(3) K기업의 가중평균자본비용(WACC)은 얼마인가?

풀이

(1) 영구채의 지급이자를 계산한다.
10,000만원 × 6 % = 600 만원
회사채 시장가치로 회사채 세후 할인율을 계산한다.

$$k_i = \frac{I \times (1-t)}{B} = \frac{600 \times (1-0.3)}{8{,}000} = 0.0525\,(5.25\%)$$

(2) 주식베타를 SML에 대입하여 자기자본비용을 산출한다.

$$k_e = R_f + (E(R_m) - R_f) \times \beta_i = 4 + (14-4) \times 1.5 = 19\%$$

(3) 시장가치를 기준으로 가중평균자본비용을 계산한다.
자기자본 시장가치 = 10,000 원 × 30,000 주 = 3 억

$$wacc = k_i \times \frac{B}{V} + k_e \times \frac{S}{V} = 5.25 \times \frac{0.8}{3.8} + 19 \times \frac{3}{3.8} = 16.11\%$$

4. 투자안의 가중평균자본비용

투자위험을 반영한 위험조정할인율을 이용하여 순현가(NPV)를 구하면 다음과 같다.

$$NPV = \sum_{t=1}^{n} \frac{E(C_t)}{(1+k)^t} - C_0$$

이때 위험조정할인율은 투자위험을 부담한 대가로 기업이 요구하는 요구수익률이므로 투자안의 가중평균자본비용(WACC)이다. 투자안의 WACC 다음과 같은 절차를 따른다.

① 1단계 : 대용기업의 베타를 이용하여 투자안의 영업베타를 산출
② 2단계 : 투자안의 영업베타를 이용하여 투자안의 주식베타를 산출
③ 3단계 : 투자안의 주식베타를 이용하여 투자안의 자기자본비용 산출
④ 4단계 : 투자안의 가중평균자본비용 산출

(1) 대용기업의 베타와 투자안의 영업베타

투자안과 동일한 업종을 영위하는 기업을 대용기업(proxy company)이라고 한다. 대용기업의 베타는 시장모형을 이용한 산출된 주식베타이다. 대용기업이 부채기업인 경우 대용기업의 주식베타를 Hamada모형에 대입하여 무부채상태의 투자안의 영업베타를 계산한다. 만일 대용기업이 무부채기업인 경우 대용기업의 주식베타가 투자안의 영업베타가 된다.

(2) 투자안의 주식베타

투자안을 수행하기 위한 투자자금의 일부를 부채로 조달한다면 목표부채비율을 고려하여 투자안의 영업베타를 Hamada모형에 대입하여 투자안의 주식베타를 산출한다. 투자자금이 전부 자기자본인 경우에는 투자안의 영업베타를 투자안의 주식베타로 사용한다.

(3) 투자안의 자기자본비용

투자안의 주식베타를 SML에 대입하여 투자안의 자기자본비용을 구한다. 투자자금이 전부 자기자본인 경우에는 투자안의 영업베타를 SML에 대입하여 투자안의 자기자본비용을 구하며 이 때 계산된 자기자본비용은 가중평균자본비용이 된다.

(4) 투자안의 가중평균자본비용

투자안의 세후타인자본비용과 자기자본비용을 목표자본구조나 시장가치를 가중치로 가중평균하여 투자안의 가중평균자본비용을 산출한다.

(5) 기업의 가중평균자본비용

새로운 투자안을 평가할 때 WACC은 기존의 기업의 WACC을 사용해서는 안 된다. 기존기업의 위험과 투자안의 위험이 다르기 때문이다. 기업의 WACC를 새로운 투자안의 평가에 그대로 이용하려면 다음의 두 가지 조건이 충족되어야 한다.

① 새로운 투자안의 영업위험이 기존 기업의 영업위험과 동일하여야 한다.
② 새로운 투자안의 부채비율이 기존 기업의 부채비율과 동일하여야 한다.

(6) 목표레버리지

투자안의 가중평균자본비용(WACC)을 구할 때 목표자본구조는 다음과 같은 2가지 견해가 있다.

① 대체원가 레버리지
투자자금을 조달할 때의 레버리지를 말하여 투자안의 NPV를 포함하지 않는 부채비율

② 재생산가치 레버리지
투자안을 수행한 후의 NPV까지 포함된 레버리지를 말하며 목표자본구조는 재생산가치 레버리지를 의미한다.

예제 9-4

G정유의 부채비율(B/V)은 0.5(50%)이고, 새로이 편의점을 설립하여 유통업에 진출하려고 한다. 현재 동일 업종에서 영업을 하고 있는 C회사의 주식베타는 1.05이고 부채비율(B/V)은 0.4이다. 한편 G정유는 편의점의 목표자본구조의 부채비율(B/V)은 0.6이 되도록 할 계획이며, 부채의 차입이자율은 10%이다. 무위험이자율은 10%이고 시장수익률은 18%이며 법인세율은 25%이다. G정유의 초기의 투자액이 20억원이고, 매년 영업이익이 4억원으로 예상된다. 투자안의 경제성을 평가하시오.

풀이

투자안의 기업잉여현금흐름을 투자안의 WACC으로 할인하여 투자안의 경제성을 평가한다.

(1) 하마다 모형을 이용하여 편의점의 영업베타를 산출한다.
대용기업의 자본구조 : B/V = 0.4 ➠ B/S = 4/6

$$\beta^L = \beta^U \times [1+(1-t)\frac{B}{S}] \quad ➠ \quad 1.05 = [1+(1-0.25)\times 4/6]\times\beta^U \quad ➠ \quad \beta^U = 0.7$$

(2) 하마다 모형을 이용하여 투자안의 목표부채비율을 반영한 베타를 산출한다.
투자안의 자본구조 : B/V = 0.6 ➠ B/S = 6/4

$$\beta^L = \beta^U \times [1+(1-t)\frac{B}{S}] = 0.7\times[1+(1-0.25)\times 6/4] = 1.4875$$

(3) SML을 이용하여 투자안의 자기자본비용을 산출한다.

$$k_e^L = R_f + (E(R_m)-R_f)\times\beta^L = 10+(18-10)\times 1.4875 = 21.9\%$$

(4) 투자안의 가중평균자본비용을 산출한다.

$$wacc = k_d(1-t) \times \frac{B}{V} + k_e \times \frac{S}{V}$$

$$= 10 \times 0.75 \times 0.6 + 21.9 \times 0.4 = 13.26\%$$

(5) 투자안의 NPV를 산출한다.

영구연금 기업잉여현금흐름(FCFF) = EBIT$(1-t)$

$$NPV = -\Delta FCFF_0 + \sum_{t=1}^{n} \frac{\Delta FCFF_t}{(1+wacc)^t}$$

$$= -20 + \frac{4 \times (1-0.25)}{0.1326} = 2.62 \text{ 억}$$

NPV > 0이므로 투자안을 채택한다.

제 4 절 최적자본예산

1. IOS와 MCC

(1) 투자기회선(IOS)

투자기회선(IOS: investment opportunity schedule)은 투자로부터 얻게 되는 내부수익률(IRR)을 투자규모에 따라 나타낸 것이다. 투자기회선은 [그림 9-1]에서 보는 것처럼 투자규모가 증가할수록 내부수익률이 감소하는 형태를 보인다. 왜냐하면 기업은 내부수익률이 높은 투자안부터 투자결정을 하기 때문이다.

(2) 한계자본비용(MCC)

한계자본비용(MCC: marginal cost of capital)은 투자자금조달에서 기업이 부담하는 WACC을 투자규모에 따라 나타낸 것이다. 한계자본비용은 [그림 9-1]에서 보는 것처럼 투자규모가 증가할수록 WACC이 증가하는 형태를 보인다. 왜냐하면 기업은 투자에 필요한 자금을 자본비용이 작은 것부터 조달하여 사용하기 때문이다. 예를 들어 자기자본의 경우 유보이익의 자본비용이 신주발행의 자본비용보다 더 낮기 때문에 총자본의 분기점까지는 유보이익으로 조달하며 분기점 이후에는 신주발행으로 조달하게 된다.

한계자본비용은 다음의 순서로 계산한다.

[그림 9-1] IOS와 MCC

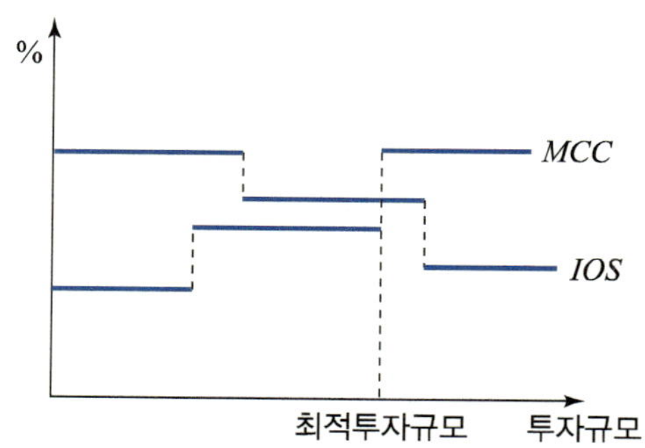

① 총자본의 부채와 자기자본의 비율인 목표 조달레버리지를 결정한다. 조달레버리지는 투자안의 NPV를 포함하지 않은 상태의 부채비율이다.

② 자기자본비용과 타인자본비용의 증가가 발생하는 총자본기준의 분기점을 계산한다. 분기점은 다음과 같이 계산한다.

$$\text{자기자본비용 분기점} = \frac{\text{자기자본비용이 증가되기 전 사용가능한 최대금액}}{\text{자기자본이 총자본에서 차지하는 목표 구성비율}}$$

$$\text{타인자본비용 분기점} = \frac{\text{타인자본비용이 증가되기 전 사용가능한 최대금액}}{\text{타인자본이 총자본에서 차지하는 목표 구성비율}}$$

③ 분기점 각 구간의 각 원천별 자본비용을 계산한다.

④ 분기점 각 구간의 WACC을 계산한다. 이렇게 구한 WACC이 MCC가 된다.

2. 최적자본예산

[그림 9-1]에서 보는 것처럼 IOS와 MCC의 크기에 따라 투자결정이 달라진다.

① IOS > MCC : 한계수익(내부수익률)이 한계비용(WACC)보다 크기 때문에 투자규모를 증가하면 NPV가 증가한다.

② IOS < MCC : 한계수익(내부수익률)이 한계비용(WACC)보다 작기 때문에 투자규모를 증가하면 NPV가 감소한다.

③ IOS = MCC : 한계수익(내부수익률)이 한계비용(WACC)과 동일하기 때문에 이 수준까지 투자하면 NPV를 극대화한다.

기업의 최적투자규모는 IOS와 MCC가 만나는 점에서 결정되며, 이 점의 투자규모를 최적자본예산이라고 한다. 즉, 최적자본예산의 투자수준에서 기업가치를 극대화 할 수 있다.

예제 9-5

K기업은 서로 독립적인 다음의 3개 투자안을 고려하고 있다. 이들 투자안들은 모두 K기업의 영업위험과 동일한 위험도를 갖고 있다.

투자안	투자금액	내부수익률
A	15억원	13.0%
B	12억원	11.5%
C	12억원	10.0%

K기업의 유보이익이 9억으로 예상되며, 다음의 조건하에 투자할 예정이다.

a. 현재 이 회사는 40%의 부채와 60%의 자기자본으로 이루어진 자본구조를 가지고 있다.

b. 신규투자 후에도 기존의 자본구조가 그대로 유지되어야 한다.

c. 세후부채비용(after-tax cost of debt)은 7%이다.

d. 자기자본비용은 현재 14%이며, 유보이익으로 부족하면 신주를 발행하여 조달할 계획이며, 신주를 발행하게 되면 발행시장의 비용 때문에 자기자본비용은 2% 증가한다.

(1) 자기자본비용이 증가하게 되는 분기점을 구하시오.

(2) 자금조달규모에 따른 가중평균자본비용을 구하시오.

(3) K기업의 최적투자규모를 구하시오.

풀이

(1) 자기자본비용의 분기점 = 9억/0.6 = 15억원

(2) 자금조달 규모가 15억원 이하인 경우 가중평균자본비용

$$wacc = k_i \times \frac{B}{V} + k_e \times \frac{S}{V} = 7 \times 0.4 + 14 \times 0.6 = 11.2\%$$

자금조달 규모가 15억원 초과인 경우 가중평균자본비용

$$wacc = k_i \times \frac{B}{V} + k_e \times \frac{S}{V} = 7 \times 0.4 + 16 \times 0.6 = 12.4\%$$

(3) 내부수익률과 가중평균자본비용을 비교하여 투자결정을 한다.

투자안 A : IRR(13%) > wacc(11.2%) ➡ 채택

투자안 B : IRR(11.5%) < wacc(12.4%) ➡ 기각

투자안 C : IRR(10%) < wacc(12.4%) ➡ 기각

∴ 채택해야 할 투자안은 A이며, 최적투자규모는 15억원이다.

제 5 절 레버리지 효과

1. 레버리지도

(1) 레버리지도

개별주식의 체계적 위험의 지표인 베타는 해당 기업의 영업위험과 재무위험으로 구성된다. 영업위험의 매출액의 변동성과 영업레버리지에 의하여 결정되며, 재무위험은 재무레버리지에 의하여 결정된다. 이러한 영업레버리지와 재무레버리지를 측정한 것을 레버리지도(degree of leverage)라고 한다.

레버리지도는 영업레버리지도, 재무레버리지도, 결합레버리지도로 구성이 된다. 레버리지도의 측정을 위해서 다음과 같이 기호를 정의한다.

S : 매출액

VC : 변동원가

CM : 공헌이익 ➡ $CM = S - VC$

c : 공헌이익율 ➡ $CM = c \times S$

FC : 고정원가

$EBIT$: 영업이익 ➡ $EBIT = CM - FC$

I : 이자비용

EBT : 세전이익 ➡ $EBT = EBIT - I$

$$EPS = \frac{(EBIT - I)(1-t)}{n} \quad (n\text{: 주식수})$$

(2) 영업레버리지도

영업레버리지는 총 영업비용 중 고정원가가 차지하는 정도를 의미한다. 영업레버리지가 높은 경우 매출액이 변할 때 영업이익은 매출액이 변하는 비율보다 더 큰 비율로 변하게 되는데 이를 영업레버리지효과라고 하며, 이 크기를 측정한 것이 영업레버리지도(DOL: degree of operating leverage)이다. 영업레버리지도는 매출액변화율에 대한 영업이익의 변화율을 의미한다. 예를 들어 DOL=5인 경우 매출액이 1% 변하면 영업이익은 5%

변한다. DOL은 다음과 같이 같다.

$$DOL = \frac{\text{영업이익변화율}}{\text{매출액변화율}} = \frac{\frac{\Delta EBIT}{EBIT}}{\frac{\Delta S}{S}} \tag{9.13}$$

이 때 영업이익의 변화량은 공헌이익의 변화량과 같다. ➠ $\Delta EBIT = \Delta cS$
위의 식을 식 (9.13)에 대입하여 정리하면 다음과 같다.

$$DOL = \frac{cS}{EBIT} = \frac{CM}{EBIT} = \frac{CM}{CM - FC} \tag{9.14}$$

DOL의 특징을 정리하면 다음과 같다.

① 영업고정원가의 크기가 커질수록 DOL은 크게 나타난다.
② 매출수준에 따라 DOL의 크기는 다르게 나타난다.
③ 손익분기점을 초과하는 매출액에서 DOL은 1보다 크다.
④ 손익분기점 이하의 매출액에서 DOL은 (−)값을 갖는다.
⑤ DOL이 크다고 영업이익이 크다는 의미는 아니며 매출액 변동에 따른 영업이익의 변동위험이 크다는 것을 의미한다. ➠ DOL이 클수록 영업위험이 크다.

(3) 재무레버리지도

재무레버리지는 총 비용 중 이자비용 등 재무고정원가가 차지하는 정도를 의미한다. 재무레버리지가 높은 경우 영업이익이 변할 때 EPS(또는 당기순이익)은 영업이익이 변하는 비율보다 더 큰 비율로 변하게 되는데 이를 재무레버리지효과라고 하며, 이 크기를 측정한 것이 재무레버리지도(DFL: degree of financial leverage)이다. 재무레버리지도는 영업이익변화율에 대한 EPS(또는 당기순이익)의 변화율을 의미한다. 예를 들어 DFL=3인 경우 영업이익이 1% 변하면 EPS(또는 당기순이익)은 3%변한다. DFL은 다음과 같이 같다.

$$DFL = \frac{EPS\text{변화율}}{\text{영업이익변화율}} = \frac{\frac{\Delta EPS}{EPS}}{\frac{\Delta EBIT}{EBIT}} \tag{9.15}$$

이 때 EPS의 변화량은 영업이익의 변화량이 비례한다. ➠ $\Delta EPS = \dfrac{\Delta EBIT(1-t)}{n}$

위의 식을 식 (9.15)에 대입하여 정리하면 다음과 같다.

$$DFL = \frac{EBIT}{EBT} = \frac{EBIT}{EBIT - I} \tag{9.16}$$

DFL의 특징을 정리하면 다음과 같다.

① 이자비용의 크기가 커질수록 DFL은 크게 나타난다.

② 영업이익에 따라 DFL의 크기는 다르게 나타난다.

③ 당기순이익이 (+)인 영업이익수준에서 DFL은 1보다 크다.

④ DFL이 크다고 EPS(또는 당기순이익)이 크다는 의미는 아니며 영업이익 변동에 따른 EPS(또는 당기순이익)의 변동위험이 크다는 것을 의미한다. ➠ DFL이 클수록 재무위험이 크다.

(4) 결합레버리지도

결합레버리지는 총비용 중 영업 및 재무고정원가가 차지하는 정도를 의미한다. 결합레버리지가 높은 경우 매출액이 변할 때 EPS(또는 당기순이익)은 매출액이 변하는 비율보다 더 큰 비율로 변하게 되는데 이를 결합레버리지효과라고 하며, 이 크기를 측정한 것이 결합레버리지도(DCL: degree of combined leverage)이다. 결합레버리지도는 매출액변화율에 대한 EPS(또는 당기순이익)의 변화율을 의미한다. 예를 들어 DCL=15인 경우 매출액이 1% 변하면 EPS(또는 당기순이익)은 15%변한다. DCL은 다음과 같이 같다.

$$DCL = \frac{EPS\text{변화율}}{\text{매출액변화율}} = \frac{\frac{\Delta EPS}{EPS}}{\frac{\Delta S}{S}} \tag{9.17}$$

식 (9.17)은 다음과 같이 나타낼 수 있다.

$$DCL = \frac{\frac{\Delta EBIT}{EBIT}}{\frac{\Delta S}{S}} \times \frac{\frac{\Delta EPS}{EPS}}{\frac{\Delta EBIT}{EBIT}} = DOL \times DFL \tag{9.18}$$

식 (9.18)에 식 (9.14)과 식 (9.16)을 대입하여 정리하면 다음과 같다.

$$DCL = \frac{CM}{EBIT - I} \tag{9.19}$$

2. 자본조달분기점

기업이 여러 가지 자금조달방법을 고려하고 있을 경우 재무담당자는 기업가치의 극대화를 기준으로 그 방법을 선택하여야 한다. 기업가치의 극대화를 구체적으로 측정하기 어려울 때에는 다음과 같이 EPS의 극대화로 분석할 수도 있다.

자금조달의 2가지 방법이 있다고 가정하자. 자금조달방법 1안은 부채를 많이 사용하고 자기자본을 적게 사용하는 방법이며, 자금조달방법 2안은 부채를 적게 사용하고 자기자본을 많이 사용하는 방법이다. 두 방법은 자금조달의 차이이므로 EBIT는 동일하다. 두 방법을 EPS로 표시하면 다음과 같다.

자금조달방법 1안 : $EPS_1 = \frac{(EBIT - I_1)(1-t)}{n_1}$

자금조달방법 2안 : $EPS_2 = \frac{(EBIT - I_2)(1-t)}{n_2}$

단, $I_1 > I_2 \quad n_1 < n_2$

1안이 2안보다 부채를 더 많이 사용하므로 재무레버리지가도가 더 크다. 따라서 1안이 2안보다 EBIT의 변화에 EPS가 더 큰 폭으로 변화하는 방법이다. 이를 그림으로 나타낸 것이 [그림 9-2]이다.

[그림 9-2]에서 자금조달방법 1안과 자금조달방법 2안이 동일한 EPS을 보여주는 영업이익수준을 자금조달분기점이라고 부르며 이를 나타내면 다음과 같다.

$$\frac{(EBIT - I_1)(1-t)}{n_1} = \frac{(EBIT - I_2)(1-t)}{n_2}$$

$$\therefore EBIT = \frac{n_1 I_2 - n_2 I_1}{n_1 - n_2}$$

[그림 9-2] 재무레버리지효과와 자본조달분기점

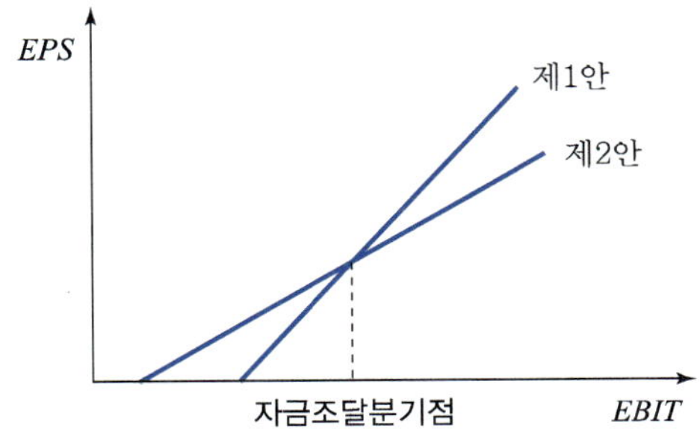

자금조달분기점을 기준으로 재무레버리지효과를 분석하면 다음과 같다.

① 기대영업이익 > 자금조달분기점 ➡ 1안이 유리

② 기대영업이익 < 자금조달분기점 ➡ 2안이 유리

예제 9-6

K기업은 전기차 밧데리를 생산하는 기업이며, 생산된 밧데리는 모두 판매되고 있다. 올해 판매수량은 400개이며, 단위당 가격은 10만원, 단위당 변동원가는 7.5만원이며, 총고정원가는 800만원, 이자비용은 150만원이다. 법인세율이 30%일 때 다음 물음에 답하시오.

(1) K기업의 영업레버리지도 및 손익분기점은 구하시오.
(2) K기업의 재무레버리지도 및 결합레버리지도를 구하시오.
(3) 내년에 판매수량이 440개인 경우 영업이익 및 순이익을 레버리지도를 이용하여 구하시오.

풀이

(1) 단위당 공헌이익 = 10만원 − 7.5만원 = 2.5만원
공헌이익 = 2.5만원 × 400개 = 1,000만원
영업이익 = 1,000만원 − 800만원 = 200만원
영업레버리지도(DOL) = CM/EBIT = 1000/200 = 5
손익분기점 = 800만원/2.5만원 = 320개
(2) 세전이익 = 200만원 − 150만원 = 50만원

재무레버리지도(DFL) = EBIT/EBT = 200/50 = 4
결합레버리지도(DCL) = DOL × DFL = 5 × 4 = 20

(3) DOL = 5이므로 매출이 10%증가하면 영업이익은 50%(=10% × 5) 증가한다.
예상영업이익 = 200만원 × (1 + 0.5) = 300만원
DFL = 4이므로 영업이익이 50%증가하면 순이익은 200%(=50% × 4) 증가한다.
예상세전이익 = 50만원 × (1 + 2) = 150만원
예상순이익 = 150만원 × (1 − 0.3) = 105만원

연습문제 9-1

㈜미래는 다음과 같은 현금흐름이 발생하는 투자안을 검토 중에 있다. (단위 : 만원)

연 도	0	1	2	3	4
현금흐름	−300	100	150	200	200

㈜미래는 현재 자기자본 500만원과 부채 500만원으로 구성되어 있다. ㈜미래의 자기자본 베타는 2.2이고, 무위험이자율은 10%, 기대시장수익률은 20%이며, ㈜미래는 새로운 투자안의 자본구조도 기존의 자본구조 구성과 동일한 방법으로 구성할 것이다. 한편, ㈜미래가 검토 중인 투자안과 동일한 영업위험을 가진 대한기업의 자본구성은 부채 : 자기자본 = 4 : 6이며, 보통주 베타는 2이다. 또한 법인세율은 25%이고, 부채의 베타는 0이다. ㈜미래가 검토 중인 투자안의 순현가는 얼마인가?

해설

(1) 하마다 모형을 이용하여 투자안의 영업베타를 산출한다.

대용기업의 자본구조 : B/S = 4/6

$$\beta^L = \beta^U \times [1 + (1-t)\frac{B}{S}] \Rightarrow 2 = [1 + (1-0.25) \times 4/6] \times \beta^U \Rightarrow \beta^U = 1.333$$

(2) 하마다 모형을 이용하여 투자안의 목표부채비율을 반영한 베타를 산출한다.

투자안의 자본구조 : B/S = 1

$$\beta^L = \beta^U \times [1 + (1-t)\frac{B}{S}] = 1.333 \times [1 + (1-0.25) \times 1] = 2.333$$

(3) SML을 이용하여 투자안의 자기자본비용을 산출한다.

$$k_e^L = R_f + (E(R_m) - R_f) \times \beta^L = 10 + (20-10) \times 2.333 = 33.33\%$$

(4) 투자안의 가중평균자본비용을 산출한다.

$$wacc = k_d(1-t) \times \frac{B}{V} + k_e \times \frac{S}{V} = 10 \times 0.75 \times 0.5 + 33.33 \times 0.5 = 20.165\%$$

(5) 투자안의 NPV를 산출한다.

$$NPV = -\triangle FCFF_0 + \sum_{t=1}^{n} \frac{\triangle FCFF_t}{(1+wacc)^t}$$

$$= -300 + \frac{100}{(1.20165)^1} + \frac{150}{(1.20165)^2} + \frac{200}{(1.20165)^3} + \frac{200}{(1.20165)^4} = 98.29$$

연습문제 9-2

새로운 회계연도초인 현재(시점 0), 무부채기업인 ㈜트윈은 1만주의 주식을 발행하고 있고 직전 회계연도말 세후순이익은 120만원이다. 시장의 무위험이자율은 6%이고 시장포트폴리오의 기대수익률은 12%이며, 이후 변동이 없을 것으로 예상된다. 법인세(세율 40%)외 개인소득세는 없으며 거래비용도 없고, 시장은 완전하다.

(1) ㈜트윈과 동일한 영업위험을 가진 ㈜쌍둥이 주식의 베타값이 1.95이고 부채 대 자기자본비(B/S)이 0.5일 때, CAPM을 이용하여 ㈜트윈의 자기자본비용을 구하시오.

(2) ㈜트윈은 향후 영속적으로 동일한 세후순이익이 기대되고 새로운 성장기회가 없어 직전 회계연도 순이익을 전액 현금배당으로 지급한 경우, ㈜트윈의 현재 주가를 배당평가모형을 이용하여 구하시오.

해설

(1)

① 하마다 모형을 이용하여 트윈의 영업베타를 산출한다.

대용기업의 자본구조 : B/S = 0.5

$$\beta^L = \beta^U \times [1+(1-t)\frac{B}{S}] \;\Rightarrow\; 1.95 = [1+(1-0.4)\times 0.5]\times\beta^U \;\Rightarrow\; \beta^U = 1.5$$

② SML을 이용하여 트윈의 자기자본비용을 산출한다.

$$k_e^L = R_f + (E(R_m) - R_f)\times\beta^L$$

$$= 6 + (12-6)\times 1.5 = 15\%$$

(2) 제로성장 배당평가모형을 이용하여 주가를 산출한다.

$$EPS = \frac{1,200,000\text{원}}{10,000\text{주}} = 120\text{원}$$

$$P_0 = \frac{EPS_1}{k_e} = \frac{120\text{원}}{0.15} = 800\text{원}$$

연습문제 9-3

K기업은 다음의 두 가지 사업을 고려하고 있다. 사업 A는 식품사업이고 사업 B는 컴퓨터사업이다. 사업 A는 투자시 10억원을 소요하고, 사업 B는 투자자금 30억을 필요로 한다. 투자에 필요한 자금은 주식과 사채를 발행하여 조달한다. 어떤 투자안을 선택하더라도 부채비율(B/S)은 200%를 유지할 것이다. 사업 A 및 사업 B와 유사한 영업위험을 가진 기업의 대용베타는 다음과 같다. (단, 법인세율은 20%이며, 세전타인자본비용은 6%이다.)

	A	B
투자안	식품사업	컴퓨터사업
대용 β 계수	0.9	1.5
부채비율	1.5	2.5

(1) 시장포트폴리오의 수익률이 10%이고 무위험 수익률이 6%일 때 각 투자안의 자기자본비용과 가중평균자본비용을 구하라.

(2) 투자안 A는 내용연수가 2년이며, 매년 7억원의 영업현금흐름이 발생한다. 투자안 B는 내용연수가 3년이며, 매년 13억원의 영업현금흐름 발생한다. 무한반복투자를 가정할 때 어떤 투자안을 선택할 것인가?

해설

(1)

① 하마다 모형을 이용하여 투자안의 영업베타를 산출한다.

$$\beta^L = \beta^U \times [1+(1-t)\frac{B}{S}]$$

투자안 A : $0.9 = [1+(1-0.2)\times 1.5]\times \beta^U$ ➡ $\beta^U = 0.409$

투자안 B : $1.5 = [1+(1-0.2)\times 2.5]\times \beta^U$ ➡ $\beta^U = 0.5$

② 하마다 모형을 이용하여 투자안의 목표부채비율을 반영한 베타를 산출한다.

투자안의 자본구조 : B/S = 2

투자안 A : $\beta^L = 0.409\times [1+(1-0.2)\times 2] = 1.06$

투자안 B : $\beta^L = 0.5\times [1+(1-0.2)\times 2] = 1.3$

③ SML을 이용하여 투자안의 자기자본비용을 산출한다.

투자안 A : $k_e = 6+(10-6)\times 1.06 = 10.24\%$

투자안 B : $k_e = 6+(10-6)\times 1.3 = 11.2\%$

④ 투자안의 가중평균자본비용을 산출한다.

$$wacc = k_d(1-t)\times\frac{B}{V}+k_e\times\frac{S}{V}$$

투자안 A : $wacc = 6\times(1-0.2)\times 2/3 + 10.24\times 1/3 = 6.61\%$

투자안 B : $wacc = 6\times(1-0.2)\times 2/3 + 11.2\times 1/3 = 6.93\%$

(2)

① 투자안의 NPV를 계산한다.

투자안 A : $NPV = -10 + \frac{7}{(1+0.0661)^1} + \frac{7}{(1+0.0661)^2} = 2.72$억원

투자안 B : $NPV = -30 + \frac{13}{(1+0.0693)^1} + \frac{13}{(1+0.0693)^2} + \frac{13}{(1+0.0693)^3} = 4.16$억원

② 무한반복투자의 NPV를 계산한다.

투자안 A : $NPV = \frac{2.72}{(1+0.0661)^2-1} + 2.72 = 22.68$억원

투자안 B : $NPV = \frac{4.16}{(1+0.0693)^3-1} + 4.16 = 22.84$억원

∴ 무한반복투자의 NPV가 더 큰 투자안 B를 선택한다.

연습문제 9-4

전자계산기를 생산하는 K기업의 총자산은 20억, 부채는 8억, 자본금 8억, 유보이익 4억이다. K기업의 주식은 현재 주당 10,000원에 거래되고 있으며 발행주식 총수는 16만 주이다. 부채는 좌당 100,000원이고 발행가액도 100,000원이며 액면이자율은 10%이다. 사채의 만기는 10년이며 4년 전에 발행한 것으로 현재 액면금액으로 거래되고 있다. 회사의 법인세율은 40%이다. 현재 KOSPI 주가지수는 1,000이며 1년 후 K기업과 시장주가지수에 대한 자료는 다음과 같다.

	K업의 주가		시장주가지수	
확률	주가	배당액	주가지수	배당률
1/3	8,000	0	920	2%
1/3	10,800	200	1,100	4%
1/3	12,600	500	1,200	8%

(1) K기업의 가중평균 자본비용을 구하시오 (단, 무위험 이자율은 10%)

(2) K기업은 2억원의 투자가 소요되는 의류사업을 진출하려고 하며, 소요자금은 전액 유보이익으로 조달하려고 한다. 신규투자안의 결정과 관련하여 아래와 같은 3가지 주장이 있다.

첫째, 갑이사는 전액을 유보이익으로 조달하기 때문에 유보이익의 자본비용으로 할인해야 한다고 주장하고 있다.

둘째, 을이사는 의류업계의 선발기업인 ㈜뉴발런스(B/S=0.5, β=1.5)의 영업위험을 이용하여 할인율을 결정해야 한다고 주장하고 있다.

셋째, 병이사는 현재회사의 가중평균자본비용으로 할인해야 한다고 주장하고 있다.

당신은 어느 이사의 주장에 동의하는가? 위의 세 가지 주장에 대해 누구의 의견이 옳은가를 말하고 적절한 할인율을 구하시오.

해설

(1)

① K기업과 시장트폴리오의 수익률 확률분포

1기간 주식수익률 : $R = \dfrac{P_1 + D_1}{P_0} - 1$

상황	당산의 수익률	시장수익률
불황	$R_i = \frac{8,000+0}{10,000} - 1 = -20\%$	$R_m = \frac{920}{1,000} - 1 + 2\% = -6\%$
보통	$R_i = \frac{10,800+200}{10,000} - 1 = 10\%$	$R_m = \frac{1,100}{1,000} - 1 + 4\% = 14\%$
호황	$R_i = \frac{12,600+500}{10,000} - 1 = 31\%$	$R_m = \frac{1,200}{1,000} - 1 + 8\% = 28\%$

K기업주식 기대수익률 : $E(R_i) = \frac{-20+10+31}{3} = 7\%$

시장포트폴리오 기대수익률 : $E(R_m) = \frac{-6+14+28}{3} = 12\%$

② K기업 주식의 베타산출

시장포트폴리오의 분산 : $\sigma_m^2 = \frac{(-6-12)^2+(14-12)^2+(28-12)^2}{3} = 194.67$

K주식과 시장포트폴리오의 주가 수익률의 공분산

$$\sigma_{im} = \frac{(-20-7)(-6-12)+(10-7)(14-12)+(31-7)(28-12)}{3} = 292$$

K주식의 베타: $\beta_i = \frac{\sigma_{im}}{\sigma_m^2} = \frac{292}{194.67} = 1.5$

③ 주식베타를 SML에 대입하여 자기자본비용을 산출한다.

$k_e = R_f + (E(R_m) - R_f) \times \beta_i = 10 + (12-10) \times 1.5 = 13\%$

④ 부채와 자기자본의 시장가치

부채의 시장가치 : $B =$ 8 억원(액면금액)

자기자본의 시장가치 : $S =$ 16만주 × 10,000 원= 16억원

⑤ K기업의 가중평균자본비용

$$wacc = k_d(1-t) \times \frac{B}{V} + k_e \times \frac{S}{V}$$

$$= 10 \times (1-0.4) \times 8/24 + 13 \times 16/24 = 10.67\ \%$$

(2) 투자안의 할인율에는 투자안의 영업위험을 반영하여야 하므로 의류업의 영업위험을 반영하자고 주장하는 을이사의 의견이 옳다. 을이사의 할인율을 구하면 다음과 같다.

① 하마다 모형을 이용하여 의류업의 영업베타를 산출한다.

대용기업의 자본구조 : B/S = 0.5

$\beta^L = \beta^U \times [1+(1-t)\frac{B}{S}]$ ➠ $1.5 = [1+(1-0.4)\times 0.5] \times \beta^U$ ➠ $\beta^U = 1.15$

② SML을 이용하여 투자안의 자기자본비용을 산출한다.

$k_e^U = R_f + (E(R_m) - R_f) \times \beta^U = 10 + (12-10) \times 1.15 = 12.3\%$

③ 투자안의 가중평균자본비용

투자안의 소요자금을 전액 자기자본으로 조달하므로 투자안의 가중평균자본비용은 12.3%이다.

연습문제 9-5

다음 물음에 대하여 "옳다" 또는 "옳지 않다"라고 답하시오.

(1) 영업이익(EBIT)이 영(0)보다 작은 경우, 음(−)의 DOL은 매출액 증가에 따라 영업이익이 감소함을 의미한다.

(2) 영업이익이 이자비용(이자비용>0)보다 큰 경우, 영업이익이 증가함에 따라 DFL은 감소하며 1에 수렴한다.

(3) 신규투자안 평가시 기존의 WACC을 사용한다.

(4) 어떤 무부채기업이 투자안에 대하여 자금을 조달하고자 할 때, 회사내부의 현금을 사용하는 경우의 자본비용은 외부로부터 자금을 차입할 때의 자본비용보다 대체적으로 낮다.

해설

(1) 옳지 않다.

$DOL = \dfrac{CM}{EBIT}$ 에서

$EBIT < 0, DOL < 0 \rightarrow CM > 0$ ➡ 매출이 증가하면 공헌이익이 증가하므로 영업이익도 증가

$EBIT < 0, DOL > 0 \rightarrow CM < 0$ ➡ 매출이 증가하면 공헌이익이 감소하므로 영업이익도 감소

(2) 옳다.

$DFL = \dfrac{EBIT}{EBIT - I}$ 에서 EBIT가 무한히 커지면 DFL은 1에 수렴한다.

(3) 옳지 않다.

신규투자안이 기존사업의 영업위험과 동일하고 신규투자 후에도 기존의 자본구조가 그대로 유지되는 경우에만 기존의 WACC을 사용할 수 있다. 일반적으로 투자안의 WACC에는 대용기업을 이용하여 투자안의 영업위험을 반영한다.

(4) 옳지 않다.

투자안의 자기자본비용은 투자안이 영업위험이 반영되기 때문에 타인자본비용보다 더 크다.

연습문제 9-6

(1) A기업은 자동차부품 사업에 진출하는 신규투자안을 검토하고 있다. 신규투자안과 동일한 사업을 하고 있는 B기업은 주식 베타가 1.5이며 타인자본을 사용하지 않는다. A기업은 신규 투자안에 대해서 목표부채비율(B/S)을 100%로 설정하였다. 필요한 차입금은 10%인 무위험이자율로 조달할 수 있으며 법인세율은 40%, 시장포트폴리오의 기대수익률은 15%이다. A기업이 신규투자안의 순현가를 구하기 위해 사용해야 할 할인율은 얼마인가?

(2) 다음 정보를 이용하여 계산된 ㈜명동의 가중평균자본비용을 구하시오.
㈜명동 주식의 베타는 1.2이고 부채비율(B/S)은 150%이다. ㈜명동이 발행한 회사채는 만기 2년, 액면가 1,000,000원인 무이표채이다. 현재 만기가 1년 남은 이 회사채의 시장가격은 892,857원이고, 이 회사의 다른 부채는 없다. 시장포트폴리오의 기대수익률은 연 10%이고 무위험수익률은 연 2%이며 법인세율은 30%이다.

해설

(1) ① 신규투자안의 대용기업을 이용한 영업베타의 도출
B기업은 주식 베타가 1.5는 자동차부품 사업의 영업베타

② 하마다 모형으로 투자안의 주식베타 도출

$$\beta_L = 1.5 \times (1 + (1 - 0.4) \times 1) = 2.4$$

③ CAPM을 이용하여 투자안의 자기자본비용 결정

$$k_e = 10 + (15 - 10) \times 2.4 = 22\%$$

④ 투자안의 가중평균자본비용의 결정

$$WACC = 10 \times (1 - 0.4) \times 0.5 + 22 \times 0.5 = 14\%$$

(2) 타인자본비용 : $k_d = \dfrac{1,000,000}{892,857} - 1 = 12\%$

자기자본비용 : $k_e = 2 + (10 - 2) \times 1.2 = 11.6\%$

가중평균자본비용 :

$$\frac{B}{S} = 1.5 \rightarrow \frac{B}{V} = \frac{1.5}{2.5} = 0.6 \Rightarrow wacc = 12\% \times (1 - 0.3) \times 0.6 + 11.6\% \times 0.4 = 9.68\%$$

연습문제 9-7

(1) 이동통신사업을 무부채로 경영해오고 있던 ABC기업은 새로운 이동통신 콘텐츠사업을 담당할 자회사 설립을 고려하고 있다. 해당 자회사의 설립에는 90억원이 소요되고, 설립 첫해에는 20억원의 세전영업이익이 발생한 후 매년 2%씩 영속적으로 늘어나며, 감가상각비는 없을 것으로 예상된다. 동종 콘텐츠회사인 XYZ기업의 경우 주식베타가 1.92이며, 부채비율(타인자본/자기자본)은 200%이다. 무위험이자율은 10%, 시장위험프리미엄은 10%, 그리고 법인세율은 30%이다. ABC기업이 100% 주식발행만으로 자회사 설립을 고려할 경우, 순현가(NPV)를 구하시오.

(2) ㈜남산은 초기투자액이 3,000억원이며, 매년 360억원의 영업이익이 영구히 발생하는 신규 사업을 고려하고 있다. 신규 사업에 대한 목표부채비율(B/S)은 150%이다. 한편 대용기업으로 선정된 ㈜충무의 부채비율(B/S)은 100%이고 주식베타는 1.44이다. ㈜남산과 ㈜충무의 부채비용은 무위험이자율이다. 시장기대수익률은 10%, 무위험이자율은 2%, 법인세율은 40%이다. 신규 사업의 순현가는 얼마인가?

해설

(1) ①신규투자안의 대용기업을 이용한 영업베타의 도출

$$\beta_U = 1.92/(1+0.7\times 2) = 0.8$$

② CAPM을 이용하여 투자안의 자기자본비용 결정

$$k_e = wacc = 10\% + 10\% \times 0.8 = 18\%$$

③ NPV에 의한 의사결정

$$NPV = -90 + \frac{20\times(1-0.3)}{0.18-0.02} = (-)2.5\text{억}(\text{기각})$$

(2) ① 투자안의 영업베타 결정: $1.44 = \beta_U \times [1+(1-0.4)\times 1] \rightarrow \beta_U = 0.9$

② 투자안의 베타 결정: $\beta_L = 0.9\times[1+(1-0.4)\times 1.5] \rightarrow \beta_L = 1.71$

③ 투자안의 자기자본비용: $k_e = 2 + (10-2)\times 1.71 = 15.68\%$

④ 투자안의 가중평균자본비용: $wacc = 2\%\times(1-0.4)\times 0.6 + 15.68\%\times 0.4 = 6.992\%$

⑤ 투자안의 순현가: $NPV = -3{,}000 + \dfrac{360\times(1-0.4)}{0.06992} = 89.24\text{억}$

연습문제 9-8

㈜대한과 ㈜민국은 새로운 투자안에 대해 고려하고 있다. ㈜대한과 ㈜민국이 선택해야 할 투자안을 올바르게 구성한 것은? (단, CAPM이 성립)

- ㈜대한의 주식 베타는 1이고 기업의 평균자본비용은 6%이다.
- ㈜대한에는 2개의 사업부서 AM과 PM이 있으며 AM은 기업 평균보다 위험도가 높은 투자안을, PM은 낮은 투자안을 수행한다.
- ㈜민국의 주식 베타는 2이고 기업의 평균자본비용은 10%이다.
- ㈜민국에는 2개의 사업부서 하계와 동계가 있으며 하계는 기업평균보다 위험도가 높은 투자안을, 동계는 낮은 투자안을 수행한다.
- ㈜대한과 ㈜민국은 베타가 1.5로 측정된 신규사업 A와 B에 대한 시행여부를 계획. ㈜대한은 AM사업부가, ㈜민국은 동계사업부가 이 투자안을 수행할 계획이다.
- ㈜대한과 ㈜민국은 모두 완전 자기자본조달 기업이며 신규사업에 대한 자본조달은 기존 자본구조를 따른다.
- 신규사업 A의 내부수익률은 9%이고 B의 내부수익률은 7%이다.

	㈜대한	㈜민국
①	A, B	A
②	A, B	없음
③	A	A
④	A	없음
⑤	없음	없음

해설

(1) 두 기업의 자본비용을 통하여 $E(R_m)$와 R_f도출

㈜대한의 베타가 1이므로 $E(R_m)=6\%$

㈜민국 : $10=R_f+(6-R_f)\times 2$에서 $R_f=2\%$

(2) 신규투자안의 자본비용도출

$$WACC=2+(6-2)\times 1.5=8\%$$

(3) 투자안의 의사결정

투자안 A: IRR(9%) > wacc(8%) 채택

투자안 B: IRR(7%) < wacc(8%) 기각

정답: ③

연습문제 9-9

(1) N기업은 전기말($t=0$)에 주당 1,000원의 배당금을 지급하였고, 배당은 연 2%씩 영구히 성장할 것으로 예상된다. 현재 보통주의 시장가격과 내재가치는 동일하게 10,000원이고, 법인세율은 40%이며, 무위험수익률은 3%이다. N기업의 부채는 채권만으로 구성되어 있다고 가정하고, 채권의 이표이자율은 5%, 시장가격은 채권의 액면가와 동일하다. 단약 이 기업의 가중평균자본비용(WACC)이 8.98%라면, 부채비율(부채/자기자본)은 얼마인가?

(2) 무부채기업인 A기업과 B기업의 시장가치는 각각 200억원, 300억원이고, 주식베타는 각각 1.5, 1.1이다. 두 기업은 합병하며 시너지는 발생하지 않는다. 합병기업은 위험부채를 발행하고 자사주를 매입하여 부채비율(부채/자기자본)이 150%가 되도록 자본구조를 변경할 계획이다. 위험부채의 베타는 0.3, 무위험이자율은 5%, 시장포트폴리오의 기대수익률은 10%, 법인세율은 30%이다. 합병기업의 자기자본비용 및 가중평균자본비용은 얼마인가? 단, CAPM 및 MM의 수정이론(1963)이 성립한다고 가정한다.

해설

(1) 자기자본비용: $k_e = \dfrac{1{,}000 \times 1.02}{10{,}000} + 0.02 = 12.2\%$

가중평균자본비용:

$$\text{WACC} = 5 \times 0.6 \times \text{B/V} + 12.2 \times (1 - \text{B/V}) = 8.98\%$$

➡ B/V = 0.35 ➡ B/S = 0.35/0.65 = 53.85%

(2) 합병기업의 영업베타 $= 1.5 \times 200/500 + 1.1 \times 300/500 = 1.26$

합병기업의 주식베타

위험부채이므로 식 (9.4)의 하마다모형을 사용한다.

베타 $= 1.26 + (1.26 - 0.3) \times (1 - 0.3) \times 1.5 = 2.268$

합병기업의 자기자본비용 $= 5 + (10 - 5) \times 2.268 = 16.34\%$

합병기업의 타인자본비용 $= 5 + (10 - 5) \times 0.3 = 6.5\%$

합병기업의 부채비율 : B/S = 1.5 ➡ B/V = 1.5/2.5 = 0.6

합병기업의 가중평균자본비용 $= 6.5 \times 0.7 \times 0.6 + 16.34 \times 0.4 = 9.27\%$

연습문제 9-10

(1) ㈜윈드는 풍력발전에 사용되는 터빈을 생산하는 기업이며 생산된 터빈은 모두 판매되고 있다. ㈜윈드의 손익분기점은 터빈을 2,500개 판매할 때이다. ㈜윈드가 터빈을 3,400개 판매할 때의 영업레버리지도(DOL)는 얼마인가?

(2) A기업의 재무레버리지도(DFL)는 2이고 결합레버리지도(DCL)는 6이다. 현재 A기업의 영업이익(EBIT)이 20억원이라면, 이 기업의 고정영업비용은 얼마인가?

(3) A기업의 경우, 매출량이 1% 증가하면 영업이익은 3% 증가한다. 이 기업의 결합레버리지도(DCL)는 6이며, 현재 이 기업의 주가수익비율(PER)은 12이다. 영업이익이 10% 증가하는 경우, 주가가 10% 상승한다면 PER는 얼마가 되는가?

해설

(1) $BEP_Q = \dfrac{\text{총고정비}(TFC)}{\text{단위당 공헌이익}(UCM)}$

$2{,}500\text{개} = TFC/UCM \rightarrow TFC = 2{,}500\,UCM$

$$DOL = \frac{CM}{EBIT} = \frac{3400 \times UCM}{3400 \times UCM - 2500 \times UCM} = 3400/900 = 3.77$$

(2) $DCL = DOL \times DFL$ ➡ $6 = DOL \times 2$ ➡ $DOL = 3$

$DOL = CM/EBIT = (20\text{억} + FC)/20\text{억} = 3$ ➡ $FC = 40\text{억}$

(3) $DCL = DOL \times DFL$ ➡ $6 = 3 \times DFL$ ➡ $DFL = 2$

$DFL = 2$이므로 영업이익이 10% 증가하면 EPS는 20% 증가

현재 $PER = P/EPS = 12$

영업이익이 증가하는 경우 $PER = 1.10 \times P \div (1.20 \times EPS) = 11$

연습문제 9-11

㈜미래의 손익계산서는 다음과 같다.

매출액	4,000만원
변동원가	2,400만원
고정원가	1,200만원
영업이익	400만원
이자비용	150만원
세전이익	250만원
법인세(40%)	100만원
당기순이익	150만원
주당이익	500원

(1) 영업레버리지도, 재무레버리지도 및 결합레버리지도를 구하시오.

(2) 새로운 설비를 구입하려고 한다. 구입자금을 조달하는 방법과 그 효과는 다음과 같다. 자본조달분기점을 구하시오.

① 부채를 조달하면 이자비용이 50만원 증가한다.

② 유상증자를 하면 300주가 증가한다.

해설

(1) 영업레버리지도: $DOL = \dfrac{CM}{EBIT} = \dfrac{4000-2400}{400} = 4$

재무레버리지도: $DFL = \dfrac{EBIT}{EBT} = \dfrac{400}{250} = 1.6$

결합레버리지도: $DCL = DOL \times DFL = 4 \times 1.6 = 6.4$

(2) 현재 주식수 $= \dfrac{1{,}500{,}000\text{원}}{500\text{원}} = 3{,}000\text{주}$

① 부채를 조달하는 경우의 EPS : $\dfrac{(EBIT - 2{,}000{,}000)(1-0.4)}{3{,}000}$

② 유상증자로 조달하는 경우의 EPS : $\dfrac{(EBIT - 1{,}500{,}000)(1-0.4)}{3{,}300}$

① = ② ➠ EBIT = 700만원

☞ EBIT > 700만원 : 부채조달의 EPS가 더 크다.

EBIT < 700만원 : 자기자본조달의 EPS가 더 크다.

연습문제 9-12 (21년 기출수정)

레버리지에 관한 명에 대하여 '옳다' 또는 '옳지 않다'라고 답하시오.

(1) 손익분기점 미만의 매출액 수준에서는 영업레버리지도(DOL)가 음(-)의 값으로 나타난다.

(2) 영업레버리지도(DOL)가 크다는 것은 영업이익 변화율에 비해 매출액 변화율이 크다는 것을 의미한다.

(3) 레버리지효과가 없을 경우 영업레버리지도(DOL)와 재무레버리지도(DFL)는 모두 0과 1사이의 값으로 나타난다.

(4) 재무레버리지도(DFL)와 결합레버리지도(DCL)가 각각 4, 8일 때, 매출액이 10% 증가하면, 영업이익은 20% 증가한다.

(5) 재무레버리지는 이자비용 중에서 영업고정비의 비중 증가에 따른 순이익 확대효과를 의미한다.

해설

(1) 옳다.

$$DOL = \frac{CM}{EBIT}$$

EBIT >0 → DOL > 0　　　　EBIT <0 → DOL < 0

(2) 옳지 않다.

영업레버리지도(DOL)가 크다는 것은 매출액 변화율에 비해 영업이익 변화율이 크다는 것을 의미한다.

(3) 옳지 않다.

레버리지효과가 없을 경우 영업레버리지도(DOL)와 재무레버리지도(DFL)는 모두 1의 값으로 나타난다.

(4) 옳다.

DOL = DCL / DFL = 8 / 4 = 2

DOL=2이므로 매출액이 10% 증가하면, 영업이익은 20% 증가한다.

(5) 옳지 않다.

재무레버리지 : 재무고정비의 비중 증가에 따른 순이익 확대효과를 의미한다.

영업레버리지 : 영업고정비의 비중 증가에 따른 순이익 확대효과를 의미한다.

연습문제 9-13 (22년 기출)

레버리지분석은 매출액의 변화가 영업이익(EBIT) 및 주당순이익(EPS)에 미치는 영향을 파악하기 위해 사용된다. 부채를 사용하지 않는 A기업의 매출액이 250억원에서 275억원으로 증가할 때 EPS는 100원에서 150원으로 증가한다면, 이 기업의 영업레버리지도(DOL)는 얼마인가?

해설

부채를 사용하지 않는 기업 : DFL=1 ➡ DCL = DOL

매출변화율 = (275−250)/250 = 10%

EPS변화율 = (150−100)/100 = 50%

DCL = 50%/10% = 5 = DOL

정답 : 5

연습문제 9-14 (24년 기출)

㈜서해는 2억원을 투자하여 사업을 시작하려고 한다. 자금조달을 위하여 보통주 10,000주를 발행하는 방안과 1억원의 부채를 10%의 이자율로 조달하고 보통주 5,000주를 발행하는 방안을 고려하고 있다. 법인세율이 40%일 때, 두 방안의 주당순이익을 동일하게 하는 자본조달분기점에서의 주당순이익은 얼마인가?

해설

투자자금 전액을 보통주로 조달하는 경우 : $EPS = \dfrac{EBIT \times 0.6}{10{,}000\text{주}}$

투자자금을 부채와 보통주로 조달하는 경우 : $EPS = \dfrac{(EBIT - 100{,}000{,}000 \times 10\%) \times 0.6}{5{,}000\text{주}}$

자본조달분기점 : $\dfrac{EBIT \times 0.6}{10{,}000\text{주}} = \dfrac{(EBIT - 100{,}000{,}000 \times 10\%) \times 0.6}{5{,}000\text{주}}$

→ EBIT = 20,000,000 → EPS = 1,200

정답 : 1,200원

연습문제 9-15 (24년 기출)

㈜P기업은 시장가치 기준으로 400%의 자기자본 대비 부채비율(=부채/자기자본)을 가지고 있다. ㈜P기업이 연 1회 매년 말에 지급하는 보통주 배당금은 향후 영구적으로 2%의 성장률을 보일 것으로 예상되며, 현재 ㈜P기업의 보통주는 30,000원의 주당 내재가치와 2의 베타를 가진다. 시장포트폴리오의 기대수익률은 15%이며 무위험이자율은 5%이고, 법인세율은 20%이다. ㈜P기업의 부채는 전액 채권으로 구성되어 있으며 채권의 액면이자율은 10%, 채권의 시장가격은 액면가와 동일한 상태이다. 다음 중 ㈜P기업의 가중평균자본비용(WACC)은 얼마인가? (단, CAPM이 성립한다고 가정하며 ㈜P기업은 우선주를 보유하고 있지 않다.)

해설

(1) 자기자본비용

$k_e = R_f + (E(R_m) - R_f) \times \beta_i$ = 5 + (15 - 5)×2 = 25%

※ 배당금 자료가 없기 때문에 배당평가모형으로 자기자본비용을 산출하지 못함

(2) 타인자본비용

채권의 시장가격은 액면가와 동일한 상태이므로 k_d = 액면이자율 = 10%

(3) 가중평균자본비용

$$wacc = k_d \times (1-t) \times \frac{B}{V} + k_e \times \frac{S}{V}$$

= 10×(1 - 0.2)×0.8 + 25×0.2 = 11.4%

정답 : 11.4%

채권의 위험관리

제 10 장

제 1 절 듀레이션

1. 듀레이션의 정의

(1) 듀레이션 계산

이자율위험은 채권투자자에게 매우 중요하다. 만기가 이자율위험의 중요한 기준이 되지만 액면이자율도 이자율위험에 중요한 정보를 준다. 이자율위험의 크기에 영향을 미치는 만기, 액면이자율, 만기수익률의 3요소를 하나로 측정한 것이 듀레이션이다.

Macaulay(1938)는 채권투자에서 만기의 대용치로 사용할 수 있는 새로운 측정치를 개발하고 이를 채권의 듀레이션(duration)이라고 명명하였다. 채권의 듀레이션은 가중평균만기(weighted average maturity)의 의미를 갖는다. 듀레이션은 채권의 현금흐름의 현재가치가 채권가격에서 차지하는 비중에 현금흐름의 발생기간을 곱해준 값들의 합으로 하여 가중평균기간을 의미한다.

제4장에서 설명한 것처럼 다음과 같이 채권의 기호를 정의한다.

n : 채권의 만기(maturity date)

CF_t : 채권의 t시점의 현금흐름

B_0 : 채권의 현재가치

R : 채권의 할인율(수익률)

Macaulay 듀레이션은 다음의 식으로 산출된다.

$$D = \sum_{t=1}^{n}\left[t \times \frac{\frac{CF_t}{(1+R)^t}}{B_o}\right] \text{ 또는 } D = \sum_{t=1}^{n}\left[t \times \frac{PV(CF_t)}{B_o}\right] \qquad (10.1)$$

단, $B_o = \sum_{t=1}^{n}\frac{CF_t}{(1+R)^t}$

식 (10.1)에서 $\frac{CF_t}{(1+R)^t}$ 또는 $PV(CF_t)$은 t시점 현금흐름의 현재가치, $\frac{\frac{CF_t}{(1+R)^t}}{B_0}$는

t시점 현금흐름의 가중치이다. 이 식에서 알 수 있듯이 연간 이자지급횟수가 증가함에 따라 원금의 가중치가 감소하므로 듀레이션은 작아진다.

예제 10-1

(1) 액면금액이 1,000만원이고, 액면이자율이 10%, 만기는 3년인 채권이 존재한다. 이자는 매년 말 지급하며 채권의 만기수익률이 8%인 경우 현재 채권의 듀레이션은 얼마인가?

(2) 액면금액이 1,000만원이고, 액면이자율이 0%, 만기는 3년인 채권이 존재한다. 채권의 만기수익률이 8%인 경우 현재 채권의 듀레이션은 얼마인가?

(3) 액면금액이 1,000만원이고, 액면이자율이 10%, 만기는 3년인 채권이 존재한다. 이자는 6개월마다 후급으로 지급하며 채권의 만기수익률이 8%인 경우 현재 채권의 듀레이션은 얼마인가?

풀이

(1) 각 시점의 현금흐름을 만기수익률 8%로 할인하여 현재가치를 구한다.

시점(t)	CF_t	$PV(CF_t)$	$t \times PV(CF_t)$
1	100	92.59	92.59
2	100	85.73	171.47
3	1,100	873.22	2,619.65
합계	1,300	1,051.54	2,883.71

채권의 현재가격

$$B_o = \sum_{t=1}^{3} \frac{CF_t}{(1.08)^t} = 1,051.54$$

☞ 위의 표에서 '현금흐름 현가'의 합이 채권가격이다.

채권의 듀레이션

$$D = \sum_{t=1}^{3} \frac{t \times \frac{C_t}{(1.08)^t}}{B_0} = \frac{2,883.71}{1,051.54} = 2.7424$$

☞ 위의 표에서 '현금흐름 현가 × 시점'의 합계를 채권가격으로 나눈 값이 듀레이션이다.

(2) 무이표채는 현금흐름이 원금만 존재한다.

시점(t)	CF_t	$PV(CF_t)$	$t\times PV(CF_t)$
1	0	0	0
2	0	0	0
3	1,000	793.83	793.83
합계	1,000	793.83	793.83

채권의 현재가격

$$B_o=\frac{1,000}{1.08^3}=793.83$$

채권의 듀레이션

$$D=\sum_{t=1}^{3}\frac{t\times\frac{C_t}{(1.08)^t}}{B_0}=\frac{793.83}{793.83}=3$$

☞ 무이표채의 듀레이션은 만기와 동일하다.

(3) 이자지급시점은 6개월 단위이므로 각 시점의 현금흐름을 만기수익률 4%로 현재가치를 구한 후 0.5를 곱하여 듀레이션을 계산한다.

시점(t)	CF_t	$PV(CF_t)$	$t\times PV(CF_t)$
1	50	48.08	48.08
2	50	46.23	92.46
3	50	44.45	133.35
4	50	42.74	170.96
5	50	41.10	205.48
6	1,050	829.83	4,978.98
합계	1,300	1,052.42	5,629.31

채권의 현재가격

$$B_o=\sum_{t=1}^{6}\frac{CF_t}{(1.04)^t}=1,052.42$$

채권의 듀레이션

$$D=\sum_{t=1}^{6}\frac{t\times\frac{C_t}{(1+0.04)^t}}{B_0}\times\frac{1}{2}=\frac{5,629.31}{1,052.42}\times\frac{1}{2}=2.6745$$

☞ 이자지급횟수가 증가하면 듀레이션은 짧아진다.

(2) 채권의 종류와 듀레이션

듀레이션은 채권의 현금흐름의 형태에 의해서 영향을 받게 된다. 채권종류에 따른 듀레이션의 특징을 정리하면 다음과 같다.

① 무이표채(할인채)

무이표채는 이자지급이 없기 때문에 만기에 대한 가중치는 1이 된다. 따라서 무이표채의 듀레이션은 현금흐름의 크기와 관계없이 만기와 동일하다.

$$D = n$$

[예제 10-1]에서 무이표채인 경우 듀레이션은 만기 3년과 동일하다.

② 이표채

이표채는 이자지급이 존재하므로 만기에 대한 가중치는 1보다 작다. 따라서 이표채의 듀레이션은 항상 만기보다 작다

$$D < n$$

[예제 10-1]에서 이표채인 경우 듀레이션은 만기 3년보다 작다.

③ 영구채

영구채권은 만기가 없이 원금을 상환하지 않고 액면이자만을 영구히 지급하는 채권이므로 영구채권의 가격 $B_0 = \dfrac{C}{R}$와 $n = \infty$를 식 (10.1)에 대입하면 정리하면 영구채권의 듀레이션은 다음과 같다.

$$D = \sum_{t=1}^{\infty} \frac{t \times \dfrac{C}{(1+R)^t}}{\dfrac{C}{R}} = \sum_{t=1}^{\infty} t \times \frac{R}{(1+R)^t} = R \sum_{t=1}^{\infty} \frac{t}{(1+R)^t}$$

$$= R \times \left(\frac{1+R}{R^2} \right) = \frac{1+R}{R} = 1 + \frac{1}{R} \qquad (10.2)$$

[예제 10-1]에서 영구채인 경우 듀레이션은 다음과 같다.

$$D = \frac{1+0.08}{0.08} = 1 + \frac{1}{0.08} = 13.50$$

(3) 채권 포트폴리오의 듀레이션

n개의 채권으로 구성된 채권 포트폴리오의 듀레이션은 다음과 같이 개별 채권의 듀레이션을 구성비율로 가중평균한 합계가 된다. 주식 포트폴리오의 베타가 가산원리처럼 채권포트폴리오의 듀레이션도 가산원리가 성립한다.

$$D_p = \sum_{i=1}^{n} w_i D_i = w_1 \cdot D_1 + w_2 \cdot D_2 + \cdots + w_n \cdot D_n$$

단, $w_1 + w_2 + \cdots + w_n = 1$

이때 가중치는 포트폴리오의 총 가치에서 개별채권의 가치가 차지하는 비율이다.

[예제 10-1]에서 채권수익률이 8%일 때 액면이자율 10%, 만기 3년 채권의 듀레이션은 2.74년으로 계산되었다. 만기 3년 이표채의 현금흐름을 분리하면 다음과 같은 3개의 무이표채가 만들어진다.

- 만기가 1년이고 원금이 100만원인 무이표채
  ➠ 채권가격 = 100/1.08 = 92.59, 듀레이션 = 1년
- 만기가 2년이고 원금이 100만원인 무이표채
  ➠ 채권가격 = $100/1.08^2$ = 85.73, 듀레이션 = 2년
- 만기가 3년이고 원금이 1,100만원인 무이표채
  ➠ 채권가격 = $1{,}100/1.08^3$ = 873.22,, 듀레이션 = 3년

이표채 듀레이션 2.74년은 다음과 같이 무이표채의 듀레이션을 가중평균한 값이다.

$$D = 1 \times \frac{92.59}{1051.54} + 2 \times \frac{85.73}{1051.54} + 3 \times \frac{873.22}{1051.54} = 2.74$$

2. 듀레이션의 결정요인

듀레이션을 결정하는 요인은 무엇인가? 듀레이션을 결정하는 요인은 다음과 같이 세 가지 요인으로 요약할 수 있다.

$$y = f(x_1, x_2, x_3, x_4)$$

여기서, y = 듀레이션

x_1 = 채권의 만기 : (+) 관계

x_2 = 채권의 액면이자율 : (−) 관계

x_3 = 시장이자율(만기수익률) : (−) 관계

(1) 만기(n)

듀레이션과 만기는 정(+)의 관계에 이다. 즉, 일반적으로 채권의 만기가 길어질수록 듀레이션은 증가한다. 이는 식 (10.1)에서 확인이 된다. 따라서 만기일에 접근함에 따라 채권의 만기가 감소하므로 듀레이션도 감소한다.

만기와 듀레이션 관계는 채권의 종류에 따라 다르며 이를 정리하면 다음과 같다.

① 무이표채(할인채)

무이표채의 듀레이션은 만기와 동일하므로 무이표채의 듀레이션은 만기와 정비례한다.

② 이표채

이표채의 듀레이션은 만기보다 작기 때문에 이표채의 듀레이션은 만기와 정(+)의 관계에 있지만 정비례하지는 않는다. 영구채권은 이표채이므로 만기가 무한히 증가하면 이표채의 듀레이션은 영구채권의 듀레이션인 $1+\frac{1}{R}$으로 수렴한다.

[그림 10-1]에서 이표채는 할인채권, 할증채권, 액면채권 여부에 따라 수렴하는 형태가 다르다.

ⓐ 할증채권 (액면이자율 > 만기수익률)

만기가 증가하던 듀레이션은 $1+\frac{1}{R}$를 향해 지속적으로 증가한다.

ⓑ 액면채권 (액면이자율 = 만기수익률)

만기가 증가하던 듀레이션은 $1+\frac{1}{R}$를 향해 지속적으로 증가한다.

ⓒ 할인채권 (액면이자율 < 만기수익률)

만기가 증가하면 듀레이션은 처음에는 증가하지만 최고점에 도달한 후 $1+\frac{1}{R}$을 향해서 지속적으로 감소한다.

[그림 10-1] 듀레이션의 결정요인

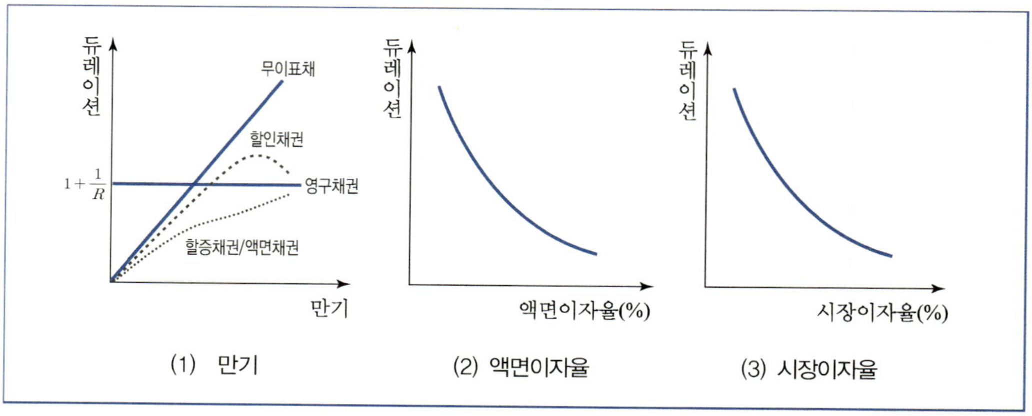

(2) 액면이자율

액면이자율이 낮을수록 듀레이션은 증가한다. 왜냐하면 액면이자율이 낮을수록 만기의 가중치가 상대적으로 커져서 듀레이션도 증가하게 된다. 이는 무이표채(할인채)의 듀레이션은 만기와 동일하지만 이표채권의 듀레이션이 만기보다 작다는 사실에서도 확인할 수 있다.

또한 동일한 액면이자율인 경우 이자지급횟수가 증가하면 듀레이션은 짧아진다. [예제 10-1]에서 이표채인 경우 이자지급시점을 6개월로 변경하면 듀레이션은 2.81보다 작아진다.

(3) 시장이자율(만기수익률)

시장이자율(만기수익률)이 낮을수록 듀레이션은 증가한다. 시장이자율이 낮을수록 만기의 가중치가 상대적으로 커져서 듀레이션도 증가하게 된다. 이는 영구채권의 듀레이션 $1+\frac{1}{R}$에서도 확인할 수 있다.

위의 내용을 정리해서 듀레이션과 이를 결정하는 세 가지 요인들의 관계를 그림으로 나타내면 [그림 10-1]과 같다.

3. 말킬의 채권가격정리

경제학자 말킬(B. G. Malkeil)은 채권 수익률과 가격의 관계에 관하여 다음과 같이 다섯 가지 원칙을 정리하였다.

① 채권 가격과 수익률은 역의 관계이다.

② 잔존기간(만기)이 긴 채권이 잔존기간(만기)이 짧은 채권보다 가격 변동폭이 크다.

③ 채권 수익률 변동에 따른 채권 가격의 변동폭은 만기가 길어질수록 증가하나 그 증가율은 체감한다.

④ 잔존 기간(만기)이 일정할 때 채권 수익률 하락으로 인한 가격 상승폭이 같은 폭의 수익률 상승으로 인한 채권 가격 하락폭보다 크다.

⑤ 표면이자율이 높을수록 채권 가격 변동폭이 작다.

4. 듀레이션의 속성

① 무이표채의 듀레이션은 현금흐름의 크기와 관계없이 만기와 동일하다.

② 영구채를 제외한 이표채의 듀레이션은 항상 만기보다 작다.

③ 포트폴리오의 듀레이션은 개별채권 듀레이션의 가중평균이다.

④ 일반적으로 만기가 길어질수록 듀레이션은 증가한다.

⑤ 액면이자율이 낮을수록 듀레이션은 증가한다.

⑥ 시장이자율(만기수익률)이 낮을수록 듀레이션은 증가한다.

⑦ 이자지급횟수가 증가하면 듀레이션은 짧아진다.

⑧ 액면이자가 지급되는 순간에 듀레이션은 증가한다.

⑨ 만기일에 접근함에 따라 만기가 감소하므로 듀레이션도 감소한다.

⑩ 수의상환조항, 상환요구조항, 감채기금조항, 모기지담보부증권의 조기상환조항은 듀레이션을 감소시킨다.

제 2 절 이자율위험과 듀레이션

1. 면역전략

(1) 기초개념

미래 일정시점 t에서 투자자의 부(wealth) W_t는 액면이자의 미래가치 R_t와 t시점의 채권가치 B_t와의 합으로 계산된다.

$$W_t = B_t + R_t$$

액면이자의 미래가치 R_t는 액면이자의 재투자수익에 액면이자를 더한 값으로 이자의 재투자수익률과 양(+)의 관계에 있다. t시점의 채권가치 B_t와는 t시점의 시장이자율로 원금과 나머지 액면이자를 할인한 값으로 시장이자율과 음(−)의 관계에 있다. 투자자가 채권을 매입한 후에 시장이자율이 증가하면 재투자수익률도 증가하게 되어 R_t는 증가하지만, 미래채권가격 B_t는 감소한다. 반대로 투자자가 채권을 매입한 후에 시장이자율이 감소하면 재투자수익률도 감소하게 되어 R_t는 감소하지만, 미래채권가격 B_t는 증가한다.

시장이자율의 변화	B_t	R_t
상승	하락(−)	증가(+)
하락	상승(+)	감소(−)

이처럼 시장이자율의 변화는 이자수익과 채권가격에 상반된 영향을 미치게 된다. 시장이자율의 변동에 따라 채권자의 미래시점의 부(wealth)가 변하는 위험을 이자율위험(interest rate risk)이라 한다. 이자율위험은 가격위험과 재투자위험으로 구분할 수 있다.

① 가격위험(price risk)

- 시장이자율의 변동으로 인하여 채권의 가격이 변동할 위험
- 시장이자율과 채권가격은 음(−)의 관계
- 채권을 만기까지 보유하면 가격위험 제거

② 재투자위험(reinvestment risk)

- 시장이자율의 변동으로 인하여 재투자수익이 변동할 위험
- 시장이자율과 재투자수익은 양(+)의 관계
- 무이표채권에 투자하면 재투자위험 제거

➠ 무이표채권을 만기까지 보유하면 가격위험과 재투자위험 모두 제거

(2) 듀레이션을 이용한 면역전략

듀레이션은 이자율의 변화가 재투자수익과 채권가격에 미치는 상반된 효과를 서로 상쇄시키는데 필요한 기간이다. 즉, 채권을 듀레이션기간동안 보유하면 시장이자율이 상승하는 경우 재투자수익의 증가는 채권가격의 감소로 정확히 상쇄되며, 시장이자율이 하락하는 경우 재투자수익의 감소는 채권가격의 증가로 정확히 상쇄된다.

$$\Delta W_t = \Delta B_t + \Delta R_t$$

위의 식에서 $t = D$이면 $\Delta W_t = 0$이 되어 t시점의 채권자의 부를 확정할 수 있다.

따라서 듀레이션기간 동안 채권을 보유하면 가격위험과 재투자위험을 더한 이자율위험(interest rate risk)이 제거된다. 또한 듀레이션시점에서의 채권자의 부 W_t를 확정시킬 수 있는데 이러한 것을 듀레이션의 면역전략(immunization strategy)라고 한다.

예제 10-2

K채권은 액면가가 1,000만원인 무위험 이표채이다. 이 이표채의 표면금리는 10%이며, 이자는 1년 마다 후급으로 지급된다. 어제 이자가 지급되었고 현재 잔존만기는 3년이며, 만기수익률은 8%이다. 이 채권의 현재 채권가격은 1,051.54만원이며, 듀레이션은 2.74년이다.

(1) 채권의 보유기간이 2.74년인 경우 보유기간 종료시점의 채권자의 부를 구하시오.
- 시장이자율이 8%인 경우
- 시장이자율이 상승하여 9%인 경우
- 시장이자율이 하락하여 7%인 경우

(2) 채권의 보유기간이 3년인 경우 보유기간 종료시점의 채권자의 부를 구하시오.

- 시장이자율이 8%인 경우
- 시장이자율이 상승하여 9%인 경우
- 시장이자율이 하락하여 7%인 경우

(3) 채권의 보유기간이 2년인 경우 보유기간 종료시점의 채권자의 부를 구하시오.

- 시장이자율이 8%인 경우
- 시장이자율이 상승하여 9%인 경우
- 시장이자율이 하락하여 7%인 경우

풀이

(1) 투자기간 = 듀레이션 = 2.74

시장이자율이 8%인 경우 2.74년 후의 투자자의 부

$$100\times(1.08)^{1.74}+100\times(1.08)^{0.74}+\frac{1,100}{1.08^{0.26}}=1,298.64$$

시장이자율이 8%인 경우 2.74년 후의 투자자의 부

$$100\times(1.09)^{2.74}+100\times(1.09)^{0.74}+\frac{1,100}{1.09^{0.26}}=1,298.64$$

시장이자율이 7%인 경우 2.74년 후의 투자자의 부

$$100\times(1.07)^{2.74}+100\times(1.07)^{0.74}+\frac{1,100}{1.07^{0.26}}=1,298.64$$

(2) 투자기간(3년) > 듀레이션(2.74)

시장이자율이 8%인 경우 3년 후의 투자자의 부

$$100\times(1.08)^{2}+100\times(1.08)^{1}+\frac{1,100}{1.08^{0}}=1,324.64$$

시장이자율이 9%인 경우 3년 후의 투자자의 부 > 1,324.64
시장이자율이 5%인 경우 3년 후의 투자자의 부 < 1,324.64

(3) 투자기간(2년) < 듀레이션(2.81)

시장이자율이 8%인 경우 2년 후의 투자자의 부

$$100\times(1.08)^{1}+100\times(1.08)^{0}+\frac{1,100}{1.08^{1}}=1,226.52$$

시장이자율이 7%인 경우 2년 후의 투자자의 부 < 1,226.52
시장이자율이 5%인 경우 2년 후의 투자자의 부 > 1,226.52

[예제 10-2]의 결과를 정리하면 다음과 같다.

① 투자기간 = 듀레이션 = 2.81년

목표시기 면역전략에 의하면 목표투자기간이 채권의 듀레이션과 같은 경우에는 이자율 변동에 따른 투자자의 가격위험과 재투자위험이 같아 이자율위험은 제거된다.

② 투자기간(3년) > 듀레이션(2.81년)

목표시기 면역전략에 의하면 목표투자기간이 채권의 듀레이션보다 큰 경우에는 이자율 변동에 따른 투자자의 가격위험보다 재투자위험이 더 크게 노출이 된다.

시장이자율이 상승 → 목표투자기간의 부는 증가

시장이자율이 하락 → 목표투자기간의 부는 감소

③ 투자기간(2년) < 듀레이션(2.81년)

목표시기 면역전략에 의하면 목표투자기간이 채권의 듀레이션보다 작은 경우에는 이자율 변동에 따른 투자자의 가격위험이 재투자위보다 더 크게 노출이 된다.

시장이자율이 상승 → 목표투자기간의 부는 감소

시장이자율이 하락 → 목표투자기간의 부는 증가

2. 듀레이션과 채권가격의 변화

말킬의 채권가격정리에 따르면 채권가격과 수익률은 부(−)의 관계를 갖으며, 그 민감도는 채권의 만기, 액면이자율 및 만기수익률에 따라 다르다. 따라서 채권의 만기, 액면이자율 및 만기수익률의 3요소를 모두 반영한 듀레이션이 채권가격의 이자율변동에 대한 민감도이다.

이러한 관계를 이해하기 위하여 채권가격을 종속변수, 이자율을 독립변수로 하는 함수의 편미분으로 살펴보자. 우선 채권가격 함수를 다음과 같이 표현하자.

$$B_0 = \sum_{t=1}^{n} \frac{C_t}{(1+R)^t} = \sum_{t=1}^{n} C_t (1+R)^{-t}$$

B_0를 R에 대해 1차 미분하면

$$\frac{dB_0}{dR} = \sum_{t=1}^{n} -t \cdot C_t (1+R)^{-t-1}$$

$$= \sum_{t=1}^{n} \frac{-t \cdot C_t}{(1+R)^{t+1}} = -\frac{1}{1+R} \times \sum_{t=1}^{n} \frac{t \cdot C_t}{(1+R)^t}$$

양변을 B_0로 나누고 dR을 곱하면

$$\frac{dB_0}{B_0} = -\frac{1}{1+R}\left[\sum_{t=1}^{n} \frac{t \cdot \frac{C_t}{(1+R)^t}}{B_0}\right] \times dR$$

$\left[\sum_{t=1}^{n} \frac{t \cdot \frac{C_t}{(1+R)^t}}{B_0}\right]$이 듀레이션 이므로

$$\frac{dB_0}{B_0} = -\frac{D}{1+R} \times dR \tag{10.3}$$

식 (10.3)에서 채권가격의 변화율 $\frac{dB_0}{B_0}$은 듀레이션, 현재의 수익률, 수익률의 변화에 의해 결정된다. 식 (10.3)에 B_0를 곱하면

$$dB_0 = -\frac{D}{1+R} \times B_0 \times dR \tag{10.4}$$

식 (10.4)에서 이자율변화에 대한 채권가격의 변화금액이 산출된다.

식 (10.4)에서 $\frac{D}{1+R}$을 수정듀레이션(modified duration, MD)으로 정의하면

$$dB_0 = -MD \times B_0 \times dR \tag{10.5}$$

위의 식에서 듀레이션은 수익률의 변화에 대한 채권가격의 변화의 민감도임을 알 수 있다.

- 이자율 하락 ➠ $dR(-)$
  듀레이션이 큰 채권의 증가금액 > 듀레이션이 작은 채권의 증가금액
- 이자율 상승 ➠ $dR(+)$
  듀레이션이 큰 채권의 감소금액 > 듀레이션이 작은 채권의 감소금액

따라서 듀레이션이 큰 채권일수록 이자율변화에 대한 가격변동위험이 더 크다. 식 (10.3)에서 양변을 $\frac{dR}{R}$로 나누어 정리하면 채권가격의 이자율 탄력성(e)이 된다.

$$e = -\frac{R}{1+R} \times D \tag{10.6}$$

식 (10.4)에서 듀레이션이 클수록 이자율변화에 대한 채권가격의 탄력성이 크다는 것을 알 수 있다.

예제 10-3

K채권은 액면가가 1,000만원인 무위험 이표채이다. 이 이표채의 표면금리는 10%이며, 이자는 1년 마다 후급으로 지급된다. 어제 이자가 지급되었고 현재 잔존만기는 3년이며, 만기수익률은 8%이다. 이 채권의 현재 채권가격은 1,051.54만원이며, 듀레이션은 2.74년이다.

(1) 시장이자율이 1% 상승하는 경우 듀레이션을 이용하여 채권가격의 변화금액, 채권가격의 변화율 및 채권가격의 이자율탄력성을 구하시오.
(2) 시장이자율이 1% 하락하는 경우 듀레이션을 이용하여 채권가격의 변화금액, 채권가격의 변화율 및 채권가격의 이자율탄력성을 구하시오.

풀이

(1) 시장이자율이 상승하여 9%인 경우

① 채권가격의 변화금액

$$dB_0 = -\frac{D}{1+R} \times B_0 \times dR = -\frac{2.74}{1.08} \times 1{,}051.54 \times 0.01 = -26.68$$

➡ 채권가격은 26.68만원 하락

② 채권가격의 변화율

$$\frac{dB_0}{B_0} = -\frac{D}{1+R} \times dR = -\frac{2.74}{1.08} \times 0.01 = -0.0254$$

➡ 채권가격은 2.54% 하락

③ 채권가격의 이자율탄력성

$$e = -\frac{R}{1+R} \times D = -\frac{0.08}{1.08} \times 2.74 = -0.203$$

➡ 채권가격의 변동률은 이자율변화율보다 0.203배 반대방향으로 움직인다.

(2) 시장이자율이 하락하여 7%인 경우

① 채권가격의 변화금액

$$dB_0 = -\frac{D}{1+R}\times B_0 \times dR = -\frac{2.74}{1.08}\times 1{,}051.54\times(-0.01) = +26.68$$

➡ 채권가격은 26.68만원 상승

② 채권가격의 변화율

$$\frac{dB_0}{B_0} = -\frac{D}{1+R}\times dR = -\frac{2.74}{1.08}\times(-0.01) = +0.0254$$

➡ 채권가격은 2.54% 상승

③ 채권가격의 이자율탄력성

$$e = -\frac{R}{1+R}\times D = -\frac{0.08}{1.08}\times 2.74 = -0.203$$

➡ 채권가격의 변동률은 이자율변화율보다 0.203배 반대방향으로 움직인다.

지금까지 설명한 듀레이션의 정의를 요약하면 다음과 같다.

① 듀레이션은 채권현금흐름의 가중평균만기이다.

② 듀레이션은 이자율의 변화가 재투자수익과 채권가격에 미치는 상반된 영향을 서로 상쇄하여 이자율위험을 면역하는 기간이다.

③ 듀레이션은 이자율변동에 따른 채권가격변화의 민감도이다.

3. 볼록성(convexity)

(1) 볼록성의 필요성

말킬의 채권가격정리에 따르면 채권가격과 수익률은 부(−)의 볼록한(convex)관계를 갖는다. 식 (10.4)에서 이자율변화에 대한 채권가격의 변화금액을 산출한 것은 선형관계를 가지고 근사치를 구한 것이다.

[그림 10-2]에서 이자율이 현재의 R_0에서 R_1로 하락하면 채권의 실제가격은 B_0에서 상승하게 된다. 그러나 듀레이션을 이용하면 채권의 가격은 B_1로 상승한 것으로 추정되

므로 듀레이션의 선형추정은 실제의 변화를 과소평가하게 된다.

[그림 10-2]에서 이자율이 현재의 R_0에서 R_2로 상승하면 채권의 실제가격은 B_0에서 하락하게 된다. 그러나 듀레이션을 이용하면 채권의 가격은 B_2로 하락한 것으로 추정되므로 듀레이션의 선형추정은 실제의 변화를 과대평가하게 된다.

따라서 채권가격과 수익률이 볼록한(convex)관계이므로 가격변화를 정확하게 추정하기 위해서는 듀레이션과 볼록성을 함께 고려하여야 한다.

볼록성은 이자율변화에 따른 채권가격의 1차 미분함수의 변화량을 나타내는 개념으로서 Taylor 확장식에서 도출된다.

(2) Taylor 전개식

테일러 전개식(Taylor expansion)은 변수의 미소 변화에 대한 함수의 근사치를 구하기 위해서 이용되는 수학식이다.

함수 $y=f(x)$에서 x값의 변화에 따른 y값의 변화는 다음의 식으로 추정한다.

$$\Delta y=\frac{f'(x)}{1!}\times\Delta x+\frac{f''(x)}{2!}\times(\Delta x)^2+\cdots+\frac{f^n(x)}{n!}\times(\Delta x)^n$$

예를 들어 함수 $y=x^2$에서 x값이 10에서 12로 변화하게 되면 y값의 실제 변화와 추정 변화는 다음과 같다.

[그림 10-2] 볼록성과 처권가격

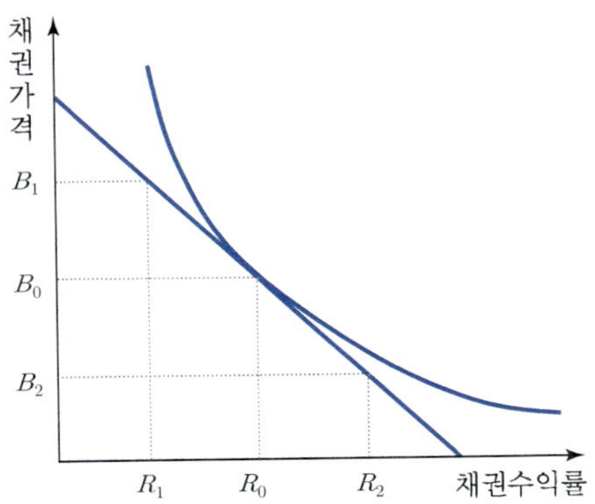

$$\text{실제변화 : } \Delta y = 12^2 - 10^2 = 144 - 100 = 44$$

$$\text{추정변화 : } f'(x) = 2x = 2 \times 10 = 20$$

$$f''(x) = 2$$

$$\Delta y = \frac{20}{1!} \times 2 + \frac{2}{2!} \times (2)^2 = 44$$

위의 식에서 주어진 함수가 2차 함수 이므로 테일러 전개식 2차 미분함수의 변화량으로 정확하게 변화를 추정한다. 함수가 n차 함수인 경우 n차 미분함수의 변화량으로 정확하게 변화를 추정할 수 있지만 3차 미분항 이상의 합은 거의 0에 가까우므로 2차 미분항까지 고려하여도 근사치를 추정할 수 있다.

(3) 볼록성의 계산

테일러 전개식의 2차 미분항까지 고려하면 다음과 같다.

$$\text{함수 : } B = f(R) = \sum_{t=1}^{n} C_t (1+R)^{-t}$$

$$\text{1차 미분 : } f'(R) = -\sum_{t=1}^{n} [t \times C_t \times (1+R)^{-t-1}]$$

$$\text{2차 미분 : } f''(R) = \sum_{t=1}^{n} [t \times (t+1) \times C_t \times (1+R)^{-t-2}]$$

$$\text{테일러 전개식 : } dB = \frac{f'(R)}{1!} \times dR + \frac{f''(R)}{2!} \times (dR)^2$$

위의 식에서 양변을 B_0로 나누어 가격변화율을 구하면 다음과 같다.

$$\frac{dB}{B} = \frac{1}{B} \times \frac{f'(R)}{1!} \times dR + \frac{1}{B} \times \frac{f''(R)}{2!} \times (dR)^2$$

위의 식에서 $\frac{1}{B} \times f'(R) = -MD$ 이고, $\frac{1}{B} \times f''(R)$를 볼록성(convexity: CV)으로 정의하면 채권가격의 변화율은 다음과 같이 추정할 수 있다.

$$\frac{dB}{B} = -MD \times dR + 0.5 \times CV \times (dR)^2 \tag{10.7}$$

식 (10.7)에서 채권변화율을 듀레이션과 볼록성을 이용하여 추정하면 더 정확한 추정이 된다.

볼록성은 $\frac{1}{B}\times f''(R)\times\frac{1}{2}$로 정의할 수도 있으며 이 경우 채권변화율은 다음과 같다.

$$\frac{dB}{B}=-MD\times dR+CV\times(dR)^2$$

CPA기출문제에서는 볼록성을 $\frac{1}{B}\times f''(R)$로 정의하여 출제하고 있기 때문에 식 (10.7)의 공식을 사용하여야 한다.

예제 10-4

K채권은 액면가가 1,000만원인 무위험 이표채이다. 이 이표채의 표면금리는 10%이며, 이자는 1년 마다 후급으로 지급된다. 어제 이자가 지급되었고 현재 잔존만기는 3년이며, 만기수익률은 8%이다. 이 채권의 현재 채권가격은 1,051.54만원이며, 듀레이션은 2.74년이다.

(1) 시장이자율이 1% 상승하는 경우 현금흐름할인방법을 이용하여 실제 채권가격의 변화금액 및 채권가격변화율을 계산하시오.

(2) 시장이자율이 1% 상승하는 경우 듀레이션과 볼록성을 이용하여 채권가격의 변화금액 및 채권가격변화율을 추정하시오.

풀이

(1) 실제채권가격의 변화

① 채권가격의 변화금액

시장이자율이 9%인 경우 채권가격

$$B_o=\frac{100}{1.09}+\frac{100}{1.09^2}+\frac{1,100}{1.09^3}=1,025.31$$

채권가격변화금액 $=1,025.31-1,051.54-=-26.23$

➡ 채권가격은 26.23만원 하락

② 채권가격의 변화율

$$\frac{dB}{B}=\frac{-26.23}{1051.54}=-0.0249$$

➡ 채권가격은 2.49% 하락

(2) 듀레이션과 볼록성으로 추정

① 볼록성(convexity: CV)을 구한다.

$$CV = \frac{1}{B} \times \sum_{t=1}^{n} [t \times (t+1) \times C_t \times (1+R)^{-t-2}]$$

$$= \frac{1}{1051.54} \times (1 \times 2 \times \frac{100}{1.08^3} + 2 \times 3 \times \frac{100}{1.08^4} + 3 \times 4 \times \frac{1,100}{1.08^5}) = 9.1138$$

② 채권가격의 변화금액

$$dB = -MD \times B_0 \times dR + 0.5 \times CV \times B_o \times (dR)^2$$

$$= -\frac{2.74}{1.08} \times 1,051.54 \times 0.01 + 0.5 \times 9.1138 \times 1,051.54 \times (0.01)^2 = -26.20$$

➡ 채권가격은 26.20만원 하락

☞ 실제채권가격 변화금액 26.23만원과 추정금액 26.20만원의 차이는 테일러 전개식 3차 이상의 미분항 차이이며 그 크기는 미비하다.

④ 채권가격의 변화율

$$\frac{dB}{B} = -MD \times dR + 0.5 \times CV \times (dR)^2$$

$$= -\frac{2.74}{1.08} \times 0.01 + 0.5 \times 9.1138 \times (0.01)^2 = -0.0249$$

➡ 채권가격은 2.49% 하락

예제 10-5

K채권은 액면가가 1,000만원인 무위험 이표채이다. 이 이표채의 표면금리는 10%이며, 이자는 1년 마다 후급으로 지급된다. 어제 이자가 지급되었고 현재 잔존만기는 3년이며, 만기수익률은 8%이다. 이 채권의 현재 채권가격은 1,051.54만원이며, 듀레이션은 2.74년이다.

(1) 시장이자율이 1% 하락하는 경우 현금흐름할인방법을 이용하여 실제 채권가격의 변화금액 및 채권가격변화율을 계산하시오.

(2) 시장이자율이 1% 하락하는 경우 듀레이션과 볼록성을 이용하여 채권가격의 변화금액 및 채권가격변화율을 추정하시오.

풀이

(1) 실제채권가격의 변화

① 채권가격의 변화금액

시장이자율이 7%인 경우 채권가격

$$B_o = \frac{100}{1.07} + \frac{100}{1.07^2} + \frac{1,100}{1.07^3} = 1,078.73$$

채권가격변화금액 $= 1,078.73 - 1,051.54 - = + 27.19$

➠ 채권가격은 27.19만원 상승

☞ 양(+)의 볼록성 때문에 채권수익률 상승으로 인한 가격 하락폭보다 같은 크기의 수익률 하락으로 인한 가격 상승폭이 더 크다.

② 채권가격의 변화율

$$\frac{dB}{B} = \frac{+27.19}{1051.54} = +0.0259$$

➠ 채권가격은 2.59% 상승

(2) 듀레이션과 볼록성으로 추정

듀레이션과 볼록성으로 추정

① 볼록성(convexity: CV)을 구한다.

$$CV = \frac{1}{B} \times \sum_{t=1}^{n} [t \times (t+1) \times C_t \times (1+R)^{-t-2}]$$

$$= \frac{1}{1051.54} \times (1 \times 2 \times \frac{100}{1.08^3} + 2 \times 3 \times \frac{100}{1.08^4} + 3 \times 4 \times \frac{1,100}{1.08^5}) = 9.1138$$

② 채권가격의 변화금액

$$dB = -MD \times B_0 \times dR + 0.5 \times CV \times B_o \times (dR)^2$$

$$= -\frac{2.74}{1.08} \times 1,051.54 \times (-0.01) + 0.5 \times 9.1138 \times 1,051.54 \times (-0.01)^2 = +27.16$$

➠ 채권가격은 27.16만원 상승

☞ 실제채권가격 변화금액 27.19만원과 추정금액 27.160만원의 차이는 테일러 전개식 3차 이상의 미분항 차이이며 그 크기는 미비하다.

② 채권가격의 변화율

$$\frac{dB}{B} = -MD \times dR + 0.5 \times CV \times (dR)^2$$

$$= -\frac{2.74}{1.08} \times (-0.01) + 0.5 \times 9.1138 \times (-0.01)^2 = +0.0259$$

➠ 채권가격은 2.59% 상승

[예제 10-4]에서 이자율이 상승하면 듀레이션에 의한 채권가격의 변동은 (−)이지만 볼록성에 의한 채권가격의 변동은 (+)이며, [예제 10-5]에서 이자율이 하락하면 듀레이션에 의한 채권가격의 변동은 (+)이며 볼록성에 의한 채권가격의 변동도 (+)이다. 이처

[그림 10-3] 볼록성의 비교

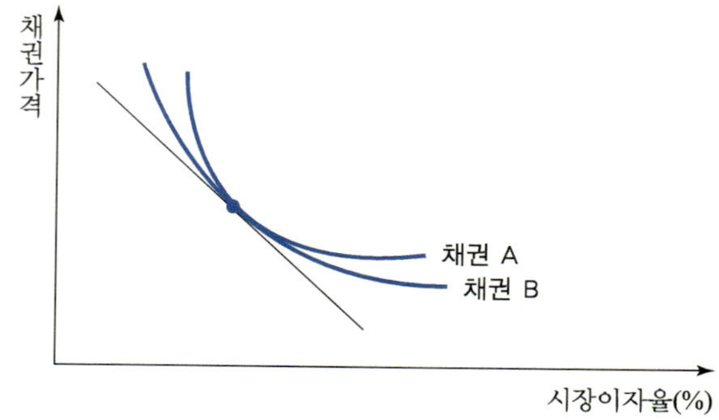

럼 이자율이 상승하거나 하락하여도 볼록성에 의한 채권가격의 변동은 항상 (+)이며 이를 양(+)의 볼록성이라고 한다. 양(+)의 볼록성은 채권포트폴리오의 보유자에게 유리하게 작용하는데, 볼록성 때문에 금리상승시 가격하락폭보다 금리하락시 가격상승폭 커지게 되며, 듀레이션을 통해 추정한 채권가격변동과 실제의 채권가격변동의 차이가 커진다.

(4) 볼록성의 속성

옵션이 내재되지 않은 일반채권의 경우 볼록성은 다음과 같은 성질을 갖는다.

① 투자자에게 유리

이자율이 상승하거나 하락하거나 일반사채의 볼록성은 항상 양(+)의 값을 가진다. 양(+)의 볼록성 때문에 채권수익률 상승으로 인한 가격 하락폭보다 같은 크기의 수익률 하락으로 인한 가격 상승폭이 더 크기 때문에 양(+)의 볼록성은 채권자에게 유리하다. [그림 10-3]에서 채권 A가 채권 B보다 볼록성이 더 크기 때문에 채권자에게 더 유리한 채권이다.

② 듀레이션

듀레이션이 증가하면 볼록성은 증가하며, 체증적으로 증가한다.

③ 무이표채와 이표채

수익률과 만기가 일정할 때 액면이자율이 감소하면 채권의 듀레이션과 볼록성은 커진다. 따라서 만기가 동일한 경우 무이표채는 이표채보다 듀레이션과 볼록성이 더 크다.

[그림 10-4] 수의상환채권(callable bond)과 상환청구권부채권(puttable bond)

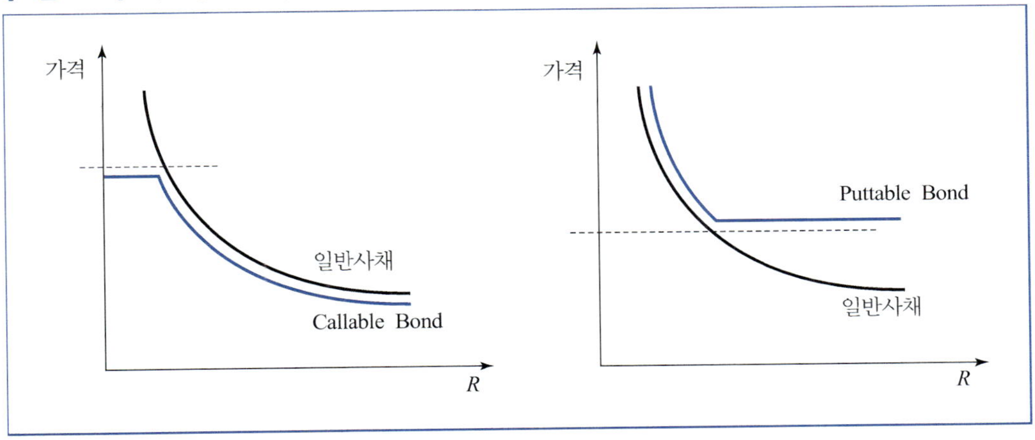

4. 옵션부채권

(1) 수의상환채권(callable bond)

채무자가 정해진 기간 내에 정해진 금액으로 채권을 중도 상환할 수 있는 채권으로 채무자에게 채권을 기초자산으로 하는 콜옵션을 부여한 채권으로 다음과 같은 성격을 갖는다. (콜옵션에 대한 성격은 제16장과 제17장에서 자세히 설명한다.)

① 수의상환채권은 일반채권보다 가격은 낮고 수익률은 높다.
→ 수의상환채권의 가격 = 일반채권의 가격 − 수의상환권의 가치
② 수의상환채권은 일반채권보다 중도상환으로 인하여 듀레이션이 작다.
③ 이자율이 상승하면 일반채권과 동일한 볼록성을 갖는다.
④ 이자율이 하락하면 일반채권보다 작은 볼록성을 갖으며 음의 볼록성도 가능하다.

(2) 상환청구권부채권(puttable bond)

채권자가 정해진 기간 내에 정해진 금액으로 채권을 중도 상환할 수 있는 채권으로 채권자에게 채권을 기초자산으로 하는 풋옵션을 부여한 채권으로 다음과 같은 성격을 갖는다. (풋옵션에 대한 성격은 제16장과 제17장에서 자세히 설명한다.)

① 상환청구권채권은 일반채권보다 가격은 높고 수익률은 낮다.
→ 상환청구권부채권의 가격 = 일반채권의 가격 + 상환청구권의 가치
② 상환청구권채권은 일반채권보다 중도상환으로 인하여 듀레이션이 작다.
③ 이자율이 상승하면 일반채권보다 큰 볼록성을 갖는다.
④ 이자율이 하락하면 일반채권과 동일한 볼록성을 갖는다.

5. 채권의 투자전략

(1) 채권의 투자전략

채권의 투자전략은 소극적(passive) 투자전략과 적극적(active) 투자전략으로 나눌 수 있다. 소극적 투자전략은 채권시장이 효율적이며, 투자자는 미래에 대한 예측을 통하여 시장평균보다 더 좋은 투자성과를 얻을 수 없다고 전제한다. 이 경우 투자자는 잘 분산된 채권포트폴리오를 구성하여 가능한 한 위험을 줄이려고 한다. 소극적 투자전략에는 면역전략, 인덱싱전략, 만기보유전략, 사다리형만기전략, 현금흐름일치전략이 있다.

적극적 투자전략은 채권시장이 비효율적이며, 투자자는 채권가치평가나 미래에 대한 예측을 통하여 초과수익을 얻을 수 있다고 전제한다. 이 경우 투자자는 미래의 이자율, 이자율의 변동성 등을 예측하는 것이 중요한 과제가 된다. 적극적 투자전략에는 금리예측전략, 수익률곡선타기전략, 채권교체전략, 수익률곡선전략이 있다.

(2) 소극적 투자전략

① 면역전략

면역전략은 듀레이션기간 동안 채권을 보유하여 이자율위험(가격위험과 재투자위험)을 제거함으로써 목표시점의 채권자의 부(wealth)를 확정시키는 전략이다. 단일채권이 아닌 채권포트폴리오를 운용하는 경우 목표투자기간과 채권포트폴리오의 듀레이션을 일치시킨다.

목표기간동안 포트폴리오의 면역효과를 달성하기 위해서는 시장이자율의 변동 또는 시간의 경과에 따라 채권포트폴리오의 구성비율을 재조정(rebalancing) 하여야 한다.

예제 10-6

목표보유기간이 5년인 투자자가 정부가 발행한 3년 만기 순수할인채권과 역시 정부가 발행한 영구채권을 이용하여 목표시기 면역화전략(immuntization strategy)을 적용하기로 하였다. 현재 시장이자율은 연 10%이다.

(1) 이자율위험을 면역화하기 위해서 순수할인채권과 영구채권의 포트폴리오 구성방법에 대해서 설명하시오.

(2) 순수할인채권과 영구채권을 매입한 직후 시장이자율이 1% 포인트 상승하여 연 11%가 된다면 이자율위험을 면역화하기 위해서 각 채권에 대한 투자구성은 어떻게 변해야 하는가?

(3) 면역화전략을 시작한 이후 무위험이자율이 계속 10%를 유지한 채 1년이 지났다면, 이자율위험을 면역화하기 위해서 각 채권에 대한 투자구성은 어떻게 변해야 하는가?

풀이

(1) 현재시점의 면역전략 구성비율

채권1 : 순수할인채의 듀레이션 = 3년

채권2 : 영구채권의 듀레이션 = 1.1/0.1 = 11년

순수할인채의 투자비율을 w, 영구채의 투자비율을 $1-w$라고 하면

$D_p = D_1 \times w + D_2 \times (1-w) = 3w + 11(1-w) = 5$년 ➡ $w = 0.75$

∴ 순수할인채권에 보유자금의 75%를 투자하고 나머지 25%를 영구채에 투자한다.

(2) 이자율변동으로 인한 포트폴리오 재조정

순수할인채의 듀레이션 = 3년

영구채권의 듀레이션 = 1.11/0.11 = 10.09년

$D_p = D_1 \times w + D_2 \times (1-w) = 3w + 10.09(1-w) = 5$년 ➡ $w = 0.7179$

∴ 순수할인채권에 보유자금의 71.79%를 투자하고 나머지 28.21%를 영구채에 투자한다. 따라서 할인채권의 투자비율을 3.21%감소, 영구채의 투자비율을 3.21% 증가한다.

(3) 시간의 경과에 따른 포트폴리오 재조정

시간이 1년 경과하였기 때문에 포트폴리오의 목표기간도 4년으로 수정한다.

순수할인채의 듀레이션 = 2년

영구채권의 듀레이션 = 1.1/0.1 = 11년

$D_p = D_1 \times w + D_2 \times (1-w) = 2w + 11(1-w) = 4$년 ➡ $w = 0.7778$

∴ 순수할인채권에 보유자금의 77.78%를 투자하고 나머지 22.22%를 영구채에 투자한다. 따라서 할인채권의 투자비율을 2.78%증가, 영구채의 투자비율을 2.78% 감소한다.

듀레이션을 이용한 면역전략은 이자율위험을 제거하는 투자전략으로 많이 활용되고 있는 전략이지만 다음과 같은 문제점이 있다.

- 채무불이행위험과 수의상환위험을 제거하지는 못한다.
- 이자율변동이 커지면 볼록성으로 인하여 오차가 크게 발생한다.
- 면역전략은 수익률곡선이 수평이며, 그 변동은 평행이동 한다는 것을 가정한다.
- 포트폴리오의 재구성에 따른 거래비용으로 투자성과를 낮추게 된다.
- 인플레이션 시기에는 그 효과를 발휘하지 못할 수 있다.

② 채권인덱싱(indexing)전략

인덱싱(indexing)전략은 운용하는 채권 포트폴리오의 성과가 벤치마크(benchmanrk)로 선정된 채권지수(index)의 성과와 일치시키는 전략이다.

③ 만기보유전략

목표투자기간과 동일한 만기를 가진 채권을 매입하여 만기까지 보유하는 전략으로 이자율위험 중 가격위험을 제거할 수 있다.

④ 사다리형 만기전략

만기별로 동일한 비중을 유지하여 위험과 수익의 평균적인 효과를 내는 전략이다.

⑤ 현금흐름일치전략

향후 예상되는 현금유출액에 대비하여 채권포트폴리오의 현금유입액이 현금유출액을 상회하도록 포트폴리오를 구성하는 전략이다.

(3) 적극적 채권투자전략

① 금리예측전략

금리를 예측하는 것이 중요한 전략으로 금리예상에 따라 다음과 같이 운용한다.

- 금리하락예상

  듀레이션이 클수록 채권 가격상승폭이 커지므로 포트폴리오의 듀레이션을 길게 구성하는 전략이다. 만기가 길고 액면이자율이 낮은 채권을 매입하면 듀레이션이 증가한다.

• 금리상승예상

듀레이션이 작을수록 채권 가격하락폭이 작아지므로 포트폴리오의 듀레이션을 짧게 구성하는 전략이다. 만기가 짧고 액면이자율이 높은 채권을 매입하면 듀레이션이 감소한다.

② 수익률곡선타기

수익률곡선타기(riding yield curve)는 현재의 우상향하는 수익률곡선이 변하지 않을 것으로 예상되는 적극적 투자전략이다. 장기채권을 매입한 후 시간이 경과하면 현재의 우상향 수익률곡선이 유지된다고 가정이므로 수익률은 하락하고 채권가격은 상승하게 되어 이를 매각하여 자본이득을 얻는 전략이다. 이 전략은 잔존기간이 짧아지면 유동성 프리미엄 만큼 수익률이 하락하므로 자본이득을 얻는 전략이므로 불편기대이론이 성립하면 전혀 소용이 없는 전략이다. 이 전략은 투자기간보다 만기가 긴 채권을 이용한다.

③ 채권교체전략

• 동종채권교체전략

일시적으로 불균형으로 같은 종류의 채권이 서로 다른 가격에 거래될 때 채권을 교체하거나 같은 듀레이션에서 조금 더 큰 볼록성을 가진 채권으로 교체하는 전략이다.

• 이종채권교체전략

위험이 전혀 없는 채권의 수익률과 채무불이행의 위험이 있는 채권의 수익률과의 차이인 수익률 스프레드를 이용하는 전략이다.

➠ 불황기에는 스프레드가 확대가 되므로 국채를 매수하고 회사채를 매도한다.

➠ 호황기에는 스프레드가 축소가 되므로 국채를 매도하고 회사채를 매수한다.

④ 수익률곡선전략

• 바벨전략(barbelll strategy)

수익률 곡선의 변화를 예상하여 장기채와 단기채를 매수하고 중기채를 매도하는 전략이다.

- 불렛전략(bullet strategy)

  수익률 곡선의 변화를 예상하여 장기채와 단기채를 매도하고 중기채를 매수하는 전략이다.

제 3 절 자산부채종합관리(ALM)

1. 개요

은행, 보험회사, 증권회사 등의 금융기관은 보유하고 있는 자산과 부채의 대부분이 금융자산과 금융부채라는 특징을 가지고 있다. 금융자산과 금융부채는 이자율, 주가, 환율 등의 변동에 매우 민감하게 영향을 받는다.

금융기관의 위험 중 이자율위험은 금융기관의 자금조달 및 운용에 있어서 시장이자율의 예측하지 못한 변동으로 인하여 금융기관의 순자산가치가 변동할 위험을 말한다. 이러한 이자율위험의 관리방법으로 대표적인 것이 자산부채종합관리(ALM)이다.

자산부채종합관리(asset and liability management : ALM)는 금융기관이 부담하는 이자율위험 등의 관리를 통하여 위험을 최소화하고 이익을 최대화하기 위하여 자산과 부채항목의 구성을 유연성 있게 조정하는 것이다. 예를 들어 금리상승이 예상되는 경우 듀레이션갭을 줄이는 방향으로 자산과 부채의 항목을 조정한다.

2. 순자산가치 면역(헤지)전략

순자산가치 면역전략은 이자율이 변동하더라도 순자산가치의 변동이 없도록 하는 전략으로 이자율의 변동에 따른 자산가치의 변화금액과 부채가치의 변화금액을 동일하게 함으로써 달성할 수 있는 전략이다.

ALM 분석을 위하여 다음과 같이 기호를 정의한다.

A : 자산의 시장가치
D_A : 자산의 듀레이션
L : 부채의 시장가치
D_L : 부채의 듀레이션
K : 자기자본(순자산)의 시장가치
D_K : 자기자본의 듀레이션

식 (10.4)를 이용하여 이자율변화에 따른 자산가치의 변화금액과 부채가치의 변화금액을 측정하면 다음과 같다.

$$\text{자산가치의 변화금액 : } dA = -\frac{D_A}{1+R} \times A \times dR$$

$$\text{부채가치의 변화금액 : } dL = -\frac{D_L}{1+R} \times L \times dR$$

금융기관의 자기자본(순자산)이 이자율변화로부터 헤지가 되려면 자산가치의 변화금액과 부채가치의 변화금액이 동일하여야 한다.

$$dK = 0 \Rightarrow dA = dL$$

$$\frac{D_A}{1+R} \times A \times dR = \frac{D_L}{1+R} \times L \times dR$$

$$D_A \cdot A = D_L \cdot L \tag{10.9}$$

식 (10.9)에서 순자산가치 면역전략은 자산의 시장가치와 자산의 듀레이션을 곱한 값과 부채의 시장가치와 부채의 듀레이션을 곱한 값을 같게 하는 자산과 부채의 구성을 함으로써 이루어진다.

예제 10-7

A 은행의 만기가 3년인 장기채권은 10%의 이자를 매년 말 지급하고, 만기가 1년인 정기예금은 10%의 이자를 연말에 지급한다. 현재 시장이자율은 10%이다.

재무상태표 (단위: 억원)

장기채권	1,000	정기예금	900
		자본금	100

(1) 시장이자율이 1% 상승하면 듀레이션을 이용하여 자기자본의 변화를 계산하라.

(2) 시장이자율 변동에 대해서 면역이 되는 자산의 듀레이션은 얼마인가?

(3) 시장이자율 변동에 대해서 면역이 되는 부채의 듀레이션은 얼마인가?

풀이

(1) 자산과 부채의 액면이자율과 시장이자율이 동일하므로 장부가치와 시장가치는 같다.

① 자산의 듀레이션

각 시점의 현금흐름을 만기수익률 10%로 할인하여 현재가치를 구한다.

시점(t)	현금흐름(C_t)	현금흐름 현가($PV(C_t)$)	현금흐름 현가 × 시점
1	100	90.91	90.91
2	100	82.64	165.29
3	1,100	826.45	2,479.34
합계	1,300	1,000.00	2,735.54

$$D_A = \sum_{t=1}^{3} \frac{t \times \dfrac{C_t}{(1+0.10)^t}}{B_0} = \frac{2,735.54}{1,000} = 2.736$$

② 부채의 듀레이션

만기가 1년이므로 부채의 듀레이션은 1년이다.

③ 이자율 변동에 따른 자산 및 부채의 변동금액

$dA = -MD_A \times A \times dR = -2.736/1.10 \times 1,000 \times 0.01 = -24.87$ 억

$dL = -MD_L \times L \times dR = -1/1.10 \times 900 \times 0.01 = -8.18$ 억

④ 은행의 자기자본의 변화

$dK = dA - dL = -24.87$억 $-(-8.18$억$) = -16.69$ 억

시장이자율이 1% 상승하면 자산의 가치는 24.87억 하락, 부채의 가치는 8.18억 하락하여 은행의 자기자본의 가치는 16.69억 하락한다.

(2) 은행의 자기자본이 이자율변동으로 면역이 되기 위해서는 다음 식이 성립하여야 한다.

$D_A \times A = D_L \times L$

$D_A \times 1,000 = 1 \times 900$ ➡ $D_A = 0.9$

따라서 자산의 듀레이션을 현재 2.736년에서 0.9년으로 변경하여야 한다.

(3) $2.736 \times 1,000 = D_L \times 900$ ➡ $D_L = 3.04$

따라서 부채의 듀레이션을 현재 1년에서 3.04년으로 변경하여야 한다.

3. 듀레이션갭 분석

(1) 자기자본의 듀레이션

자산듀레이션은 듀레이션의 가산원리에 따라 다음과 같이 부채듀레이션과 자기자본 듀레이션의 가중평균으로 구할 수 있다.

$$D_A = D_L \times \frac{L}{A} + D_K \times \frac{K}{A}$$

이를 자기자본의 듀레이션으로 나타내면 다음과 같다.

$$D_K \times K = D_A \times A - D_L \times L \qquad (10.9)$$

위의 식에서 산출한 자기자본의 듀레이션(D_k)과 식 (10.4)를 이용하여 이자율변화에 따른 자기자본의 변화금액을 측정하면 다음과 같다.

$$\text{자기자본의 변화금액 : } dK = -\frac{D_K}{1+R} \times K \times dR \qquad (10.10)$$

식 (10.10)에 의하여 자기자본의 변동금액은 자본의 듀레이션에 자기자본의 가치와 금리변동분을 곱해 측정할 수 있다.

(2) 듀레이션 갭(GAP)

식 (10.9)에서 $D_K \times K$는 $D_K \times K = (D_A - D_L \times \frac{L}{A}) \times A$로 표시할 수 있으며 $D_A - D_L \times \frac{L}{A}$을 자기자본의 듀레이션갭(duration gap : DGAP)이라고 한다.

$$DGAP = D_A - D_L \times \frac{L}{A}$$

식 (10.10)은 듀레이션 갭을 이용하면 다음과 같다.

$$\text{자기자본의 변화금액 : } dK = -\frac{DGAP}{1+R} \times A \times dR \qquad (10.11)$$

식 (10.11)에 의하여 자기자본의 변동금액은 듀레이션갭에 자산의 가치와 금리변동분을 곱해 측정할 수 있다.

(3) 듀레이션갭 관리전략

미래의 이자율 예측에 따른 듀레이션갭 관리전략은 다음과 같다.

① 미래 이자율 변화를 예측할 수 없는 경우

듀레이션갭을 0으로 만드는 소극적인 관리

$$DGAP = 0 \Rightarrow D_A = D_L \times \frac{L}{A} \Rightarrow$$ 순자산가치 면역전략

② 미래 이자율의 하락이 예상되는 경우

듀레이션갭을 증가시키는 방향으로 적극적인 관리

$DGAP$ 증가 ➡ 자산의 듀레이션 증가, 부채의 듀레이션 감소

③ 미래 이자율의 상승이 예상되는 경우

듀레이션갭을 감소시키는 방향으로 적극적인 관리

$DGAP$ 감소 ➡ 자산의 듀레이션 감소, 부채의 듀레이션 증가

④ 자산 또는 부채의 듀레이션을 증가하는 방법

은행의 대출채권(여신, 자산) 또는 예금(수신, 부채) 조건을 다음과 같이 변경한다.

- 장기대출 또는 예금
- 만기일시상환
- 고정금리조건

⑤ 자산 또는 부채의 듀레이션을 감소하는 방법

은행의 대출채권(여신상품) 또는 예금(수신, 부채) 조건을 다음과 같이 변경한다.

- 단기대출 또는 예금
- 원리금 균등상환
- 변동금리조건

예제 10-8

W은행의 시장가치 재무상태표가 다음과 같이 제시되었다.

(금액: 억원, 듀레이션 : 년)

자산	금액	듀레이션	부채/자본	금액	듀레이션
현금	50	0.00	요구불예금	130	0.00
대출채권	400	1.48	CD	400	1.00
장기채권	150	2.78	자기자본	70	
계	600			600	

현재 시장이자율은 연 8%이다.

(1) W은행이 보유하고 있는 자산의 듀레이션은 얼마인가?
(2) W은행이 보유하고 있는 부채의 듀레이션은 얼마인가?
(3) W은행이 보유하고 있는 자본의 듀레이션은 얼마인가?
(4) 시장이자율이 100 bp (1%) 상승할 경우 W은행의 자기자본의 시장가치에 미치는 영향을 자산과 부채의 듀레이션을 이용하여 계산하시오.
(5) 시장이자율이 100 bp (1%) 상승할 경우 W은행의 자기자본의 시장가치에 미치는 영향을 자기자본의 듀레이션을 이용하여 계산하시오.
(6) 시장이자율이 100 bp (1%) 상승할 경우 W은행의 자기자본의 시장가치에 미치는 영향을 듀레이션갭을 이용하여 계산하시오.

풀이

(1) 자산의 듀레이션은 개별자산의 듀레이션을 가중평균한다.

$$D_A = 0 \times \frac{50}{600} + 1.48 \times \frac{400}{600} + 2.78 \times \frac{150}{600} = 1.68$$

(2) 부채의 듀레이션은 개별부채의 듀레이션을 가중평균한다.

$$D_L = 0 \times \frac{130}{530} + 1 \times \frac{400}{530} = 0.75$$

(3) 자기자본의 듀레이션은 다음의 공식을 사용한다.

$$D_K \times K = D_A \times A - D_L \times L$$

$$D_k \times 70 = 1.68 \times 600 - 0.75 \times 530 \Rightarrow D_k = 8.72$$

(4) 자산과 부채의 변화금액을 계산하여 자기자본의 변화금액을 측정

$$dA = -MD_A \times A \times dR = -1.68/1.08 \times 600 \times 0.01 = -9.33 \text{ 억}$$

$$dL = -MD_L \times L \times dR = -0.75/1.08 \times 530 \times 0.01 = -3.68 \text{ 억}$$

$$dK = dA - dL = -9.33\text{억} - (-3.68\text{억}) = -5.65\text{억}$$

(5) 자기자본의 듀레이션을 이용하여 자기자본의 변화금액을 측정

$$dK = -MD_K \times K \times dR = -8.72/1.08 \times 70 \times 0.01 = -5.65 \text{ 억}$$

(6) 듀레이션갭을 이용하여 자기자본의 변화금액을 측정

$$DGAP = D_A - D_L \times \frac{L}{A} = 1.68 - 0.75 \times \frac{530}{600} = 1.0175$$

$$dK = -MDGAP \times A \times dR = -1.0175/1.08 \times 600 \times 0.01 = -5.65 \text{ 억}$$

제 4 절 VaR을 이용한 위험관리

전통적인 ALM기법들은 금융기관의 이자율위험 등을 효과적으로 관리할 수 있다.그러나 금융기관의 위험은 이자율위험뿐 만 아니라 주가나 환율 등의 변동에 따른 위험에도 노출되어 있으며, 최근에는 듀레이션으로 계산할 수 없는 복잡한 금융상품들이 등장하고 있으며 이에 따라 모든 유형의 위험관리에 통합적으로 적용할 수 있는 위험관리기법이 요구되는 바 VaR기법이 그 대표적인 예이다.

1. VaR

시장위험(market risk)은 이자율, 환율, 주가 등의 불리한 움직임으로부터 발생하는 손실 가능성을 의미한다. 1990년대부터 금융기관들은 Value at Risk(VaR)라는 새로운 측정치로 시장위험을 측정하고 있다. 베타, 듀레이션, 분산, 델타 등 여러 방법으로 측정하고 있는 위험을 VaR는 손실가능금액으로 측정한다.

(1) VaR

VaR(Value at Risk)란 정상시장에서 일정기간동안 주어진 신뢰수준에서 발생할 수 있는 최대손실금액을 말한다.

예를 들어, “10일, 95% 신뢰수준에서 VaR가 1억원”은 다음과 같이 해석된다.

$$\text{VaR}(95\%,\ 10\text{일}) = 1\text{억원}$$

- 10일 동안의 손실이 1억원 이하가 될 확률이 95%이다.
- 10일 동안의 손실이 1억원 이상이 될 확률이 5%이다.

VaR는 모든 유형의 금융상품을 통합하여 금액단위로 위험을 측정하기 때문에 적용하기가 쉽다. VaR는 신뢰수준이 커질수록, 일정기간이 길어질수록 그 금액도 커진다.

$$\text{VaR}(95\%,\ 10\text{일}) < \text{VaR}(99\%,\ 10\text{일})$$

$$\text{VaR}(95\%,\ 10\text{일}) < \text{VaR}(95\%,\ 30\text{일})$$

VaR 분석을 위하여 다음과 같이 기호를 정의한다.

W : 포트폴리오 초기투자금액
$E(R)$: 평균(기대)수익률
R : 실제수익률
$W \times R$: 목표시점의 포트폴리오 가치

(2) 평균기준 VaR

VaR를 평균에 대한 상대적 손실금액으로 정의하면 다음과 같다.

$$VaR(\text{평균}) = W \times E(R) - W \times R = W \times [E(R) - R]$$

VaR는 손실금액을 계산하는 것이므로 기초금액에서 목표시점금액을 차감한다.

(3) 절대손실 VaR

VaR를 0에 대한 절대적 손실금액으로 정의하면 다음과 같다.

$$VaR(\text{절대}) = 0 - W \times R = -W \times R$$

2. 정규분포와 VaR

(1) 표준정규분포

정규분포를 가정하면 다음과 같이 VaR를 빠르게 계산할 수 있다. 표준정규분포(standard normal distribution)는 모든 정규분포의 평균 μ를 0으로, 분산 σ^2를 1로 표준화시킨 정규분포를 말한다. 표준정규분포를 이용하여 정규분포의 확률을 계산하는 방법은 먼저 정규분포를 표준정규분포로 변환시킨 다음, 필요한 확률을 표준정규분포표에서 찾는 것이다.

표준정규분포에서 확률변수 Z의 값은 다음과 같이 구한다.

$$Z = \frac{X - mean}{\sigma}$$

Z는 표준편차의 배수를 의미하며 신뢰구간에 따른 Z는 다음과 같다.

신뢰구간 90% ➠ $Z = 1.65$
신뢰구간 95% ➠ $Z = 1.96$
신뢰구간 98% ➠ $Z = 2.33$

VaR는 주어진 신뢰수준에서의 최대손실금액이므로 분포의 양쪽 꼬리를 사용하지 않고 왼쪽 꼬리만을 사용한다. 따라서 VaR의 신뢰수준에 따른 Z는 다음과 같다.

VaR 신뢰수준 95% ➠ $Z = 1.65$
VaR 신뢰수준 97.5% ➠ $Z = 1.96$
VaR 신뢰수준 99% ➠ $Z = 2.33$

표준정규분포에서 VaR의 확률변수 Z의 값은 다음과 같이 구한다.

$$Z = -\frac{R - E(R)}{\sigma} \Rightarrow E(R) - R = Z \times \sigma \Rightarrow R = E(R) - Z \times \sigma$$

(2) 평균기준 VaR

평균에 대한 상대적 손실금액으로 정의한 평균기준 VaR를 표준정규분포를 이용하여 계산하는 공식은 다음과 같다.

$$VaR(\text{평균}) = W \times [E(R) - R] = W \times Z \times \sigma \tag{10.12}$$

예를 들어 포트폴리오의 현재가치 100억원, 과거 일별수익률의 평균이 0.03%, 표준편차가 2.4%인 경우,

VaR(95%, 1일, 평균) = 100억 × 1.65 × 0.024 = 3.96억원
VaR(97.5, 1일, 평균) = 100억 × 1.96 × 0.024 = 4.70억원
VaR(99%, 1일, 평균) = 100억 × 2.33 × 0.024 = 5.59억원

(3) 절대기준 VaR

0에 대한 절대적 손실금액으로 정의한 절대기준 VaR를 표준정규분포를 이용하여 계산하는 공식은 다음과 같다.

$$VaR(\text{평균}) = -W \times R = W \times (Z \times \sigma - E(R)) \tag{10.13}$$

예를 들어 포트폴리오의 현재가치 100억원, 과거 일별수익률의 평균익 0.03%, 표준편차가 2.4%인 경우,

VaR(95%, 1일, 절대) = 100억 × (1.65 × 0.024 − 0.0003) = 3.93억원
VaR(97.5, 1일, 절대) = 100억 × (1.96 × 0.024 − 0.0003) = 4.67억원
VaR(99%, 1일, 절대) = 100억 × (2.33 × 0.024 − 0.0003) = 5.56억원

(4) 보유기간

1일 보유기간을 가정하고 VaR를 계산한 후 n일 기준의 VaR는 다음과 같이 구한다.

$$n\text{일 } VaR = 1\text{일 } VaR \times \sqrt{n} \tag{10.14}$$

예를 들어 1일 기준의 VaR = 3.96억원이면 10일 기준의 VaR는 다음과 같다.

$$10\text{일 } VaR = 3.96 \times \sqrt{10} = 12.52 \text{ 억원}$$

1년 보유기간을 가정하고 VaR를 계산한 후 n개월 기준 VaR는 다음과 같이 구한다.

$$n\text{개월 } VaR = 1\text{년 } VaR \div \sqrt{n} \tag{10.15}$$

예를 들어 1년 기준의 VaR = 3.96억원이면 1개월 기준의 VaR는 다음과 같다.

$$1\text{개월 } VaR = 3.96 \div \sqrt{12} = 1.14 \text{ 억원}$$

예제 10-9

포트폴리오의 투자금액이 500억원이며, 연간수익률의 평균이 6%이고, 표준편차가 12%이다.

(1) 신뢰수준 95%에서 1년 후 평균VaR는 얼마인가?
(2) 신뢰수준 99%에서 1년 후 평균VaR는 얼마인가?
(3) 신뢰수준 95%에서 3개월 후 평균VaR는 얼마인가?

풀이

(1) VaR(95%, 1년, 평균)

$= W \times Z \times \sigma = 500억 \times 1.65 \times 0.12 = 99억원$

➡ 1년 동안의 손실이 99억원 이하가 될 확률이 95%이다.

(2) VaR(99%, 1년, 평균)

$= W \times Z \times \sigma = 500억 \times 2.33 \times 0.12 = 139.8억원$

➡ 1년 동안의 손실이 139.8억원 이하가 될 확률이 99%이다.

☞ 신뢰수준이 증가하면 VaR는 증가한다.

(3) VaR(95%, 3개월, 평균)

$= 99억원 \times \sqrt{\frac{3}{12}} = 49.5억원$

➡ 3개월 동안의 손실이 49.5억원 이하가 될 확률이 95%이다.

☞ 보유기간이 감소하면 VaR는 감소한다.

3. 포트폴리오의 분산효과

개별자산A와 개별자산B로 구성된 포트폴리오의 VaR도 개별자산의 VaR와 마찬가지로 다음과 같이 계산된다.

$$VaR_p(평균) = W_p \times Z \times \sigma_p \tag{10.16}$$

즉, 포트폴리오의 VaR는 투자금액, 포트폴리오의 표준편차 및 Z의 곱으로 결정된다. 이때 포트폴리오의 표준편차는 6장에서 설명한 포트폴리오의 분산을 계산한 후 분산의 제곱근으로 산출된다.

포트폴리오 P의 분산은 분산의 연산법칙을 이용하면 다음과 같은 식으로 산출한다.

$$\sigma_p^2 = w_A^2 \sigma_A^2 + w_B^2 \sigma_B^2 + 2 w_A w_B \rho_{AB} \sigma_A \sigma_B \tag{10.17}$$

개별자산A와 개별자산B의 VaR를 각각 VaR_A와 VaR_B라고 할 때 분산효과로 인한 VaR의 감소금액은 다음과 같이 측정한다.

$$VaR_A + VaR_B - VaR_P \tag{10.18}$$

분산효과는 두 자산의 상관계수가 −1에 접근할수록 커진다.

예제 10-10

현재의 시장가치가 1,000만원인 포트폴리오(P)는 주식 A와 B로 구성되어 있다. 현재 주식 A의 시장가치는 400만원이고 주식 B의 시장가치는 600만원이다. 주식 A와 주식 B의 수익률 표준편차는 각각 5%와 10%이고 상관계수는 −0.5이다. 주식수익률은 정규분포를 따른다고 가정한다.

(1) 99% 신뢰수준 하에서 포트폴리오(P)의 VaR는 얼마인가?
(2) 분산효과로 인한 VaR의 감소금액은 얼마인가?

풀이

(1) 포트폴리오의 분산 및 표준편차를 계산한다.

$R_p = 0.4R_A + 0.6R_B$

$\sigma_P^2 = 0.4^2 \times 5^2 + 0.6^2 \times 10^2 + 2 \times 0.4 \times 0.6 \times (-0.5) \times 5 \times 10 = 28$

$\sigma_P = \sqrt{28} = 5.2915\%$

VaR_p(평균) $= W_p \times Z \times \sigma_p$

$= 1{,}000$만원 $\times 2.33 \times 0.052915 = 1{,}232{,}920$원

(2) 개별자산의 VaR의 합과 포트폴리오VaR의 차이를 구한다.

$VaR_A = 400$만원 $\times 2.33 \times 0.05 = 466{,}0000$

$VaR_B = 600$만원 $\times 2.33 \times 0.10 = 1{,}398{,}000$

분산효과 $= VaR_A + VaR_B - VaR_P$

$= 466{,}000 + 1{,}398{,}000 - 1{,}232{,}920 = 631{,}080$원

연습문제 10-1

투자자 K씨는 액면가 100,000원, 표면이자율 연 20%(이자는 매년 말 1회 지급), 만기 2년인 채권의 매입을 검토하고 있다. 1년간의 현물이자율과 그 후 1년간의 선도이자율은 모두 15%로 알려져 있다. 채권가격과 이자율 사이의 볼록성 관계는 무시하기로 한다. 이 채권 투자에 따르는 이자율위험을 제거하기 위해 투자기간을 얼마로 해야 하는가?

해설

수익률곡선이 수평이므로 이표채의 만기수익률도 15%이다.
각 시점의 현금흐름을 만기수익률 15%로 할인하여 현재가치를 구한다.

시점(t)	현금흐름(C_t)	현금흐름 현가($PV(C_t)$)	현금흐름 현가 × 시점
1	20,000	17,391	17,391
2	120,000	90,737	181,474
합계	140,000	108,129	198,866

채권의 듀레이션

$$D=\sum_{t=1}^{2}\frac{t\times\dfrac{C_t}{(1+0.15)^t}}{B_0}=\frac{198,866}{108,129}=1.839$$

☞ 위의 표에서 '현금흐름 현가 × 시점'의 합계를 채권가격으로 나눈 값이 듀레이션이다.

➡ 이 채권을 1.839년 동안 보유하면 이자율위험이 제거된다.

연습문제 10-2

W은행은 매년 원리금 100만원을 3년 균등분할상환조건으로 회수하는 대출을 자산으로 보유하고 있으며 시장이자율은 10%이다.

(1) 대출채권의 듀레이션을 구하시오.

(2) W은행은 이자율변동으로 인한 대출채권의 위험을 회피하기 위하여 만기 3년이며 액면이자율이 0%인 순수할인채권의 발행으로 이 대출채권에 소요되는 자금의 일부를 조달하려고 한다. 나머지는 보유하고 있는 현금으로 조달할 예정이다. W은행이 면역을 위해서 부채의 발행을 통하여 조달하여야 하는 자금은 얼마인가?

(3) 앞으로 이자율 하락이 예상되고 있다. W은행이 자기자본가치의 증가를 하여 취하여야 할 듀레이션 조정과정을 밝히시오.

해설

(1) 각 시점의 현금흐름을 수익률 10%로 할인하여 현재가치를 구한다.

시점(t)	현금흐름(C_t)	현금흐름 현가($PV(C_t)$)	현금흐름 현가 × 시점
1	1,000,000	909,091	909,091
2	1,000,000	826,446	1,652,893
3	1,000,000	751,315	2,253,944
합계	3,000,000	2,486,852	4,815,928

채권의 듀레이션

$$D=\sum_{t=1}^{3}\frac{t\times\dfrac{C_t}{(1+0.10)^t}}{B_0}=\frac{4,815,829}{2,486,852}=1.9366$$

☞ 위의 표에서 '현금흐름 현가 × 시점'의 합계를 채권가격으로 나눈 값이 듀레이션이다.

(2) 순자산면역전략

부채는 무이표채이므로 만기 3년 = 부채의 듀레이션

$D_A\times A=D_L\times L$

$1.9366\times 2,486,852=3\times L$ ➠ $L=1,605,346$

∴ 대출자산 2,486,852원에서 1,605,346원은 부채로 조달하고 나머지 881,506원은 보유현금으로 구입한다.

(3) 듀레이션갭 관리

미래 이자율의 하락이 예상되는 경우

듀레이션갭을 증가시키는 방향으로 적극적인 관리

DGAP 증가 ➠ 자산의 듀레이션 증가, 부채의 듀레이션 감소

자산의 듀레이션을 증가하는 방법
은행의 대출채권(여신, 자산) 조건을 다음과 같이 변경한다.
- 장기대출 또는 예금
- 만기일시상환
- 고정금리조건

부채의 듀레이션을 감소하는 방법
은행의 예금(수신, 부채) 조건을 다음과 같이 변경한다.
- 단기대출 또는 예금
- 원리금 균등상환
- 변동금리조건

연습문제 10-3

다음은 채권투자와 듀레이션에 관련된 내용들이다. 각 물음에 답하라.

(1) 채권의 일반적 성격을 이용하여 다음 채권들을 듀레이션이 짧은 것부터 긴 것의 순서대로 배열하고 그 이유를 설명하라.

채 권	액면이자율	만기까지 남은 기간	만기수익률
A	12%	3년	8%
B	12	6	8
C	0	6	8
D	12	3	9
E	8	6	8

2) 위에서 채권 E가 10,000원에 거래되고 있을 때, 이 채권의 듀레이션을 구하고 이자율이 10%로 상승할 경우 듀레이션을 이용하여 채권가격의 변동치를 구하라.

해설

(1) 듀레이션의 결정요인은 다음과 같다.

채권의 만기 : (+) 관계

채권의 액면이자율 : (−) 관계

시장이자율(만기수익률) : (−) 관계

따라서 만기가 가장 길고, 액면이자율과 만기수익률이 가장 작은 것을 찾아 순서대로 배열하면 다음과 같다.

C > E > B > A > D

(2) 채권E는 만기수익률과 액면이자율이 동일하므로 채권가격 10,000원과 액면금액은 같다.
각 시점의 현금흐름을 수익률 8%로 할인하여 현재가치를 구한다.

시점(t)	현금흐름(C_t)	현금흐름 현가($PV(C_t)$)	현금흐름 현가 × 시점
1	800	741	741
2	800	686	1,372
3	800	635	1,905
4	800	588	2,352
5	800	544	2,722
6	10,800	6,806	40,835
합계	14,800	10,000	49,927

채권의 듀레이션

$$D = \sum_{t=1}^{6} \frac{t \times \frac{C_t}{(1+0.08)^t}}{B_0} = \frac{49{,}927}{10{,}000} = 4.99$$

☞ 위의 표에서 '현금흐름 현가 × 시점'의 합계를 채권가격으로 나눈 값이 듀레이션이다.

듀레이션을 이용한 채권의 변화금액은 다음과 같다.

$dB_0 = -MD \times B_0 \times dR = -4.99/1.08 \times 10{,}000 \times (+0.02) = -924$ 원

이자율이 2%상승하면 채권E의 가격은 924원 하락한다.

연습문제 10-4

현재 시장이자율은 10%인데 시장에는 3년만기 순수할인채와 영구채가 있다. 한 연금관리자가 목표투자기간을 7년으로 하여 1억원을 투자하려고 한다.

(1) 이 연금관리자가 이자율변동위험을 피하려면 각 채권에의 투자비율을 얼마로 해야 하는가?

(2) 상황이 위와 같다면 1년 후의 투자비율은 어떻게 변하는가?

(3) 순수할인채권과 영구채권을 매입한 직후 시장이자율이 1% 포인트 하락하여 연 9%가 된다면 이자율위험을 면역화하기 위해서 각 채권에 대한 투자구성은 어떻게 변해야 하는가?

해설

(1) 현재시점의 면역전략 구성비율

채권1 : 순수할인채의 듀레이션 = 3년

채권2 : 영구채권의 듀레이션 = 1.1/0.1 = 11년

순수할인채의 투자비율을 w, 영구채의 투자비율을 $1-w$라고 하면

$D_p = D_1 \times w + D_2 \times (1-w) = 3w + 11(1-w) = 7$년 ➡ $w = 0.5$

∴ 순수할인채권에 보유자금의 50%를 투자하고 나머지 50%를 영구채에 투자한다.

(2) 시간의 경과에 따른 포트폴리오 재조정

시간이 1년 경과하였기 때문에 포트폴리오의 목표기간도 6년으로 수정한다.

순수할인채의 듀레이션 = 2년

영구채권의 듀레이션 = 1.1/0.1 = 11년

$D_p = D_1 \times w + D_2 \times (1-w) = 2w + 11(1-w) = 6$년 ➡ $w = 0.556$

∴ 순수할인채권에 보유자금의 55.6%를 투자하고 나머지 44.4%를 영구채에 투자한다. 따라서 할인채권의 투자비율을 5.6%증가, 영구채의 투자비율을 5.6% 감소한다.

(3) 이자율변동으로 인한 포트폴리오 재조정

순수할인채의 듀레이션 = 3년

영구채권의 듀레이션 = 1.09/0.09 = 12.11년

$D_p = D_1 \times w + D_2 \times (1-w) = 3w + 12.11(1-w) = 7$년 ➡ $w = 0.561$

∴ 순수할인채권에 보유자금의 56.1%를 투자하고 나머지 43.9%를 영구채에 투자한다. 따라서 할인채권의 투자비율을 6.1%증가, 영구채의 투자비율을 6.1% 감소한다.

연습문제 10-5

여신전문금융회사인 ㈜한강캐피탈은 9.94년의 듀레이션과 100억원의 시장가치를 갖는 자산포트폴리오를 보유하고 있다. 이 자산포트폴리오에 포함된 자산들에 대한 이자는 1년에 2회 6개월마다 수취된다. 이 자산들은 자기자본 10억원과 채권발행 90억원으로 조달된 자금으로 형성되었다. 이 채권의 액면이자는 연 7.25%, 만기는 2년이다. 액면이자는 1년에 2회 6개월마다 지급된다. 현재 이 채권의 시장가격은 액면가와 동일하다. ㈜한강캐피탈의 자기자본가치의 변동을 면역(immunization)하려면 자산포트폴리오의 듀레이션은 얼마로 조정되어야 하는가?

해설

(1) 이자지급시점은 6개월 간위이므로 각 시점의 현금흐름을 만기수익률 3.625%로 현재가치를 구한 후 0.5를 곱하여 듀레이션을 구한다.

시점(t)	현금흐름(C_t)	현금흐름 현가($PV(C_t)$)	현금흐름 현가 × 시점
1	3.2625	3.1484	3.1484
2	3.2625	3.0832	6.0765
3	3.2625	2.9320	8.7959
4	93.2625	80.8814	323.5258
합계	103.0500	90	341.5465

채권의 액면이자 = 90억원 × 7.25% × 6/12 = 3.2625억원

부채의 듀레이션

$$D=\sum_{t=1}^{4}\frac{t\times\frac{C_t}{(1+0.03625)^t}}{B_0}\times\frac{1}{2}=\frac{341.5465}{90}\times\frac{1}{2}=1.8975$$

(2) 순자산면역전략

$D_A \times A = D_L \times L$

$D_A \times 100 = 1.8975 \times 90$ ➡ $D_A = 1.7077$

∴ 자산의 듀레이션을 9.94년에서 1.7077년으로 감소하도록 자산의 구성을 변경하여야 한다.

연습문제 10-6

1년, 2년, 3년 후에 각각 1,000억원을 지불할 부채를 보유하고 있는 ㈜한국보험은 이자율 변동으로 발생하는 부채 포트폴리오의 가치변동위험을 면역화 하려고 한다. 자본시장에서 현재의 채권수익률은 5%이고 수익률곡선은 수평이며 평행이동 한다고 가정한다. 볼록성은 채권가격의 채권가격의 만기수익률에 대한 2차 미분값을 채권가격으로 나눈값으로 정의한다.

(1) ㈜한국보험이 보유한 부채 포트폴리오의 듀레이션과 볼록성은 각각 얼마인가?

(2) ㈜한국보험이 1년 만기 무이표채와 3년 만기 무이표채를 이용하여 면역전략을 수행하고자 한다. 단, ㈜한국보험은 다른 자산을 보유하고 있지 않으며, 자산과 부채 포트폴리오의 현재가치를 일치시켜서 면역전략을 수행한다고 가정한다. 1년 만기 및 3년 만기 무이표채에 투자할 비중과 금액은 각각 얼마인가?

해설

(1) 듀레이션과 볼록성

채권가격 : $B_0 = \frac{1,000}{1.05} + \frac{1,000}{1.05^2} + \frac{1,000}{1.05^3} = 2,723.2480$억

듀레이션 : $\left(1 \times \frac{1,000}{1.05} + 2 \times \frac{1,000}{1.05^2} + 3 \times \frac{1,000}{1.05^3}\right) \div 2,723.2480 = 1.9675$년

볼록성 $= \left(1 \times 2 \times \frac{1,000}{1.05^3} + 2 \times 3 \times \frac{1,000}{1.05^4} + 3 \times 4 \times \frac{1,000}{1.05^5}\right) \div 2,723.2480 = 5.8996$

(2) 순자산 면역전략

자산과 부채 포트폴리오의 현재가치를 일치하므로 자산의 듀레이션과 부채의 듀레이션이 동일하면 순자산은 면역이 된다.

$D_A = D_L$ ➠ $w \times 1 + (1 - w) \times 3 = 1.9675$ ➠ $w = 0.5163,\ 1 - w = 0.4837$

1년 만기 무이표채 투자금액 $= 0.5163 \times 2,723.2480$억 $= 1,460.0129$억

3년 만기 무이표채 투자금액 $= 0.4837 \times 2,723.2480$억 $= 1,317.2351$억

연습문제 10-7

만기 5년, 액면가 1,000원, 액면이자율 7%인 이표채가 있다. 만기수익률이 현재 11%에서 9%로 하락할 때, 채권가격의 변화율을 다음의 두 가지 방법으로 구하려고 한다. 첫째, 이표채로부터 발생하는 현금흐름의 현재가치를 구한 아래의 표를 이용하여 실제 채권가격 변화율을 구하고 그 값을 채권가격변화율$_A$라고 한다. 둘째, 이표채의 매컬리(Macaulay) 듀레이션을 아래의 표를 이용하여 구하고, 계산된 듀레이션을 이용하여 채권가격변화율을 구하고 그 값을 채권가격변화율$_B$라고 한다.

이때 (채권가격변화율$_A$ − 채권가격변화율$_B$)의 값으로 가장 가까운 것은?

(만기수익률이 11%인 경우)

(1) 연도	(2) 현금흐름	(3) 현금흐름의 현재가치	(1)×(3)
1	70	63.06	63.06
2	70	56.81	113.63
3	70	51.18	153.55
4	70	46.11	184.44
5	1,070	634.99	3,174.96

(만기수익률이 9%인 경우)

(1) 연도	(2) 현금흐름	(3) 현금흐름의 현재가치	(1)×(3)
1	70	64.22	64.22
2	70	58.92	117.84
3	70	54.05	162.16
4	70	49.59	198.36
5	1,070	695.43	3,477.13

① 0.37% ② 0.42% ③ 0.47% ④ 0.52% ⑤ 0.57%

해설

만기수익률이 11%인 경우의 채권의 가격 = 63.06 + 56.81 + 51.18 + 46.11 + 634.99 = 852.15

만기수익률이 9%인 경우의 채권의 가격 = 64.22 + 58.92 + 54.05 + 49.59 + 695.43 = 922.21

채권가격변화율$_A = \dfrac{922.21 - 852.15}{852.15} = 0.0822$ (8.22%)

매컬리 듀레이션 = {63.06 + 113.63 + 153.55 + 184.44 + 3,174.96}/852.15 = 4.33

채권가격변화율$_B = \dfrac{\Delta B}{B} = -\Delta R \times MD = (-0.02) \times 4.33/1.11 = +0.078$ (7.8%)

차이 = 0.0822 − 0.078 = 0.0042 (0.42%)

정답: ②

연습문제 10-8

채권 A, 채권 B, 채권 C에 대한 정보가 다음의 표와 같다. 시장이자율의 변동이 각 채권의 만기수익률에 동일한 크기의 영향을 미친다고 가정할 때 채권 A, 채권 B, 채권C에 대한 설명으로 가장 적절하지 않은 것은?

분류	채권 A	채권 B	채권 C
채권 유형	무이표채	이표채	이표채
액면금액	1억원	1억원	1억원
액면이자율	-	연 5%	연 10%
잔존만기	5년	5년	5년
액면이자 지급시기	-	매년 12월 31일	매년 12월 31일
만기수익률	연 8%	연 8%	연 8%

① 현재시점에서 채권 A의 가격이 가장 낮다.
② 시장이자율이 변동하면 채권 A의 가격변동률이 가장 크다.
③ 채권 A의 듀레이션(duration)은 5년이다.
④ 채권 B와 채권 C의 듀레이션은 5년보다 작다.
⑤ 현재시점에서 채권 B의 듀레이션 및 가격은 채권 C의 듀레이션 및 가격보다 작다.

해설

채권가격은 액면이자율이 클수록 크기 때문에 A < B < C
듀레이션은 액면이자율이 클수록 작기 때문에 A > B > C

정답: ⑤

연습문제 10-9

(1) 듀레이션에 관한 설명으로 가장 적절하지 않은 것은?

① 무이표채의 경우 만기가 길어지면 듀레이션은 증가한다.
② 액면이자율이 높아지면 듀레이션은 감소한다.
③ 만기수익률이 높아지면 듀레이션은 감소한다.
④ 시간이 경과함에 따라 듀레이션은 감소한다.
⑤ 상환청구조건(put provision)은 듀레이션을 증가시킨다.

(2) 채권의 듀레이션에 관한 설명으로 가장 적절하지 않은 것은? 단, 이표채의 잔존만기는 1년을 초과한다고 가정한다.

① 영구채의 듀레이션은 $\frac{1+\text{만기수익률}}{\text{만기수익률}}$ 이다.
② 다른 조건이 동일할 때, 액면이자율이 낮은 이표채의 듀레이션이 더 길다.
③ 모든 채권은 발행 이후 시간이 경과하면 그 채권의 듀레이션은 짧아진다.
④ 다른 조건이 동일할 때, 만기수익률이 상승하면 이표채의 듀레이션은 짧아진다.
⑤ 이표채의 듀레이션은 만기보다 짧다.

해설

(1) 일반채권은 액면이자율과 만기수익률이 증가하면 듀레이션은 감소하며, 만기가 증가하면 듀레이션은 증가한다. 옵션부 채권은 만기이전에 상환이 가능하기 때문에 일반채권보다 듀레이션이 작다.

정답: ⑤

(2) 다른 조건이 동일하다면 시간이 경과하면 채권의 듀레이션은 짧아진다.
하지만 ③에서는 '다른 조건이 동일하다면'이라는 가정이 없기 때문에 시간이 경과하더라도 만기수익률이 감소하면 듀레이션은 증가할 수도 있다.

정답: ③

연습문제 10-10

(1) 이자율과 채권가격에 관한 설명으로 가장 적절하지 않은 것은?

① 이자율이 상승하면 채권가격은 하락한다.
② 만기가 길어질수록 동일한 이자율변동에 대한 채권가격 변동폭이 커진다.
③ 만기가 길어질수록 동일한 이자율변동에 대한 채권가격 변동폭은 체감적으로 증가 한다.
④ 이자율 상승시 채권가격 하락보다 동일 이자율 하락시 채권가격 상승이 더 크다.
⑤ 액면이자율이 높을수록 동일한 이자율 변동에 대한 채권가격 변동률이 더 크다.

(2) 채권 A는 액면이자를 기말에 연 1회 지급한다. 현재 채권 A의 만기수익률(y)은 연 10%이며, 동 채권의 수정 듀레이션($= -\dfrac{dP}{dy}\times\dfrac{1}{P}$, 단, P는 현재 채권가격)과 볼록성($= \dfrac{d^2P}{dy^2}\times\dfrac{1}{P}$)은 각각 4와 50이다. 채권 A의 만기수익률이 0.1%포인트 상승할 때, 채권가격의 변화율은 얼마인가?

단, 채권가격의 변화율은 채권가격의 만기수익률에 대한 테일러 전개식(Taylor series expansion)을 이용하여 계산하고 3차 이상의 미분항들은 무시한다.

해설

(1) 액면이자율이 클수록 듀레이션이 작기 때문에 이자율 변동에 대한 채권가격 변동률이 더 작다.

정답: ⑤

(2) $$\frac{dB}{B} = -MD\times dR + \frac{1}{2}\times C\times dR^2$$

$$= -4\times 0.001 + \frac{1}{2}\times 50\times 0.001^2$$

$$= -0.003975 = -0.3975\%$$

연습문제 10-11

총자산이 100조원이고 자기자본비율이 8%인 금융기관이 있다고 하자. 자산과 부채의 듀레이션은 각각 6년과 4년이다. 이 금융기관의 경영자는 조만간 이자율이 현재 8%에서 9%로 상승한다고 예측하고 대응전략을 강구하고 있다. 만일 이 예측이 사실이라면 주주의 입장에서 얼마만큼의 손실 혹은 이익이 발생하는가? (볼록성은 무시한다)

해설

자산의 변화금액

$$dA = -\frac{D_A}{1+R} \times A \times dR = -6\text{년}/1.08 \times 100\text{조} \times (+0.01) = -5.555\text{조원}$$

부채의 변화금액

$$dL = -\frac{D_L}{1+R} \times L \times dR = -4\text{년}/1.08 \times 92\text{조} \times (+0.01) = -3.407\text{조원}$$

자기자본의 변화금액

$$dK = dA - dL = -5.555\text{조원} - (-3.407\text{조원}) = -2.148\text{조원}$$

시장이자율이 1%상승하면 금융기관의 자산은 5.555조원 감소, 부채는 3.407조원 감소하여 자기자본은 2.148조원 감소한다.

연습문제 10-12

다음 표는 A은행의 현재 시장가치 기준 자산·부채와 듀레이션을 보여주고 있다. 다음 각 물음에 답하시오.

자산	금액	듀레이션	부채자본	금액	듀레이션
현금	100억원	0	고객예금	600억원	1.0
고객대출	500억원	1.2	발행사채	300억원	5.5
회사채	400억원	6.0	자기자본	100억원	–

(1) A은행의 자산 및 부채의 듀레이션은 각각 얼마인가?
(2) 금리가 상승하면 A은행의 자기자본은 증가하는가? 감소하는가?
(3) A은행의 듀레이션갭은 얼마인가?

해설

(1) 자산의 듀레이션 : $D_A = 0 \times 0.1 + 1.2 \times 0.5 + 6 \times 0.4 = 3$

부채의 듀레이션 : $D_L = 1 \times \frac{6}{9} + 5.5 \times \frac{3}{9} = 2.5$

(2) $D_A \times A = 3 \times 1{,}000 = 3{,}000$

$D_L \times L = 2.5 \times 900 = 2{,}250$

$D_A \times A > D_L \times L$ → 금리상승하면 자기자본은 감소한다.

(3) 듀레이션갭 : $DGAP_K = D_A - D_L \times \frac{L}{A} = 3 - 2.5 \times 0.9 = 0.75$

연습문제 10-13

금융기관인 A의 재무상태표에 따르면 자산으로서 장기채권의 시장가치가 1,000억원이고 부채로서 정기예금이 600억원, 그리고 자본금이 400억원으로 되어있다. 장기채권은 만기가 3년이고 4%의 액면이자를 매년 말 지급한다. 한편 정기예금은 만기가 1년이며 4%의 액면이자를 연말에 지급한다. 현재 시장이자율은 4%라고 가정한다.

(1) 시장이자율이 1%포인트 상승하는 경우와 1%포인트 하락하는 경우 현금흐름할인법을 이용하여 자기자본의 가치변화를 각각 계산하라.

(2) 시장이자율이 1%포인트 상승하는 경우와 1%포인트 하락하는 경우 A의 자산과 부채 듀레이션을 이용하여 자기자본의 가치변화를 각각 계산하라.

해설

(1) 현금흐름할인법을 이용하여 자기자본의 가치변화

① 시장이자율이 1% 상승하는 경우

$$\text{자산} = \frac{40}{1.05^1} + \frac{40}{1.05^2} + \frac{1,040}{1.05^3} = 972.77$$

$$\text{부채} = \frac{600+24}{1.05^1} = 594.29$$

자기자본 $= 972.77 - 594.29 = 378.48$

자기자본의 변화 $= 378.48 - 400 = -21.52$

∴ 시장이자율이 1%상승하면 자기자본은 21.52억원 감소한다.

② 시장이자율이 1% 하락하는 경우

$$\text{자산} = \frac{40}{1.03^1} + \frac{40}{1.03^2} + \frac{1,040}{1.03^3} = 1,028.29$$

$$\text{부채} = \frac{600+24}{1.03^1} = 605.83$$

자기자본 $= 1,028.29 - 605.83 = 422.46$

자기자본의 변화 $= 422.46 - 400 = +22.46$

∴ 시장이자율이 1%하락하면 자기자본은 22.46억원 증가한다.

(2) 현금흐름할인법을 이용하여 자기자본의 가치변화

① 자산의 듀레이션

$$D_A = \left(1 \times \frac{40}{1.04^1} + 2 \times \frac{40}{1.04^2} + 3 \times \frac{1,040}{1.04^3}\right) \times \frac{1}{1,000} = 2.8861\text{년}$$

② 부채의 듀레이션 = 1년

③ 시장이자율이 1% 상승하는 경우 자기자본의 변동

$$dA = -\frac{D_A}{1+R} \times A \times dR = -\frac{2.8861}{1.04} \times 1{,}000 \times 0.01 = -27.75$$

$$dL = -\frac{D_L}{1+R} \times L \times dR = -\frac{1}{1.04} \times 600 \times 0.01 = -5.77$$

$$dK = dA - dL = -27.75 - (-5.77) = -21.98$$

∴ 시장이자율이 1%상승하면 자기자본은 21.98억원 감소한다.

➡ 볼록성을 고려하지 않고 듀레이션으로만 추정하면 실제 자기자본의 감소보다 자기자본의 감소금액을 과대평가한다.

④ 시장이자율이 1% 하락하는 경우 자기자본의 변동

$$dA = -\frac{D_A}{1+R} \times A \times dR = -\frac{2.8861}{1.04} \times 1{,}000 \times (-0.01) = +27.75$$

$$dL = -\frac{D_L}{1+R} \times L \times dR = -\frac{1}{1.04} \times 600 \times (-0.01) = +5.77$$

$$dK = dA - dL = 27.75 - (5.77) = +21.98$$

∴ 시장이자율이 1%하락하면 자기자본은 21.98억원 증가한다.

➡ 볼록성을 고려하지 않고 듀레이션으로만 추정하면 실제 자기자본의 증가보다 자기자본의 증가금액을 과소평가한다.

연습문제 10-14 (21년 기출수정)

채권 듀레이션에 관한 다음 설명에 대하여 '옳다' 또는 '옳지 않다'라고 답하시오.

(1) 목표시기와 듀레이션을 일치시키는 채권 포트폴리오를 보유하면 목표시기까지 이자율의 중간 변동에 대하여 면역이 되므로 채권 포트폴리오를 조정할 필요가 없다.
(2) 목표시기면역전략 수행에 있어서 다른 조건이 동일할 때 시간이 경과함에 따라 채권 포트폴리오의 듀레이션을 감소시키는 조정이 필요하다.
(3) 다른 조건이 동일할 때 연간 이자지급횟수가 증가하면 채권의 듀레이션은 증가한다.
(4) 영구채의 듀레이션은 시장이자율과 연간 이자지급횟수에 의하여 결정된다.

해설

(1) 옳지 않다.
이자율이 변동하거나 기간이 경과하면 각 채권의 가치와 듀레이션이 변동하기 때문에 포트폴리오를 재조정(rebalancing)하여야 면역화 시킬 수 있다.

(2) 옳다.
이자율이 변동하거나 기간이 경과하면 각 채권의 가치와 듀레이션이 변동하기 때문에 포트폴리오를 재조정(rebalancing)하여야 면역화 시킬 수 있다.

(3) 옳지 않다.
이자지급횟수가 증가하면 듀레이션은 짧아진다.

(4) 옳다.
영구채의 듀레이션 = (R+1)/R = 1+1/R
시장이자율이 감소하면 영구채의 듀레이션은 증가한다.
이자지급횟수가 증가하면 듀레이션은 짧아진다.

<further study> 연간 m회씩 이자를 지급하는 경우 듀레이션

이표채의 듀레이션 : $D=\frac{1}{m}\times\sum_{t=1}^{n}t\times\frac{\frac{CF_t}{(1+R/m)^t}}{B_0}$

영구채의 듀레이션 : $D=\frac{m+R}{mR}$

연습문제 10-15 (21년 기출수정)

다음 표는 채권 A, B, C의 액면이자율을 나타낸다. 현재(t=0) 모든 채권의 만기수익률은 10%이며, 1년 후(t=1)에도 유지된다고 가정한다. 채권들의 액면금액과 잔존만기(2년 이상)가 동일하며, 액면이자는 연 1회 지급된다. 다음 설명에 대하여 '옳다' 또는 '옳지 않다'라고 답하시오.

단, $t\text{시점 경상수익률} = \dfrac{\text{연간 액면이자}}{t\text{시점 채권가격}}$

채권	액면이자율
A	9%
B	10%
C	11%

(1) 채권 A의 현재 경상수익률은 채권 B의 현재 경상수익률보다 높다.
(2) 채권 A의 1년 후 경상수익률은 현재 경상수익률에 비해 낮다.
(3) 채권 C의 1년 후 경상수익률은 현재 경상수익률에 비해 낮다.
(4) 채권 C의 1년 후 듀레이션은 현재 채권 C의 듀레이션에 비해 작다

해설

(1) 옳지 않다.

채권 A는 만기수익률(10%)이 액면이자율(9%)보다 크기 때문에 할인채권

➡ 경상수익률 > 액면이자율(9%)

채권 B는 만기수익률(10%)과 액면이자율(10%)과 같기 때문에 액면채권

➡ 경상수익률 = 액면이자율 = 10%

(2) 옳다.

채권A는 할인채권이므로 1년후 가격은 현재가격보다 더 커지므로 경상수익률은 더 작아진다.

(3) 옳지 않다.

채권C는 할증채권이므로 1년후 가격은 현재가격보다 더 작아지므로 경상수익률은 더 커진다.

(4) 옳다.

만기수익률이 일정하므로 시간이 경과하면 만기가 감소하여 듀레이션은 감소한다.

연습문제 10-16 (22년 기출수정)

채권의 투자전략에 관한 다음 설명에 대하여 '옳다' 또는 '옳지 않다'라고 답하시오.

(1) 목표시기 면역전략에 의하면 채권의 듀레이션이 목표투자기간보다 짧은 경우에는 이자율 변동에 따른 투자자의 가격위험이 재투자위험보다 크다.

(2) 채권의 채무불이행위험이나 수의상환위험은 면역전략을 통해서 제거되지 않는다.

(3) 듀레이션만을 이용하는 면역전략은 채권가격과 이자율 간의 비선형관계를 반영하지 못한다.

(4) 현재의 수익률곡선이 우상향의 모양을 가지며 투자기간 동안 그 형태가 변화할 것으로 예측되는 경우, 투자자는 수익률곡선타기전략을 사용하여 자본이득을 얻을 수 있다.

해설

(1) 옳지 않다.

목표기간 = 듀레이션 ➠ 재투자위험 = 가격위험

목표기간 > 듀레이션 ➠ 재투자위험 > 가격위험

목표기간 < 듀레이션 ➠ 재투자위험 < 가격위험

(2) 옳다.

면역전략을 통하여 이자율위험은 제거하지만 채무불이행위험이나 수의상환위험은 제거되지 않는다.

(3) 옳다.

듀레이션만을 이용하는 면역전략은 채권가격과 이자율 간의 선형관계만 반영하며 비선형관계를 반영하지 못한다.

(4) 옳지 않다.

현재의 수익률곡선이 우상향의 모양을 가지며 투자기간 동안 그 형태가 변화하지 않을 것으로 예측되는 경우, 투자자는 수익률곡선타기전략을 사용하여 자본이득을 얻을 수 있다.

연습문제 10-17 (23년 기출수정)

채권의 투자전략에 관한 다음 설명에 대하여 '옳다' 또는 '옳지 않다'라고 답하시오.

(1) 이자율이 하락할 것으로 예상될 때 만기가 같은 채권의 경우 표면이자율이 낮은 채권을 매도하고 표면이자율이 높은 채권을 매입하는 것이 유리하다.

(2) 채권가격이 하락할 것으로 예상될 때 만기가 짧고 표면이자율이 높은 채권을 매도하고 만기가 길고 표면이자율이 낮은 채권을 매입하는 것이 유리하다.

(3) 신용등급이 높은 채권과 낮은 채권 간의 수익률 차이가 커질 것으로 예상될 때 수익률이 높은 채권을 매도하고 수익률이 낮은 채권을 매입하는 것이 유리하다.

(4) 경기가 불황에서 호황으로 전환될 때 회사채를 매도하고 국채를 매입하는 것이 유리하다.

(5) 동일한 위험과 만기를 갖는 동종채권들이 일시적으로 서로 다른 가격으로 거래될 때 높은 수익률의 채권을 매도하고 낮은 수익률의 채권을 매입하는 것이 유리하다.

해설

(1) 옳지 않다.
이자율이 하락할 것으로 예상될 때 채권의 듀레이션을 증가하는 것이 유리하므로 표면이자율이 낮은 채권을 매입하는 것이 유리하다.

(2) 옳다.
채권가격이 하락할 것으로 예상될 때 채권의 듀레이션을 감소하는 것이 유리하므로 만기가 짧고 표면이자율이 높은 채권을 매입하는 것이 유리하다.

(3) 옳다.
신용스프레드 증가 → 신용등급이 높은 채권가격 상승, 신용등급이 낮은 채권가격 하락
→ 신용등급이 높은 채권(수익률이 낮은 채권)을 매입하는 것이 유리

(4) 옳지 않다.
호황으로 전환 → 신용스프레드 감소 → 신용등급이 낮은 채권(수익률이 높은 채권)을 매입하는 것이 유리

(5) 옳지 않다.
기격이 낮은 채권(수익률이 높은 채권)을 매입하는 것이 유리하다.

연습문제 10-18 (24년 기출)

채권의 듀레이션(duration)에 관한 설명으로 가장 적절하지 않은 것은? (단, %는 소수점 셋째 자리에서 반올림한다.)

① 듀레이션은 채권보유자가 채권으로부터의 현금흐름을 통하여 자신의 투자액을 회수하는 데 소요되는 가중평균회수기간으로 해석할 수 있다.
② 만기수익률이 20%이며 매년 말에 이자를 지급하는 영구채(perpetual bond)의 듀레이션은 12년이다.
③ 만기수익률이 20%이며 매년 말에 이자를 지급하는 이표채 A의 듀레이션은 5년이다. 동 채권의 만기수익률이 21%로 상승하는 경우 듀레이션을 이용하여 추정한 채권의 가격변화율은 (−)4.17%이다.
④ 무이표채(zero coupon bond)의 듀레이션은 채권 만기와 동일하다.
⑤ 이표채(coupon bond)의 듀레이션은 채권 만기보다 짧은 것이 일반적이나 항상 그렇지는 않다.

해설

(2) 영구채 듀레이션 = 1 + 1/R = 1 + 1/0.2 = 6년

(3) 가격변화율 = $-\frac{D}{1+R}\times\triangle R =-\frac{5}{1.20}\times 0.01$ = (−)4.17%

(5) 이표채의 듀레이션은 채권 만기와 정(+)의 관계에 있지만 만기가 무한히 증가하면 이표채의 듀레이션은 '1+1/R'로 수렴한다.

정답 : ②

연습문제 10-19 (24년 기출)

주식 A와 주식 B의 월간 수익률 표준편차는 각각 5%와 8%이며, 두 주식 수익률 간 상관계수는 0.4이다. 주식 A와 주식 B에 각각 500만원과 300만원씩 투자하여 1개월간 보유할 경우, 95% 신뢰수준에서 포트폴리오의 평균기준 VaR(value at risk)은 얼마인가? (단, Prob(μ±1.65×σ) = 90%이고, 두 주식의 월간 기대수익률은 0%로 가정한다.)

해설

$$\sigma_p^2 = (\frac{5}{8})^2 \times 5^2 + (\frac{3}{8})^2 \times 8^2 + 2 \times \frac{5}{8} \times \frac{3}{8} \times 5 \times 8 \times 0.4 = 26.266\%^2$$

$$\sigma_p = \sqrt{26.266} = 5.125\%$$

$$VaR = Z \times \sigma_p \times V_p$$

$= 1.65 \times 0.05125 \times 800$만원 $= 67.65$만원

정답 : 67.65만원

〈부록 1〉 미래가치계수(CVIF)

$CVIF = (1+R)^n$

	이 자 율								
기간	**1%**	**2%**	**3%**	**4%**	**5%**	**6%**	**7%**	**8%**	**9%**
1	1.0100	1.0200	1.0300	1.0400	1.0500	1.0600	1.0700	1.0800	1.0900
2	1.0201	1.0404	1.0609	1.0816	1.1025	1.1236	1.1449	1.1664	1.1881
3	1.0303	1.0612	1.0927	1.1249	1.1576	1.1910	1.2250	1.2597	1.2950
4	1.0406	1.0824	1.1255	1.1699	1.2155	1.2625	1.3108	1.3605	1.4116
5	1.0510	1.1041	1.1593	1.2167	1.2763	1.3382	1.4026	1.4693	1.5386
6	1.0615	1.1262	1.1941	1.2653	1.3401	1.4185	1.5007	1.5869	1.6771
7	1.0721	1.1487	1.2299	1.3159	1.4071	1.5036	1.6058	1.7138	1.8280
8	1.0829	1.1717	1.2668	1.3686	1.4775	1.5938	1.7182	1.8509	1.9926
9	1.0937	1.1951	1.3048	1.4233	1.5513	1.6895	1.8385	1.9990	2.1719
10	1.1046	1.2190	1.3439	1.4802	1.6289	1.7908	1.9672	2.1589	2.3674
11	1.1157	1.2434	1.3842	1.5395	1.7103	1.8983	2.1049	2.3316	2.5804
12	1.1268	1.2682	1.4258	1.6010	1.7959	2.0122	2.2522	2.5182	2.8127
13	1.1381	1.2936	1.4685	1.6651	1.8856	2.1329	2.4098	2.7196	3.0658
14	1.1495	1.3195	1.5126	1.7317	1.9799	2.2609	2.5785	2.9372	3.3417
15	1.1610	1.3459	1.5580	1.8009	2.0789	2.3966	2.7590	3.1722	3.6425
16	1.1726	1.3728	1.6047	1.8730	2.1829	2.5404	2.9522	3.4259	3.9703
17	1.1843	1.4002	1.6528	1.9479	2.2920	2.6928	3.1588	3.7000	4.3276
18	1.1961	1.4282	1.7024	2.0258	2.4066	2.8543	3.3799	3.9960	4.7171
19	1.2081	1.4568	1.7535	2.1068	2.5270	3.0256	3.6165	4.3157	5.1417
20	1.2202	1.4859	1.8061	2.1911	2.6533	3.2071	3.8697	4.6610	5.6044
21	1.2324	1.5157	1.8603	2.2788	2.7860	3.3996	4.1406	5.0338	6.1088
22	1.2447	1.5460	1.9161	2.3699	2.9253	3.6035	4.4304	5.4365	6.6586
23	1.2572	1.5769	1.9736	2.4647	3.0715	3.8197	4.7405	5.8715	7.2579
24	1.2697	1.6084	2.0328	2.5633	3.2251	4.0489	5.0724	6.3412	7.9111
25	1.2824	1.6406	2.0938	2.6658	3.3864	4.2919	5.4274	6.8485	8.6231
30	1.3478	1.8114	2.4273	3.2434	4.3219	5.7435	7.6123	10.063	13.268
40	1.4889	2.2080	3.2620	4.8010	7.0400	10.286	14.974	21.725	31.409
50	1.6446	2.6916	4.3839	7.1067	11.467	18.420	29.457	46.902	74.358
60	1.8167	3.2810	5.8916	10.520	18.679	32.988	57.946	101.26	176.03

$CVIF > 99{,}999$

〈부록 1〉 계속

이 자 율										
10%	**12%**	**14%**	**15%**	**16%**	**18%**	**20%**	**24%**	**28%**	**32%**	**36%**
1.1000	1.1200	1.1400	1.1500	1.1600	1.1800	1.2000	1.2400	1.2800	1.3200	1.3600
1.2100	1.2544	1.2996	1.3225	1.3456	1.3924	1.4400	1.5376	1.6384	1.7424	1.8496
1.3310	1.4049	1.4815	1.5209	1.5609	1.6430	1.7280	1.9066	2.0972	2.3000	2.5155
1.4641	1.5735	1.6890	1.7490	1.8106	1.9388	2.0736	2.3642	2.6844	3.0360	3.4210
1.6105	1.7623	1.9254	2.0114	2.1003	2.2878	2.4883	2.9316	3.4360	4.0075	4.6526
1.7716	1.9738	2.1950	2.3131	2.4364	2.6996	2.9860	3.6352	4.3980	5.2899	6.3275
1.9487	2.2107	2.5023	2.6600	2.8262	3.1855	3.5832	4.5077	5.6295	6.9826	8.6054
2.1436	2.4760	2.8526	3.0590	3.2784	3.7589	4.2998	5.5895	7.2058	9.2170	11.703
2.3579	2.7731	3.2519	3.5179	3.8030	4.4355	5.1598	6.9310	9.2234	12.166	15.917
2.5937	3.1058	3.7072	4.0456	4.4114	5.2338	6.1917	8.5944	11.806	16.060	21.647
2.8531	3.4785	4.2262	4.6524	5.1173	6.1759	7.4301	10.657	15.112	21.199	29.439
3.1384	3.8960	4.8179	5.3503	5.9360	7.2876	8.9161	13.215	19.343	27.983	40.037
3.4523	4.3635	5.4924	6.1528	6.8858	8.5994	10.699	16.386	24.759	36.937	54.451
3.7975	4.8871	6.2613	7.0757	7.9875	10.147	12.839	20.319	31.691	48.757	74.053
4.1772	5.4736	7.1379	8.1371	9.2655	11.974	15.407	25.196	40.565	64.359	100.71
4.5950	6.1304	8.1372	9.3576	10.748	14.129	18.488	31.243	51.923	84.954	136.97
5.0545	6.8660	9.2765	10.761	12.468	16.672	22.186	38.741	66.461	112.14	186.28
5.5599	7.6900	10.575	12.375	14.463	19.673	26.623	48.039	86.071	148.02	253.34
6.1159	8.6128	12.056	14.232	16.777	23.214	31.948	59.568	108.89	195.39	344.54
6.7275	9.6463	13.743	16.367	19.461	27.393	38.338	73.864	139.38	257.92	468.57
7.4002	10.804	15.668	18.822	22.574	32.324	46.005	91.592	178.41	340.45	637.26
8.1403	12.100	17.861	21.645	26.186	38.142	55.206	113.57	228.36	449.39	866.67
8.9543	13.552	20.362	24.891	30.376	45.008	66.247	140.83	292.30	593.20	1178.7
9.8497	15.179	23.212	28.625	35.236	53.109	79.497	174.63	374.14	783.02	1603.0
10.835	17.000	26.462	32.919	40.874	62.669	95.396	216.54	478.90	1033.6	2180.1
17.449	29.960	50.950	66.212	85.850	143.37	237.38	634.82	1645.5	4142.1	10143.
45.259	93.051	188.88	267.86	378.72	750.38	1469.8	5455.9	19427.	66521.	*
117.39	289.00	700.23	1083.7	1670.7	3927.4	9100.4	46890.	*	*	*
304.48	897.60	2595.9	4384.0	7370.2	20555.	56348.	*	*	*	*

〈부록 2〉 연금의 미래가치계수(CVIFA)

$$CVIFA = \frac{(1+R)^n - 1}{R}$$

	이 자 율								
기간	1%	2%	3%	4%	5%	6%	7%	8%	9%
1	1.0000	1.0000	1.0000	1.0000	1.0000	1.0000	1.0000	1.0000	1.0000
2	2.0100	2.0200	2.0300	2.0400	2.0500	2.0600	2.0700	2.0800	2.0900
3	3.0301	3.0604	3.0909	3.1216	3.1525	3.1836	3.2149	3.2464	3.2781
4	4.0604	4.1216	4.1836	4.2465	4.3101	4.3746	4.4399	4.5061	4.5731
5	5.1010	5.2040	5.3091	5.4163	5.5256	5.6371	5.7507	5.8666	5.9847
6	6.1520	6.3081	6.4684	6.6330	6.8019	6.9753	7.1533	7.3359	7.5233
7	7.2135	7.4343	7.6625	7.8983	8.1420	8.3938	8.6540	8.9228	9.2004
8	8.2857	8.5830	8.8932	9.2142	9.5491	9.8975	10.260	10.637	11.028
9	9.3685	9.7546	10.159	10.583	11.027	11.491	11.978	12.488	13.021
10	10.462	10.950	11.464	12.006	12.578	13.181	13.816	14.487	15.193
11	11.567	12.169	12.808	13.486	14.207	14.972	15.784	16.645	17.560
12	12.683	13.412	14.192	15.026	15.917	16.870	17.888	18.977	20.141
13	13.809	14.680	15.618	16.627	17.713	18.882	20.141	21.495	22.953
14	14.947	15.974	17.086	18.292	19.599	21.015	22.550	24.215	26.019
15	16.097	17.293	18.599	20.024	21.579	23.276	25.129	27.152	29.361
16	17.258	18.639	20.157	21.825	23.657	25.673	27.888	30.324	33.003
17	18.430	20.012	21.762	23.698	25.840	28.213	30.840	33.750	36.974
18	19.615	21.412	23.414	25.645	28.132	30.906	33.999	37.450	41.301
19	20.811	22.841	25.117	27.671	30.539	33.760	37.379	41.446	46.018
20	22.019	24.297	26.870	29.778	33.066	36.786	40.995	45.762	51.160
21	23.239	25.783	28.676	31.969	35.719	39.993	44.865	50.423	56.765
22	24.472	27.299	30.537	34.248	38.505	43.392	49.006	55.457	62.873
23	25.716	28.845	32.453	36.618	41.430	46.996	53.436	60.893	69.532
24	26.973	30.422	34.426	39.083	44.502	50.816	58.177	66.765	76.790
25	28.243	32.030	36.459	41.646	47.727	54.865	63.249	73.106	84.701
30	34.785	40.568	47.575	56.085	66.439	79.058	94.461	113.28	136.31
40	48.886	60.402	75.401	95.026	120.80	154.76	199.64	259.06	337.88
50	64.463	84.579	112.80	152.67	209.35	290.34	406.53	573.77	815.08
60	81.670	114.05	163.05	237.99	353.58	533.13	813.52	1253.2	1944.8

$CVIFA > 99,999$

〈부록 2〉 계속

이 자 율										
10%	**12%**	**14%**	**15%**	**16%**	**18%**	**20%**	**24%**	**28%**	**32%**	**36%**
1.0000	1.0000	1.0000	1.0000	1.0000	1.0000	1.0000	1.0000	1.0000	1.0000	1.0000
2.1000	2.1200	2.1400	2.1500	2.1600	2.1800	2.2000	2.2400	2.2800	2.3200	2.3600
3.3100	3.3744	3.4396	3.4725	3.5056	3.5724	3.6400	3.7776	3.9184	4.0624	4.2096
4.6410	4.7793	4.9211	4.9934	5.0665	5.2154	5.3680	5.6842	6.0156	6.3624	6.7251
6.1051	6.3528	6.6101	6.7424	6.8771	7.1542	7.4416	8.0484	8.6999	9.3983	10.146
7.7156	8.1152	8.5355	8.7537	8.9775	9.4420	9.9299	10.980	12.136	13.406	14.799
9.4872	10.089	10.730	11.067	11.414	12.142	12.916	14.615	16.534	18.696	21.126
11.436	12.300	13.233	13.727	14.240	15.327	16.499	19.123	22.163	25.678	29.732
13.579	14.776	16.085	16.786	17.519	19.086	20.799	24.712	29.369	34.895	41.435
15.937	17.549	19.337	20.304	21.321	23.521	25.959	31.643	38.593	47.062	57.352
18.531	20.655	23.045	24.349	25.733	28.755	32.150	40.238	50.398	63.122	78.998
21.384	24.133	27.271	29.002	30.850	34.931	39.581	50.895	65.510	84.320	108.44
24.523	28.029	32.089	34.352	36.786	42.219	48.497	64.110	84.853	112.30	148.47
27.975	32.393	37.581	40.505	43.672	50.818	59.196	80.496	109.61	149.24	202.93
31.772	37.280	43.842	47.580	51.660	60.965	72.035	100.82	141.30	198.00	276.98
35.950	42.753	50.980	55.717	60.925	72.939	87.442	126.01	181.87	262.36	377.69
40.545	48.884	59.118	65.075	71.673	87.068	105.93	157.25	233.79	347.31	514.66
45.599	55.750	68.394	75.836	84.141	103.74	128.12	195.99	300.25	459.45	700.94
51.159	64.440	78.969	88.212	98.603	123.41	154.74	244.03	385.32	607.47	954.28
57.275	72.052	91.025	102.44	115.38	146.63	186.69	303.60	494.21	802.86	1298.8
64.002	81.699	104.77	118.81	134.84	174.02	225.03	377.46	633.59	1060.8	1767.4
71.403	92.503	120.44	137.63	157.41	206.34	271.03	469.06	812.00	1401.2	2404.7
79.543	104.60	138.30	159.28	183.60	244.49	326.24	582.63	1040.4	1850.6	3271.3
88.497	118.16	158.66	184.17	213.98	289.49	392.48	723.46	1332.7	2443.8	4450.0
98.347	133.33	181.87	212.79	249.21	342.60	471.98	898.09	1706.8	3226.8	6053.0
164.49	241.33	359.79	434.75	530.31	790.95	1181.9	2640.9	5873.2	12941.	28172.3
442.59	767.09	1342.0	1779.1	2360.8	4163.2	7343.9	22729.	69377.	*	*
1163.9	2400.0	4994.5	7217.7	10436.	21813.	45497.	*	*	*	*
3034.8	7471.6	18535.	29220.	46058.	*	*	*	*	*	*

〈부록 3〉 연속복리 미래가치계수($e^{R \cdot t}$)

	연속복리 이자율									
기간	1%	2%	3%	4%	5%	6%	7%	8%	9%	10%
1	1.0101	1.0202	1.0305	1.0408	1.0513	1.0618	1.0725	1.0833	1.0942	1.1052
2	1.0202	1.0408	1.0618	1.0833	1.1052	1.1275	1.1503	1.1735	1.1972	1.2214
3	1.0305	1.0618	1.0942	1.1275	1.1618	1.1972	1.2337	1.2712	1.3100	1.3499
4	1.0408	1.0833	1.1275	1.1735	1.2214	1.2712	1.3231	1.3771	1.4333	1.4918
5	1.0513	1.1052	1.1618	1.2214	1.2840	1.3499	1.4191	1.4918	1.5683	1.6487
6	1.0618	1.1275	1.1972	1.2712	1.3499	1.4333	1.5220	1.6161	1.7160	1.8221
7	1.0725	1.1503	1.2337	1.3231	1.4191	1.5220	1.6323	1.7507	1.8776	2.0138
8	1.0833	1.1735	1.2712	1.3771	1.4918	1.6161	1.7507	1.8965	2.0544	2.2255
9	1.0942	1.1972	1.3100	1.4333	1.5683	1.7160	1.8776	2.0544	2.2479	2.4596
10	1.1052	1.2214	1.3499	1.4918	1.6487	1.8221	2.0138	2.2255	2.4596	2.7183
11	1.1163	1.2461	1.3910	1.5527	1.7333	1.9348	2.1598	2.4109	2.6912	3.0042
12	1.1275	1.2712	1.4333	1.6161	1.8221	2.0544	2.3164	2.6117	2.9447	3.3201
13	1.1388	1.2969	1.4770	1.6820	1.9155	2.1815	2.4843	2.8292	3.2220	3.6693
14	1.1503	1.3231	1.5220	1.7507	2.0138	2.3164	2.6645	3.0649	3.5254	4.0552
15	1.1618	1.3499	1.5683	1.8221	2.1170	2.4596	2.8577	3.3201	3.8574	4.4817
16	1.1735	1.3771	1.6161	1.8965	2.2255	2.6117	3.0649	3.5966	4.2207	4.9530
17	1.1853	1.4049	1.6653	1.9739	2.3396	2.7732	3.2871	3.8962	4.6182	5.4739
18	1.1972	1.4333	1.7160	2.0544	2.4596	2.9447	3.5254	4.2207	5.0531	6.0496
19	1.2092	1.4623	1.7683	2.1383	2.5857	3.1268	3.7810	4.5722	5.5290	6.6859
20	1.2214	1.4918	1.8221	2.2255	2.7183	3.3201	4.0552	4.9530	6.0496	7.3891
21	1.2337	1.5220	1.8776	2.3164	2.8577	3.5254	4.3492	5.3656	6.6194	8.1662
22	1.2461	1.5527	1.9348	2.4109	3.0042	3.7434	4.6646	5.8124	7.2427	9.0250
23	1.2586	1.5841	1.9937	2.5093	3.1582	3.9749	5.0028	6.2965	7.9248	9.9742
24	1.2712	1.6161	2.0544	2.6117	3.3201	4.2207	5.3656	6.8210	8.6711	11.0232
25	1.2840	1.6487	2.1170	2.7183	3.4903	4.4817	5.7546	7.3891	9.4877	12.1825
30	1.3499	1.8221	2.4596	3.3204	4.4817	6.0496	8.1662	11.0232	14.8797	20.0855
35	1.4191	2.0138	2.8577	4.0552	5.7546	8.1662	11.5883	16.4446	23.3361	33.1155
40	1.4918	2.2255	3.3201	4.9530	7.3891	11.0232	16.4446	24.5235	36.5982	54.5982
45	1.5683	2.4596	3.8574	6.0496	9.4877	14.8797	23.3361	36.5982	57.3975	90.0171
50	1.6487	2.7183	4.4817	7.3891	12.1825	20.0855	33.1155	54.5982	90.0171	148.4132
55	1.7333	3.0042	5.2070	9.0250	15.6426	27.1126	46.9931	81.4509	141.1750	244.6919
60	1.8221	3.3201	6.0496	11.0232	20.0855	36.5982	66.6863	121.5104	221.4064	403.4288

〈부록 3〉 계속

연속복리 이자율										
11%	12%	13%	15%	16%	18%	20%	22%	24%	26%	28%
1.1163	1.1275	1.1388	1.1618	1.1735	1.1972	1.2214	1.2461	1.2712	1.2969	1.3231
1.2461	1.2712	1.2969	1.3499	1.3771	1.4333	1.4918	1.5527	1.6161	1.6820	1.7507
1.3910	1.4333	1.4770	1.5683	1.6161	1.7160	1.8221	1.9348	2.0544	2.1815	2.3164
1.5527	1.6161	1.6820	1.8221	1.8965	2.0544	2.2255	2.4109	2.6117	2.8292	3.0649
1.7333	1.8221	1.9155	2.1170	2.2255	2.4596	2.7183	3.0042	3.3201	3.6693	4.0522
1.9348	2.0544	2.1815	2.4596	2.6117	2.9447	3.3201	3.7434	4.2207	4.7588	5.3656
2.1598	2.3164	2.4843	2.8577	3.0649	3.5254	4.0552	4.6646	5.3656	6.1719	7.0993
2.4109	2.6117	2.8292	3.3201	3.5966	4.2207	4.9530	5.8124	6.8210	8.0045	9.3933
2.6912	2.9447	3.2220	3.8574	4.2207	5.0531	6.0496	7.2427	8.6711	10.3812	12.4286
3.0042	3.3201	3.6693	4.4817	4.9530	6.0496	7.3891	9.0250	11.0232	13.4637	16.4446
3.3535	3.7434	4.1787	5.2070	5.8124	7.2427	9.0250	11.2459	14.0132	17.4615	21.7584
3.7434	4.2207	4.7588	6.0496	6.8210	8.6711	11.0232	14.0132	17.8143	22.6464	28.7892
4.1787	4.7588	5.4195	7.0287	8.0045	10.3812	13.4637	17.4615	22.6464	29.3708	38.0918
4.6646	5.3656	6.1719	8.1662	9.3933	12.4286	16.4446	21.7584	28.7892	38.0918	50.4004
5.2070	6.0496	7.0287	9.4877	11.0232	14.8797	20.0855	27.1126	36.5982	49.4024	66.6863
5.8124	6.8210	8.0045	11.0232	12.9358	17.8143	24.5325	33.7844	46.5255	64.0715	88.2347
6.4883	7.6906	9.1157	12.8071	15.1803	21.3276	29.9641	42.0980	59.1455	83.0963	116.7459
7.2427	8.6711	10.3812	14.8797	17.8143	25.5337	36.5982	52.4573	75.1886	107.7701	154.4700
8.0849	9.7767	11.8224	17.2878	20.9052	30.5694	44.7012	65.3659	95.5835	139.7702	204.3839
9.0250	11.0232	13.4637	20.0855	24.5325	36.5982	54.5982	81.4509	121.5104	181.2722	270.4264
10.0744	12.4286	15.3329	23.3361	28.7892	43.8160	66.6863	101.4940	154.4700	235.0974	357.8092
11.2459	14.0132	17.4615	27.1126	33.7844	52.4573	81.4509	126.4694	196.3699	304.9049	473.4281
12.5535	15.7998	19.8857	31.5004	39.6464	62.8028	99.4843	157.5905	249.6350	395.4404	626.4068
14.0132	17.8143	22.6464	36.5982	46.5255	75.1886	121.5104	196.3699	317.3483	512.8585	828.8175
15.6426	20.0855	25.7903	42.5211	54.5982	90.0171	148.4132	244.6916	403.4288	665.1416	1096.633
27.1126	36.5982	49.4024	90.0171	121.5104	221.4064	403.4288	735.0952	1339.431	2440.602	4447.067
46.9931	66.6863	94.6324	190.5663	270.4264	544.5719	1096.633	2208.348	4447.067	8955.293	18033.74
81.4509	121.5104	181.2722	403.4288	601.8450	1339.431	2980.958	6634.244	14764.78	32859.63	73130.44
141.1750	221.4064	347.2344	854.0588	1339.431	3294.468	8103.084	19930.37	49020.80	120571.7	296558.6
244.6919	403.4288	665.1416	1808.042	2980.958	8103.084	22026.47	59874.14	162754.8	442413.4	1202604
424.1130	735.0952	1274.106	3827.626	6634.244	19930.37	59874.14	179871.9	540364.9	1623346	4876801
735.0952	1339.431	2440.602	8103.084	14764.78	49020.80	162754.8	540364.9	1794075	5956538	19776403

〈부록 4〉 현재가치계수(PVIF)

$$PVIF = \frac{1}{(1+R)^n}$$

	이 자 율								
기간	1%	2%	3%	4%	5%	6%	7%	8%	9%
1	0.9901	0.9804	0.9709	0.9615	0.9524	0.9434	0.9346	0.9259	0.9174
2	0.9803	0.9612	0.9426	0.9246	0.9070	0.8900	0.8734	0.8573	0.8417
3	0.9706	0.9423	0.9151	0.8890	0.8638	0.8396	0.8163	0.7938	0.7722
4	0.9610	0.9238	0.8885	0.8548	0.8227	0.7921	0.7629	0.7350	0.7084
5	0.9515	0.9057	0.8626	0.8219	0.7835	0.7473	0.7130	0.6806	0.6499
6	0.9420	0.8880	0.8375	0.7903	0.7462	0.7050	0.6663	0.6302	0.5963
7	0.9327	0.8706	0.8131	0.7599	0.7107	0.6651	0.6227	0.5835	0.5470
8	0.9235	0.8535	0.7894	0.7307	0.6768	0.6274	0.5820	0.5403	0.5019
9	0.9143	0.8368	0.7664	0.7026	0.6446	0.5919	0.5439	0.5002	0.4604
10	0.9053	0.8203	0.7441	0.6756	0.6139	0.5584	0.5083	0.4632	0.4224
11	0.8963	0.8043	0.7224	0.6496	0.5847	0.5268	0.4751	0.4289	0.3875
12	0.8874	0.7885	0.7014	0.6246	0.5568	0.4970	0.4440	0.3971	0.3555
13	0.8787	0.7730	0.6810	0.6006	0.5303	0.4688	0.4150	0.3677	0.3262
14	0.8700	0.7579	0.6611	0.5775	0.5051	0.4423	0.3878	0.3405	0.2992
15	0.8613	0.7430	0.6419	0.5553	0.4810	0.4173	0.3624	0.3152	0.2745
16	0.8528	0.7284	0.6232	0.5339	0.4581	0.3936	0.3387	0.2919	0.2519
17	0.8444	0.7142	0.6050	0.5134	0.4363	0.3714	0.3166	0.2703	0.2311
18	0.8360	0.7002	0.5874	0.4936	0.4155	0.3503	0.2959	0.2502	0.2120
19	0.8277	0.6864	0.5703	0.4746	0.3957	0.3305	0.2765	0.2317	0.1945
20	0.8195	0.6730	0.5537	0.4564	0.3769	0.3118	0.2584	0.2145	0.1784
21	0.8114	0.6598	0.5375	0.4388	0.3589	0.2942	0.2415	0.1987	0.1637
22	0.8034	0.6468	0.5219	0.4220	0.3418	0.2775	0.2257	0.1839	0.1502
23	0.7954	0.6342	0.5067	0.4057	0.3256	0.2618	0.2109	0.1703	0.1378
24	0.7876	0.6217	0.4919	0.3901	0.3101	0.2470	0.1971	0.1577	0.1264
25	0.7798	0.6095	0.4776	0.3751	0.2953	0.2330	0.1842	0.1460	0.1160
30	0.7419	0.5521	0.4120	0.3083	0.2314	0.1741	0.1314	0.0994	0.0754
40	0.6717	0.4529	0.3066	0.2083	0.1420	0.0972	0.0668	0.0460	0.0318
50	0.6080	0.3715	0.2281	0.1407	0.0872	0.0543	0.0339	0.0213	0.0134

*The factor is zero to four decimal places.

〈부록 4〉 계속

이 자 율										
10%	**12%**	**14%**	**15%**	**16%**	**18%**	**20%**	**24%**	**28%**	**32%**	**36%**
0.9091	0.8929	0.8772	0.8696	0.8621	0.8475	0.8333	0.8065	0.7813	0.7576	0.7353
0.8264	0.7972	0.7695	0.7561	0.7432	0.7182	0.6944	0.6504	0.6104	0.5739	0.5407
0.7513	0.7118	0.6750	0.6575	0.6407	0.6086	0.5787	0.5245	0.4768	0.4348	0.3975
0.6830	0.6355	0.5921	0.5718	0.5523	0.5158	0.4823	0.4230	0.3725	0.3294	0.2923
0.6209	0.5674	0.5194	0.4972	0.4761	0.4371	0.4019	0.3411	0.2910	0.2495	0.2149
0.5645	0.5066	0.4556	0.4323	0.4104	0.3704	0.3349	0.2751	0.2274	0.1890	0.1580
0.5132	0.4523	0.3996	0.3759	0.3538	0.3139	0.2791	0.2218	0.1776	0.1432	0.1162
0.4665	0.4039	0.3506	0.3269	0.3050	0.2660	0.2326	0.1789	0.1388	0.1085	0.0854
0.4241	0.3606	0.3075	0.2843	0.2630	0.2255	0.1938	0.1443	0.1084	0.0822	0.0628
0.3855	0.3220	0.2697	0.2472	0.2267	0.1911	0.1615	0.1164	0.0847	0.0623	0.0462
0.3505	0.2875	0.2366	0.2149	0.1954	0.1619	0.1346	0.0938	0.0662	0.0472	0.0340
0.3186	0.2567	0.2076	0.1869	0.1685	0.1372	0.1122	0.0757	0.0517	0.0357	0.0250
0.2897	0.2292	0.1821	0.1625	0.1452	0.1163	0.0935	0.0610	0.0404	0.0271	0.0184
0.2633	0.2046	0.1597	0.1413	0.1252	0.0985	0.0779	0.0492	0.0316	0.0205	0.0135
0.2394	0.1827	0.1401	0.1229	0.1079	0.0835	0.0649	0.0397	0.0247	0.0155	0.0099
0.2176	0.1631	0.1229	0.1069	0.0930	0.0708	0.0541	0.0320	0.0193	0.0118	0.0073
0.1978	0.1456	0.1078	0.0929	0.0802	0.0600	0.0451	0.0258	0.0150	0.0089	0.0054
0.1799	0.1300	0.0946	0.0808	0.0691	0.0508	0.0376	0.0208	0.0118	0.0068	0.0039
0.1635	0.1161	0.0829	0.0703	0.0596	0.0431	0.0313	0.0168	0.0092	0.0051	0.0029
0.1486	0.1037	0.0728	0.0611	0.0514	0.0365	0.0261	0.0135	0.0072	0.0039	0.0021
0.1351	0.0926	0.0638	0.0531	0.0443	0.0309	0.0217	0.0109	0.0056	0.0029	0.0016
0.1228	0.0826	0.0560	0.0462	0.0382	0.0262	0.0181	0.0088	0.0044	0.0022	0.0012
0.1117	0.0738	0.0491	0.0402	0.0329	0.0222	0.0151	0.0071	0.0034	0.0017	0.0008
0.1015	0.0659	0.0431	0.0349	0.0284	0.0188	0.0126	0.0057	0.0027	0.0013	0.0006
0.0923	0.0588	0.0378	0.0304	0.0245	0.0160	0.0105	0.0046	0.0021	0.0010	0.0005
0.0573	0.0334	0.0196	0.0151	0.0116	0.0070	0.0042	0.0016	0.0006	0.0002	0.0001
0.0221	0.0107	0.0053	0.0037	0.0026	0.0013	0.0007	0.0002	0.0001	*	*
0.0085	0.0035	0.0014	0.0009	0.0006	0.0003	0.0001	*	*	*	*

〈부록 5〉 연금의 현재가치계수(PVIFA)

$$PVIFA = \left[\frac{1}{R} - \frac{1}{R(1+R)^n}\right]$$

	이 자 율								
기간	1%	2%	3%	4%	5%	6%	7%	8%	9%
1	0.9901	0.9804	0.9709	0.9615	0.9524	0.9434	0.9346	0.9259	0.9174
2	1.9704	1.9416	1.9135	1.8861	1.8594	1.8334	1.8080	1.7833	1.7591
3	2.9410	2.8839	2.8286	2.7751	2.7232	2.6730	2.6243	2.5771	2.5313
4	3.9020	3.8077	3.7171	3.6299	3.5460	3.4651	3.3872	3.3121	3.2397
5	4.8534	4.7135	4.5797	4.4518	4.3295	4.2124	4.1002	3.9927	3.8897
6	5.7955	5.6014	5.4172	5.2421	5.0757	4.9173	4.7665	4.6229	4.4859
7	6.7282	6.4720	6.2303	6.0021	5.7864	5.5824	5.3893	5.2064	5.0330
8	7.6517	7.3255	7.0197	6.7327	6.4632	6.2098	5.9713	5.7466	5.5348
9	8.5660	8.1622	7.7861	7.4353	7.1078	6.8017	6.5152	6.2469	5.9952
10	9.4713	8.9826	8.5302	8.1109	7.7217	7.3601	7.0236	6.7101	6.4177
11	10.3676	9.7868	9.2526	8.7605	8.3064	7.8869	7.4987	7.1390	6.8052
12	11.2551	10.5753	9.9540	9.3851	8.8633	8.3838	7.9427	7.5361	7.1607
13	12.1337	11.3484	10.6350	9.9856	9.3936	8.8527	8.3577	7.9038	7.4869
14	13.0037	12.1062	11.2961	10.5631	9.8986	9.2950	8.7455	8.2442	7.7862
15	13.8651	12.8493	11.9379	11.1184	10.3797	9.7122	9.1079	8.5595	8.0607
16	14.7179	13.5777	12.5611	11.6523	10.8378	10.1059	9.4466	8.8514	8.3126
17	15.5623	14.2919	13.1661	12.1657	11.2741	10.4773	9.7632	9.1216	8.5436
18	16.3983	14.9920	13.7535	12.6593	11.6896	10.8276	10.0591	9.3719	8.7556
19	17.2260	15.6785	14.3238	13.1339	12.0853	11.1581	10.3356	9.6036	8.9501
20	18.0456	16.3514	14.8775	13.5903	12.4622	11.4699	10.5940	9.8181	9.1285
21	18.8570	17.0112	15.4150	14.0292	12.8212	11.7641	10.8355	10.0168	9.2922
22	19.6604	17.6580	15.9369	14.4511	13.1630	12.0416	11.0612	10.2007	9.4424
23	20.4558	18.2922	16.4436	14.8568	13.4886	12.3034	11.2722	10.3741	9.5802
24	21.2434	18.9139	16.9355	15.2470	13.7986	12.5504	11.4693	10.5288	9.7066
25	22.0232	19.5235	17.4131	15.6221	14.0939	12.7834	11.6536	10.6748	9.8226
30	25.8077	22.3965	19.6004	17.2920	15.3725	13.7648	12.4090	11.2578	10.2737
40	32.8347	27.3555	23.1148	19.7928	17.1591	15.0463	13.3317	11.9246	10.7574
50	39.1961	31.4236	25.7298	21.4822	18.2559	15.7619	13.8007	12.2335	10.9617

〈부록 5〉 계속

이 자 율									
10%	12%	14%	15%	16%	18%	20%	24%	28%	32%
0.9091	0.8929	0.8772	0.8696	0.8621	0.8475	0.8333	0.8065	0.7813	0.7576
1.7355	1.6901	1.6467	1.6257	1.6052	1.5656	1.5278	1.4568	1.3916	1.3315
2.4869	2.4018	2.3216	2.2832	2.2459	2.1743	2.1065	1.9813	1.8684	1.7663
3.1699	3.0373	2.9137	2.8550	2.7982	2.6901	2.5887	2.4043	2.2410	2.0957
3.7908	3.6048	3.4331	3.3522	3.2743	3.1272	2.9906	2.7454	2.5320	2.3452
4.3553	4.1114	3.8887	3.7845	3.6847	3.4976	3.3255	3.0205	2.7594	2.5342
4.8684	4.5638	4.2883	4.1604	4.0386	3.8115	3.6046	3.2423	2.9370	2.6775
5.3349	4.9676	4.6389	4.4873	4.3436	4.0776	3.8372	3.4212	3.0758	2.7860
5.7590	5.3282	4.9464	4.7716	4.6065	4.3030	4.0310	3.5655	3.1842	2.8681
6.1446	5.6502	5.2161	5.0188	4.8332	4.4941	4.1925	3.6819	3.2689	2.9304
6.4951	5.9377	5.4527	5.2337	5.0286	4.6560	4.3271	3.7757	3.3351	2.9776
6.8137	6.1944	5.6603	5.4206	5.1971	4.7932	4.4392	3.8514	3.3868	3.0133
7.1034	6.4235	5.8424	5.5831	5.3423	4.9095	4.5327	3.9124	3.4272	3.0404
7.3667	6.6282	6.0021	5.7245	5.4675	5.0081	4.6106	3.9616	3.4587	3.0609
7.6061	6.8109	6.1422	5.8474	5.5755	5.0916	4.6755	4.0013	3.4834	3.0764
7.8237	6.9740	6.2651	5.9542	5.6685	5.1624	4.7296	4.0333	3.5026	3.0882
8.0216	7.1196	6.3729	6.0472	5.7487	5.2223	4.7746	4.0591	3.5177	3.0971
8.2014	7.2497	6.4674	6.1280	5.8178	5.2732	4.8122	4.0799	3.5294	3.1039
8.3649	7.3658	6.5504	6.1982	5.8775	5.3162	4.8435	4.0967	3.5386	3.1090
8.5136	7.4694	6.6231	6.2593	5.9288	5.3527	4.8696	4.1103	3.5458	3.1129
8.6487	7.5620	6.6870	6.3125	5.9731	5.3837	4.8913	4.1212	3.5514	3.1158
8.7715	7.6446	6.7429	6.3587	6.0113	5.4099	4.9094	4.1300	3.5558	3.1180
8.8832	7.7184	6.7921	6.3988	6.0442	5.4321	4.9245	4.1371	3.5592	3.1197
8.9847	7.7843	6.8351	6.4338	6.0726	5.4509	4.9371	4.1428	3.5619	3.1210
9.0770	7.8431	6.8729	6.4641	6.0971	5.4669	4.9476	4.1474	3.5640	3.1220
9.4269	8.0552	7.0027	6.5660	6.1772	5.5168	4.9789	4.1601	3.5693	3.1242
9.7791	8.2438	7.1050	6.6418	6.2235	5.5482	4.9966	4.1659	3.5712	3.1250
9.9148	8.3045	7.1327	6.6605	6.2463	5.5541	4.9995	4.1666	3.5714	3.1250

〈부록 6〉 연속복리 현재가치계수($e^{-R.t}$)

	연속복리 이자율									
기간	1%	2%	3%	4%	5%	6%	7%	8%	9%	10%
1	0.9900	0.9802	0.9704	0.9608	0.9512	0.9418	0.9324	0.9231	0.9139	0.9048
2	0.9802	0.9608	0.9418	0.9231	0.9048	0.8869	0.8694	0.8521	0.8353	0.8187
3	0.9704	0.9418	0.9139	0.8869	0.8607	0.8353	0.8106	0.7866	0.7634	0.7408
4	0.9608	0.9231	0.8869	0.8521	0.8187	0.7866	0.7558	0.7261	0.6977	0.6703
5	0.9512	0.9048	0.8607	0.8187	0.7788	0.7408	0.7047	0.6703	0.6376	0.6065
6	0.9418	0.8869	0.8353	0.7866	0.7408	0.6977	0.6570	0.6188	0.5827	0.5488
7	0.9324	0.8694	0.8106	0.7558	0.7047	0.6570	0.6126	0.5712	0.5326	0.4966
8	0.9231	0.8521	0.7866	0.7261	0.6703	0.6188	0.5712	0.5273	0.4868	0.4493
9	0.9139	0.8353	0.7634	0.6977	0.6376	0.5827	0.5326	0.4868	0.4449	0.4066
10	0.9048	0.8187	0.7408	0.6703	0.6065	0.5488	0.4966	0.4493	0.4066	0.3679
11	0.8958	0.8025	0.7189	0.6440	0.5769	0.5169	0.4630	0.4148	0.3716	0.3329
12	0.8869	0.7866	0.6977	0.6188	0.5488	0.4868	0.4317	0.3829	0.3396	0.3012
13	0.8781	0.7711	0.6771	0.5945	0.5220	0.4584	0.4025	0.3535	0.3104	0.2725
14	0.8694	0.7558	0.6570	0.5712	0.4966	0.4317	0.3753	0.3263	0.2837	0.2466
15	0.8607	0.7408	0.6376	0.5488	0.4724	0.4066	0.3499	0.3012	0.2592	0.2231
16	0.8521	0.7261	0.6188	0.5273	0.4493	0.3829	0.3263	0.2780	0.2369	0.2019
17	0.8437	0.7118	0.6005	0.5066	0.4274	0.3606	0.3042	0.2567	0.2165	0.1827
18	0.8353	0.6977	0.5827	0.4868	0.4066	0.3396	0.2837	0.2369	0.1979	0.1653
19	0.8270	0.6839	0.5655	0.4677	0.3867	0.3198	0.2645	0.2187	0.1809	0.1496
20	0.8187	0.6703	0.5488	0.4493	0.3679	0.3012	0.2466	0.2019	0.1653	0.1353
21	0.8106	0.6570	0.5326	0.4317	0.3499	0.2837	0.2299	0.1864	0.1511	0.1225
22	0.8025	0.6440	0.5169	0.4148	0.3329	0.2671	0.2144	0.1720	0.1381	0.1108
23	0.7945	0.6313	0.5016	0.3985	0.3166	0.2516	0.1999	0.1588	0.1262	0.1003
24	0.7866	0.6188	0.4868	0.3829	0.3012	0.2369	0.1864	0.1466	0.1153	0.0907
25	0.7788	0.6065	0.4724	0.3679	0.2865	0.2231	0.1738	0.1353	0.1054	0.0821
30	0.7408	0.5488	0.4066	0.3012	0.2231	0.1653	0.1225	0.0907	0.0672	0.0498
35	0.7047	0.4966	0.3499	0.2466	0.1738	0.1225	0.0863	0.0608	0.0429	0.0302
40	0.6703	0.4493	0.3012	0.2019	0.1353	0.0907	0.0608	0.0408	0.0273	0.0183
45	0.6376	0.4066	0.2592	0.1653	0.1054	0.0672	0.0429	0.0273	0.0174	0.0111
50	0.6065	0.3679	0.2231	0.1353	0.0821	0.0498	0.0302	0.0183	0.0111	0.0067
55	0.5769	0.3329	0.1920	0.1108	0.0639	0.0369	0.0213	0.0123	0.0071	0.0041
60	0.5488	0.3012	0.1653	0.0907	0.0498	0.0273	0.0150	0.0082	0.0045	0.0025

〈부록 6〉 계속

연속복리 이자율									
11%	12%	13%	14%	15%	17%	20%	23%	25%	30%
0.8958	0.8869	0.8781	0.8694	0.8607	0.8437	0.8187	0.7945	0.7788	0.7408
0.8025	0.7866	0.7711	0.7558	0.7408	0.7118	0.6703	0.6313	0.6065	0.5488
0.7189	0.6977	0.6771	0.6570	0.6376	0.6005	0.5488	0.5016	0.4724	0.4066
0.6440	0.6188	0.5945	0.5712	0.5488	0.5066	0.4493	0.3985	0.3679	0.3012
0.5769	0.5488	0.5220	0.4966	0.4724	0.4274	0.3679	0.3166	0.2865	0.2231
0.5169	0.4868	0.4584	0.4317	0.4066	0.3606	0.3012	0.2516	0.2231	0.1653
0.4630	0.4317	0.4025	0.3753	0.3499	0.3042	0.2466	0.1999	0.1738	0.1225
0.4148	0.3829	0.3535	0.3263	0.3012	0.2576	0.2019	0.1588	0.1353	0.0907
0.3716	0.3396	0.3104	0.2837	0.2592	0.2165	0.1653	0.1262	0.1054	0.0672
0.3329	0.3012	0.2725	0.2466	0.2231	0.1827	0.1353	0.1003	0.0821	0.0498
0.2982	0.2671	0.2393	0.2144	0.1920	0.1541	0.1108	0.0797	0.0639	0.0369
0.2671	0.2369	0.2101	0.1864	0.1653	0.1300	0.0907	0.0633	0.0498	0.0273
0.2393	0.2101	0.1845	0.1620	0.1423	0.1097	0.0743	0.0503	0.0388	0.0202
0.2144	0.1864	0.1620	0.1409	0.1225	0.0926	0.0608	0.0400	0.0302	0.0150
0.1920	0.1653	0.1423	0.1225	0.1054	0.0781	0.0498	0.0317	0.0235	0.0111
0.1720	0.1466	0.1249	0.1065	0.0907	0.0659	0.0408	0.0252	0.0183	0.0082
0.1541	0.1300	0.1097	0.0926	0.0781	0.0556	0.0334	0.0200	0.0143	0.0061
0.1381	0.1153	0.0963	0.0805	0.0672	0.0469	0.0273	0.0159	0.0111	0.0045
0.1237	0.1023	0.0846	0.0699	0.0578	0.0396	0.0224	0.0127	0.0087	0.0033
0.1108	0.0907	0.0743	0.0608	0.0498	0.0334	0.0183	0.0101	0.0067	0.0025
0.0993	0.0805	0.0652	0.0529	0.0429	0.0282	0.0150	0.0080	0.0052	0.0018
0.0889	0.0714	0.0573	0.0460	0.0369	0.0238	0.0123	0.0063	0.0041	0.0014
0.0797	0.0633	0.0503	0.0400	0.0317	0.0200	0.0101	0.0050	0.0032	0.0010
0.0714	0.0561	0.0442	0.0347	0.0273	0.0169	0.0082	0.0040	0.0025	0.0007
0.0639	0.0498	0.0388	0.0302	0.0235	0.0143	0.0067	0.0032	0.0019	0.0006
0.0369	0.0273	0.0202	0.0150	0.0111	0.0061	0.0025	0.0010	0.0006	0.0001
0.0213	0.0150	0.0106	0.0074	0.0052	0.0026	0.0009	0.0003	0.0002	0.0000
0.0123	0.0082	0.0055	0.0037	0.0025	0.0011	0.0003	0.0001	0.0000	0.0000
0.0071	0.0045	0.0029	0.0018	0.0012	0.0005	0.0001	0.0000	0.0000	0.0000
0.0041	0.0025	0.0015	0.0009	0.0006	0.0002	0.0000	0.0000	0.0000	0.0000
0.0024	0.0014	0.0008	0.0005	0.0003	0.0001	0.0000	0.0000	0.0000	0.0000
0.0014	0.0007	0.0004	0.0002	0.0001	0.0000	0.0000	0.0000	0.0000	0.0000

〈부록 7〉 표준정규분포표

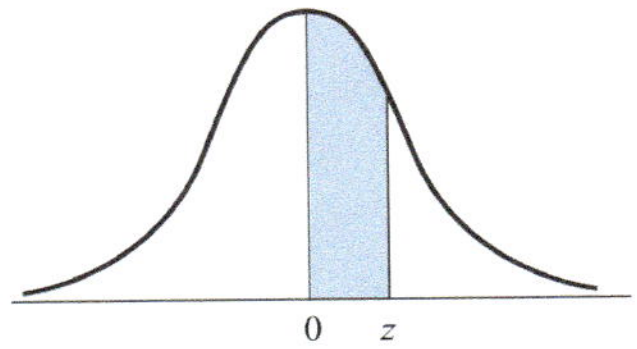

z	.00	.01	.02	.03	.04	.05	.06	.07	.08	.09
0.0	.0000	.0040	.0080	.0120	.0160	.0199	.0239	.0279	.0319	.0359
0.1	.0398	.0438	.0478	.0517	.0557	.0596	.0636	.0675	.0714	.0754
0.2	.0793	.0832	.0871	.0910	.0948	.0987	.1026	.1064	.1103	.1141
0.3	.1179	.1217	.1255	.1293	.1331	.1368	.1406	.1443	.1480	.1517
0.4	.1554	.1591	.1628	.1664	.1700	.1736	.1772	.1808	.1844	.1879
0.5	.1915	.1950	.1985	.2019	.2054	.2088	.2123	.2157	.2190	.2224
0.6	.2258	.2291	.2324	.2357	.2389	.2422	.2454	.2486	.2518	.2549
0.7	.2580	.2612	.2642	.2673	.2704	.2734	.2764	.2794	.2823	.2852
0.8	.2881	.2910	.2939	.2967	.2996	.3023	.3051	.3078	.3106	.3133
0.9	.3159	.3186	.3212	.3238	.3264	.3289	.3315	.3340	.3365	.3389
1.0	.3413	.3438	.3461	.3485	.3508	.3531	.3554	.3577	.3599	.3621
1.1	.3643	.3665	.3686	.3708	.3729	.3749	.3770	.3790	.3810	.3830
1.2	.3649	.3869	.3688	.3907	.3925	.3944	.3962	.3980	.3997	.4015
1.3	.4032	.4049	.4066	.4082	.4099	.4115	.4131	.4147	.4162	.4177
1.4	.4192	.4207	.4222	.4236	.4251	.4265	.4279	.4292	.4306	.4319
1.5	.4332	.4345	.4357	.4370	.4382	.4394	.4406	.4418	.4429	.4441
1.6	.4452	.4463	.4474	.4484	.4495	.4505	.4515	.4525	.4535	.4545
1.7	.4554	.4564	.4573	.4582	.4591	.4599	.4608	.4616	.4625	.4633
1.8	.4641	.4649	.4656	.4664	.4671	.4678	.4686	.4693	.4699	.4709
1.9	.4713	.4719	.4726	.4732	.4738	.4744	.4750	.4756	.4761	.4767
2.0	.4772	.4778	.4783	.4788	.4793	.4798	.4803	.4808	.4812	.4817
2.1	.4821	.4826	.4830	.4834	.4838	.4842	.4846	.4850	.4854	.4857
2.2	.4861	.4864	.4868	.4871	.4875	.4878	.4881	.4884	.4887	.4890
2.3	.4893	.4896	.4898	.4901	.4904	.4906	.4909	.4911	.4913	.4916
2.4	.4918	.4920	.4922	.4925	.4927	.4929	.4931	.4932	.4934	.4936
2.5	.4938	.4940	.4941	.4943	.4945	.4946	.4948	.4949	.4951	.4952
2.6	.4953	.4955	.4956	.4957	.4959	.4960	.4961	.4962	.4963	.4964
2.7	.4965	.4966	.4967	.4968	.4969	.4970	.4971	.4972	.4973	.4974
2.8	.4974	.4975	.4976	.4977	.4977	.4978	.4979	.4979	.4980	.4981
2.9	.4981	.4982	.4982	.4983	.4984	.4984	.4985	.4985	.4986	.4986
3.0	.4987	.4987	.4987	.4988	.4988	.4989	.4989	.4989	.4990	.4990
3.1	.4990	.4991	.4991	.4991	.4992	.4992	.4992	.4992	.4993	.4993
3.2	.4993	.4993	.4994	.4994	.4994	.4994	.4994	.4995	.4995	.4995
3.3	.4995	.4995	.4995	.4996	.4996	.4996	.4996	.4996	.4996	.4997
3.4	.4997	.4997	.4997	.4997	.4997	.4997	.4997	.4997	.4997	.4998
3.5	.4998	.4998	.4998	.4998	.4998	.4998	.4998	.4998	.4998	.4998
3.6	.4998	.4998	.4999	.4999	.4999	.4999	.4999	.4999	.4999	.4999
3.7	.4999	.4999	.4999	.4999	.4999	.4999	.4999	.4999	.4999	.4999
3.8	.4999	.4999	.4999	.4999	.4999	.4999	.4999	.4999	.4999	.4999
3.9	.5000	.5000	.5000	.5000	.5000	.5000	.5000	.5000	.5000	.5000

■ 저자 소개

김용석
〈약력〉
연세대학교 경영학과 졸업
공인회계사, 세무사, 미국공인회계사, 국제재무분석사(CFA)
전, 삼일회계법인, 서강대 겸임교수
현, 일신회계법인, 한국회계정책학회 부회장

〈주요 저서〉
SMART 재무관리 입문 (이러닝코리아)
SMART 객관식 재무관리 (이러닝코리아)
SMART 심화 재무관리 (이러닝코리아)
SMART 재무관리연습 (이러닝코리아)
CPA 정부회계 (상경사)
Financial Management for US exam (이러닝코리아)
Governmental Accounting for US exam (이러닝코리아)
Advanced Accounting for US exam (이러닝코리아)
Managerial Accounting for US exam (이러닝코리아)
만화로 보는 맨큐의 경제학 1권~7권 (이러닝코리아)

SMART 재무관리 (1)

2024년 4월 22일 초 판 1쇄 인쇄
2024년 4월 25일 초 판 1쇄 발행

저 자 김용석
발 행 자 한헌주
발 행 처 도서출판 경문사
서울특별시 서대문구 독립문로 21-9
전 화 738-7035 팩스 722-4678
이 메 일 kmsp@korea.com
홈페이지 http://www.kmsp.co.kr
등 록 1995년 11월 9일 제300-1995-138호

■ **정가 35,000원** ISBN 978-89-420-0036-4 93320